本书由中央财政支持地方高校发展专项资金提供资助

TOUZI XIANGMU PINGGU

投资项目评估

▶ 主　编　陈晓莉

重庆大学出版社

内容提要

本书共 13 章,全面系统地阐述了投资项目评估的基本概念、评估内容、评估方法和评估报告的撰写等知识。首先向读者系统介绍投资项目评估的理论知识和科学方法,然后通过案例分析,为学生和该领域的实践者理解、掌握和应用相关知识提供参考,目的是把投资项目评估的科学方法推广应用于投资活动的各个领域。

本书适合作为金融学、投资学、管理学、经济学、财政学等专业本科阶段的课程教材,也对下列人群有所帮助:创业者、企业管理者、投资人,贷款机构、建设和设计单位、政府主管项目审批部门的相关工作人员,以及对在投资项目评估工作过程中应用更严谨、更科学的分析方法感兴趣的人。

图书在版编目(CIP)数据

投资项目评估 / 陈晓莉主编.--重庆:重庆大学
出版社, 2017.11(2021.1 重印)
(重庆智能金融实验与实践中心案例库)
ISBN 978-7-5689-0807-8

Ⅰ.①投… Ⅱ.①陈… Ⅲ.①投资项目—项目评价
Ⅳ.①F830.59

中国版本图书馆 CIP 数据核字(2017)第 234756 号

投资项目评估

主 编 陈晓莉
策划编辑:范 莹
责任编辑:李桂英 刘玥凤   版式设计:范 莹
责任校对:姜 凤   责任印制:张 策

*

重庆大学出版社出版发行
出版人:饶帮华
社址:重庆市沙坪坝区大学城西路 21 号
邮编:401331
电话:(023)88617190 88617185(中小学)
传真:(023)88617186 88617166
网址:http://www.cqup.com.cn
邮箱:fxk@cqup.com.cn(营销中心)
全国新华书店经销
重庆俊蒲印务有限公司印刷

*

开本:787mm×1092mm 1/16 印张:22.25 字数:500 千
2017 年 11 月第 1 版   2021 年 1 月第 2 次印刷
ISBN 978-7-5689-0807-8 定价:55.00 元

前言
PREFACE

随着世界经济的发展,社会生产分工越来越细化,几乎涉及所有的工作领域。于是,将工作拆分为一个个相对独立的"项目"的趋势也越来越明显。投资项目的选择、评估和管理方法在西方发达国家应用十分普及,它的理论和方法从根本上决定了企业经营的成败与运作的效率。投资项目评估工作是为决策者提供科学决策依据的最重要、最关键的环节。它通过综合考虑经济、社会和环境可持续发展战略,科学分析和论证拟建项目的必要性、可行性、合理性、效益与费用以及不确定性等,对于充分发挥投资效益、降低投资风险、优化资源配置和投资结构有着重要的意义和作用。

随着我国社会主义市场经济的发展和经济体制改革的不断深入,引发的投资环境和投资方式的变化也对投资项目评估的理论方法体系提出了新的要求。本书是作者在总结归纳国内外投资项目评估领域的成熟理论和相关操作经验的基础上,根据多年教学实践经验和经济发展新形势的要求,结合我国投资项目评估领域最新的动态编写而成。撰写本书的目的之一是向读者系统介绍投资项目评估的理论知识和科学方法;再一个目的是通过案例分析,为学生和该领域的实践者理解、掌握和应用相关知识提供参考;当然,最重要的目标是把投资项目评估的科学方法推广应用于投资活动的各个领域,经过充分、必要的评估过程,避免决策失误造成不良的后果和严重的影响。

虽然现有的投资项目评估方法是严谨和有效的,但投资活动是不断发展变化的,该领域新的研究也层出不穷,因此,作者期待相关领域专业人士和学者提出新发现与新见解,逐步完善和更新相关知识,实现共同进步。

本书想要面对的主要对象是已经学过经济学原理、金融学、会计学、财政学等课程的学生,如果对相关的知识不了解,或想再复习一遍,可以关注本书的参考文献。本书不仅适合作为金融学、管理学、经济学、财政学专业高年级本科生的学习教材,也对下列人群有所帮助:创业者、企业管理者、投资人、贷款机构、建设和设计单位、政府主管项目审批部门的相关工作人员,以及对在投资项目评估工作过程中应用更严谨、更科学的分析方法感兴趣的人群。

全书共13章,从对投资项目进行概况评估开始,依次介绍了必要性评估、市场分析、生产规模评估、建设生产条件评估、技术评估、投资估算、融资方案评估、财务效益与费用估算、财务评估、经济评估、不确定性与风险分析以及投资项目总评估,并全面系统地阐述了投资项目评估的基本概念、评估内容、评估方法和评估报告的撰写等知识。

本书主要有 3 个特点：

第一，以应用为导向。本书充分发挥本课程应用性强的特色，内容紧扣实际工作需求，与实际操作过程相匹配，对从事相关领域的工作人员大有裨益。

第二，理论与实践结合。每一章节都有相应的案例，案例涉及众多行业和领域，以加深对所属章节的理论知识的理解和应用，同时读者还可以从中学习投资项目评估报告的撰写方法。

第三，突出实用性。本书章节安排与实际开展投资项目评估工作的环节基本一致，在内容选取和案例、例题的选取方面充分考虑了知识的系统性、连贯性和合理性。

本书是作者多年工作内容和教学生涯的经验总结，编写过程得到了重庆工商大学财政金融学院专家学者的支持和帮助，在此表示衷心感谢。同时，许多特色项目和资讯的收集来自于学生的调研和实践，学生的想法和新颖的见地对本书帮助很大，在此一并表示赞扬和感谢。

当然，由于作者能力和水平有限，本书仍然存在许多不足之处。书中引用的案例和例题，有些来自已出版的图书和现代化的媒体与网络，作者本着真诚敬佩的态度尽可能地注明出处，但仍难免出现疏漏，未能详见之处还请多多见谅，欢迎读者不吝提醒和指点，以便进一步修订和完善。在此对所有给予帮助的人再次表示衷心的感谢！

陈晓莉

2017 年 8 月

目 录
CONTENTS

第1章 投资项目评估概述

当今社会中,一切都是项目,一切都将成为项目。

——保罗·格雷斯

学习目标

◆ 了解投资项目评估作为国家战略的投资知识教育的重要性。

◆ 巩固和深化先行课程中有关投资项目评估的基本知识、基本概念。

◆ 理解投资与投资项目的关系。

◆ 掌握可行性研究与项目评估的区别和联系。

重点、难点

◆ 投资项目的理解。

◆ 可行性研究与项目评估的关系。

知识结构

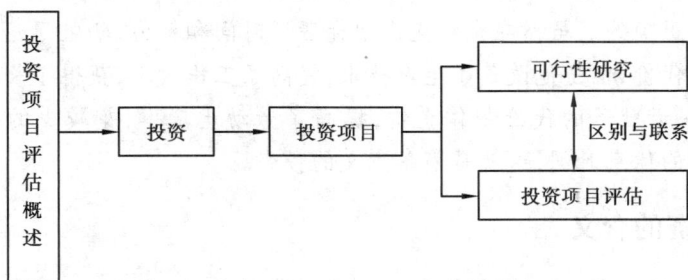

投资项目决策是现代经济发展的重要环节,完整的投资项目包括 3 个阶段:投资前期、投资期、生产运营期。投资项目评估工作是投资前期的关键步骤,作为一种决策技术,它既是技术经济学的重要组成部分,也关系着投资决策的正确与否。投资项目评估主要采用定量分析与定性分析相结合、动态分析与静态分析相结合、宏观经济效益与微观经济效益分析相结合的方法,对前期所做的可行性研究报告进行全面的审核和分析评价。

1.1 投　资

随着经济的发展,投资活动日益增多,现代投资形式的多元化使得大众对投资概念的理解不尽相同。但是透过表面现象,人们可以发现各种投资活动本身是具有共性的,它们的本质特征是一致的。只有把握投资的本质,遵守经济规律,做出正确的投资决策,投资活动主体的经济利益才能得以实现。

专栏 1-1

鲁滨孙和他的鱼钩

鲁滨孙在非洲的航行中,不幸遇上大风暴,全船人员只有他幸免于难,漂流到一个荒无人烟的小岛上。他没有其他的生活用品,只能靠吃海里的鱼为生。最初,他用树枝制作了简易鱼叉来捕鱼,但是这种捕鱼方法耗时很长,几乎花去了他除睡觉以外的所有时间,而且每天捕到的鱼只够当天食用,没有剩余。

这样过了一段时间,每天疲惫不堪的他想通过制作鱼钩来提高捕鱼的效率。他知道鱼钩的使用能大大提高他能吃到的鱼的数量,从而让他有更多的时间用于休息和改善生活状况。不过,磨制一枚鱼钩大约需要花费一天的时间,这样一来他可能要饿一天肚子。

经过权衡,在长期的疲累而无结余的生活和挨饿一天两种状态中,他选择了前者。事实证明,他的决定是正确的。虽然在鱼钩生产中耗费了时间和精力,牺牲了这期间可能获得的鱼,付出了挨饿的代价,但是他改革了生产技术,提高了工作效率,获得了长远回报。

鲁滨孙用饿一天肚子的代价制作鱼钩,提高了劳动生产率,花较少的时间捕到所需的鱼,从而获得一定的休息时间,这就是简单意义的投资。

1.1.1　投资的含义

基于不同的理解角度,可以对投资从多方面加以表述:

①从投资与消费的关系的角度来看,投资是资源从消费到使用的一种转变。美国斯坦福大学商学院金融学教授威廉·F.夏普(William F. Sharpe)在他编著的《投资学》一书中指出,投资是"为了(可能不确定的)将来的消费(价值)而牺牲现在一定的消费(价值)"。投资者希望通过投资活动,实现资产的保值或增值,提高自己的消费效用。

②从资本的形成过程来看,投资是资本形成的前提。《现代经济学辞典》列出了投资的概念:"该术语最常用来指能增加或保持实际资本存量的支出流量。"萨缪尔森(Paul A. Samuelson)也在《经济学》中阐述了投资的定义,他认为:"投资的意义总是实际的资本形成……只有当物质资本形成生产时,才有投资。"

③从投资行为和过程来看,投资有3种解释:一是《帕尔格雷夫经济辞典》的观点:"投资是一种资本积累,是为取得用于生产的资源、物力而进行的购买及创造过程。"二是《经济大辞典》(金融卷)的观点:"投资是经济主体以获得未来收益为目的,预先垫付一定量的货币或实物,以经营某项事业的行为。"三是《简明不列颠百科全书》第七卷中的观点:"投资是指在一定时间内期望在未来能产生收益而将收入变换为资产的过程。"

④从概念范畴来看,投资有广义和狭义之分。多瑞(G. M. Dowrie)和富勒(D. R. Fuller)在《投资学》中给出了投资的定义:"广义的投资是指以获利为目的的资本使用,包括购买股票和债券,也包括运用资金以建筑厂房、购置设备和原材料等从事扩大生产流通事业;狭义的投资指投资人购买各种证券,包括政府公债、公司股票、公司债券、金融债券等。"通常意义上,广义的投资的内容除了经济领域的投资外,还包括教育投资、感情投资、自我投资等;而狭义的投资主要是指实业投资(货币转化为有形资本的投资)和金融投资(通过金融商品进行投资,如股票、债券、基金等)。本门课程主要从狭义投资的范畴来进行投资项目评估相关知识的讲授。

将以上关于投资的定义进行对比分析,从投资项目评估学科专业的角度入手,投资是指经济主体将一定的资金或资源投入某项事业,以获得未来经济效益的经济活动。投资是投资主体、投资目标、投资要素、投资形式、投资领域、投资行为、投入与产出之间关系等诸多因素的高度内在的统一。这里的"资金"是广义的范畴,既包括货币资金,也包括可以用货币来衡量的各种资源(包括无形的生产要素,如科学技术)。

1.1.2 投资的要素

1)投资主体

投资是一定主体的经济行为,无论开展何种投资活动,都需要投资主体来实施。投资的主体可以是政府、企业、个人,他们的主体身份并不是单一的。从职能来看,可以进一步划分为投资所有主体、投资决策主体和投资实施主体。投资所有主体负责提供资源、开展投资活动、偿还债务和获取收益等;投资决策主体进行投资方案的决策;而投资实施主体则是直接参与投资活动,将投资资源转化为资本。

随着我国大一统的计划经济转向市场经济,投资主体已不再是单纯的政府、国有企业和集体企业,投资主体在向多元化发展。在市场经济条件下,我国的私营企业、中外合资企业、合作经营企业、外商独资企业以及乡镇企业、农村规模农场等经济实体正在蓬勃发展。因此,类似这些经济实体的法人组织和公民都可能成为投资者。在国际直接投资中,发达国家一统世界的局面也已被打破,发展中国家的对外投资增长迅速。国际投资的主体从大型跨国公司发展为包括小型跨国公司和跨国银行在内的多类投资者。

2)投资目的

投资主体的目的通常都是获取一定的投资收益。投资者放弃现在对资源的使用,追逐资本的"获利性",并以此为动力,在生产活动中实现资本增值,并直接或间接地促进了经济发展。

3)投资代价

无论是个人还是企业,都要在投入的成本和获取的收益之间进行权衡。投资活动必须以现在的一笔收入为资本,要放弃现阶段对这笔收入的消费而改为投资活动,这是未来能够获得收益的代价。在信用高度发达的社会,投资者还可以借本生利,以少量的垫支资金,利用信用杠杆效应,给自己带来较多的收益。对于整个社会而言,投资可以创造需求,启动和利用闲置资源,从而促进社会财富的增加;同时还可以创造供给能力,直接增加未来时期的社会财富。

4)投资风险

投资的预期收益存在风险。投资资本的支出与收益的获得之间需要经历一个较长的时期,在这个过程中,由于内在和外在环境的不确定性,如国家的政策方针的颁布实施、科学技术的发展、自然环境的改变、竞争对手的成长等众多因素的变化,使得投资收益具有较大的不确定性,这种特性在一定程度上能够吸引投资者进行投资,也提醒投资者谨慎决策,避免不必要的损失。一般地,投资风险的大小和投资报酬的高低是呈相同方向变化的。如果想获得较多的报酬,常常需要冒较高的风险。例如,1926—1982年美国公司债券的报酬率在每年43.67%(1982年)和−8.09%(1969年)之间变化,平均报酬率为4.44%。同期普通股票的报酬率在53.99%(1993年)和−43.44%(1931年)之间变化,平均报酬率为11.58%。这表明,如果购买债券,冒的风险较小,得到的报酬也可能少些;如果购买股票,冒的风险很大(报酬率可能低至−43.44%),但得到的报酬也可能很高(53.99%)。

1.1.3 投资的特点

1)投资领域的广阔性

经济的发展、社会的进步都离不开投资活动。投资覆盖了全社会的各行各业,并发挥着重要的作用,这与投资在国民经济中的地位和作用密切相关。

从宏观层面看,国民经济各个部门的工作都需要固定资产作为物质条件和基础。一切能发挥综合生产能力和工程效益的固定资产,都必须通过投资建设才能形成,这些投资活动自然涉及计划、财政、金融以及建设用地、劳动力和物质资源的分配、供应和使用。从国家角度来看,投资计划是国民经济计划的重要组成部分,投资支出占财政支出和信贷总额的比重较大。另外,投资项目是否恰当,布局是否合理,投资规模如何,直接作用于国民经济的主要比例关系和平衡关系。例如,社会供需关系、积累和消费的比例、区域经济发展的比例、财政收支平衡、信贷平衡、外汇平衡、对外贸易平衡等,都是投资活动中需要重视的宏观经济问题。从微观经济活动来看,投资所涉及的范围是非常广泛的,如物质资料生产部门的投资、消费资料生产部门的投资、商品流通环节的投资、基础设施建设的投资。不同的行业生产,投资方式和规模不同,同一个行业既包括厂矿企业等经济实体的初期创建投资,也包括正常生产投资和固定资产的更新投资。因此,投资领域的广阔性是投资活动的一大特点。

2)投资周期的长期性

总的来讲,同生产领域的生产活动相比,小到某个企业的投资创建,大到国家大中型项目的投资建设,投资活动周期相对要长。例如,"八五"期间我国所进行的"京九"铁路建设、上海浦东的开发、西部大开发等大中型项目,其建设周期平均就达到 4 ~ 6 年。像"三峡工程"这样的大型投资建设工程,其投资建设工期长达 17 年。对微观经济投资活动而言,一个项目的投资周期主要由投资决策期、投资建设期和投资回收期构成。一般来说,对于投资项目的确定,要有必要的投资决策期间,以保证周密细致的论证,通过可行性分析,避免仓促上马,导致投资失败。投资建设期要力争最短,以尽快达到理想的投资目的。投资回收期则要尽量快,力争在短时间内能创造效益,收回投资。值得一提的是,我国以前对投资决策期重视不够,不少项目决策前未能对国内外消费市场进行充分的调查,对生产要素缺乏优劣分析,加上地方保护主义,导致某些行业投资项目重复严重,造成资源浪费,效益差。因此,我们要高度重视投资决策期,并且尽量缩短投资建设期和回收期,提高投资效益。

3)投资决策的复杂性

投资者的投资活动内容主要集中在 5 个方面:其一,投资的计划与决策。其二,投资资金的筹集与运用。其三,投资项目的工程招标与委托。其四,征地拆迁和投资品的购置或组织供应。其五,投资全过程的组织管理和监督。最后,还涉及投资收益问题。所以,投资者的活动,既涉及与投资公司、勘察设计单位、综合开发单位、施工单位、工程管理机构和咨询机构的密切联系,又涉及银行和其他金融机构、地产管理部门以及物资供应单位等经济组织的错综复杂的经济关系。投资活动还受诸多因素的制约,如环境保护问题、交通状况、资源优劣、技术水平、市场需求等。加上国家经济政策、法律规定、自然条件等对投资活动的影响也很大,增加了投资的复杂性。

4)投资实施的连续性

投资活动客观上是一个不间断的实施过程,是投资周期性循环的过程。一个投资项目经过论证确定后,一旦开始建设,就必须不断投入资金和其他资源,以保证连续施工和均衡施工的需要。否则,不仅不能按预期形成新增固定资产,为社会增加产品和积累,而且已投入的大量资金会占用滞留于未完工程,不能周转,扩大了投资支出;对于已建造起来的半截工程和已到货的投资设备,若保养维护不善,还会造成严重损失和浪费。同时,在投资实施期间,也会不可避免地出现投资波动现象。从微观看,一个具体的投资项目,其投资实施期的投资支出远比投资决策期高。如投资建厂,建设施工阶段的投资支出大于建厂准备阶段;当建设工程到了中期,设备多数到位,投资便达到高峰;之后,在安装调试阶段,投资费用又下降。因此,要根据投资波动的特点,规划好项目进度和投资分布。

5)投资收益的风险性

投资的目的是希望以少投入获得多产出,即投资者要取得收益或效益。但是,预计效益很好的项目,实际投资后是不是一定就带来理想的结果呢?这也不一定。事实上,有的会盈利,有的却可能亏损,因此,投资具有很大的风险性。市场竞争对手的增加,资源要素的变化,以及自然条件、环境、政治等影响因素的不确定性,都会带来投资收益的不确定性。所以,在进行项目投资决策时,要求对建设项目进行成本效益分析、敏感性分析、概率分析等,特别是对难度大的特殊性重点工程更要做这方面的分析。例如,某集团预计投资 20 亿元,与外商合资修建一火力发电站。为了避免和减少投资的风险,投资决策前对该项目做了商业贷款利率变化、未来通货膨胀率、利润率、设备利用率、增长股金、延长实施计划、推迟商业运行对经济性的影响等多方面的分析,并通过定量分析判断哪些因素变化反应最敏感,哪些反应微弱,哪些属于一般性敏感。经过这些分析,确定出该项目投资风险的大小。在允许的风险范围内则投资建设,否则放弃投资。投资的风险性特点要求在进行投资活动时,要建立和健全投资责任制,强化投资主体的自我约束机制,科学决策,避免和减少投资的失误,争取更大的效益。

1.1.4 投资的分类

投资是经济学的基本范畴。随着经济活动内容的不断发展和丰富,投资活动覆盖了很多领域,投资已经成为多层次、多侧面的经济概念。在不同的学科专业,投资的分类也不尽相同。

1)按投资者对投资活动参与程度的不同,可以分为直接投资和间接投资

（1）直接投资

直接投资是指企业内部直接投资和对外直接投资,投资者直接参与资本的形成过程,并在一定程度上对被投资对象拥有经营控制权。通过投资,使得企业的实物资产或无形资产的存量增加,为生产产品和服务、获取经济或社会效益提供基础物质资料,是开展社会再生产和扩大再生产的基本手段。内部直接投资形成企业内部直接用于生产经营的各项资产,对外直接投资形成企业持有的各种股权性资产,如持有子公司或联营公司股份等。直接投资的方式主要有:

①向企业注入资本,但不参与经营,必要时可派出技术人员和顾问给予指导。

②开办独资企业,即由一个国家的一个公司独立投资建立企业,独自经营,企业归投资者一家所有。

③设立合资企业,由合作各方共同投资并指派拥有代表权的人员参与经营。

（2）间接投资

间接投资是指通过购买被投资对象发行的金融工具而将资金间接转移交付给被投资对象使用的投资,如企业购买特定投资对象发行的股票、债券、基金等。在这种投资方式下,投资者一般没有被投资企业的经营权,不参与企业的经营管理,但是可以随时转卖变现金融工具或通过构造投资组合来分散投资风险。间接投资的主要作用在于更加广泛地实现投资的资金集聚功能,满足现代社会化大生产的融资需求以及社会发展对资金使用的集中需求。

关于直接投资和间接投资的详细划分,见图1-1。

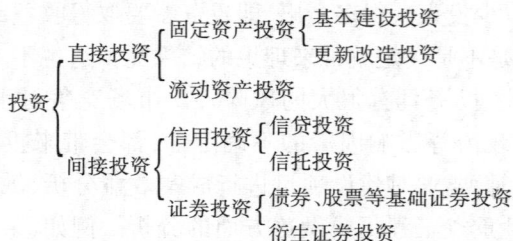

```
                          ┌ 固定资产投资 ┌ 基本建设投资
              ┌ 直接投资 ┤              └ 更新改造投资
              │          └ 流动资产投资
   投资 ┤
              │          ┌ 信用投资 ┌ 信贷投资
              └ 间接投资 ┤          └ 信托投资
                          └ 证券投资 ┌ 债券、股票等基础证券投资
                                      └ 衍生证券投资
```

图1-1　直接投资与间接投资

2）按照资金投入的领域不同，分为生产性投资和非生产性投资

（1）生产性投资

生产性投资是指直接用于物质生产或直接为物质生产服务的投资。在我国，它是按投资项目中单项工程的直接用途来确定的，如在新建工厂投资中，用于生产车间、实验室、办公室、其他生产用建筑物以及生产用机械设备等固定资产的购置和安装的投资。生产性建设投资能直接增加国民经济各部门的生产能力，加快商品流通速度，提高国民经济技术水平，也是进行非生产性建设投资、提高人民生活水平的重要物质基础。

（2）非生产性投资

非生产性投资是指在一定时期内用于满足人民物质和文化生活需要以及其他非物质生产的投资。按现行统计制度规定，它包括住宅建设的投资，公用事业、居民服务和咨询服务建设的投资，卫生、体育和社会福利方面建设的投资，教育、文化、艺术和广播电影电视事业建设的投资，科学研究建设的投资，金融、保险业建设的投资，国家机关、党政机关和社会团体建设及不属于上述各类的其他非生产性建设的投资。非生产性建设投资直接用于改善人民生活状况和发展教育、科研事业，在社会经济发展过程中，在有计划地扩大生产性建设投资的同时，要保证非生产性建设投资的相应增长，使人民生活在生产发展的基础上逐步得到改善，这对于促进生产发展具有重要作用。但非生产性建设增长过快、比重过高，也是不正常的，会造成国民经济的发展缺乏后劲，又反过来影响人民生活水平进一步提高。

3）按投资的地域划分，可分为国际投资和国内投资

（1）国际投资

国际投资也称"对外投资"或"海外投资"，指一个国家向国外进行经营资本的输出。这种输出可以是私人资本也可以是国家资本，但不包括政府及其所属机构对外的赠予、赔偿，以及纯属借贷资本输出范围的各种贷款活动。国际投资也可分为直接投资和间接投资两种基本形式。随着世界经济的发展，国际投资出现了一些新的特征：跨国公司迅速发展；直接投资在国际投资中占有越来越大的比重；投资方向不局限于经济落后地区；各发达国家的私人资本也互相渗透；甚至还出现了发展中国家向发达国家投资的现象。从本质上说，国际投资是为过剩资本找出路，利用国外某些有利条件获取高额利润。但同时，国际投资也会给发展中国家带来先进技术，并促进管理水平的提高。

（2）国内投资

国内投资是指国家、企业单位、个人在本国境内所进行的投资。国内投资的总量代表了一个国家经济发展水平的高低、积累能力的大小和经济实力的强弱。

4）按投资资金周转方式的不同，分为固定资产投资和流动资产投资

（1）固定资产投资

固定资产投资包括基本建设投资和更新改造投资两部分。基本建设投资是指以扩大生产能力或工程效益为主要目的的新建、扩建、改建工程及相关投资。主要包括工厂、矿山、铁

路、桥梁、港口、农田水利、商店、住宅、学校、医院等工程的建造和机器设备、车辆、船舶、飞机等的购置。基本建设投资的经济实质是进行固定资产的外延扩大再生产。更新改造投资是指以设备更新、企业技术改造为主要形式的固定资产投资,它的经济实质是进行内涵扩大再生产。

（2）流动资产投资

流动资产投资是相对于固定资产投资而言的,是对企业生产经营中所需劳动对象、工资和其他费用方面的货币的预先支付。对于流动资金是否属于投资范畴,在我国理论界和实际工作部门中尚存在分歧。一种意见认为流动资金是一种短期垫支行为,流动资金投入以后,经过生产和流通,产品销售出去,流动资金就收回了,所以它并不符合投资是价值垫支的定义,不能作为投资。另一种意见认为流动资金的投入是投资行为,其主要理由是流动资金不是一种短期垫支,尽管流动资金周转要比固定资金周转快,但流动资金在循环周转中的继起性和并存性决定了企业生产中所需的流动资金中有一个最低稳定额,这一部分流动资金只要生产经营持续进行,实际上是无法收回的,它属于长期资金的性质。

5）按投资在扩大再生产中所起作用的方式不同,可以分为外延性投资和内含性投资

（1）外延性投资

外延性投资是指用于扩大生产经营场所、增加生产要素数量的投资,它代表投入生产的资本不断增长,其投资形式如直接开厂设店中的新建、改建、扩建等建设形式。外延性投资的实质是从投资要素量的增加上来扩大投资规模以促进社会扩大再生产的进行。

（2）内涵性投资

内涵性投资是指用于提高生产要素的质量、改善劳动经营组织的投资,它代表资本使用的效率不断提高,其投资形式如挖潜、革新、技术改造等。内涵性投资的实质是从提高投资要素的使用效率、加强劳动过程的组织管理、提高劳动效率上来促进社会扩大再生产的进行。

6）按经营目标的不同,可以分为经营性投资和政策性投资

（1）经营性投资

经营性投资又称营利性投资,西方国家中也常称为商业投资,是指为了获取盈利而进行的投资,项目建成以后以经营方式使用。在商品经济条件下,绝大多数的项目投资都属于经营性投资范围。

（2）政策性投资

政策性投资又称非营利性投资,是指用于保证社会发展和群众生活需要而不能或不能允许带来经济盈利的投资。政策性投资虽然不能带来经济盈利,但却能带来社会效益。政策性投资分两种类型:一类是本身就不属于生产经营,因而不存在盈利可言的项目投资;另一类本身是生产经营性支出,存在着潜在的营利性,由于价格不合理及某些客观条件的制约必然发生亏损,这是国家允许的并有相应的政策规定。政策性项目社会效益显著,是社会经济发展及人民生活水平不断提高所必不可少的物质基础设施,其投资水平高低和投资规模的大小对全社会经济的繁荣和发展及人民生活水平的不断提高具有全面而又深远的促进或制约作用。但由于它的非营利性,很难将诸如企业和个人等以盈利为直接目标的投资者的资金用于这些项目上,所以,必须有政府的参与,由政府利用财政资金从事这些项目的投资,或利用财政资金作为经济杠杆,吸引其他投资主体的投入。

7)其他分类

按其他一些分类标志,还可以将投资做另外一些分类。例如,按投资主体划分,可分为国家投资、企业单位投资、个人投资;按资金来源划分,可分为财政投资、银行信贷投资、企业自筹投资、证券投资;按企业性质划分,可分为全民所有制单位投资、集体所有制单位投资、乡镇企业投资、中外合资、外商独资;按项目是否纳入国家计划,可分为计划内投资、计划外投资,等等。

投资的分类可以通过表1-1来概括说明。

表1-1　投资的分类

分类依据	类型	关注点
投资者对投资的参与程度	直接投资	直接投资是指不借助金融工具,由投资人直接将资金转移交付给被投资对象使用的投资,包括企业内部直接投资和对外直接投资。前者形成企业内部直接用于生产经营的各项资产,如各种货币资金、实物资产、无形资产等;后者形成企业持有的各种股权性资产,如持有子公司或联营公司股份等
	间接投资	间接投资是指通过购买被投资对象发行的金融工具而将资金间接转移交付给被投资对象使用的投资,如企业购买特定投资对象发行的股票、债券、基金等
资金投入的领域	生产性投资	生产性投资是指直接用于物质生产或直接为物质生产服务的投资。在我国,它是按投资项目中单项工程的直接用途来确定的,如在新建工厂投资中,用于生产车间、实验室、办公室、其他生产用建筑物以及生产用机械设备等固定资产的购置和安装的投资
	非生产性投资	非生产性投资是指在一定时期内用于满足人民物质和文化生活需要以及其他非物质生产的投资。按现行统计制度规定,包括住宅建设的投资,公用事业、居民服务和咨询服务建设的投资,卫生、体育和社会福利方面建设的投资,教育、文化、艺术和广播电影电视事业建设的投资,科学研究建设的投资,金融、保险业建设的投资,国家机关、党政机关和社会团体建设及不属于上述各类的其他非生产性建设的投资
投资的地域	国际投资	国际投资指一个国家向国外进行经营资本的输出。随着世界经济的发展,国际投资出现了一些新的特征:跨国公司迅速发展;直接投资在国际投资中占有越来越大的比重;投资方向不局限于经济落后地区;各发达国家的私人资本也互相渗透;甚至还出现了发展中国家向发达国家投资的现象

续表

分类依据	类型	关注点
投资的地域	国内投资	国内投资是指国家、企业单位、个人在本国境内所进行的投资。国内投资的总量代表了一个国家经济发展水平的高低、积累能力的大小和经济实力的强弱
投资资金的周转方式	固定资产投资	固定资产投资包括基本建设投资和更新改造投资两部分。基本建设投资是指以扩大生产能力或工程效益为主要目的的新建、扩建、改建工程及相关投资。更新改造投资是指以设备更新、企业技术改造为主要形式的固定资产投资。更新改造投资的经济实质是进行内涵扩大再生产
	流动资产投资	流动资产投资是相对于固定资产投资而言的,是对企业生产经营中所需劳动对象、工资和其他费用方面的货币的预先支付
投资在扩大再生产中所起的作用	外延性投资	外延性投资是指用于扩大生产经营场所、增加生产要素数量的投资,它代表投入生产的资本不断增长
	内涵性投资	内涵性投资是指用于提高生产要素的质量、改善劳动经营组织的投资,它代表资本使用的效率不断提高,其投资形式如挖潜、革新、技术改造等
经营目标	经营性投资	经营性投资又称营利性投资,西方国家中也常称为商业投资,是指为了获取盈利而进行的投资,项目建成以后以经营方式使用。在商品经济条件下,绝大多数的项目投资都属于经营性投资范围
	政策性投资	政策性投资又称非营利性投资,是指用于保证社会发展和群众生活需要而不能或不允许带来经济盈利的投资。政策性投资虽然不能带来经济盈利,但却能带来社会效益。它可以分为两种类型:一类是本身就不属于生产经营,因而不存在盈利可言的项目投资;另一类本身是生产经营性支出,存在着潜在的营利性
投资主体	国家投资、企业单位投资、个人投资;按资金来源划分,可分为财政投资、银行信贷投资、企业自筹投资、证券投资	
企业性质	全民所有制单位投资、集体所有制单位投资、乡镇企业投资、中外合资、外商独资	
项目是否纳入国家计划	计划内投资、计划外投资,等等	

1.1.5 投资的运动过程

投资活动本质上是使用价值和价值的运动。

①从宏观上讲,投资的运动过程包括投资的形成与筹集、投资分配、投资实施或运用、投资的回收过程。

②从微观分析,投资活动具有周期性。一个项目周期意味着一次独立的投资过程,它通常包括投资前的准备、投资建设期和生产经营期。

1.2　投资项目

1.2.1　项目

1）项目的含义

项目是指在一定约束条件下(资源、时间、质量等),具有明确目标的一次性组织或事业。通常来说,项目是作为系统的被管理对象的单次性任务,是单次性活动的一种组织管理形式,或是为达到一个特定目的而将人力资源和其他资源结合成一个短期的组织。

2）项目的特征

①项目具有特定的目标和成果,这是项目的重要特征。

②项目是一次性的,具有非例行性和非重复性。项目的实施就是从准备投资到投资建设、项目经营的一个完整的过程,不具有重复性。

③项目存在明显的约束条件,从人、财、物的约束,到时间控制和质量标准的规定都需要项目执行者密切关注,这也是项目实施成功与否的衡量尺度。

④项目是综合人力和各项资源共同推动的一个暂时性组织,项目结束后,原有项目各个类型的关系可能会打散,直到新的项目形成再重新组织。

3）单次性任务转化为项目的条件

①需要投入的资金或其他资源量较大,其中包括投入的劳动力较多及物资设备较多。其他的投资活动一般可以称为任务,当任务比较艰巨,规模比较大的时候,就被放大为项目。

②任务成果的价值影响较大。当投资金额相对来说较多的时候,收益往往也应该较大。

③对时间或质量的约束性条件的规定非常严格。项目一般具有标准的约束性合同,比单次性任务的约束条款更为详细和全面。

④任务比较复杂,涉及面广。作为项目来进行管理的任务涵盖的内容较多,比如奥运会承办,涉及的领域包括建筑、服务、交通、通信、医疗等几乎整个社会行业,这是一个非常大型的项目,是无数个单次性任务的升级组合。

4）项目方式的优势和局限性

①优势:将复杂的系统予以分解和有机地衔接,使项目实施过程中的每一个环节均能够得到科学的优化。项目的各个内容划分明确,每个步骤均可以按照科学的方法加以控制。本课程讲授的就是优化项目的方法之一。

②局限:作为一种局部分析方法,主要侧重技术分析和控制,在应对环境的变化时可能缺乏足够的战略远见和灵活性。项目的执行过程事先已经预算和设计好,一旦执行过程中外界因素与所设想的不一致,可能会对项目的执行产生影响。

1.2.2 投资项目

1)投资项目的内容

投资项目作为承担投资活动的主体,既符合项目的一般要求,也体现了投资固有的特性。项目一般具有两大特征:其一是主观方面的特征,即项目作为一定的管理主体的被管理对象和管理手段而存在;其二是客观方面的特征,即项目在客观上必须具备单次性任务的特点。鉴于以上两点,投资项目是在一定的技术和社会经济条件下,在规定的期限内,为完成某项开发目标而规划的方案、政策、机构以及其他方面的综合体。投资项目是需要花费一定资金以获得预期收益的一系列活动,具有独特的时间(项目寿命期)和独特的空间(场址),是一个便于计划、筹资和实施的合乎逻辑的单位。通常,一个投资项目包括以下内容:

①具有明确的对象。投资项目的对象是指对土建工程和(或)设备及其安装的资本投资。

②具备技术支持。在项目实施过程中,能够提供有关工程设计、技术方案、进行施工及监督、改善经营和维修等方面的服务。

③设立管理机构。需要一个负责实施各项活动的组织机构,能够整合各种资源,并能协调各方的关系。

④明确经济目标。投资项目实施的效果影响较大,要考虑经济因素的影响,关注政府的各项政策,如价格、税收、补贴和成本回收等,使项目与所属行业、部门和国家经济发展目标保持一致,并能够切实提高项目自身的经济效益。

⑤具有明确的项目目标和具体的实施计划,对时间或质量的约束条件非常严格。

2)投资项目的特征

(1)唯一性

投资项目作为一种组织形式和单次性任务,建设周期是事先已经计算好的。正常的建设过程应该是按照预先设定的计划一次性完成,非重复,不能成批生产。从投资任务和最终成果来看,不存在完全相同的投资项目。因为投资项目在实施过程中受到项目系统内外诸多因素的影响,不确定性贯穿始终。项目所处的时间、空间不同,或者投资主体和外部环境的差别,即使生产同类的产品,结果也会存在或多或少的差异。

(2)目标性

目标性是投资项目管理的基础,如果没有明确的目标,项目实施就可能无的放矢。在实际操作中,项目都必须事先确定目标,如建设工期、工程质量的标准和规范要求、工程造价的参考依据等。一般来说,投资项目评价的核心是其经济效益,其他要素都是为这个目标服务并统一受其支配。投资项目能否通过评估,目标很关键。目标一定要设置得科学、合理,不能脱离实际,好高骛远。

(3)周期性

投资项目大多需要经历一个从无到有、发展到终结的过程,包括投资前期、投资期和生产运营期,这就是项目的周期。在每一个时期,又包括若干个阶段,详细内容见图1-2。

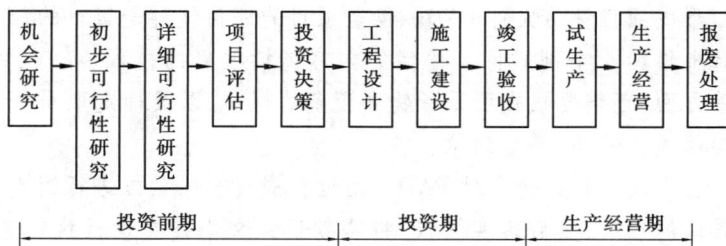

图 1-2　投资项目的周期

专栏 1-2

世界银行项目运作周期

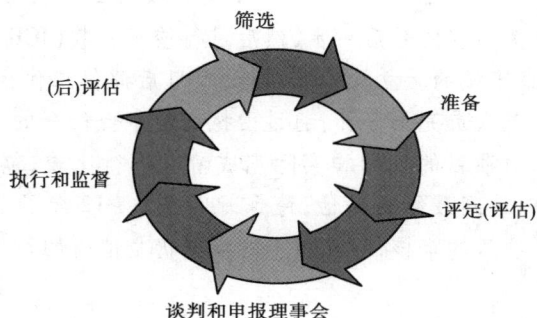

世界银行项目运作周期图

1997 年以来,世界银行的投资项目遵循以下工作流程:

1. 确定项目,形成项目概念文件 PCD。先由借款国向世行资金管理部门提交项目计划书,然后经银行代表团、联合国机构,以及私人赞助方等多方进行审定,确定哪些项目需要优先考虑,适合银行提供资金。项目一旦确定之后,就被列入对每个国家多年度的贷款规划,这一规划即成为银行在这个国家今后工作的基础。在这一环节需要考虑的问题:

(1)谁将从项目中受益?

(2)项目的收益是否大于投入的成本?

(3)还有其他什么选择?

(4)它是否具有优先权?

2. 项目准备,形成项目评估文件 PAD。项目的准备期一般为 1~2 年,借款人负有准备的正式责任。世行采用多种方式对项目准备给予资金和技术援助,其中世行提供的特别贷款主要来源于:

(1)从新建立的项目准备便利基金(Project Preparation Facility)中给予预支。

(2)在所商定的贷款中偿还借款人先期为进行准备工作而垫付的费用。

(3)将进行这项准备工作所需的资金包括在该部门另一项目的贷款之中。

(4)其他国际组织或双边机构给予赠款。

3. 项目评估,形成项目评估文件 PAD。世行项目的评估纯粹是银行的任务,它由银行工作人员来做,有时也借助于个别顾问。评估的内容包括项目的技术、经济、制度(机构)、金融、社会和环境等方面,还需要核查所需货物和设备的规格,以及确定取得贷款程序,审查整个的金融计划,确保成本精确,基金到位。

4. 谈判和审批,形成项目评估文件 PAD。由世行成员和借款方进行谈判,协商项目成功实施的必要的、具体的细节,然后落实协议,将贷款正式文本提交世行执行董事会批准。这一阶段的一个核心成果是形成项目贷款协议。

5. 执行和监督,形成项目执行文件 PIP。根据协定条款要求"保证贷款款项只能用于为之而给予贷款的目的",借款方若没有提供证明已完成协议中要求的材料,世行将不予支付款项。在执行过程中,将集中所积累的经验"反馈"到为未来项目的设计和准备中去。世行监督工作组派出去的次数和项目的复杂程度、执行情况、碰到问题的数量和性质相应,有些项目列入特别"问题"类,这类项目一年视察 3~4 次。项目工作人员在支付末期,为每个项目准备一份完成报告,作为监督的最后一步,然后进行竣工验收(ICR)。

6. 后评价。为了保证审核的独立性和客观性,项目后评价工作由"业务评价局"(OED)负责,该机构与银行的业务人员完全分开,通过由执行董事会任命的评价局局长直接向执行董事会和行长提出报告,对项目的计划和实际完成情况进行比较,包括进度、成本和收益等各项内容。世行项目从筛选到最终的评估,跨越时间是 9~12 年。业务评价局最近的年度审查表明,通过对 109 个项目的审核,91% 以上的投资仍是值得的。

(4)约束性

投资项目的工期、成本和质量都有其限定条件,要按照预定的概(预)算,设置专门的组织机构进行管理和控制。项目的实施受约束条件的限制,但也为具体工作提供了操作目标和路径,是最低的参考标准。

(5)整体性

投资项目必须实行统一核算和统一组织管理。项目实施活动的各个环节存在必然的联系,只有将它们有机地结合起来才能确保项目目标的实现,这在客观上就形成了一个完整的系统。

3)投资项目的分类

(1)按性质不同,可以分为基本建设项目和更新改造项目

基本建设项目主要是新建项目,指从无到有新开始建设的项目。此外,原有的项目规模较小,通过增加投资,新固定资产的价值超过原有固定资产价值 3 倍以上,这类项目也被算作新建项目。

更新改造项目是指在现有项目的基础上,为扩大生产能力、提高工程效益、加速技术进步或变更建设地点和恢复原有设施等的扩建、改建、迁建、恢复项目。这类项目的特点是对原有项目内涵的扩大,使原有项目增加新的内容或改变部分条件。

专栏 1-3

奥运村建设

2008 年北京奥运会的奥运村建设,规模与资金投入都是十分巨大的。其中北京奥运村位于北京奥林匹克公园 B 区内西北侧,是新规划建设的项目,运动员公寓地上总建筑面积为 37 万平方米,预计整体投入 60 亿~70 亿元,采取"BOT"模式进行融资,在奥运会期间为来自世界各国和地区的 16 000 名运动员及官员提供居住、生活、休闲和娱乐等服务。由于地理位置和建筑标准的优势,在北京奥运会进行之时,奥运村里 70% 的房子已经销售给大众。

北京奥运会的马术比赛场地选择了具有完善马术比赛场地和服务人员的香港,但是在马场附近专门兴建运动员公寓存在困难。经过考察,最终选择对帝都酒店进行更新改造,按照奥运会的要求标准,仅花费 3.5 亿港元就完成了奥运村的建设任务。改造期间,该酒店全面提升酒店大堂、客房、餐厅、泳池、健身室等设施。由于还要接待残奥会选手,设置扶手、专用厕所等残障设备的房间也倍增,由 4 间增至 24 间。改建后,酒店内设有银行、邮政中心、电话中心和奥运纪念品售卖中心,部分房间改建成为化验中心和医疗中心。此外,酒店设置传媒拍摄房,供传媒访问选手之用,还利用一间酒吧设置 30 台计算机供选手上网,选手也可用酒吧内的电视收看奥运的最新信息。

(2)按规模不同,可以分为大、中、小型项目

依据我国颁发的《大中小型建设项目的划分标准》,按照项目的年生产能力或项目的总投资规模,可以把投资项目划分为大型项目、中型项目和小型项目。具体划分标准各行业不尽相同。一般情况下,生产单一产品的企业按产品的设计能力划分;生产多种产品的企业按照主要产品的设计能力划分;难以按生产能力划分的,按照全部投资额划分。我国曾在 1953年、1962 年、1972 年、1977 年和 1979 年先后 5 次修订《大中小型建设项目划分标准》,因此各历史时期的大中型项目数不完全具有可比性。

(3)按投资使用方向和投资主体的活动范围不同,可以分为竞争性项目、基础性项目和
　　公益性项目

竞争性项目主要是指投资收益水平比较高、市场调节比较灵敏、具有市场竞争能力的行业部门的相关项目。它主要包括工业、建筑业、商业、房地产业、公用、服务、咨询业及金融保险业等。这类项目强调营利性,一般比较受企业投资者欢迎。

基础性项目主要是指具有一定自然垄断、建设周期长、投资量大而收益较低的基础产业和基础设施项目。它主要包括农林水利业、能源业、交通、邮电、通信业及城市公用设施等,主要考察的是社会效益。

公益性项目是指那些非营利性和具有社会效益性的项目。它主要包括教育、文化、卫生、体育、环保、广播电视等设施,公、检、司、法等政权设施,政府、社会团体、国防设施等。

4)投资项目的效益

投资项目的效益就是项目的投入与产出的对比关系,主要用于表征项目利用现有资源的合理程度和效率高低。包括企业(项目)财务效益、经济效益(对国家的贡献,投资都应该是对国家和社会有益的)和社会效益。

1.3 可行性研究

1.3.1 可行性研究的定义

1)可行性研究的概念

可行性研究是在投资决策前,对拟建项目进行全面的技术经济分析的科学方法和工作程序。它通过一系列的调查研究,在市场分析、技术分析和对项目的资源条件等方面进行分析的基础上,进行项目的财务评价、经济评价和社会评价,论证项目在技术上的先进性和适用性,经济上的合理性和营利性,对社会发展目标的作用及其与社会的相互适应性,从而为投资决策提供可靠依据。可行性研究的目的是判断项目"可行"或"不可行"。

2)可行性研究的内容

联合国工业发展组织所制定的《项目可行性研究报告编制手册》《项目评估指南》《BOT指南》等规范,是大多数国家和地区政府以及国际企业界、金融界进行投融资活动的评估准则和依据。通过对编制手册的分析和总结,一个完整的可行性研究报告通常包括3部分内容:

①论证投资项目建设的必要性,分析宏观和微观的经济建设条件,进行市场调查和预测,初步研究项目的可实施性。

②分析投资建设的可行性,这主要通过生产条件建设、技术获得的可能性角度来完成。

③评价项目建设的合理性,主要是对财务评价指标和经济评价指标的计算衡量,分析其财务效益、经济效益和社会效益。

1.3.2 可行性研究的阶段

1)机会研究阶段

机会研究的重点是寻求投资机会,进行投资环境分析,为拟建的投资项目提出方向性建议,形成投资机会研究报告。它又可以细分为一般机会研究和项目机会研究。前者是对某个地区、某个领域或某个部门、某种资源为对象进行粗略的分析,研究投资的机会存在与否。后者以前者为依据,通过对前者的筛选,具体研究某一个投资项目是否存在投资的可行性,并形成投资建议,引导投资者的意向,为下一步工作做准备。

2）初步可行性研究阶段

机会研究仅是对投资机会进行了分析。由于所做的工作有限，获得的数据还不够全面，因此，投资者对有意向的投资项目必须进一步做详细的论证。初步可行性研究作为中间阶段，是以机会研究为基础，在广度、深度和准确程度上加以扩展。

3）可行性研究阶段

本阶段是对投资项目进行详细深入的研究，通过市场资料的收集、数据的梳理，以及技术经济的分析，对投资项目的优劣进行判断，这是可行性研究的关键环节。

1.3.3　可行性研究的作用

可行性研究的主要成果是可行性研究报告，报告将对新建或改建项目面临的主要问题从技术经济角度进行全面的分析研究，并预测其投产后的经济效益，根据科学的评判标准进行投资方案的优选，以便科学合理地利用资源，实现经济效益和社会效益。它是投资者在投资前期所做准备工作的重要依据，主要作用如下：

1）可行性研究报告是投资项目决策的科学依据

社会主义市场经济投资体制的改革把原本由政府财政统一分配投资的体制变成了国家、地方、企业和个人都可以参与的多元投资格局。投资者在掌握主观能动性的同时，要在充分调查研究的基础上给出正确的建议，确定对此项目是否进行投资和如何进行投资，并根据研究结果形成可行性研究报告，成为该项目建设单位决策性的文件。

2）可行性研究报告是筹集资金、申请贷款的依据

投资者在向金融机构申请贷款时，需要提供可行性研究报告作为申请依据。金融机构通过对报告的审核和分析，在此基础上开展投资项目评估，编制项目评估报告，并给出是否提供贷款的决定。

3）可行性研究报告是与有关各方签订协作意向书的依据

在可行性研究报告的支持下，投资者可以与有关单位签订物资采购合同、产品销售合同以及水、电、气的供应合同等。

4）可行性研究报告是项目初步设计的依据

通过对可行性研究报告中各项内容的分析，对项目的规模、选址、生产技术、工艺设备等有了初步的了解，并据此设计项目的实施计划和开展建设工作。

5）可行性研究报告是人员和机构设置的依据

人员和机构的设置需要和项目的规模相适应。只有确定项目的生产能力和工艺流程，才能合理设置管理机构和配备工作人员。

1.4　投资项目评估

1.4.1　投资项目评估

1）投资项目评估的定义

投资项目评估是指投资决策部门或贷款机构（主要是金融机构）对上报的建设项目可行性研究报告进行再分析、再评价。管理者在项目监测的基础上，分析评价项目活动对项目目标的相关性和项目的投入、产出、效果及影响的动态过程。

2）投资项目评估的进程

①前评估，指在项目前期准备阶段对项目的投入、产出、效果和影响的预评价。评估内容包括：项目建设的必要性、项目建设条件、工艺、技术、设备是否先进适用，项目进度安排是否合理。

②中评估，指在项目设计和开发阶段，对设计方案和开发过程的各项活动进行的评估。评估内容包括：经济上的盈利能力，投资回收时间、项目获利能力的可靠性及风险性等。

③验收评估，指项目实施完毕时，对项目实施结果及其可能的未来效果和影响进行评估。评估内容包括：项目的经济效益、社会效益、对生态环境的影响等。

④后评估，指在项目运营一段时间（一般为 5 年）后或项目寿命结束时，对项目实际产生的效果和影响进行评估。

3）投资项目评估的作用

①投资项目评估工作是项目投资正确决策的保证，这是项目评估的首要目的，也是投资者和主管部门想得到的结果。

②投资项目评估工作为投资项目融资创造条件，只有项目评估合格，才能吸引资金的投入。

③投资项目评估是把项目微观效益同宏观效益统一起来的手段，企业效益与社会、国家利益是否一致，需要通过评估进行统一考察。

④投资项目评估工作是搞好项目管理、促进投资效果提高的基础，科学的管理才能得到事半功倍的效果。

1.4.2　投资项目评估的原则

投资项目评估是由项目的主管部门、贷款银行或它们委托的评估机构进行的，不仅是项目决策的依据，也是银行贷款决策的依据。评估工作的开展需要遵循以下原则：

1）坚持客观公正原则

在评估过程中，评估工作人员应实事求是地对拟建项目建设的必要性、产品的市场需求、项目的建设规模、生产条件、技术工艺、财务效益、经济效益、社会效益和风险状况进行全面的分析论证,评估结论要公正、客观。

2)坚持系统性原则

评估工作要兼顾投资项目的内部要素和外部要素以及它们之间的关联。无论是项目内部的建设、生产条件、技术工艺,还是项目外部的政策、市场、利率等,都需要加以考虑。必须将投资项目的各个环节看作一个整体,全面、系统地进行评价。

3)坚持择优选取项目的原则

投资项目评估工作需要借助科学的知识来进行评判。将数学模型和逻辑推理知识应用到评估工作中来,计算评价分析指标,衡量项目实施方案可能产生的财务效益、经济效益和社会效益,并根据相关标准选取最优的项目进行投资,这是投资项目工作的重点。

4)坚持定量分析与定性分析相结合原则

投资项目评估工作以定量分析为主,辅以必要的定性分析。两者相辅相成,有助于选择最优的结果。

5)坚持指标统一原则

投资项目评价指标是衡量项目优劣的标准,不同的评估内容需要用到不同的评价指标。在对同类项目进行对比择优时,要注意指标的选取和评判标准的统一。具体规定可见《建设项目经济评价方法与参数》(第3版)。

6)坚持时效性原则

投资项目评估工作需要兼顾分析的精确性、过程的完整性和结论的时效性,但这三者之间有时会存在冲突。评估工作人员和决策者应该尽可能地寻找它们之间的平衡点,在保持精确、完整的同时,尽可能地节约时间,提高工作效率。

1.4.3　投资项目评估的内容

①项目概况评估。
②项目建设的必要性评估。
③市场的评估。
④技术、工艺与设备的评估。
⑤项目实施计划评估。
⑥组织及管理评估与人力资源分析。
⑦投资估算与资金筹措。
⑧财务数据预测分析。
⑨财务效益评估。
⑩经济费用效益评估。
⑪不确定性分析。
⑫总评估。

1.4.4 投资项目评估的程序

项目评估主持机构有投资决策机构、投资决策机构的委托机构或银行等。

1）第一步：组建评估小组

评估小组视项目而定。其组成包括：技术人员、经济分析人员、市场分析人员等。

2）第二步：制订评估计划

内容包括评估目的、评估内容、人员分工、评估方法和进度安排。

3）第三步：收集评估资料

评估资料包括：

①可行性研究报告。

②项目背景资料。主要包括：产品市场状况、工艺技术、设备水平、原料供应、产品价格、生态环境、社会环境等。

③发起人背景资料，包括：资质、技术、管理、财力、人力、物力等。

4）第四步：项目审查评估

主要审查《可行性研究报告》内容的真实性、准确性和可靠性。包括：

①发起人和项目概况审查。

②项目建设的必要性审查。

③市场和项目规模审查。

④项目生产条件的审查。

⑤技术和设计分析。

⑥项目的投融资分析。

⑦财务数据审查和财务效益分析。

⑧经济数据审查和效益分析。

⑨项目风险分析。

⑩总评估。

5）第五步：编写评估报告，报有关部门审批，制订投资决策和贷款决策

1.5 投资项目评估与可行性研究的关系

1）联系

（1）可行性研究是投资项目评估的对象和基础

投资项目评估是在可行性研究的基础上进行的，可行性研究是投资项目评估的对象和基础。没有可行性研究就没有投资项目评估。

（2）投资项目评估是可行性研究的结果得以实现的前提

投资项目评估从微观和宏观两方面对可行性研究的结果进行综合判断。不经过投资项目评估阶段，就不能进行投资决策，可行性研究的结果就不一定最后成立。

（3）项目评估是可行性研究的延伸和再评价

投资项目评估工作是对可行性研究报告的各个环节重新进行的论证和审核，它是可行性研究工作的延伸和再评价。

2）区别

（1）主体有别

可行性研究通常由项目的投资者或主管部门主持；投资项目评估一般由项目投资的决策机构或项目贷款的决策单位（如贷款银行）主持和负责。

（2）次序不同

可行性研究在前，为投资决策提供必要的基础，是投资项目评估的前提；投资项目评估在后，是投资决策的必备条件，是建立在可行性研究的基础上，并利用其成果来进行。

（3）侧重点不同

可行性研究服务的主体是企业，侧重项目的建设必要性和生产建设条件分析，着重于项目的微观效益；投资项目评估的主体是提供贷款的机构，侧重于项目的经济效益和偿债能力分析，着重于项目的宏观效益。

（4）作用不同

可行性研究是投资者或企业投资决策的依据，除了对项目的合理性、可行性、必要性进行分析论证外，还要为项目规划多种方案，并从工程、技术等方面对这些方案进行取舍；投资项目评估是金融机构贷款决策的依据，是对项目的可行性研究报告进行系统的审查、核实，并作出评价和提出建议。

1.6　总　结

随着经济的发展，投资活动也日益增多，现代投资形式的多元化使得大众对投资概念的理解也不尽相同。但是透过表面的现象可以看到，各种投资活动本身是具有共性的，即它们的本质特征是一致的。从投资项目评估学科的角度来看，投资是指经济主体将一定的资金或资源投入某项事业，以获得未来经济效益的经济活动。投资是投资主体、投资目标、投资要素、投资形式、投资领域、投资行为、投入与产出之间关系等诸多因素的高度内在的统一。

投资是经济学的基本范畴，随着经济活动内容的不断发展和丰富，投资活动覆盖了很多领域，投资已经成为多层次、多侧面的经济概念。在不同的学科专业，投资的分类也不尽相同。按投资者对投资活动参与程度的不同,可分为直接投资和间接投资;按照资金投入的领域不同,可分为生产性投资和非生产性投资;按投资的地域划分,可分为国际投资和国内投资;按投资资金周转方式的不同,可分为固定资产投资和流动资产投资;按投资在扩大再生产中所起作用的方式不同,可以分为外延性投资和内涵性投资;按经营目标的不同,可以分为经营性投资和政策性投资等。

投资项目作为承担投资活动的主体,既符合项目的一般要求,也体现了投资固有的特性。它是在一定的技术和社会经济条件下,在规定的期限内,为完成某项开发目标而规划的方案、政策、机构以及其他方面的综合体。投资项目是需要花费一定资金以获得预期收益的一系列活动,具有独特的时间(项目寿命期)和独特的空间(场址),是一个便于计划、筹资和实施的合乎逻辑的单位。

可行性研究是在投资决策前,对拟建项目进行全面的技术经济分析的科学方法和工作程序。它通过一系列的调查研究,在市场分析、技术分析和对项目的资源条件等方面进行分析的基础上,进行项目的财务评价、经济评价和社会评价,论证项目在技术上的先进性和适用性,在经济上的合理性和营利性,对社会发展目标的作用及其与社会的相互适应性,从而为投资决策提供可靠依据。

投资项目评估是指投资决策部门或贷款机构(主要是金融机构)对上报的建设项目可行性研究报告进行的再分析、再评价。管理者在项目监测的基础上,分析评价项目活动对项目目标的相关性和项目的投入、产出、效果及影响的动态过程。

投资项目评估与可行性研究既有联系也有区别。它们的联系表现为:可行性研究是投资项目评估的对象和基础;投资项目评估是可行性研究的结果得以实现的前提;项目评估是可行性研究的延伸和再评价。它们的区别在于:两者主体有别;先后次序不同;评估的侧重点不同;发挥的作用也不同。

思考题

1. 投资的含义和分类。
2. 投资项目的内容和特征。
3. 投资项目的分类。
4. 可行性研究的作用。
5. 投资项目评估的原则。
6. 可行性研究与投资项目评估的关系。

第2章 投资项目概况与建设必要性评估

总是等到机会不再是机会了,我才看出那是机遇。

——马克·吐温

学习目标

◆ 掌握投资项目概况评估的概念和基本内容。
◆ 理解投资项目建设必要性评估的概念。
◆ 掌握投资项目建设必要性评估的思路与方法。

重点、难点

◆ 投资项目建设必要性评估的应用。

知识结构

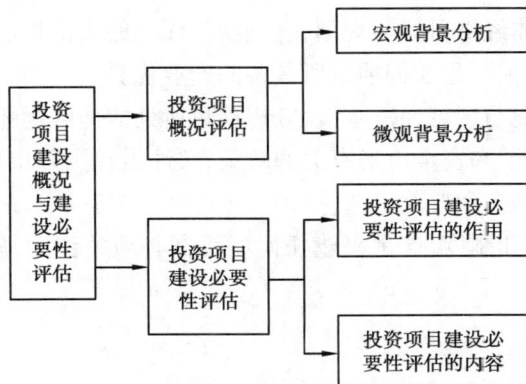

投资项目概况评估是指项目评估者根据投资者提供的有关资料,对项目的整体情况进行评审,包括对项目提出背景、项目发展概况、项目投资环境等内容所做的调查、研究、分析、考核与评价工作。通过投资项目概况评估,可以分析项目的背景条件是否完备,项目的未来发展预期是否能得以保证,以及项目的投资环境是否有利于项目的建设和经营运作,并根据评估内容得出相应的评估结论。投资项目建设的必要性评估主要是针对所确定的生产目标,分析和评价投资项目是否有必要进行投资建设,以及项目建成投产后所生产的产品或服务是否满足社会的需要。

2.1 投资项目概况评估

投资项目概况评估的首要任务是进行项目审查,初步确定项目的大致情况。具体审查的内容包括:(中远期)发展目标、(现有的和可能达到的)技术水平、(内部)组织机构、(可利用的)人力资源、(当前的)财务状况、(可能的)合作者及其资源等。

2.1.1 投资项目宏观背景分析

投资项目的宏观背景分析主要是考察和评价项目是否符合国民经济发展的需要,与国家一定时期的方针、政策、规划等是否保持一致,这是项目能否通过评估的基本条件。对投资项目宏观背景的分析主要是从以下两个角度来进行:

1)项目建设应符合国民经济和社会发展的战略目标、战略步骤和战略重点

市场经济的发展需要对有限的资源进行优化配置。投资作为经济发展的推动力,也对国民经济具有一定的调节作用,其作用的发挥主要是通过投资方向的调节来实现的。项目建设顺应国民经济的发展需要,适时调节资源余缺,有利于国民经济结构的稳固,就能进一步促进国民经济的平衡发展。特别对于大型、影响力较大的项目,尤其要重视宏观经济评价。主要关注以下政策:

①现阶段政府的总体经济目标与规划,这是项目成立的大前提。

②有关的产业政策,主要是挖掘项目所具备的产业优势。

③区域经济发展状况与区域经济政策,分析项目所处的地区优势。

④与进出口贸易、外汇和资金市场有关的政策,关注点在国际市场的变化情况。

⑤关注税收政策的倾向和变化。

⑥相关的法律、法规和制度,这是兴建任何项目都必须关注的,所有项目的实施都要在法律框架内进行。

专栏 2-1

商业性房地产信贷管理新政策

2008 年 8 月 27 日,央行和银监会联合下发《关于金融促进节约集约用地的通知》,要求各金融机构严格商业性房地产信贷管理,实际上是限制金融机构贷款给开发商买地。专家认为,央行银监会出台此政策,是政府减少房地产损失、规避银行风险的紧急调控。由于各上市房企负债率大幅增长,房地产大户万科、金地、振业等都是"债台高筑"。过去一年的时间我们可以清楚地看到,万科、中海、金地等房地产龙头企业都选择了通过降价快速销售回笼资金,但是成效甚微。

所以，目前各房地产企业应该谨慎投资，尤其是在购买新地皮的时候要密切关注新政策。

2）项目建设应该符合地区和行业的发展规划

项目所处行业的政策和建设区域的规划对投资项目的建设具有一定的指导和规范作用。事先对行业政策和区域规划进行分析，能够做到事半功倍的效果。具体分析内容如下：

①项目建设应有利于地区优势的发挥和增强地区的经济实力，合理利用地区的资源。

②项目建设要与行业发展规划相适应，避免盲目、重复建设，密切关注产品在行业内的质量是否优先以及效益水平的高低。

③项目建设要有利于科技成果转化为生产力，开发应用新技术应弥补行业新产品的空白。

专栏2-2

重庆中央商务区建设的背景分析

1996年，重庆提出修建中央商务区（CBD）。1998年的总体规划中，重庆CBD立足渝中区，辐射沙坪坝、南坪、杨家坪、观音桥，并通过对寸滩、空港物流基地等一批现代物流设施的建设，构建现代商贸流通服务体系。CBD的近期和远期工程分别在小什字—解放碑地区和新牌坊地区。但是项目具体建设实施选址的时候，最终确定为"解放碑—江北嘴—弹子石"构成的"金三角"地区。主要原因在于：经过反复考察和权衡，由于新牌坊地区在发展过程中，以前的商贸服务功能被政治功能和新兴的商品住宅规划替代，其作为中央商务区的优势逐渐消失，因此被放弃而重新选址。

在实施规划方案的设定中，"解放碑—江北嘴—弹子石"的区域分工如下：

解放碑商贸：商贸中心，以商贸为主要功能，也包括部分商务办公职能。

江北嘴现代商务区：商务中心，以商务办公职能为主，同时包括部分商贸职能。

弹子石地区：服务中心，承担配套服务功能，包括高级住宅、公寓、酒店、文化设施等。

2.1.2 投资项目微观背景分析

微观背景分析是指从投资项目的发起人和项目本身入手，分析发起人是否具备项目投资建设的能力，分析项目本身是否具有合理性，考察项目投资建设的理由，也包括对投资环境进行分析。

1）投资项目发起人单位分析

投资项目发起人主要是指投资建设项目的企业、机构或个人。以发起人中最具有代表性的企业为例，需要从企业的基础条件、管理水平、财务状况、经营业绩和信用程度等方面入手，具体指：

（1）企业的基础条件

分析企业的历史沿革，对建设规模、组织架构和人员设置、技术水平进行深入研究，结合市场条件和经济体制的变化，充分了解企业的特点，考察企业是否具备投资建设项目的水平。

（2）企业的管理水平

投资者的管理水平是投资项目是否能够成功的关键因素。通过对其管理能力的考察，可以判断他是否具备管理项目的实力。同时还要分析企业的管理机制，包括生产机制和经营机制。还要了解高层管理人员今后的动向和长期发展计划，观察企业是不是具备长期投资的能力和条件。

（3）企业的财务状况

通过对企业的财务数据进行整理，详细分析其最近 3 年的资产负债表、现金流量表和利润表，从整体上把握企业的资本、负债及所有者权益，以及现金流动和利润的状况。

（4）企业的经营业绩

这主要是对投资者进行分析，包括分析投资者的投资利税率、市场占有率、产销率等，从而全面评价投资者的经营业绩。

（5）企业的信用程度

这主要是对企业的信用交易活动的全过程和企业诚信经营行为进行分析。通过了解企业的信用管理政策、信用风险管控、信用销售，以及债权保障、回收应收账款等各交易环节的现状，评估企业信用交易和获取信用资源的能力。

2）投资理由及意向分析

在确定项目发起人的实力之后，还需要对提出投资项目的理由和投资意向进行分析评估。主要分析投资项目能否给行业、地区、部门和企业发展带来的益处，以及投资是否能更充分地利用有限的资源、降低能耗、增加产品的附加价值，能否提高产品的竞争力、弥补地区空白，抑或能否增加出口或替代进口、扩大就业等。

3）投资环境分析

投资环境是对影响项目投资行为的各种外部因素的总称，包括项目建设地区对建设项目的优惠政策、社会基础设施和协作条件、原料供应状况、交通运输和自然资源条件等。按照具体内容的不同，投资环境通常可以分为软环境和硬环境。软环境一般是指吸引投资的政策和措施，政府对投资的态度与办事效率，服务机构设置与科学文化发展程度，以及法律、经济制度、经济结构等社会、经济与政治环境。硬环境一般是指与项目相关的交通运输条件、邮电通信和城市基础设施、原材料供应条件、自然资源、资金和技术等项目建设的必要条件，以及生产生活服务等第三产业的发展状况。

对投资环境的分析评估主要从以下 3 方面进行：

（1）社会政治环境评估

投资项目建设的社会政治环境评估主要是指对政治环境、社会意识形态和法制建设等的评估。主要是考察与评估国家、地区的社会安定、政治稳定程度，政府对投资者的态度，政府的办事效率；项目所在地的风俗习惯、宗教信仰，人们的价值观、生活方式、社会关系和文化素质；以及与项目实施有关的法律是否完善和有效，能否保证投资者权益等。

（2）经济环境评估

投资项目建设的经济环境评估是对经济发展水平、经济结构和生产要素市场及其结构的评估。即分析考察全国、地区的经济发展现状和趋势、经济发展稳定程度；项目所在地的劳务、资金、生产资料和土地供应等市场机制、市场政策、市场规模与发展趋势，并且将其与市场距离、运输条件、税收优惠程度等条件结合起来进行综合评价。

（3）自然、技术和物质环境的评估

这主要包括对自然环境、技术环境和基础设施的评估。分析考察项目所在地的地理位置、交通、通信、公用设施、地质和气候等条件；各种可满足投资者的物质资源的品种、产量、分布状况和可供应条件；人才资源的素质、文化程度、技术水平和可供应量；当时的技术政策、科技发展水平、科技人员素质与数量、科技结构与组织机构等。

2.2　投资项目建设必要性评估

投资项目建设的必要性评估就是对可行性研究报告中提出的项目必须建设的理由及建设的重要性进行重新审查、分析和评估。一个项目是否可行，取决于它是否存在投资建设的"必要性"，这是通过项目产品的市场需求来衡量的。只有投资项目的产品能够被社会需要，存在市场需求，才能够给投资者带来财务效益，从而为社会经济带来效益。所以，必要性分析是开展市场调查和预测，了解市场供求状况，拟订建设规模和生产方案的前提。

2.2.1　投资项目建设必要性评估的作用

1）保证投资项目规划和投资决策的正确性

必要性评估是项目决策的前提条件，也是投资项目能否成立的重要依据。通过投资项目建设的必要性评估，可以确定项目建设的必要性程度，确保投资资金的正确投向，保证投资项目规划和投资决策的正确性。

2）控制投资项目建设规模

投资项目建设的必要性评估需要对相关行业、地区和部门的信息资料进行分析和评价，通过对项目产品未来市场的供求情况进行调查预测，论证分析产品的市场竞争力，能够正确制订项目的生产规模，避免重复生产和盲目建设的情况出现。

3）增强项目产品竞争能力

通过对投资项目产品的生产能力和市场竞争能力的调查预测,分析未来市场的供求状况和项目产品的性能、质量、价格等要素,有利于进一步提高项目的投资效益和市场占有率,降低投资风险。

4）指导投资者和贷款机构选择正确的投资方向

投资项目的必要性评估需要对国家的宏观经济政策、行业或地区的发展规划进行分析考察,掌握国家不同时期的经济政策和投资方向等信息。投资者和贷款机构通过对这些资料的了解,能够根据国家的方针政策调整资金投向,择优选择投资项目,实现资源的优化配置,满足国家与地方经济发展的需要。

2.2.2　投资项目建设必要性评估的内容

投资项目建设的必要性受到各种条件和因素的制约与影响。从宏观和微观两方面来看,评估内容主要包括以下两方面:

1）投资项目建设的宏观必要性评估

（1）项目建设是否符合国民经济发展及社会长远发展规划需要

对投资项目建设进行宏观必要性评估,需要重点考察项目建设是否符合国民经济平衡发展和布局经济的需要,以及是否符合国家的产业政策。如果项目建设符合国民经济发展的长远目标,对国民经济平衡发展具有一定作用,则可认为项目的建设是必要的;否则,则认为项目的建设是不必要的。这一点对大型投资项目尤为重要。

（2）项目建设是否符合区域经济需要

一个国家、一个地区的经济开发总是具有一定先后顺序,按照"梯级开发"的规律,以发达地区的经济逐步带动落后或不发达地区经济的发展。合理的经济布局能够减少运输费用和生产成本,可以有效地利用各种资源,加快信息的传递,以同样的投资取得较好的经济效益。投资项目的建设应该符合区域经济布局的需要,促进地区间和地区内部的分工协作,从而达到促进地区经济和整个国民经济发展的目的。

（3）项目建设是否符合国家产业政策

产业政策是政府为了实现一定的经济和社会目标而制定的有关产业的一切政策总和,它在某种意义上最集中地反映了政府希望通过调整投资结构来实现经济发展目标的强烈愿望。产业政策确定了整个国民经济优先发展的产业和需要抑制发展的产业,对投资项目建设具有一种指导作用,引导投资者把资金投向鼓励发展的产业。如果投资项目属于产业政策中政府鼓励发展的行业,那么它在整个国民经济中所占比例将会增加,未来发展前景看好。

2）微观必要性评估

（1）项目产品是否符合市场的要求

这主要是对投资项目产品的市场供求的审查、分析和评估。投资项目的建设与整个社会的需求密切相关。随着社会经济的不断发展,人们的消费倾向也不断发生变化,因此要分析拟建项目的市场需求和供给状况,主要目的在于掌握市场需求量的大小和市场占有率的大小。

对产品需求量的调查,不仅要考虑现实销售量,而且要调查潜在需求量对销售量和价格的影响,具体包括:①现有市场对拟建项目产品的需求量和销售量,是供不应求还是供过于求。②市场潜在的需求量是多少,该产品在市场上可能达到的最大需求量是多少。③不同市场对该产品的需求情况,以及每一个市场的饱和点及潜在的能力。④开拓国际市场,研究如何打入国际市场。⑤研究国内外市场的变化动态和未来发展趋势。

对产品供应能力的调查应充分考虑潜在供应能力的增加,通过调查在建项目、规划项目的生产能力来确定投资项目的生产能力,避免盲目生产造成的滞销。如果市场现实供应量小于实际生产能力,则应分析其成因。如果是由于原料供应等引起的开工不足,应该核实材料供应,以免碰到类似的问题;如果是人为减少供应量,就需要考虑目前市场的状况,分析是生产厂家为了提高价格而故意减少供给,还是其他原因造成的,并事先给出解决办法。关于产品供应能力的分析主要从4方面入手:①调查全国或本地区该产品的现有生产能力,了解现有生产能力未被利用的比例及原因,防止错误估计供给量。②根据企业的计划分析现有企业增产潜力的大小。③了解该产品的拟建或在建项目的生产规模和竣工日期,以估计新增生产能力的大小。④对产品的库存及出口情况进行调查。

（2）项目产品是否具有市场竞争力

投资项目生产的产品是否具有竞争能力,直接决定着项目投产以后的经济效益,这是不容忽视的一个环节,也是对投资项目必要性进行分析不可或缺的一个环节。对拟建项目产品竞争能力的分析主要包括以下内容:

①注意市场对产品品种、规格、性能和质量的要求。产品是项目投资的核心。通过前期的市场调查,需要确定投资项目生产产品的基础品种、规格、质量等基本情况。

②注意产品的寿命期。项目产品的生产策略需要根据产品所在市场的状况进行调整。产品的寿命期分为4个阶段,各个阶段的市场经营策略也不尽相同。

首先是导入期。新产品刚进入市场,消费者还不熟悉,过一段时间销售量才可能上升。这个阶段要控制产品的产量和单价,加大营销手段和广告支出,让新产品能够迅速为市场接受,尽可能减轻消费者对新产品的陌生感。

其次是成长期。经过前一阶段的推广,产品已被广大消费者熟悉,销量开始上升。这个阶段通常是产量提升和价格调整的阶段,企业的利润也会有所上升。企业进入了盈利阶段,就有可能获得最佳利润。

再次是成熟期。产品已逐步满足市场需要,同类型竞争商品也进入了市场,销量基本处于稳定状态,定价也基本不再变动,市场趋于饱和。这时发起人需要思考新的投资项目或新型产品来应对产品衰退期的利润下滑。

最后是衰退期。产品逐渐被新产品代替,销量下降,最后被市场淘汰。这是产品在市场上的必经之路,发起人应该提前做好准备,用新产品来稳固市场。

③考虑产品定价的合理性。产品的定价需要考虑产品的一般成本。对于新生产出来的原创型产品，其定价主要是研发过程耗费的成本与生产制造成本加上合理的利润预期，与其他产品类似。但是功能或包装上有所改变的跟进型产品的价格则需要对比同类型产品进行定价。

（3）项目建设是否符合企业自身发展的需要

一个企业的发展有多种途径，包括改变产品结构、扩大生产能力、拓宽经营范围等。无论选择哪种途径，一般都离不开投资。拟建项目应该符合企业发展的要求。评估人员首先要了解承担项目的企业的发展规划和要求，把企业的发展与全国的发展规划和地区或部门发展规划结合起来进行分析，判断企业的发展是否与大环境吻合；然后把项目投资与企业的发展规划和要求结合起来进行分析，看其是否符合企业发展规划和要求。

（4）项目建设是否有利于科技进步

近年来，科学技术的新现象、新特点带来了生产力和经济增长的新趋势：即科学技术对生产力的发展起第一位的推动作用，科学技术进步已成为生产发展的主导因素。科学技术以渗透的方式凝结于生产力的实体要素之中，使生产力发生了质的变化。科学技术已远远地走在生产的前头并推动生产力的发展，科技进步在社会经济增长中的贡献率迅速上升。科学作为精神生产力转化为物质生产力，增加社会财富，必须经过一定的途径才能实现，其中之一即为通过投资把科研成果变成社会需要的产品。在现实经济生活中，有许多项目都发挥着这方面的功能。对于此类项目，考察其是否具有必要性，还要从这些方面入手：首先对科研成果进行分析、评估，看其是否有转化为社会生产力的必要性和可能性；然后考察拟建项目是否具备这方面的能力。如果能够通过拟建项目的建设尽快地把科研成果转化为生产力，则认为项目是有必要的。

（5）项目建设是否可以取得较好的经济效益、社会效益和环境效益

项目能否取得较好的经济效益、社会效益和环境效益，而且达到3个效益的统一也是需要考察的一个重要因素。拟建项目除了上述的符合各级政府的发展规划、产业政策、适应市场的要求、把科研成果转化为社会生产力的要求外，还要着重看项目投产后能否取得较好的经济效益、社会效益和环境效益，并且达到3个效益的统一。首先分析项目投产后可能取得的经济效益、社会效益和环境效益，然后看这些效益能否达到有关部门的标准，能否统一。

2.3 总　结

投资项目概况评估是指项目评估者根据投资者提供的有关资料，对项目的整体情况进行评审，包括对项目提出背景、项目发展概况、项目投资环境等内容所做的调查、研究、分析、考核与评价工作，主要是对投资项目的宏观背景和微观背景进行分析。

　　投资项目的宏观背景分析主要是考察和评价项目是否符合国民经济发展的需要,与国家一定时期的方针、政策、规划等是否保持一致,这是项目能否通过评估的基本条件。对投资项目宏观背景的分析主要是从两个角度来进行:一是否符合国民经济发展的需要;二是否符合相关政策。

　　微观背景分析是指从投资项目的发起人和项目本身入手,分析发起人是否具备项目投资建设的能力,分析项目本身是否具有合理性,考察项目投资建设的理由,还需要对投资环境进行分析。

　　项目建设的必要性评估就是对可行性研究报告中提出的项目必须建设的理由及建设的重要性进行重新审查、分析和评估。它受到内外各种条件和因素的制约与影响。从宏观方面来看,需要评价投资项目建设是否符合国民经济发展及社会长远发展规划的需要,是否符合区域经济发展的需要,是否符合国家产业政策;从微观方面来看,需要评估投资项目产品是否符合市场的要求,是否具有市场竞争力,项目建设是否符合企业自身发展的需要,是否有利于科技进步,是否可以取得较好的经济效益、社会效益和环境效益。

思考题

　　1. 对投资项目的宏观背景进行分析。

　　2. 对投资项目的微观背景进行分析。

　　3. 投资项目建设的必要性评估的作用。

　　4. 投资项目建设的必要性评估的内容。

案例 2-1

泉州鲤城江南片区市政道路一期工程项目

——投资项目概况评估

　　一、泉州市区交通概况

　　泉州市是国务院首批公布的全国 24 个历史文化名城之一,是海峡西岸繁荣带的重要组成部分,也是闽东南沿海 3 个中心城市之一。

　　改革开放以来,泉州的交通基础设施取得了显著成绩。拓改了国道 324 线、省道 305、306 线等,建成了福泉、泉厦高速公路。泉州至三明高速公路的建设也正在准备阶段。至此,向外辐射的交通网络基本形成。随着国民经济的高速发展,泉州的流动人口、过往车辆日益增多,迫切要求对外辐射的交通能力要与之相适应,因此,需要新建过境环城路和拓改旧公路。

　　二、鲤城区概况

　　泉州市鲤城区是市辖 4 个区之一,国土面积 52 平方千米,人口 26.4 万人,下辖开元、组中、海滨、临江 4 个街道办事处和江南、浮桥 2 个镇,是泉州市政治、经济、科技、文化、金融、商贸、交通中心区。

近20年来,鲤城区的经济和社会面貌发生了巨大变化。1997年8月,行政区划调整后,新一届区委、区政府立足区情,确立"5年再造一个鲤城"的宏伟目标,制定和实施了"跨江发展""小城区、大商贸"和"科教兴区"三大战略,为"十五"计划和今后的经济和社会发展奠定了良好的基础。2000年完成国内生产总值70.07亿元,"九五"后3年年平均递增11.9%;人均国民生产总值2.65万元,是全省平均水平的2.26倍。财政总收入达3.88亿元,其中区级财政收入达2.4亿元。

三、江南片区概况

江南片区又称江南浮桥组团,系泉州中心城区八大组团之一,包括江南、浮桥两个镇,土地面积45平方千米,人口6.5万人,辖37个行政村(居委会),地处普江下游南岸,与泉州市中心城区隔江相望。国道324线、省道306线从其境内穿过,交通便利,区位优势突出。近几年来,江南浮桥组团经济保持高速增长态势,经济增长率保持在15%~22%。2000年工农业总产值达41亿元,出口交货值近12亿元,财政收入9 000万元,农民人均纯收入5 900元。经过几年努力,江南新区已具备较好的建设条件和发展基础。

江南新片区作为鲤城区的辖区也是泉州将来发展的新市区。由天津城市规划设计院和泉州城市规划设计院编制的《泉州市江南池店组团分区规划》已经专家评议通过并上报获批,中南市政设计研究院编制的《泉州市江南池店组团市政工程规划》也已完成。目前,江南新区的开发建设正在逐步实施。

案例 2-2

泉州鲤城江南片区市政道路一期工程项目

——投资项目建设的必要性评估

一、是加快泉州中心城市跨江拓展建设步伐的需要

"十五"期间,泉州中心市区人口要扩至65万人,建成区面积要达到50平方千米以上,因此"东进、南下、西拓"是市委、市政府提出的为加快泉州中心城市建设步伐、推进城市化进程的具有战略意义的重大举措。搞好江南浮桥组团的重点市政工程项目,加快江南新区的开发建设,实现跨江发展战略,从其对中心城市发展的作用来看,具有扩大中心城市建成区规模、增强中心城市聚集、辐射功能的重要意义。

二、是加快发展和实施经济结构调整的需要

泉州江南高新技术电子信息产业园区位于江南新片区内。搞好江南新片区的重点市政工程项目,加快江南新区的开发建设,可进一步完善与泉州江南高新技术电子信息产业园区建设的配套设施方案,促进该园区早日建成,使鲤城区的经济结构调整顺利实施,更好地改造提高传统产业,淘汰落后工艺技术和设备,实现传统产业质的提高和扩张,重点发展高新技术成果转化与电子信息产业。市政道路一期工程建成后,还可促进示范园区内农业科技成果转化推广,对推进农业体制创新,改造传统农业,加快农业现代化,研究利用高科技开发加工高附加值农副产品,形成有特色的产业化农业,有十分积极的意义。

三、是培育新经济增长点的需要

一期道路工程建成后,可加快江南新区的滚动开发,形成一个舒适、方便的生活商住区。除了高新技术电子信息园区以外,其他几个工业园区也大大受益,有利于泉州中心市区各大片区的交通往来,也有利于鲤城区各行各业的发展,以培育新的经济增长点。

四、有利于缓解泉州中心城区过境交通压力

改革开放以来,泉州的交通基础设施建设取得了显著成绩,拓改了国道 324 线、省道 305、省道 306 线等,建成了福泉、泉厦高速公路。但是随着国民经济的高速发展,流动人口、过往车辆日益增多,市区过境的 324 线日交通量在 3 万辆以上,交通压力很大,事故频繁。因此修建江南片区一期道路工程,特别是其中的外环路,使过境泉州市区 324 线公路的运输车辆可以经由清蒙开发区与 324 线交界处从紫帽山与乌石山之间的西外环路向丰洲、北峰大朋山隧道—官头一线从市区的西、北、东双向行驶过境,以减轻中心市区的交通压力。

第 3 章　投资项目市场分析

不研究资料便进行投资,有如玩扑克牌而不看牌一样。

——彼得·林奇

学习目标

◆了解市场分析的基本思路。

◆掌握投资项目市场分析的主要内容。

◆熟悉投资项目市场调查与市场预测的方法。

重点、难点

◆投资项目市场调查资料的收集整理。

◆投资项目市场预测方法的应用。

知识结构

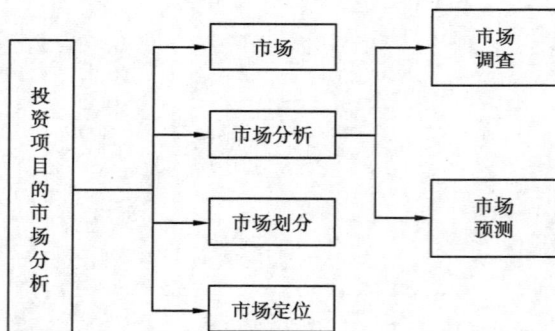

　　市场分析是以整个市场为对象,研究投资项目所生产产品的市场状况,通过对市场的规模、位置、性质、特点、容量的调查与分析,研究预测产品在市场上的潜在销售量,制订销售战略,在地区之间合理分配。通过市场分析,掌握产品的供求关系,考虑企业的整体发展战略,为产品生产规模的确定和地址的选择打下基础。

3.1　投资项目市场分析概述

投资项目生产产品既是为了满足消费者的需求,也可以引导消费者对新产品和新服务产生的新需求,并在此过程中获得预期的经济效益。产品的生产和交换需要在市场进行,投资活动起于市场,也终于市场。在市场经济环境下,所有的经济活动都是围绕市场主体展开的。

3.1.1　市场

1)市场的含义

在古代,人们把固定时段或地点买卖双方进行交易的场所称为市场。现阶段,市场已经不单单指交易场所,还包括了所有的交易行为。从广义上来说,所有产权发生转移或交换的关系都可以称为市场。因此,市场是一个有多种含义的概念。

①市场是买卖双方交换商品和劳务的场所。

②市场是一定经济范围内商品交换所反映的各种经济关系和现象的总和。

③市场是指某种产品的现实购买者与潜在购买者的总和。

从企业或卖方的角度来理解市场的含义,可以用公式表示为:市场 = 人口 + 购买力 + 购买欲望。市场是上述 3 个因素的统一,这 3 个因素相互制约、缺一不可,只有三者结合起来才能构成现实的市场,才能决定市场的规模和容量。如果一个国家和地区人口众多,但收入很低,购买力有限,则不能构成容量很大的市场;如果一国的购买力很大,但人口很少,也不能构成很大的市场。只有人口多,购买力又高,才能成为一个有潜力的大市场。但是,如果产品不适合需要,不能引起人们的购买欲望,仍然不能成为现实的市场。

2)市场的特征

现代市场是一个复杂的、多层次的和发展的概念。市场通过各种信息反馈,直接影响着企业的生产计划和销售计划,同时为产、供、销提供了交换场所、时间和条件,从而实现生产方、经营方和消费者各自的利益。市场的发展不断推动社会分工和商品经济的发展和进步,它的特征是由市场的构成要素的特征体现的(图 3-1)。

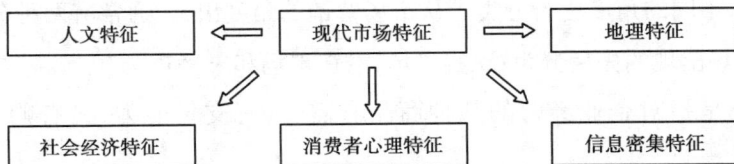

图 3-1　现代市场特征

（1）人文特征

人文是指人类社会系统的各种社会现象，包括人们的态度、观念、信仰、认知等。人们为了满足某种需要，利用自然物质加以创造，促使了产品的生产。消费者的年龄、性别、收入、教育水平、家庭规模、宗教和种族等直接反映自身特点的人文因素特征，使得市场更加多元化。

（2）地理特征

由于自然地理条件和经济发展程度等因素的影响，消费者的地理分布是不均匀的。消费者的集中程度不同，市场大小不同；消费者的消费习惯不同，则市场的需求特征不同。产品市场需要结合地理特征进行生产布局和制订营销策略。

（3）社会经济特征

社会经济增长主要是通过增加劳动力和提高劳动生产率来实现。市场所提供的生产要素和资源环境的承载能力是决定经济增速的基础要素。资源、环境、人口结构、劳动力供给与需求等社会经济特征会对产品的生产规模和种类、生产经营策略起到决定作用。原来以扩大规模为主的增长方式和以工业产业为主的经济结构，已经不能适应变化的国际、国内市场结构，消费需求逐步成为拉动经济增长的主导动因，经济增长方式和结构需要优化升级，这将促使新的投资项目产生。

（4）消费者心理特征

消费者的心理会直接影响其对产品的购买决策。消费者之所以决定选择某种产品，是因为他个人认为该产品比其他竞争品牌能给他带来更大的效用或价值。这种"价值"更多地取决于消费者对该产品的心理状态。现代市场营销的重要任务之一就是研究消费者心理，分析消费者个人或群体的认知、选择、购买、使用产品或服务的过程，来研究消费者对产品的认同和接受程度。

（5）信息密集特征

随着信息技术的发展进步，特别是微电子技术的广泛应用，世界信息经济的结构产生了引人瞩目的变化：消费者获取产品信息的渠道越来越广，速度越来越快，数量越来越多。产品单一、规模单调的传统生产经营理念已经不适合现代的市场竞争，信息经济促使生产更加机动灵活，产品种类丰富多彩，更符合人们的实际生活需要。

3）**市场的分类**

市场可以从不同的角度进行分类。从市场营销的角度出发，通常有两种分类标准：

（1）根据市场出现的先后分为：现实市场、潜在市场和未来市场

①现实市场是指对企业经营的某种商品有需要、有支付能力，又有购买欲望的现实顾客。

②潜在市场是指有可能转化为现实市场的市场。

③未来市场是指暂时尚未形成或只处于萌芽状态，但在一定的条件下必将形成并发展为现实市场的市场。

（2）根据买方特点和不同购买目的划分为：消费者市场、生产者市场、中间商市场和政府
市场

①消费者市场是指为了个人或家庭消费而购买商品或劳务的个人或家庭所构成的市场。消费者市场是现代市场营销理论所研究的主要对象。

②生产者市场又名产业市场或企业市场。它是指一切购买产品和服务并将之用于生产其他产品或劳务，以供出售、出租或供应给其他人的个人或组织。

③中间商市场是指那些采购商品再转卖或出租给他人以获取利润的个人或组织，主要包括各种批发商、零售商、经销商和代理商。

④政府市场是指政府各级机关、各类社会团体及其他各种非营利性机构所组成的市场。

3.1.2　市场分析

市场分析是在市场调查和供求预测的基础上，根据项目产品的竞争能力和竞争者等要素，分析和判断项目投产后所生产的产品的未来销售问题。

1）市场分析的作用

（1）市场分析结果影响项目决策

市场分析主要是对投资项目未来生产的产品在市场上的供求状况进行调查预测。产品所带来的经济效益是投资回报的决定因素，因此产品有无市场会影响投资项目能否通过决策。

（2）市场容量大小影响项目建设规模

通过规模经济理论进行项目建设规模的分析，主要数据来自于市场对产品的接收程度和接受数量，即未来市场对产品的供求预期，或者竞争者的情况、产品的竞争水平等因素，这些都将直接决定项目建设规模的大小和投资资金的数额。

（3）市场预测准确与否影响项目决策、贷款决策

市场供求状况和预测是确定产品价格的主要因素，也是制订产品营销策略、人员组织架构、生产成本预测、投资估算的基础，对投资项目的财务效益和费用估算意义重大，也间接影响项目决策和贷款决策。

（4）市场预测分析影响企业未来发展

通过对未来产品所面临的市场进行调查，收集整理的相关数据会对产品未来的销售状况和利润金额进行预期，市场分析的结果对企业制订未来的发展战略具有指导作用。

2）市场分析的内容

（1）分析、判断影响产品需求量的因素

对投资项目生产的产品需求量的调查，主要是对市场需求总量、市场需求结构、消费者购买动机和行为、需求变动因素等方面的调查。具体的调查内容和调查方法见图3-2。

调查项目	调查内容	调查方法
市场需求总量	消费需求、投资需求、出口需求	趋势分析、抽样推断、数学模型
市场需求结构	大类结构、小类结构、品种结构	家计调查、零售额分类、销售分析
消费者购买动机与行为	何时何地购买、购买多少、由谁买	问卷调查、深度访谈、焦点座谈
需求变动因素	经济增长、居民收入、信贷物价等	现成资料分析、调查资料分析

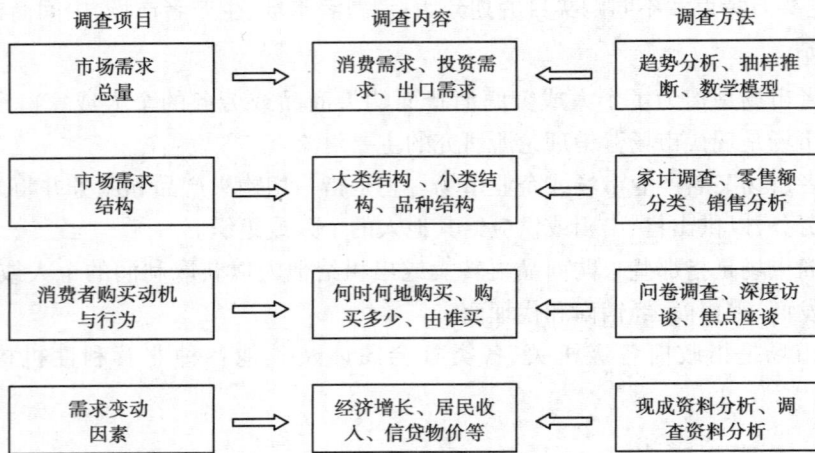

图 3-2　影响产品需求量因素的调查

（2）分析、判断影响产品供给量的因素

影响投资项目未来生产产品的市场供给量的因素较多,主要包括市场供给总量、市场供应结构、市场供应状况、供应变动因素和市场供求关系等方面(图 3-3)。

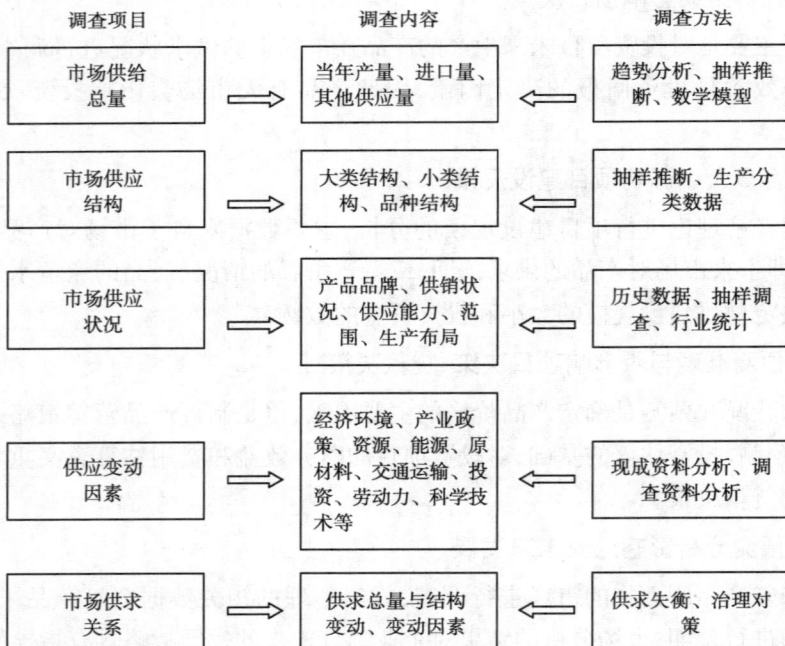

调查项目	调查内容	调查方法
市场供给总量	当年产量、进口量、其他供应量	趋势分析、抽样推断、数学模型
市场供应结构	大类结构、小类结构、品种结构	抽样推断、生产分类数据
市场供应状况	产品品牌、供销状况、供应能力、范围、生产布局	历史数据、抽样调查、行业统计
供应变动因素	经济环境、产业政策、资源、能源、原材料、交通运输、投资、劳动力、科学技术等	现成资料分析、调查资料分析
市场供求关系	供求总量与结构变动、变动因素	供求失衡、治理对策

图 3-3　影响产品供给量因素的调查

（3）分析项目的产品

对项目产品的分析从两个方面进行:一是分析产品的功能和特性,二是分析产品的生命周期。产品的功能与特性分析就是研究产品与同类产品相比,在功能和特性上具有哪些优势,市场占有率可能达到什么水平,是否具有市场竞争力等。产品的生命周期是从产品发明研制开始,经历进入市场、销售增长、市场成熟和退出市场等阶段。对产品的生命周期进行分析,主要是确定投资项目投产时所处的阶段,从而判断项目产品进入市场的时机,这对投资决策起到关键作用。

（4）分析项目的竞争力

通过分析项目的竞争力,对产品未来的市场进行分析预测,判断项目的市场前景,是市场分析的重要任务。项目所提供的产品或服务只有满足消费者的需求,市场前景看好,项目才存在意义。通过对市场调查阶段收集到的各种数据进行整理和分析,用科学的预测方法对产品未来销售状况进行预测,能够准确把握市场前景,并制订相应的生产策略。

专栏 3-1

沃尔玛的核心竞争力分析

沃尔玛从建店伊始经过几十年的发展,已经成为美国最大的私人雇主和世界上最大的连锁零售商。2002—2005 年在《财富》全球 500 强中它连续 4 年位居榜首。沃尔玛在长期的经营过程中,形成了自己独特的经营之道,并逐渐形成了自己的核心竞争力。其核心竞争力及其培育之道,可以归纳为以下 5 个方面。

一、天天平价——低成本核心竞争力的培育

零售业的关键是顾客满意度。"天天平价"作为沃尔玛长期奉行的经营宗旨,也正是沃尔玛着眼于顾客的举措。这里的平价不是定期或不定期的减价促销活动,而是长期稳定地保持商品低加价率。要保证低价格竞争战略的实施,关键是低成本核心竞争能力的培育,其前提就是要从各个环节降低成本。

1. 控制进货成本

进货成本是零售企业成本控制的关键。在进货方面,沃尔玛采取了以下降低成本的做法:一是采取中央采购制,尽量实行统一进货。尤其是对在全球范围内销售的高知名度商品,如可口可乐、柯达胶卷等,沃尔玛一般是将一年销售的商品一次性签订采购合同。集中采购提高了企业与供应商谈判中的议价能力,有利于降低商品采购成本。二是和供应商采取合作的态度。沃尔玛除宣称不收取供应商的任何进场费用之外,还主动为供应商提供必要的信息技术支持,通过计算机联网实现信息共享。供应商可以第一时间了解沃尔玛的销售和存货情况,及时安排生产和运输。供应商因效率的提高而成本降低,沃尔玛也依靠供应链管理取得了成本优势,将从中获得的优惠让利给顾客。

2. 控制物流成本

物流成本控制是衡量零售企业经营管理水平的重要标志,也是影响零售企业经营成果的重要因素。沃尔玛建立了强大的配送中心系统,拥有全美最大的公司卫星通信系统和最大的公司运输车队,所有分店的计算机都和总部相连,配送中心实现全自动化运行。沃尔玛正是通过信息流对物流、资金流的整合、优化和及时处理,实现了有效的物流成本控制。

3.降低经营成本

沃尔玛的成本控制体现在任何细小的环节上。在沃尔玛的各线管理人员办公室里,看不到昂贵的办公用品、家具和地毯,也没有豪华的装饰。沃尔玛明文规定,职员因公外出时,需两人住一间汽车游客旅馆;商店里诸如照明设施、空调设备等出于节约能源和降低成本的考虑,也实行统一管理;公司还激励员工尽力为节省开支出谋划策,并不断奖励和提拔那些在损耗控制、货品陈列和商品促销上有创意的员工;沃尔玛尽量减少广告费,他们认为保持"天天平价"就是最好的广告。沃尔玛的全体工作人员自上而下都要为削减成本努力,大型削减成本的措施和上百条削减成本的小技巧相辅相成,使得沃尔玛的经营成本大大低于其他同行业竞争者。正是通过这些措施,沃尔玛成功地控制了成本,不断培育其低成本核心竞争力,为"天天平价"提供有力保证。

二、顾客至上——优质服务能力的培育

市场竞争的严峻事实告诉我们,任何企业如不以满足顾客需要为中心都将无法生存下去,对零售业来说,则更是如此。沃尔玛即深谙此理,将"顾客至上"排在公司目标的第一位。

只要有关顾客利益,沃尔玛总站在顾客的一边,尽力维护顾客的利益。这一点反映在与供应商的关系上尤为突出。沃尔玛始终站在消费者采购代理的立场上,苛刻地挑选供应商,顽强地讨价还价,目的就是做到在商品齐全、品质有保证的前提下向顾客提供价格低廉的商品。

沃尔玛的顾客关系哲学是:顾客是老板,顾客永远是对的。每个初到沃尔玛的员工都被谆谆告诫:你不是在为主管或者经理工作,其实你和他们没有什么区别,你们共同拥有一个"老板"——那就是顾客。为使顾客在购物过程中自始至终地感到愉快,沃尔玛要求其员工的服务要超越顾客的期望值:要主动把顾客带到他们找寻的商品前,而不是仅仅给顾客指一指;主动与顾客热情打招呼,询问其是否需要帮助;员工要熟悉自己部门商品的性能优点、特点和价格高低,保证顾客乘兴而来,满意而归。

沃尔玛一贯重视营造良好的购物环境,经常在商店开展种类丰富且形式多样的促销活动,如社区慈善捐助、娱乐表演、季节商品酬宾、竞技比赛、幸运抽奖、店内特色娱乐、特色商品展览和推介等,以吸引广大的顾客。在沃尔玛,每周都进行顾客期望和反应的调查。管理人员根据收集到的顾客反馈信息即时更新商品的组合,组织采购,改进商品陈列摆放,营造舒适的购物环境,使顾客在沃尔玛不但能买到称心如意的商品,而且能得到满意的全方位的购物享受。

公司还为顾客提供"无条件退货"保证。在美国,只要是从沃尔玛购买的商品,无任何理由,甚至没有收据,沃尔玛都无条件受理退货。高品质服务意味着顾客永远是对的。沃尔玛宁可要回一件不满意的商品,也不愿失去一位不满意的顾客。

正是这种时刻把顾客需要放在第一位的优良服务品质,使沃尔玛赢得了顾客的信任,从而带来了巨大回报。

三、高效的物流配送系统

有效的商品配送是保证沃尔玛达到最大销售量和最低成本的存货周转及费用的核心。作为一种经过长期培育而形成的核心竞争力,高效快捷的物流配送系统为沃尔玛赢得了竞

争优势,是沃尔玛成功的保证。

1969 年,沃尔玛建立了第一个配送中心。目前,沃尔玛的配送中心已经达到 62 个,为全球 4 000 多个店铺提供配送服务,整个公司销售商品的 85% 都由这些配送中心供应。沃尔玛完整的物流系统不仅包括配送中心,还有更为复杂的资料输入采购系统、自动补货系统等(图 3-4)。

```
┌──────────┐     ┌──────────────────────┐     ┌──────────┐
│ 商品采购  │────▶│ 资料输入采购系统生成订单 │────▶│ 配送中心  │
└──────────┘     └──────────────────────┘     └──────────┘
     ▲                                               │
     │                                               ▼
┌──────────┐                                   ┌──────────┐
│ 补货系统  │                                   │ 运送商品  │
└──────────┘                                   └──────────┘
     ▲                                               │
     │                                               ▼
┌──────────┐     ┌──────────────┐     ┌──────────────┐
│  顾客     │◀────│  商品楼面     │◀────│ 商场及会员店  │
└──────────┘     └──────────────┘     └──────────────┘
```

图 3-4　沃尔玛物流配送系统

沃尔玛还拥有全美最大的公司运输车队。车队采用计算机进行车辆调配并通过全球卫星定位系统对车辆进行定位跟踪,保证了灵活性并为一线商店提供最好的服务,构成其供货系统的另一个无可比拟的优势。进货从仓库到任何一家商店的时间不超过 48 小时,相对于其他同业商店平均每两周补货一次,沃尔玛可保证分店货架平均每周补货两次。快速的送货,使沃尔玛各分店即使只维持极少存货也能保持正常销售,从而大大节省了存贮空间和费用。

沃尔玛的配送中心完全实现了自动化。配送中心的每种商品都有条码,由十几千米长的传送带传送商品,由激光扫描器和计算机追踪每件商品的储存位置及运送情况,传送带直接将货物传送到正确的卡车上。许多商品在配送中心停留的时间总计不超过 48 小时。配送中心每年处理数亿次商品,99% 的订单正确无误。

四、管理手段的信息化

信息共享是实现供应链管理效益的基础。一条供应链要做到上中下游各环节协调,必须先在各环节主体间建立和运行高质量的信息传递与共享系统。沃尔玛公司在信息技术方面的投资不遗余力,它斥巨资建成了公司的电子信息系统、卫星通信系统、电子数据交换系统等,使自己在技术方面始终遥遥领先。利用先进的电子通信手段,沃尔玛可以保持商店销售与配送中心同步,配送中心与供应商同步。沃尔玛管理手段的高度信息化增强了公司的核心竞争力,对其成功功不可没。

20 世纪 90 年代初,沃尔玛就在公司总部建立了庞大的数据中心,全集团的所有店铺、配送中心也与供应商建立了联系。厂商通过这套系统可以进入沃尔玛的计算机配销系统和数据中心,直接从 POS 得到其供应的商品流通动态状况,如不同销售点及不同商品的销售统计数据,沃尔玛各仓库的存货和调配状况,销售预测、电子邮件及付款通知等,以此作为安排生产、供货和送货的依据。生产厂商和供应商都可通过这个系统查阅沃尔玛产销计划,从而实现了快速反应的供应链管理。

沃尔玛有着全美最大的公司卫星通信系统,随着店铺规模的扩张,这套系统发挥了极大的优势。这套系统的应用,使配送中心、供应商及每一分店的每一销售点都能形成连线作业,在短短数小时内便可完成"填妥订单——各分店订单汇总——送出订单"的整个流程,大大提高了营业的高效性和准确性。全球4 500多个店铺的销售、定货、库存情况可以随时调出查问。公司5 500辆运输卡车,全部装备了卫星定位系统,每辆车在什么位置,装载什么货物,目的地是什么地方,总部一目了然。这样就可以合理安排运量和路程,最大限度地发挥运输潜力,避免浪费,降低成本,提高效率。

2003年,沃尔玛又宣布与IBM合作,建立全球采购和物流控制的互联网统一标准平台。这意味着沃尔玛从传统昂贵的放"卫星"的EDI信息交换方式改为更先进和便宜的互联网网络技术,沃尔玛的网络系统将更加细微和发达。正是在信息技术的支持下,沃尔玛才能以最低的成本、最优质的服务、最快速的管理反应进行全球运作。

五、独特的企业文化

沃尔玛一向强调忠诚努力的员工对公司经营成功的重要性,认为善待每一位员工才能善待每一位顾客。在沃尔玛,公司员工不被称作雇员,而称为合伙人或"同仁"。创始人山姆·沃尔顿(Sam Walton)认为,顾客、员工和股东都是公司的上帝。公司要靠员工团结一致的献身工作才能成功;反过来,公司也要照顾好它的员工,让他们感到像是在一个大家庭里,自己是公司的一员。公司对员工利益的关心并不只是停留在口头上或是几条标语式的企业文化理论上,而是有一套详细而具体的实施方案。这就是沃尔玛面对竞争能够表现得极为出色的原因。

在沃尔玛公司里,所有的员工都会受到平等对待。沃尔玛的每个员工只要想为企业的经营献计献策,就都有机会充分表达出来。开放并且良好的沟通环境使每位员工都可以向经理表达他的看法,包括建议也包括不满。

由全体员工参与的利润分享计划,规定任何一名加入沃尔玛一年以上并且在一年中至少工作1 000小时的员工,都有资格参与公司的利润分享。该计划同时为员工提供丰厚的退休金,解除了他们的后顾之忧。

雇员购股计划让员工通过工资扣除的方式,以低于市值15%的价格购买股票。这样80%以上的员工或借助利润分享计划或直接持有公司股票。员工利益与公司利益休戚相关,实现了真正意义上的"合伙"。

根据"员工折扣规定",员工、员工配偶及其被赡养人在沃尔玛购物时,许多种正常价格的商品可以打10%的折扣。对于那些在沃尔玛工作一年以上的员工,沃顿基金会向他们即将高中毕业的子女提供奖学金。

总之,合伙关系在沃尔玛公司内部处处体现出来,它使沃尔玛凝聚为一个整体,使所有的人都团结起来,为着公司的发展壮大而不断努力。

六、小结

沃尔玛的核心竞争力正是扎根于"顾客至上、员工满意"的核心企业文化中。"天天低价"是沃尔玛对顾客长期不变的承诺。品种繁多、价廉物美的商品,方便的购物时间、免费的停车场以及微笑、友善、热情、愉快的购物环境,维系了忠诚的客户群体;对员工利益的关注激励着满意努力的员工一起行动,不断创新,比竞争者更快、更好地满足顾客需求。通过与供应商建立长久稳定、互利互惠的合作关系,并借助强大的信息网络系统管理这种关系,不仅保证了为顾客提供"天天低价"的优质产品,而且能以最快速度对顾客需求变化作出反应,从而在竞争中形成明显的竞争优势。

(5)分析市场风险

市场风险分析是对未来市场面临的不确定因素发生的可能性及其造成的损失程度进行预测,并针对可能发生的风险进行有效的防范。一般包括风险因素识别、风险程度估计和风险防范等内容。

产品市场风险的产生因素主要包括:由于技术进步加快,新产品和新替代产品的出现,导致部分用户转向购买新产品和新替代产品,减少了对项目产品的需求,影响项目产品的预期效益;新竞争对手加入,使得项目产品市场占有份额减少;市场竞争加剧,出现产出品市场买方垄断,项目产出品的价格急剧下降;或者出现投入品市场卖方垄断,项目所需的投入品价格大幅上涨,导致市场出现激烈的价格竞争,使得项目产品的预期效益减少;国内外政治经济条件出现突发性变化,引起市场震荡,导致项目产出品销售锐减,或者项目主要投入品供应中断。风险程度估计建立在风险因素识别的基础上,通过确定风险因素对项目的影响程度,采用定性分析和定量分析相结合的方法,估计项目可能遭遇的风险危害程度、可能损失的金额、损失对企业经营及财务造成的影响等。

在分析项目的市场风险成因及危害程度以后,应该有针对性地提出风险防范的策略,避免风险的产生或将风险损失降低到最小,并再次通过风险识别和风险程度估计的信息反馈,改进风险防范措施,保证项目生产顺利进行。

3.1.3　市场划分

美国市场学家温德尔·史密斯(Wendell R. Smith)于1956年提出市场划分的概念,它通过对消费者的划分,把总体市场划分成若干具有共同特征的子市场,处于同一细分市场的消费群被称为目标消费群。它是第二次世界大战结束后,美国众多产品市场由卖方市场转化为买方市场这一新的市场形势下企业营销思想和营销战略的新发展,更是企业贯彻以消费者为中心的现代市场营销观念的必然产物。

简单来说,市场划分是在充分考虑构成总体市场的不同消费者的需求特点、购买行为和购买习惯的基础上,将消费者划分为若干个群体的过程。

1)划分标准

①按照地理特征划分市场,包括以下因素:地形、气候、交通、城乡、行政区等。

②按照人口特征划分市场,包括以下因素:年龄、性别、家庭人口、收入、教育程度、社会阶层、宗教信仰或种族等。

③按照心理特征划分市场:通过对消费者个性或生活方式等变量进行市场划分。

④按照消费者行为划分市场:对消费者行为进行评估,然后进行划分。

⑤按社会文化特征细分市场,以民族和宗教为主进行划分。

⑥按使用者行为划分市场:包括个人特征的各种因素,如职业、文化、家庭、个性等。

2）市场划分的作用

（1）有利于营销策略的制订

市场划分后的子市场比较具体，比较容易了解消费者的需求，投资项目可以根据自己的经营思想、方针及生产技术和营销力量，确定自己的服务对象，即目标市场。针对着较小的目标市场，便于制订特殊的营销策略。同时，通过市场划分，便于掌握和反馈市场信息。一旦消费者的需求发生变化，可迅速改变营销策略，制订相应的对策，以适应市场需求的变化，提高投资项目的应变能力和竞争力。

专栏 3-2

联想产品的市场划分

联想的产品营销策略正是基于产品的明确区分，打破了传统的"一揽子"促销方案。它围绕"锋行""天骄""家悦"3 个品牌面向的不同用户群需求，推出不同的"划分"促销方案。选择"天骄"的用户，可优惠购买让数据随身移动的魔盘、可精彩打印数码照片的 3110 打印机、SOHO 好伴侣的 M700 多功能机，以及让人尽享数码音乐的 MP3。选择"锋行"的用户，可以优惠购买"数据特区"双启动魔盘、性格鲜明的打印机以及"新歌任我选"MP3 播放器。钟情于"家悦"的用户，则可以优惠购买"电子小书包"魔盘、完成学习打印的打印机、名师导学的网校卡，以及成就电脑高手的 XP 电脑教程。

（2）有利于开拓新市场

通过市场划分，投资项目可以对每一个市场的购买潜力、满足程度、竞争情况等进行分析对比，探索出有利于本项目发展的市场机会，及时作出投产、移地销售决策或根据生产技术条件编制新产品开拓计划，进行必要的产品技术储备，掌握产品更新换代的主动权，开拓新市场，以更好地适应市场的需要。

（3）有利于人力和物力的集中投入

投资项目能够使用的资源、人力、物力、资金都是有限的。通过划分市场，选择适合自己的目标市场，可以集中人、财、物及资源，去争取局部市场上的优势，然后再占领自己的目标市场。

（4）有利于提高项目的经济效益

前面 3 个方面的作用都能使企业提高经济效益。除此之外，市场划分以后，项目可以针对自己的目标市场，生产出适销对路的产品，既能满足市场需要，又可增加投资者的收入。产品适销对路可以加速商品流转，加大生产批量，降低生产销售成本，提高生产工人的劳动熟练程度，提高产品质量，进而全面提高项目的经济效益。

3.1.4　市场定位

市场定位是由美国营销学家艾·里斯（AI Ries）和杰克·特劳特（Jack Trout）在 1972 年提出的，其含义是指企业根据竞争者现有产品在市场上所处的位置，针对顾客对该类产品某些特征或属性的重视程度,为本企业产品塑造与众不同的、给人印象鲜明的形象,并将这种形象生动地传递给顾客,从而使该产品在市场上确定适当的位置。简而言之,就是在目标客户心目中树立产品独特的形象。市场定位的实质是使本企业与其他企业严格区分开来,使顾客明显感觉和认识到这种差别,从而在顾客心目中占有特殊的位置。

市场定位是企业根据实际情况确定产品在目标市场中应处的最佳位置。可以通过以下3大步骤来完成。

1)确认潜在的竞争优势

市场定位的关键是设法在自己的产品上找出比竞争者更具有竞争优势的特性。投资项目的市场营销人员必须通过一切调研手段,系统地设计、搜索、分析项目竞争对手的产品定位,分析目标市场上顾客欲望的满足程度和未来需求,针对竞争者的市场定位和潜在顾客的真正需要的利益要求,制订投资项目的应对措施。

2)准确地选择竞争优势

竞争优势表明投资项目能够胜过竞争对手的能力。这种能力既可以是现有的,也可以是潜在的。选择竞争优势实际上就是一个项目与竞争者各方面实力相比较的过程。比较的指标应是一个完整的体系,只有这样,才能准确地选择相对竞争优势。通常的方法是分析、比较项目与竞争者在经营管理、技术开发、采购、生产、市场营销、财务和产品等7个方面的强项与弱项,借此选出最适合的竞争策略,初步确定企业在目标市场上所处的位置。

3)有效地传播市场定位观念

通过一系列的宣传促销活动,将投资项目独特的竞争优势准确传播给潜在消费者,并在消费者心目中留下深刻印象。首先应使目标顾客了解、知道、熟悉、认同、喜欢和偏爱本项目的市场定位,在顾客心目中建立与该定位相一致的形象。其次,透过各种努力强化产品在目标顾客心目中的形象,保持对目标顾客的了解,稳定目标顾客的态度和加深目标顾客的感情来巩固与市场相一致的形象。最后,应注意目标顾客对其市场定位理解出现的偏差或由于企业市场定位宣传上的失误而造成的目标顾客模糊、混乱和误会,及时纠正与市场定位不一致的形象。

3.2　投资项目的市场调查

市场调查是以购买与消费商品的个人或团体为对象,在市场经营的各个阶段上,运用科学的方法,有目的、系统、准确地收集、记录、整理和分析反映市场状况的历史、现状及发展变化资料,进而掌握市场的现状及其发展趋势,具体包括准备阶段、调查阶段、整理阶段、总结阶段等环节。通过市场调查和市场预测对拟建项目产品的供应与需求状况进行全面的了解和分析,在明确产品的现实市场和潜在市场的基础上,预测产品未来供需变化趋势和变化程度,为项目建设的必要性分析提供具体依据。

3.2.1　市场调查的类型

1）根据调查的内容及针对性可分为市场环境调查和市场专题调查

环境调查是对市场环境,包括政治、经济、文化、自然等各方面的调查。

市场专题调查是指根据调查的需要进行的有选择的调查,包括产品调查、需求调查、价格调查和市场竞争调查。

2）根据调查对象的范围可分为全面调查和抽样调查

全面调查是对全体调查对象进行的一种调查,如全国人口普查、义务教育普及率调查等。

抽样调查是从调查对象的全体中选取具有代表性的若干个体进行调查,然后再从对个体的统计中去推断全体的方法。它分为随机抽样调查和非随机抽样调查。

3）根据调查的途径可分为直接调查和间接调查

直接调查是通过书面、电话、专访等形式直接面向调查者获取所需资料的方法,有观察法和实验法两种。

间接调查是通过对相关因素的调查分析推出所需资料的方法。

3.2.2　市场调查的对象

1）市场环境

市场环境是指影响产品生产和销售的一系列外部因素,这些因素与企业的市场营销活动密切相关。市场环境的变化,既可以给企业带来市场机会,也可能形成某种威胁。因此,对市场环境的调查,是企业开展经营活动的前提。

市场环境调查具体是对以下内容进行调查:

①政治环境,指企业面临的外部政治形势,状况和制度,分为国内政治环境和国际政治环境。

②法律环境,企业在市场经营活动中,必须遵守各项法律、法令、法规、条例等。

③经济环境,指企业面临的社会经济条件及其运行状况、发展趋势、产业结构、交通运输、资源等情况,它是制约企业生存和发展的重要因素。

④技术环境,科学技术的发展使商品的市场生命周期迅速缩短,生产的增长也越来越多地依赖科技的进步。以电子技术、信息技术、新材料技术和生物技术为主要特征的新技术革命,不断改造着传统产业,使产品的数量、质量、品种和规格有了新的飞跃,同时也使一批新兴产业建立和发展了起来。新兴科技的发展,新兴产业的出现,可能给某些企业带来新的市场机会,也可能给某些企业带来环境威胁。

⑤社会文化环境,文化是一个复杂的整体概念,它通常包括价值观念、信仰、兴趣、行为方式、社会群体及相互关系、生活习惯、文化传统和社会风俗等。在不同国家、民族和地区之间,文化之间的区别要比其他生理特征更为深刻,它决定着人们独特的生活方式和行为规范。文化环境不仅建立了人们日常行为的准则,也形成了不同国家和地区市场消费者态度和购买动机的取向模式。

⑥自然地理环境,一个国家和地区的自然地理条件也是影响市场的重要环境因素,与企业经营活动密切相关。自然环境主要包括气候、季节、自然资源、地理位置等,都从多方面对企业的市场营销活动产生着影响。一个国家和地区的海拔高度、温度、湿度等气候特征,影响着产品的功能与效果。人们的服装、食品也受气候的明显影响。地理因素也影响着人们的消费模式,还会对经济、社会发展、民族性格产生复杂的影响。

⑦市场竞争环境,在任何市场上销售产品,都面临着竞争。同一市场,同类企业数量的多少构成了竞争强度的不同。企业调查竞争环境,目的是认识市场状况和市场竞争强度,根据本企业的优势,制订正确的竞争策略。通过竞争环境调查,了解竞争对手优势,取长补短,扬长避短,与竞争者在目标市场选择、产品档次、价格、服务策略上有所差别,与竞争对手形成良好的互补经营结构。竞争环境调查,重在认识本企业的市场地位,制订扬长避短的有效策略,取得较高的市场占有率。

2)产品的供求状况

产品供给和需求之间相互联系、相互制约,它是生产和消费之间的关系在市场上的反映。对产品市场供求总量进行研究,用以判断市场供应总量与市场需求总量之间的平衡状态是否存在总量失衡,总量失衡是属于供不应求,还是属于供大于求。市场供求结构研究是分析市场供应结构与市场需求结构之间的适应状态是否存在结构性失衡,哪些商品供大于求(买方市场),哪些商品供小于求(卖方市场)。研究市场供求变动的因素,是从供应与需求两个方面分析研究影响市场供求总量失衡或者结构失衡的主要因素以及它们作用的程度、方向。还需要研究治理供求总量失衡或者结构失衡的经济政策、货币政策、投资政策、信贷政策和产业政策等,为宏观经济调控提供决策参与依据。企业应研究怎样调整生产经营结构和投资方向,如何加强市场营销,怎样开发新的市场和新的产品,如何调整企业的发展战略等,以应对市场供大于求或者结构失衡带来的不利影响。

3.2.3　市场调查的程序

市场调查内容丰富,方法多样。为了使市场调查工作顺利进行,保证其质量,在进行市场调查时,应按一定程序来进行。具体包括以下7个环节:确定问题及调研目的、收集信息资料、初步调查、调查设计、现场调查、资料分析、撰写和提交调查报告。

1)确定调查目的

这是进行市场调查时应首先明确的问题。目的确定以后,市场调查就有了方向,不至于出现太大的过失。也就是说,调查人员应明确为什么要进行市场调查,通过调查要解决哪些问题,有关调查结果对于企业来说有什么作用。根据调查目的的不同,可以采用探测性调查、描述性调查、因果性调查。

(1)探测性调查

当对需要研究的问题和范围不明确,无法确定应该调查哪些内容时,可以采用探测性调查来找出症结所在,然后再作进一步研究。例如某企业近几个月来销售量下降,企业管理层一时弄不清楚什么原因,是宏观经济形势不好所致？还是广告支出减少或是销售代理效率低造成的？还是消费者偏好转变的原因？等等。在这种情况下，可以采用探测性调查，从中间商或者消费者那里收集资料，以便找出最有可能的原因。

（2）描述性调查

描述性调查只是从外部联系上找出各种相关因素，并不回答因果关系问题。即描述性调查旨在说明什么、何时、如何等问题，并不解释为何的问题。与探测性调查比较，描述性调查需要有一事先拟订的计划，需要确定收集的资料和收集资料的步骤，需要对某一专门问题提出答案。

（3）因果性调查

因果性调查是要找出事情的原因和结果。例如价格和销售之间的因果关系如何？广告与销售间的因果关系如何？通常来说，销售成本、利润、市场占有量皆为因变量。而自变量较为复杂，通常有两种情况：一类是企业本身可以加以控制的变量，又称内生变量，例如价格、广告支出等；另一类是企业市场环境中不能控制的变量，也称外生变量，例如政府的法律、法规、政策的调整、竞争者的广告支出与价格让利等。因果关系研究的目的在于了解以上这些自变量对某一因变量（例如对成本）的关系。

2）收集信息资料

市场调查需要收集大量的信息资料，根据来源可将资料分为"一手资料"和"二手资料"。"一手资料"是指为达到当前特定目的而收集的原始信息，大多数市场调查项目都要求收集"一手资料"。常规的做法是与某些人单独或集体交谈，从而了解人们对企业产品或服务的大致看法，接着确定调查方法，然后进行实地调查。"二手资料"就是为其他目的已经收集到的信息。市场调查开始时，一般先着手收集"二手资料"，以判断问题是否已经解决或解决的程度，必要时，再去收集成本较高的"一手资料"。各种二手资料的来源通常有内部资料（如企业销售数据、发票、资产负债表等）、政府出版物（如人口普查报告等）、期刊和书籍、商业性资料等。二手资料是调查的起点，其优点是成本低并可以立即使用。然而，市场调查所需的资料可能不存在，或现有的资料可能已经过时、不准确、不完整、不可靠，这时调研人员就得花费时间和财力去收集更切题和更准确的一手资料。

3）初步调查

初步调查的目的是了解产生问题的一些原因，通常有 3 个过程。其一，研究收集的信息材料，了解一些市场情况和竞争概况。其二，与企业有关领导进行非正式谈话，寻找市场占有率下降的原因。其三，了解市场情况，即消费者对本公司所开发经营的产品态度。

4）调查设计

根据前面信息资料收集以及上面初步调查的结果，可以提出调查的命题及实施的计划。在收集原始资料时，一般需要被调查者填写或回答各种调查表格或问卷。调查表及问卷的设计既要具有科学性又要具有艺术性，以利于市场调查工作的条理化、规范化。

5）现场调查

现场调查即按调查计划通过各种方式到调查现场获取原始资料和收集由他人整理过的

二手资料。现场调查工作的好坏,直接影响调查结果的正确性。为此,必须重视现场调查人员的选拔和培训工作,确保调查人员能按规定进度和方法取得所需资料。

6)调查资料整理

这一步骤是将调查收集到的资料进行汇总整理、统计和分析。首先,要进行编辑整理,就是把零碎的、杂乱的、分散的资料加以筛选,去粗取精,去伪存真,以保证资料的系统性、完整性和可靠性。在资料编辑整理过程中,要检查调查资料的误差,剔除那些错误的资料。之后要对资料进行评定,以确保资料的真实与准确。其次,要进行分类编号,就是把调查资料归入适当的类别并编上号码,以便于查找、归档和使用。再次,要进行统计,将已经分类的资料进行统计计算,有系统地制成各种计算表、统计表、统计图。最后,对各项资料中的数据和事实进行比较分析,得出一些可以说明有关问题的统计数据,直至得出必要的结论。

7)撰写调查报告

撰写调查报告是市场调查工作的最后一环。调查报告反映了调查工作的最终成果,撰写调查报告应做到:①客观、真实、准确地反映调查成果。②报告内容简明扼要,重点突出。③文字精练,用语中肯。④结论和建议应表达清晰,可归纳为要点。⑤报告后应附必要的表格和附件与附图,以便阅读和使用。⑥报告完整,印刷清楚美观。

在得出结论以后,市场营销调查部门必须提出若干建议方案,写出书面报告提供给决策者。在撰写调查报告时,要指出所采用的调查方法、调查的目的、调查的对象、处理调查资料的方法,通过调查得出的结论,并以此提出一些合理化建议。以上市场调查程序对市场调查工作只是一般性的描述。在实际工作中,可视具体情况,科学合理地灵活安排调查工作的内容(图3-5)。

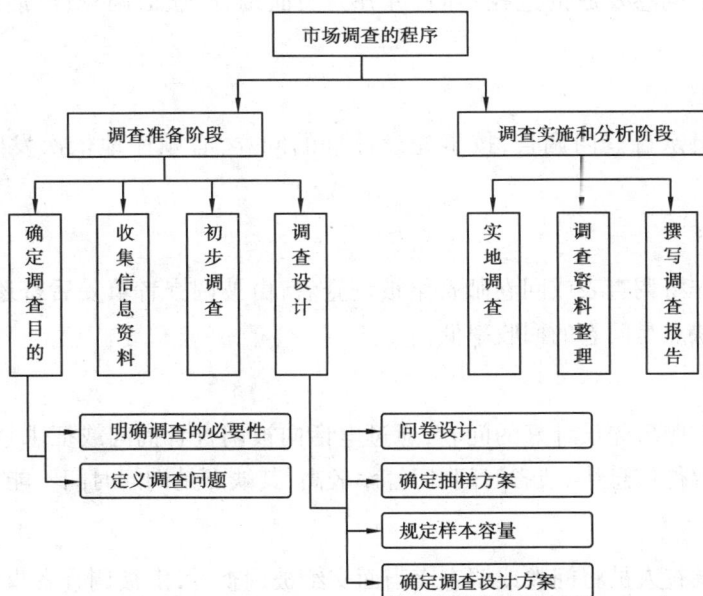

图3-5 市场调查的程序

3.2.4 市场调查的方法

1）观察法

观察法是指通过直接观察调查对象及其背景,取得第一手资料的调查方法。市场调查人员直接到商店、订货会、展销会、消费者比较集中的场所,借助于照相机、录音机或直接用笔录的方式,身临其境地进行观察记录,从而获得重要的市场信息资料。

观察法的优点是可以客观地收集资料,集中了解问题。不足之处在于许多问题观察不到,如被调查者的兴趣、偏好、心理感受、购买动机、态度、看法等。

2）专题讨论法

专题讨论通常邀请 6 ~ 10 人,在一个有经验的主持人引导下,花一段时间讨论某种产品、某项服务、某个组织或其他市场营销话题。主持人应客观地去了解所讨论的话题,并了解群体激励和消费者行为。通常应支付给参与者少量的酬金。会场应设在比较轻松的环境中(如家里)并供应饮料,使参与者尽可能轻松、随便。主持人要鼓励大家畅所欲言,利用群体激励来揭示深层的感觉和想法;同时,主持人要保持话题的焦点,否则就不能称之为专题讨论了。可利用笔记、录音或录像将讨论过程记录下来,供事后研究消费者的看法、态度和行为。

3）问卷调查法

问卷调查法介于观察法、专题讨论法、实验法之间。观察法与专题讨论法适用于因果性调查。采取问卷调查法是为了了解人们的认识、看法、喜好和满意程度等,以便在总体上衡量这些量值。按照问卷发放的途径不同,可分为当面调查、通信调查、电话调查、留置调查4种。

（1）当面调查

调查工作人员亲自登门调查,按事先设计好的问卷,有顺序地依次发问,让被调查者回答。

（2）通信调查

工作人员事先将调查表或问卷邮寄给被调查者,由被调查者填妥后寄还的一种调查方法。这种调查的缺点是问卷的回收率低。

（3）电话调查

电话调查是按照事先设计好的问卷,通过电话向被调查者询问或征求意见的一种调查方法。其优点是取得信息快、节省时间、回答率较高;其缺点是询问时间不能太长。

（4）留置调查

留置调查是调查人员将问卷或调查表当面交给被调查者,由被调查者事后自行填写,再由调查人员约定时间收回的一种调查方法。这种方法可以留给被调查人员充分的独立思考时间,可避免受调查人员倾向性意见的影响,从而减少误差,提高调查质量。

4）实验法

实验法是最科学的调查方法。该法选择若干有可比性的主题组,分别赋予不同的实验方案,控制外部变量,并检查所观察到的差异是否具有统计上的显著性。其理论依据是在将外部因素剔除或加以控制的情况下,观察到的结果与实验方案中的变量具有一定的相关性。

3.3　投资项目的市场预测

市场预测是指以市场调查所获取的信息资料为基础,运用科学的方法,对未来一定时期内市场发展的状况和发展趋势做出的正确估计和判断。市场预测要遵循市场运动、发展、变化的规律,必须广泛、全面地收集市场的信息,正确运用科学的预测技术或方法。

3.3.1　市场预测的原则

1）连贯的原则

经济现象的发生、发展、变化有一定的延续性,可以根据研究对象的过去和现在推测未来。关键是找出规律的变化和发展的趋势。

2）相关的原则

经济现象内在有着一定的相关性,深入分析和预测现象与相关事物的依存关系和影响程度,可以预测未来。

3）类推的原则

经济变量的发展变化有许多是相似的。通过寻找并分析相似的事物,可以发现规律,根据已知事物的变化特征推断预测对象的未来。

4）实用的原则

市场预测不是纯理论的工作,而是要用经济理论做指导,用科学的方法和手段,根据市场经济过程的需要,寻找经济现象之间存在的内在规律,做实用性的工作。

3.3.2　市场预测的方法

1）定性预测法

定性预测法是指依靠熟悉业务知识、具有丰富经验和综合分析能力的人员或专家,根据已经掌握的历史资料和直观材料,运用人的知识、经验和分析判断能力,对事物的未来发展趋势做出性质和程度上的判断。这是对市场的性质、属性等进行的预测。

（1）专家会议法

专家会议法就是组织有关方面的专家,通过会议的形式,对产品的市场发展前景进行分析预测,然后在专家判断的基础上,综合专家的意见,得出市场预测的结论。有以下 3 种形式：

①头脑风暴法，也称非交锋式会议。会议不带任何限制条件，鼓励与会专家独立、任意地发表意见，没有批评或评论，以激发灵感，产生创造性思维。

②交锋式会议法，是指与会专家围绕一个主题，各自发表意见，并进行充分讨论，最后达成共识，取得比较一致的预测结论。

③混合式会议法，也称质疑式头脑风暴法，是对头脑风暴法的改进。它将会议分为两个阶段，第一阶段是非交锋式会议，产生各种思路和预测方案。第二阶段是交锋式会议，对上一阶段提出的各种设想进行质疑和讨论，也可提出新的设想，相互不断启发，最后取得一致的预测结论。

（2）专家意见法

专家意见法也被称为德尔菲法，是由多位专家用书面的形式独立地回答预测者提出的问题，并经过多次反复修改各自的意见，最后由预测者进行综合分析，确定出市场预测值。德尔菲法是定性预测法中最重要、最有效的方法，当缺乏历史数据，其他预测方法有困难时，此法效果较好。它的特点是：匿名性、反馈性、收敛性。德尔菲法的缺点是需要反复征求专家的意见，耗时较长，专家费用也较高。

2）定量预测法

定量预测法是指在大量掌握与预测对象有关的各种信息资料的基础上，使用历史数据或因素变量，运用数学方法对资料进行处理，据此建立能够反映各种变量之间的规律性联系的数学模型的预测过程。投资项目评估中所使用的定量预测法主要是对产品市场发展的状况、程度、范围等进行的预测。

（1）时间序列预测法

时间序列预测法是指将过去的历史资料及数据按时间顺序加以排列构成一个数字系列，根据其动向预测未来趋势。这种方法的根据是过去的统计数字之间存在着一定的关系，这种关系利用统计方法可以揭示出来，而且过去的状况对未来的销售趋势有决定性影响，因此，可以用这种方法预测未来的趋势。它又称为外推法或历史延伸法。

①算术平均法：将一定观察期内预测目标的时间序列数据加总，求出平均值，这个平均数即为预测期的预测值。该方法适用于静态情况的预测。计算公式为：

$$M_t = \frac{Y_1 + Y_2 + \cdots Y_n}{n} \tag{3-1}$$

式中　n——周期序号；

　　　M_t——第 t 期的预测值；

　　　Y_n——是 n 时期的实际值。

例题 3-1

某公司销售甲产品，其 6 年经营的实际销售量见表 3-1，请使用算数平均法预测第 7 年的销售量。

表3-1　实际销售量

年份	实际销售量/台
第一年	22
第二年	24
第三年	28
第四年	30
第五年	26
第六年	32

【解答】

将表中所列数据代入公式：

$$M_7 = \frac{Y_1 + Y_2 + \cdots Y_6}{6} = \frac{22 + 24 + 28 + 30 + 26 + 32}{6} = 27(台)$$

简单平均法计算简单，可以避免某些数据在短期内的波动对预测结果的影响。但是，这种方法并不能反映预测对象的趋势变化，因而使用的比较少。

②加权平均法：根据观察期各资料重要性的不同，分别赋予一定的权数后，再进行平均的方法。权数一般按照影响程度的大小来设定。计算公式为：

$$M_t = \frac{Y_1 \times T_1 + Y_2 \times T_2 + \cdots + Y_n \times T_n}{T_1 + T_2 + \cdots + T_n} \tag{3-2}$$

式中　n——周期序号；

M_t——第 t 周期的加权平均数；

Y_n——是 n 时期的实际值；

T_n——是 n 时期的权数。

例题 3-2

某企业1—5月份的销售额及其加权值见表3-2，分别运用算术平均法和加权平均法预测第6月的销售额，并对结果进行对比分析。

表3-2　销售额及其加权值　　　　单位：万元

观察期	销售额 Y_n	权数 T_n	$Y_n T_n$
1 月	40	1	40
2 月	60	2	120
3 月	55	3	165
4 月	75	4	300
5 月	85	5	425
∑	315	15	1 050

【解答】

算数平均数 $M_6 = 315/5 = 63$

加权平均数 $M_6 = 1\,050/15 = 70$

显然,用算数平均法求得的平均数作为预测值过低,不能反映企业销售的发展趋势。

③移动平均法:从 t 期时间数列中选取一组 N 期数据为观察期数据(假设 $N < t < 2$,且数值选定后固定不变),求其算术平均数,并不断向后移动,连续计算观测值平均数,以最后一组平均数作为预测值的一种方法。

每次移动平均总是在上次移动平均的基础上去掉一个最远期的数据,增加一个紧挨跨越期后面的新数据,保持跨越期不变,每次只向前移动一步,逐项移动,滚动前移。计算公式为:

$$M_t = \frac{Y_t + Y_{t-1} + \cdots + Y_{t-N-1}}{N} \tag{3-3}$$

式中　t——周期序号;

M_t——原时间序列中时间为 t 的一次移动平均数;

Y_t——时间 t 的实际值;

N——跨越期间隔数。

一次移动平均值的简单递推公式:

$$M_t^{(1)} = M_{t-1}^{(1)} + \frac{Y_t - Y_{t-N}}{N} \tag{3-4}$$

N 的取值越大,修匀的程度也越大,波动也越小,有利于消除不规则变动的影响,但同时周期变动难于反映出来;反之,N 选择得越小,修匀性越差,不规则变动的影响不易消除,趋势变动不明显。N 的取值应该根据具体情况决定。实际操作中,通常选用几个 N 值进行测算,通过比较在不同 N 值条件下的预测误差,从中选择使预测误差最小的 N 值作为移动平均的项数。

例题 3-3

某企业 1—5 月份的销售额分别是 280 万、200 万、170 万、150 万、160 万元,移动时期为 3,按照简单移动平均法计算预测 6 月、7 月的销售额。

【解答】

取 $N = 3$,则 6 月份预测销售额 $= (170 + 150 + 160)/3 = 160$(万元)

7 月份的预测销售额 $= (150 + 160 + 160)/3 = 156.67$(万元)

④趋势平均法:是在移动平均法计算 N 期时间序列移动平均值的基础上,进一步计算趋势值的移动平均数,进而利用特定基期移动平均值和趋势值移动平均值来预测的一种方法。该方法假设未来时期的销售量是与其接近时期的销售量的直接延伸,而与较远时期的销售量关系较小。同时为了尽可能缩小偶然因素的影响,可用最近若干时期的平均值作为预测期的预测值的基础。计算公式为:

$$M_t = 基期移动平均值 + 基期趋势值移动平均值 \times 基期与预测期的时间间隔 \tag{3-5}$$

例题 3-4

企业 2016 年 1—12 月份的销售额见表 3-3。

表 3-3　2016 年 1—12 月份的销售额趋势预测　　　　单位:元

月份	销售额	5 期平均数	变动趋势	3 期平均数
1	33 000			
2	34 000			
3	37 000			
4	34 000			
5	41 000	35 800		
6	44 000	38 000	2 200	
7	50 000	41 200	3 200	
8	46 000	43 000	1 800	2 400
9	47 000	45 600	2 600	2 533
10	52 000	47 800	2 200	2 200
11	45 000	48 000	200	1 667
12	55 000	49 000	1 000	1 133

【解答】

上表中,"5 期平均数"的计算方法如下:

$$\frac{33\ 000 + 34\ 000 + 37\ 000 + 34\ 000 + 41\ 000}{5} = 35\ 800$$

其余数字以此类推。

上表中,"变动趋势"的计算方法如下:

$$38\ 000 - 35\ 800 = 2\ 200$$

其余数字以此类推。

上表中,"3 期平均数"的计算方法如下:

$$\frac{2\ 200 + 3\ 200 + 1\ 800}{3} = 2\ 400$$

其余数字以此类推。

现在假设某企业在 2002 年 1 月份预测其销售额的情况。根据上表的结果,最接近 1 月份的 5 期平均值是因 9 月份计算的平均销售额 48 000 元,2001 年 9 月份与 2002 年 1 月份相距 4 个月,其所对应的 3 期平均增长量为 1 133 元,因此,2002 年 1 月份的预计销售额为:

$$48\ 000 + 4 \times 1\ 133 = 52\ 532(元)$$

上述几个方法存在的缺点:一是数据资料要多,需要做大量的数据收集工作。二是对调查数据的重视程度一样,实际上距离预测时期最近的数据影响要大一些。为了克服这些缺点,引进了指数平滑法。

⑤指数平滑法:是移动平均法加以发展的一种特殊加权移动平均预测方法,通过给最近一次观察值设定较大权数,给远期观察值设定较小权数来预测。计算公式为:

$$F_t = F_{t-1} + \alpha(M_{t-1} - F_{t-1}) \tag{3-6}$$

式中 M_t——t 期观察值的指数平滑值;

F_t——t 期的预测值;

α——时间序列的平滑指数,$0 \leqslant \alpha \leqslant 1$。

例题 3-5

表 3-4 是某商品最近 12 个月的国际市场需求量,取平滑系数 $\alpha = 0.3$,用指数平滑法预测第 13 个月国际市场的需求量。

表 3-4　商品的需求量及指数平滑值　　单位:万吨

月份 t	市场需求量 M_t	指数平滑值 F_t
1	50	
2	52	50
3	47	50.6
4	51	49.52
5	49	49.96
6	48	49.67
7	51	49.17
8	40	49.72
9	48	46.8
10	52	47.16
11	51	48.61
12	59	49.33
13		52.23

【解答】

$t = 3$ 时,$F_3 = F_2 + \alpha(M_2 - F_2) = 50 + 0.3 \times (52 - 50) = 50.6$(万吨)

依理,可求得 $t = 13$ 时,$F_{13} = F_{12} + \alpha(M_{12} - F_{12}) = 49.33 + 0.3 \times (59 - 49.33) = 50.6$(万吨)

(2)回归分析法

原理:将自变量与因变量之间的相关关系用回归方程的形式表示,并根据自变量的数值变化去预测因变量的数值变化。回归分析法主要包括一元回归、多元回归和非线性回归模式。此处以一元回归分析法为例。

一元回归分析法是将企业的业务量和混合成本分别作为混合成本函数的自变量和函数,通过对一定时期内反映两者关系的一系列观察值的统计处理,建立描述业务量和混合成本相互关系的回归方程,用以确定混合成本中的固定成本和变动成本的一种方法。其基本原理是在散布图法的基础上,找到一条与全部观察值的平方和误差最小的直线。反映这条直线的方程在统计上被称为回归直线方程。其具体步骤是:

首先,根据目的收集若干混合成本数据,并依此建立直线方程 $y = a + bx$。

其次,计算系数 a,b:

$$\begin{cases} \sum y = na + b \sum x \\ \sum xy = a \sum x + b \sum x^2 \end{cases} \Rightarrow \begin{cases} a = \dfrac{\sum y_n - b \sum x_n}{n} \\ b = \dfrac{n \sum x_n y_n - \sum x_n \sum y_n}{n \sum x_n^2 - (\sum x_n)^2} \end{cases}$$

然后,写出直线方程:$y = a + bx$。

最后,代入相关数据,进行预测。

例题 3-6

表3-5 是某企业 2016 年 12 个月设备工作量 x 与维修成本 y 的实际数据,预计 2017 年设备工作量为 1 000 万件,请运用回归分析法预测 2017 年的维修成本。

表 3-5　2016 年设备工作量 x 与维修成本 y 的实际数据　　单位:万件、万元

月份	工作量 x	维修成本 y	xy	x^2	y^2
1	55	67	3 685	3 024	4 489
2	60	64	3 840	3 600	4 096
3	70	66	4 620	4 900	4 356
4	75	70	5 250	5 625	4 900
5	80	72	5 670	6 400	5 184
6	85	71	6 035	7 225	5 041
7	100	80	8 000	10 000	6 400
8	95	79	7 505	9 025	6 241
9	90	76	6 840	8 100	5 776
10	72	67	4 824	5 184	4 489
11	64	69	4 416	4 096	4 761
12	50	60	3 000	2 500	3 600
$n = 12$	$\sum x = 896$	$\sum y = 841$	$\sum xy = 63\ 775$	$\sum x^2 = 69\ 680$	$\sum y^2 = 59\ 333$

【解答】

①单位变动成本：

$b = (12 \times 63\ 775 - 896 \times 841)/(12 \times 69\ 680 - 896^2) = 0.352\ 8$

②计算固定成本总额：

$a = (841 - 0.352\ 8 \times 896)/12 = 43.740\ 9$

③其维修成本的分解方程为：

$y = 43.740\ 9 + 0.352\ 8x$

④2017 年的维修成本预测为：

$y = 43.740\ 9 + 0.352\ 8 \times 1\ 000 = 396.54$

（3）主观概率法

主观概率法是指预测者对市场趋势某一时间出现某种结果可能性大小的个人看法。它是对事件发生概率的心理评价，能够比较直观地反映预测者对未来情况的判断和信任程度，是将定性分析转为定量分析的一种方法。主观概率必须符合概率的基本原理：任何随机事件的概率都为 0～1；所有概率之和必须等于 1。

例题 3-7

表 3-6 是 14 位专家对某产品若干年后的需求量是否有较大增长的主观概率，请分析该产品需求量是否会有较大增长。

表 3-6　主观概率预测值

某产品若干年后 有较大增长的可能性	0.9	0.8	0.7	0.6	0.5	0.4	0.3
人　数	2	3	3	2	2	1	1

【解答】

该产品若干年后有较大增长的主观概率的加权平均值 = $(0.9 \times 2 + 0.8 \times 3 + 0.7 \times 3 + 0.6 \times 2 + 0.5 \times 2 + 0.4 \times 1 + 0.3 \times 1) \div 14 = 0.66$

因此，该产品若干年后需求量增长主观概率为 0.66，增长的可能性较大。

3.4　总　结

投资项目生产产品既是为了满足消费者的需求，也可以引导消费者对新产品和新服务所产生的新需求，并在此过程中获得预期的经济效益。产品的生产和交换需要在市场进行，投资活动起于市场，也终于市场。在市场经济环境下，所有的经济活动都是围绕市场主体展开的。

市场分析是在市场调查和供求预测的基础上,根据项目产品的竞争能力和竞争者等要素,分析和判断项目投产后所生产的产品的未来销售问题。

市场划分是在充分考虑构成总体市场的不同消费者的需求特点、购买行为和购买习惯的基础上,将消费者划分为若干个群体的过程。

市场定位是指企业根据竞争者现有产品在市场上所处的位置,针对顾客对该类产品某些特征或属性的重视程度,为本企业产品塑造与众不同的、给人印象鲜明的形象,并将这种形象生动地传递给顾客,从而使该产品在市场上确定适当的位置。简而言之,就是在目标客户心目中树立产品独特的形象。

市场调查是以购买与消费商品的个人或团体为对象,在市场经营的各个阶段,运用科学的方法,有目的、系统、准确地收集、记录、整理和分析反映市场状况的历史、现状及发展变化资料,进而掌握市场的现状及其发展趋势,具体包括准备阶段、调查阶段、整理阶段、总结阶段等环节。

市场预测是指以市场调查所获取的信息资料为基础,运用科学的方法,对未来一定时期内市场发展的状况和发展趋势做出正确估计和判断。市场预测要遵循市场运动、发展、变化的规律,必须广泛、全面地收集市场的信息,正确运用科学的预测技术或方法。

思考题

1. 市场分析的作用。
2. 市场分析的内容。
3. 市场调查的类型。
4. 市场调查的对象。
5. 市场调查的程序。
6. 市场调查的方法。
7. 市场预测的原则。
8. 市场预测的方法。

案例 3-1

××万达广场市场调研问卷

调研地点:_____ 调研人员:_____

第一部分 消费者个人情况(目测 + 询问)

1. 受访者性别:A. 男 B. 女
2. 您的年龄:

   A. 18 岁或以下   B. 19—24 岁   C. 25—30 岁   D. 31—35 岁
   E. 36—40 岁   F. 41—45 岁   G. 46—50 岁   H. 51—65 岁
   I. 65 岁以上

3. 您的学历：

    A. 高中及以下   B. 大专   C. 本科   D. 硕士及以上

4. 您的职业：

    A. 公司一般职员   B. 公司中高层管理人员

    C. 公务员及事业单位人员   D. 金融/银行/证券人员

    E. 私营业主   F. 自由职业   G. 学生

    H. 其他_____

5. 您的月均消费支出（不含房贷及车贷）：

    A. 500 元及以下   B. 501～1 000 元   C. 1 001～1 500 元   D. 1 501～2 000 元

    E. 2 001～3 000 元   F. 3 001～5 000 元   G. 5 001 元及以上

6. 您的婚姻状况：

    A. 已婚未有小孩   B. 已婚有孩子   C. 未婚

7. 您的居住区域：

    A. 福田区   B. 南山区   C. 罗湖区   D. 盐田区

第二部分   消费者行为访问（访谈沟通方式）

1. 您日常购物选择的交通方式为：

    A. 私家车   B. 公交车   C. 出租车   D. 电动车

    E. 步行   F. 其他_____

2. 您及家人日常购物会去哪些地方（多选）：

    A. 东汇城   B. 万达广场   C. 国贸   D. 方圆大厦

    E. 鑫博大购物   F 商业大厦   G. 其他_____

3. 您通常什么时间段逛商场（多选）：

    A. 平时   B. 双休日

    C. 节假日   D. 不确定，有消费需要时才会逛

4. 您逛商场、购物通常和谁一起？

    A. 独自一人   B. 与朋友一起   C. 与家人一起   D. 商务洽谈

    E. 其他_____

5. 您到万达广场消费的频次：

    A. 每月少于 1 次   B. 每月 1 次   C. 每月 2～3 次   D. 每月 4 次及以上

6. 您每次在万达广场消费的金额：

    A. 无消费   B. 300 元及以下   C. 301～500 元   D. 501～1 000 元

    E. 1 001 元及以上

7. 您到万达广场消费的品类主要是（多选）：

    A. 女装   B. 男装   C. 箱包皮具、皮鞋   D. 餐饮

    E. 观影/儿童娱乐/KTV 等体验类   F. 饰品   G. 超市

    H. 其他_____

8. 您对万达广场服装、精品(皮鞋皮具、饰品等)类商品满意程度:

    A. 很满意   B. 满意   C. 一般   D. 不满意

    E. 很不满意

如选择 C,D,E,您不满意的原因是:

    A. 品牌不丰富   B. 新款上货慢/量少   C. 款式少/断缺码现象多

    D. 折扣少/价格偏高 E. 没有喜欢的品牌   F. 其他_____

9. 您希望广场引进哪些服装、精品(含皮鞋皮具、饰品等)类品牌?

    _____

10. 您对万达广场现有餐饮品牌有哪些不满意之处?

    A. 没有不满意   B. 价格偏高   C. 品类不够丰富   D. 口味不佳

    E. 环境不佳   F. 其他

11. 您通常了解商场活动的渠道主要是(可多选):

    A. 亲朋介绍   B. 电视广告   C. 报纸广告   D. 电台广播

    E. 传单   F. 户外广告   G. 网站   H. 短信

    I. 微博   J. 微信   K. 其他_____

12. 您最喜欢的人气活动形式是什么?

    A. 歌舞晚会   B. 明星活动   C. 少儿演出   D. 互动体验类

    E. 服饰秀   F. 其他_____

13. 您最喜欢的促销活动形式是什么?

    A. 特卖打折   B. 满额送券   C. 分级赠礼   D. 抽奖

    E. 其他_____

14. 您对广场还有哪些宝贵意见及建议?_____

_____

访问结束,非常感谢您的支持!

案例 3-2

××万达广场市场调研计划

一、调研时间

×月××日—×月××日 9:30—21:00(调研时间为一周,比如周一至周日)。

二、调研地点

广场公共地区、步行街商户内、主次力店内。

三、调研样本量、分配及顾客选择:1 000 份

1. 广场公共地区随机调研 300 份

(1)广场内所有顾客均可调研。

(2)周一至周三平均每天调研 20 份;周四至周五平均每天调研 45 份;周六至周日平均

每天调研 75 份。

(3)平均分配至各楼层。

2.广场步行街商户 500 份

(1)商户 VIP 顾客,当日到店有消费顾客。

(2)平均分配至各商户及调研的 7 天内。

3.主次力店 200 份

(1)当日到主次力店有消费顾客。

(2)平均分配至各商户及调研的 7 天内。

四、调研人员

(1)随机调研:商管助理级或以上管理员,至少保证 1 人次/楼层/天。

(2)步行街商户及主次力店调研:各商户、主次力店店长或入职半年以上沟通及配合程度高的店员。

五、调研礼品

由广场自行确定,价值不超过 5 元,以实用类商品为主(矿泉水、纸巾、小钥匙链等)。

六、调研分工

(1)调研总负责人:广场总经理。

(2)调研培训:由广场招商营运副总经理于调研开始前 3 天内对全体参与调研管理人员进行培训,100% 覆盖;由营运经理于调研前 2 天内对所有商户(含主次力店)调研负责人进行培训,100% 覆盖。

(3)调研过程跟进:广场总经理、招商营运副总、营运部经理需每日对调研情况进行抽查验证;对调研问卷按不少于 20% 的量进行抽查;为保证调研质量,调研问卷每天根据当天调研计划量进行发放及回收。

(4)调研报告:营运部经理撰写——广场总经理审核——区域总经理审批——反馈营运中心营运部困难小组成员。

(5)涉及首批 10 家困难广场的问卷必须在本周三开始调研,次周三出具调研报告。

(6)总部小组成员要对调研的真实性和认真程度进行要求与抽查。

七、调研结果录入、分析

(1)由广场营运部根据调研问卷设计调研结果录入模板。

(2)由广场指定 1 人每日调研结束后对当日调研问卷进行录入、统计。

(3)调研报告涉及对广场客群、定位、以后招商调整方向和营销活动策略的制订,必须认真、保质保量地完成。

第4章 投资项目生产规模评估

在没有分工之前，一个熟练的制针工，一天大概只能做到几改；分工后可以增加到几十枚；而将制针工艺进行流程再造，细分成十七个工序后，一个制针工平均一天可以生产数千枚缝衣针，放在一个更大的范围来看，由此也就形成了专业分工后的规模经济效益。

——亚当·斯密

学习目标

◆ 了解生产规模的基本理论。

◆ 掌握制约投资项目生产规模的因素。

◆ 熟悉确定投资项目生产规模的方法。

重点、难点

◆ 投资项目生产规模的确定方法。

知识结构

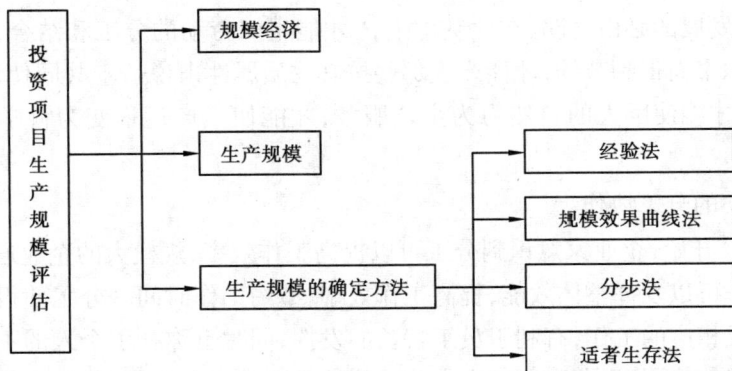

投资项目的生产规模不同，所产生的经济效益也不同。在投资项目评估时，要充分考察可行性研究中确定的生产规模是否合理。生产规模的选择需要以规模经济理论作为指导，结合投资项目的实际情况和现有的生产条件，选择合适的生产规模。

4.1 规模经济

规模经济是指在一定的生产技术条件下,伴随着生产能力扩大引起生产规模变化而带来的经济效益。规模经济理论是经济学的基本理论之一。从经济学说史的角度看,亚当·斯密(Adam Smith)是劳动分工理论的创始人。他在《国富论》中指出:"劳动生产上最大的增进,以及运用劳动时所表现的更大的熟练、技巧和判断力,似乎都是分工的结果。"

学者们普遍认为,真正意义的规模经济理论起源于美国,它揭示的是大批量生产的经济性规模。阿尔弗雷德·马歇尔(Alfred·Marshall)在《经济学原理》一书中提出:"大规模生产的利益在工业上表现得最为清楚。大工厂的利益在于:专门机构的使用与改革、采购与销售、专门技术和经营管理工作的进一步划分。"马歇尔还论述了规模经济形成的两种途径,即依赖于个别企业对资源的充分有效利用、组织和经营效率的提高而形成的"内部规模经济"和依赖于多个企业之间因合理的分工与联合、合理的地区布局等所形成的"外部规模经济"。

4.1.1 规模经济产生的原因

1)生产因素的不可分割性

生产过程投入的生产要素在生产量达到一定水平以后,才能被充分利用,分配给产品的单位生产成本才会更低。马克思在《资本论》第一卷中详细分析了社会劳动生产力的发展必须以大规模的生产与协作为前提的主张。他认为,大规模生产是提高劳动生产率的有效途径,是近代工业发展的必由之路,在此基础上,"才能组织劳动的分工和结合,才能使生产资料由于大规模积聚而得到节约,才能产生那些按其物质属性来说适于共同使用的劳动资料,如机器体系等,才能使巨大的自然力为生产服务,才能使生产过程变为科学在工艺上的应用"。

2)生产活动的分工协作

从《国富论》开始,企业家意识到分工可以提高工作效率,规模大的企业通常分工就更加详细。分工协作可以发挥整体效能,提高工作效率,节约工作时间。分工使得工作人员根据自身的特长完成相应的工作,有利于员工特长的发挥,同时也弥补了个人的不足。随着对较多的人力和机器的使用,企业内部的生产分工能够更合理和专业化,分工协作使得企业的生产规模进一步扩大,企业能够利用更先进的技术和机器设备等生产要素,人数较多的技术培训和具有一定规模的生产经营管理都可以节约成本。

需要注意的是,规模扩大带来的"经济"不是无限的。规模达到一定的程度,市场对产品的需求量达到饱和,继续扩大规模,需要追加投资,单位产品的成本随之上升,出现收益递减,产生规模不经济。而且,经济规模并不是一成不变的,在不同的生产阶段和社会经济背景下,企业可以利益最大化为准绳,适时调整生产规模。

专栏 4-1

格兰仕产品多元化

在企业发展的初期,格兰仕一直坚持微波炉的专业化生产,20世纪末已经是世界微波炉的第一大生产商。但格兰仕的生产极限是1 200万台,按照当时的速度,不出两年就会出现微波炉饱和的局面,同时也接近企业规模的平衡点。当时,全世界的消费能力基本上也就是1 500万台,如果再扩大生产,就会出现单台所摊费用增加、库存增加、销售费用增加的局面,造成规模不经济。因此,格兰仕不得已实行了多元化生产。在2000年,格兰仕一次性投入20亿元进军制冷行业,形成800万台空调的年生产能力,从专业化迈向了多元化。

4.1.2　规模经济的分类

1)按照实现领域的不同,可以将规模经济分为生产的规模经济和经营的规模经济

（1）生产的规模经济

由于专业化生产和流水作业的推广实施,企业开始批量生产产品;或者采购大型高效的专业设备,投入大量的资金,扩大了生产规模,产品的单位成本随着生产批量的增多或生产规模的扩大而降低,这就是生产的规模经济。

（2）经营的规模经济

经营的规模经济是由于经营规模的扩大产生的。扩大经营规模,使得生产要素的使用效率提高,节省了经营费用,促进产品研发和技术开发能力的提高,增强企业抵抗经营风险的能力。

2)按照规模经济来源的不同,可以分为内部规模经济、外部规模经济和聚集规模经济

（1）内部规模经济

内部规模经济是由于企业自身规模的扩大,表现为产量的增加和生产规模的扩大,单位产品的成本下降,主要是分摊到单个产品的管理成本、信息成本、设计成本、研发成本等固定成本会越来越少,从而使得产品的平均成本下降,发挥了内部规模经济的效益。

（2）外部规模经济

在其他条件相同的情况下,行业规模较大的地区比行业规模较小的地区生产更有效率。行业内的每个企业都可以从整个行业的规模扩大中获取知识积累,行业规模的扩大可以引起该地区企业的规模收益递增,这种导致某种行业或其相关部门在同一地点或几个地点大规模的高度集中形成的经济现象称为外部规模经济,这是经济外部性的一种表现。外部的规模经济一般出现在竞争性很强的同质产品行业中。

（3）聚集规模经济

聚集规模经济是指生产的产品虽然不同,但在某一环节却有共同指向的多个工厂、多家企业聚集而产生的某些经济效益。严格来说,这种聚集规模经济本身也是一种外部经济效益。

4.1.3　规模收益的变动

马歇尔进一步研究了规模经济报酬的变化规律,发现随着生产规模的不断扩大,规模报酬将依次经过规模报酬递增、规模报酬不变和规模报酬递减3个阶段。具体来说,当企业从最初很小的生产规模开始逐步扩大的时候,面临的是生产收益递增的阶段。在企业得到了由生产规模扩大所带来的产量递增的全部好处之后,一般会继续扩大生产规模,将生产保持在生产收益不变的阶段,这个阶段有可能比较长。在这个阶段之后,企业若继续扩大生产规模,就会进入一个生产收益递减的阶段。生产规模变动对生产收益的影响体现在规模报酬的变动上。企业的规模报酬变化可以分为规模报酬递增、规模报酬不变和规模报酬递减3种情况。

1)规模收益递增

生产规模扩大后,企业收益增加的幅度大于规模扩大的幅度,即为规模收益递增。主要原因是企业生产规模扩大所带来的生产效率的提高,从而使产量增加的比例大于各种生产要素增加的比例。

2)规模收益不变

生产规模扩大后,收益增加的幅度和规模扩大的幅度相同。此时,企业所生产的产品产量增加的比例等于所投入的各种生产要素增加的比例,这通常在规模收益由递增转为递减的阶段出现。

3)规模收益递减

企业的生产规模扩大到一定限度以后,收益增加的幅度小于规模扩大的幅度,甚至出现绝对收益的减少,边际收益为负数。这是规模不经济的表现。因为企业生产规模盲目扩大,使得生产的各个方面难以得到协调,从而降低了生产效率,产量增加的比例小于各种生产要素增加的比例。

4.1.4　规模经济区间

规模经济所要研究的就是企业的生产规模对成本和利润的影响,这必然和产品的销售收入、总成本费用、利润等有关。在平面直角坐标系上能够表示规模收益变动以及产量、成本和利润之间的关系的一条曲线被称为规模效果曲线。规模效果曲线图见图4-1。

从图4-1可以看出,投资项目在生产经营过程中,成本、收入和利润之间的关系会发生变化。根据利润的不同,可以把投资项目的生产规模划分为以下4种。

1)亏损规模

当营业收入小于总成本费用时,对应的生产规模被称作亏损规模。在图4-1的规模效果曲线图中,小于Q_A和大于Q_C的规模都属于"亏损规模"。

2)起始规模

起始规模也被称为最小经济规模,就是营业收入等于总成本费用的保本最小规模,在这个产量点,项目处于不盈不亏状态。图4-1中的Q_A点即为"起始规模"。

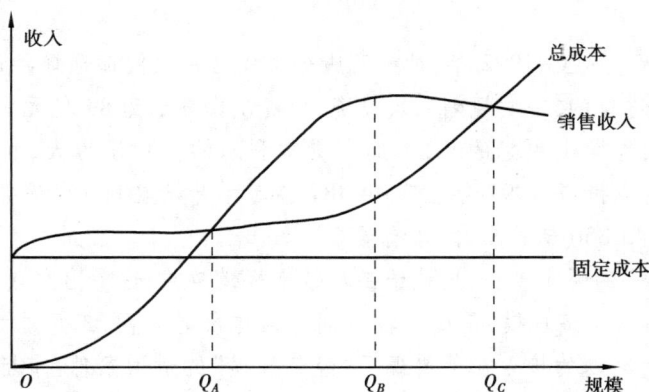

图 4-1　规模经济效果曲线图

3）合理经济规模

合理经济规模即适宜经济规模，通常来说是一段产量区间，表现为营业收入大于总成本费用，并保证一定的盈利水平。在规模效果曲线图 4-1 中，该规模位于 Q_A 和 Q_C 之间。

4）最佳经济规模

最佳经济规模是能够产生最高经济效益的生产规模，即利润最大时对应的产量。在规模效果曲线图 4-1 中，Q_B 点即为最佳经济规模。

专栏 4-2

经济规模不经济

20 世纪 80 年代中后期，我国轿车工业确立了"高起点、大批量、专业化"的政策导向。其中的"大批量"是指国际上推荐的汽车业"经济规模"年产 30 万辆轿车，最小的"经济规模"为年产 15 万辆。

任何新轿车工厂，从建设开始，在其未达到盈亏平衡点前，都是要亏损的。而盈亏平衡点主要与投资有关，投资规模越大，其盈亏平衡点越滞后。随着生产规模的扩大，汽车的制造成本不断下降，就产生了规模经济效益。具有规模经济效益的生产规模，我们称之为"经济规模"。在市场规模允许的条件下，企业应当按"经济规模"建设。

综观我国轿车工业的建设规模，大致有两种模式：第一种是一汽大众及神龙富康模式：按"最小经济规模"年产 15 万辆轿车建厂。第二种是上海大众模式：先按年产 3 万辆轿车的"起始规模"建厂，再一步一步"滚动发展"到"经济规模"。

几年下来，两种模式产生完全不一样的经济效益：按"经济规模"建设的轿车工厂，在很长时间都没有带来规模的效益，相反却造成规模能力的放空。按年产 3 万辆的"起始规模""滚动发展"建设的轿车工厂，产能较少放空，经济效益"芝麻开花节节高"。

这样，我国轿车工业出现了"经济规模"反而"不经济"的现象。那么，我国轿车工业要不要搞经济规模？

1. 第一种模式

1991 年,一汽大众成立;1992 年,神龙富康公司成立。它们都选择年产 15 万辆的"经济规模",设备大都是进口的,一次规划一次投资,投资规模分别为 89 亿元和 130 亿元人民币。但是,由于工程建设周期比预想的长,再加上贷款利息的偿付压力大,经济效益很难显现。一汽大众 1996 年建成投产,1997 年生产 44 487 辆时才开始盈利。神龙富康 1997 年建成投产,到 1999 年生产 43 850 辆轿车时,才有盈余。

建成"经济规模"的轿车工厂,应该给工厂带来规模效益,这个出发点是好的。但是要达到年产 15 万辆轿车的经济规模,需要一段时间。在这段时间内,工厂能力放空,使得"经济规模"反而不经济。问题的核心在于忽视了"经济规模"的适用条件:市场容量很大,即产品的销售渠道通畅,允许企业做大到"经济规模"。但是,如果市场容量很小,企业盲目扩张其规模,只能导致长期亏损和能力放空,使得规模不经济。

2. 第二种模式

1985 年,上海大众成立。"起始规模"比较小,年产 3 万辆,投资规模约为 10 亿元人民币,用最少的投入,求得最快的产出。从建厂开始到达盈亏平衡点的时间短,且整个亏损值只有 4 000 万元人民币。上海大众 1987 年生产 1 万辆轿车时就开始盈利,1991 年超过"起始规模"达到 3.55 万辆。随后根据市场需求,用赚得的钱一步一步滚动发展,1995 年达到 16 万辆的"经济规模"。从 1987 年到 1995 年,实现税前利润约 66 亿元人民币。

3. 总结

经济学上的规模经济定律实际上有一个隐含的前提:这一规模是市场需要的,即超出市场需求的大规模是不经济的。这种大规模所带来的成本上的优势(如采购批量上的折扣)可能无法弥补需求不足带来的损失。

4.2　生产规模及其制约因素

投资项目生产规模的确定,需要根据项目所处的社会经济环境,充分考虑国家的政治经济政策的相关规定及其他制约投资项目规模的因素。

4.2.1　生产规模

1)生产规模的定义

生产规模是指劳动力、劳动手段和劳动对象等生产要素与产品在一个经济实体中的集中程度。生产规模通常可以用产量、产值、固定资产原值或职工人数等指标来衡量。投资项目评估中一般采用正常生产运营年份项目可能达到的产量和生产能力指标来作为生产规模的衡量指标。

产量是指企业在一定生产条件下和一定时间内实际生产的产品数量。生产能力是指企业在一定生产技术条件下和一定时期内可能生产出某种产品的最大能力。这两个指标一般是按年计算,用实物量或标准实物量来表示。

常见的投资项目生产规模衡量指标见表4-1。

表4-1　常见投资项目的生产规模衡量指标

项　　目	生产规模衡量指标
工业项目	加工处理的原材料数量、装机容量、设备能力等
农林水利项目	年产量、种植面积、灌溉面积、防洪治涝面积、水库容量、供水能力等
交通运输项目	运输能力、吞吐能力等
城市基础设施项目	年处理量、服务能力等

2)生产规模的分类

我国国家统计局在2003年颁布了《统计上大中小型企业划分办法(暂行)》,该划分是根据国家经贸委、国家计委、国家财政部、国家统计局《关于印发中小企业标准暂行规定的通知》(国经贸中小企〔2003〕143号),结合统计工作的实际情况,将企业划分为大型、中型和小型,并分别给出对应的划分标准(表4-2)。该办法适用于统计上对工业(采矿业,制造业,电力、燃气及水的生产和供应业)、建筑业、交通运输、仓储和邮政业、批发和零售业、住宿和餐饮业等企业划分规模。

4.2.2　生产规模的制约因素

投资项目生产规模的确定不是一个绝对的、一成不变的过程,它是否合理、是否需要优化,要通过对其制约因素的综合分析来决定。

1)国民经济发展规划、战略布局和有关政策

投资项目的生产规模应首先适应国家、地区、行业的国民经济发展规划的需要,与国民经济发展规划的要求相协调。确定拟建项目的生产规模要考虑国家产业政策,主要是按照产业政策所规定的投资项目的经济规模标准作为项目的最低生产规模,符合国家在不同时期对不同行业项目最小规模的规定。国务院在1994年公布的《90年代国家产业政策纲要》附件中关于实施固定资产投资项目经济规模的规定,是选择相关项目生产规模时所必须遵照执行的。目前虽然有所修订,但是仍然适用。

2)项目产品的市场需求

"以销定产"是市场经济时代产品生产的规则。市场决定项目的命运,市场需求的大小,是决定项目规模的基础。因此,在确定拟建项目的生产规模时,必须对市场分析的结果进行研究,分析项目产品的市场供求关系,项目产品的市场需求量的大小,并将其作为制约和决定项目生产规模的重要因素。

表 4-2　统计上大中小型企业划分标准

行业名称	指标名称	计算单位	大 型	中 型	小 型
工业企业	从业人员数	人	2 000 及以上	300~2 000	300 以下
	销售额	万元	30 000 及以上	3 000~30 000	3 000 以下
	资产总额	万元	40 000 及以上	4 000~40 000	4 000 以下
建筑业企业	从业人员数	人	3 000 及以上	600~3 000	600 以下
	销售额	万元	30 000 及以上	3 000~30 000	3 000 以下
	资产总额	万元	40 000 及以上	4 000~40 000	4 000 以下
批发业企业	从业人员数	人	200 及以上	100~200	100 以下
	销售额	万元	30 000 及以上	3 000~30 000	3 000 以下
零售业企业	从业人员数	人	500 及以上	100~500	100 以下
	销售额	万元	15 000 及以上	1 000~15 000	1 000 以下
交通运输业企业	从业人员数	人	3 000 及以上	500~3 000	500 以下
	销售额	万元	30 000 及以上	3 000~30 000	3 000 以下
邮政业企业	从业人员数	人	1 000 及以上	400~1 000	400 以下
	销售额	万元	30 000 及以上	3 000~30 000	3 000 以下
住宿和餐馆业企业	从业人员数	人	800 及以上	400~800	400 以下
	销售额	万元	15 000 及以上	3 000~15 000	3 000 以下

注:1. 表中的"工业企业"包括采矿业、制造业、电力、燃气及水的生产和供应业 3 个行业的企业。

　2. 工业企业的销售额以现行统计制度中的年产品销售收入代替;建筑业企业的销售额以现行统计制度中的年工程结算收入代替;批发和零售业的销售额以现行报表制度中的年销售额代替;交通运输和邮政业、住宿和餐饮业企业的销售额以现行统计制度中的年营业收入代替;资产总额以现行统计制度中的资产合计代替。

　3. 大型和中型企业须同时满足所列各项条件的下限指标,否则下划一档。

　4. 资料来源:国家统计局《国家统计局关于印发〈统计上大中小型企业划分办法(暂行)〉的通知》(国统字〔2003〕17 号)。

3)项目所处行业特点

不同行业对项目生产规模的要求不同。重工业的生产规模要大一些,采掘工业取决于矿区的地质条件和矿物的储量;以农产品为原料的加工工业取决于原料生产、供应和产品的需求;轻工业生产的产品,市场性较强,应根据具体情况,实行大中小规模并举。

4)工艺技术要求

生产技术和工艺设备的先进性,对项目生产规模的确定起着重要的作用。在确定生产规模时,必须考虑现代生产技术和工艺水平,否则就不能达到规定的劳动生产效率。

5)资金、资源的供应状况及生产建设条件

资金和生产过程中所需要的基本投入物的来源与供应条件以及协作配套条件,是制约

生产规模的一般性基础条件。项目规模的确定要量力而行,有多大的力量,就做多大的事业,另外还要考虑交通、环境、设备供应、人员配备等因素。具体来说,煤炭、金属与非金属矿山、石油、天然气等矿产资源开发项目应根据资源合理开发要求和资源可采储量及储存条件等确定建设规模;水利、水电项目应根据水的资源量、可开发量、地贡条件、建设条件、库区生态影响、占用土地以及移民安置等确定建设规模;铁路、公路项目应根据拟建项目影响区域内一定时期运输量的需求预测,以及该项目在综合运输系统中的作用确定线路等级、线路长度和运输能力等。

6)专业化分工与协作因素

一个项目往往不是独立的,需要有许多企业或单位协作配套,投产后才能正常发挥作用。有提供原辅材料的配套,有生产零部件的配套,还有动力供应、交通运输等方面的配套。所以,确定项目的拟建规模要充分考虑协作配套条件,即项目的规模要与协作配套的量相符合。

7)规模经济的要求

项目拟定的生产规模应该达到所在行业或部门的规模经济的生产能力,即使该项目生产的成本最低,投资最小,而利润最高。通常都按照规模经济的要求确定企业的生产规模。如果市场需求旺盛,需要采用先进的技术和专用设备,能够实施大批量的生产,规模就可以定得大一些;否则,就应小一些。

8)其他建设因素

其他建设因素诸如土地、交通、通信和环境保护等方面也从不同的方面制约着项目的生产规模。在实际操作中,应尽可能少占用土地,还需要考虑可能供给的土地面积和质量,关注交通、通信等基础产业的发展瓶颈,"三废"排放要符合环境保护的标准等。

4.3　生产规模的确定方法

4.3.1　经验法

经验法是根据国内外同类或类似企业的经验数据,考虑规模的制约和决定因素,依据同类项目规模与成本或收入相互关系的实际资料确定项目规模的方法。应考虑的主要技术经济指标有:财务内部收益率、投资收益率、投资回收期等。

在确定生产规模之前,找出与该项目相同或类似企业,特别是找出几家规模不同的企业,并计算各不同规模企业的主要技术经济指标,然后综合考虑制约和决定拟建项目生产规模的各种因素,确定一个合适的规模。

英国人马克西(G. Maxcy)和西尔伯斯通(A. Silberston)对本国汽车工业规模的研究充分

论证了规模经济的基本规律。根据他们的调查和分析,就一种汽车车型的生产而言,产品数量与成本之间存在表 4-3 中所反映的关系。

表 4-3　汽车产量与单位成本之间的关系

年产量变动	单位成本变动
由 1 万辆增加到 5 万辆	下降 40%
由 5 万辆增加到 10 万辆	下降 15%
由 10 万辆增加到 20 万辆	下降 10%
由 20 万辆增加到 40 万辆	下降 5%
超过 40 万辆	下降幅度急剧减小
达到 100 万辆	加大批量反而不再存在规模经济

由此可见,汽车产量增加使得单位变动成本先减少,在达到一定幅度以后,随着产量的增加单位成本反而出现递增趋势,即汽车生产线长期平均成本曲线随着企业规模的扩张而递减。根据产量和成本这种关系,他们绘制了汽车工业生产线产量与平均成本关系曲线——著名的马克西-西尔伯斯通曲线,为项目确定适当规模提供依据。马克西-西尔伯斯通曲线表明产量和成本的变动存在一定的规律,这种规律可以在同类型企业设计生产建设规模时作为经验加以借鉴。

例题 4-1

某企业拟建一个投资项目,通过市场分析发现同类企业的生产规模是年产 20 万件、50 万件、100 万件、160 万件、230 万件、300 万件和 380 万件等。经过分析计算,各种规模的投资额和内部收益率数据见表 4-4。

表 4-4　同类企业基础数据情况分析表

生产规模/(万件·年$^{-1}$)	20	50	100	160	230	310	380
投资额/万元	8 000	12 000	15 000	19 000	22 000	26 000	30 000
财务内部收益率/%	8.9	10.1	13.2	16.7	20.3	25.4	24.9

【解答】

从表 4-4 可以看出,年产 310 万件的规模是最佳规模,但需要投资 26 000 万元的资金,数额较高。通过对投资项目规模的限制因素进行研究,除了资金供应和市场需求因素以外,其他方面都适合投资。

如果该拟建项目能够筹集的资金为 15 400 万元,市场需求为 100 万～200 万件,那么参照同类企业的生产数据,只能对照建设年产量在 100 万件的投资项目。建成投产后,其内部收益率如果达到 13.2%,应该是可以接受的。

4.3.2 规模效果曲线法

随着拟定的生产规模不断扩大,通过研究企业的营业收入与成本曲线的变化情况来确定项目最适宜的生产规模就是规模效果曲线法。通常采用盈亏平衡分析的方法,根据营业收入与成本曲线之间的关系来确定生产规模。

规模效果曲线法分析的原理是通过确定总收入函数和总成本函数,求出总效益函数,再通过分析收入、成本与效益之间的关系,确定投资项目的起始规模、最优规模和最大规模。

1)规模效果曲线——线性

假设投资项目的成本、收入和效益之间存在以下关系:

总成本函数: $C = VQ + F$ (4-1)

销售收入函数: $S = PQ$ (4-2)

则总效益函数: $R = S - C$ 或 $R = PQ - VQ - F$ (4-3)

式中 V——单位变动成本;

P——销售单价;

Q——产量;

F——固定成本。

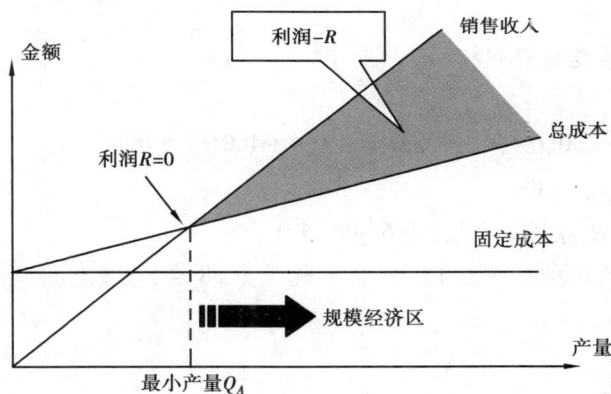

图4-2 规模效果曲线图——线性

从图4-2可知,当利润为0时,投资项目的总成本和总收入相等,正好处于不盈不亏的状态,此时对应的产量点 Q_A 就是项目生产规模的起始规模。当项目产量低于 Q_A 时,总成本大于销售收入,就会发生亏损;当产量大于 Q_A 时,销售收入大于总成本,项目开始盈利。

2)规模效果曲线——非线性

假设投资项目的成本、收入和效益之间存在如下关系:

总成本: $C = a + bQ + cQ^2$ (4-4)

销售收入: $S = dQ + eQ^2$ (4-5)

则总效益函数: $R = S - C = (e - c) \times Q^2 + (d - b) \times Q - a$ (4-6)

式中,a,b,c,d,e 为经济参数,需通过调查研究确定。

当 $R=0$ 时,可以求解出投资项目的起始规模 Q_{min} 和最大规模 Q_{max};当 R 取最大值时,对应的产量即为最佳经济规模 Q_e,详见图 4-3。

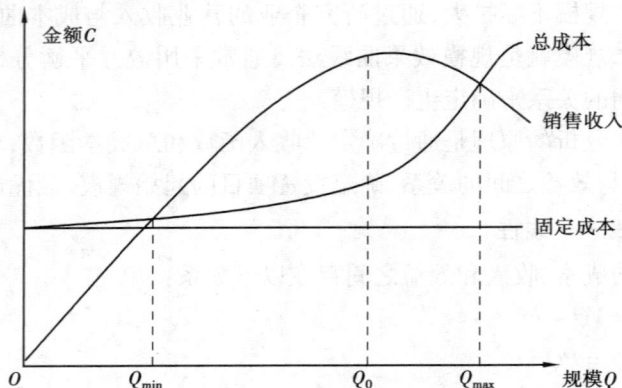

图 4-3 规模效果曲线图——非线性

例题 4-2

某项目年产量 Q 台,预计年销售收入 $S=600Q-3Q^2$,年固定成本为 4 000 万元,年变动成本为 $200Q+Q^2$。

要求:该项目的最佳经济规模。

【解答】

$R=600Q-3Q^2-200Q-Q^2-4\ 000=-4Q^2+400Q-4\ 000$

求得,$Q_{min}=12$;$Q_{max}=88$

当 $Q_e=50$ 台时,R 得到最大值,为 6 000 万元。

也即:项目生产的起始规模为 12 台,最大规模为 88 台,最佳经济规模为 50 台。(注意:Q 应为整数)

4.3.3 分步法

分步法也叫"逼近法",其特点是先确定起始生产规模作为所选规模的下限,确定最大生产规模作为所选规模的上限,然后在上、下限之间,拟订若干个有价值的方案,通过比较,选出最合理的生产规模。运用分步法确定合理生产规模的具体步骤如下:

1)**确定起始生产规模**

①项目产品在国内销售,且无法用进口品替代的,项目的起始生产规模主要受技术和设备的制约。在这种情况下确定生产规模时,可利用规模效果曲线,对可供选择的工艺和设备进行分析,选定其中恰好不会出现亏损的工艺与设备作为起始生产规模,也就是规模经济效果曲线图(图 4-1)中的 Q_A 点。

②项目产品可用以替代进口品,将生产成本与进口成本进行比较,单位项目产品成本费用与单位进口产品成本的比较示意图见图 4-4。在 M_1-M_2 之间,项目产品的生产成本低于

所替代进口品的成本,该项目生产是合算的。因此,M_1是拟建项目的起始规模。

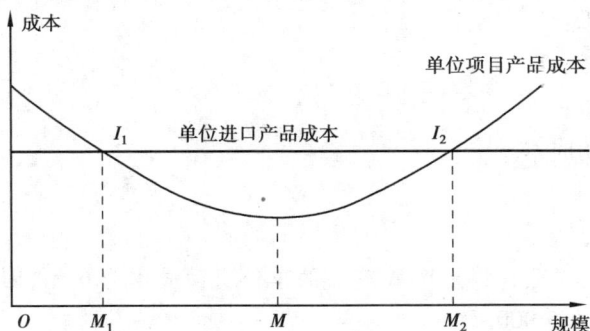

图4-4　进口替代项目的经济规模

③项目产品可以出口,将生产成本与换汇收入进行比较,确定项目的起始生产规模。单位项目产品成本费用与单位产品换汇收入的比较示意图见图4-5。在$Q_1 - Q_2$之间,项目单位产品的生产成本低于换汇收入,而在其他区间,单位产品的生产成本均大于换汇收入,出口生产是不合算的。因此,Q_1是拟建项目的起始规模。

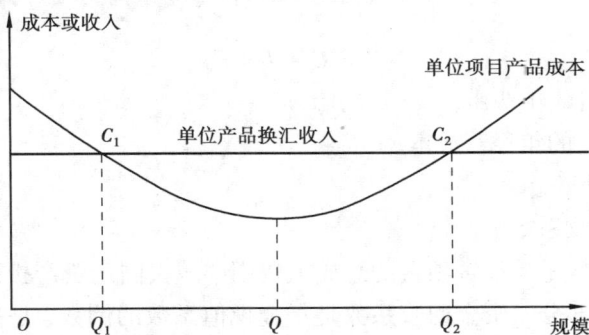

图4-5　出口产品项目的经济规模

2)确定最大生产规模

通过瓶颈因素的分析,可以确定在可行条件下的最大生产规模作为所选生产规模的上限。

3)确定合理生产规模

确定了拟建项目生产规模的上限和下限,可在这之间拟订若干不同规模的比较方案。在拟订比较方案中,起决定作用的是设备能力。在最小和最大规模之间,选择具有不同能力的设备或者对设备进行不同的组合,以拟订不同的生产规模方案,然后选择成本费用最低、效益最好的方案为最终确定的拟建项目的生产规模。

合理规模的确定取决于项目的投资者对效益的预期程度,一般来说,投资者对项目的预期越高,项目的合理规模就越大。常见的预测投资项目合理规模的方法有以下3种:

①本量利法。该方法是将企业的预期收益考虑在内,利用本量利分析方法来确定企业需要的合理规模。计算公式为:

$$Q = (F + R)/(P - V) \tag{4-7}$$

式中　　Q——产量；

　　　　F——固定成本；

　　　　R——预期收益；

　　　　P——销售单价；

　　　　V——单位变动成本。

例题 4-3

根据市场预测，投资项目拟生产 A 商品的单位变动成本为 6 元，固定成本为 40 000 元，单价 10 元，预计利润为 5 000 元。

要求：预测该生产项目的合理生产规模。

【解答】

合理生产规模对应的产量：$Q = (40\ 000 + 5\ 000)/(10 - 6) = 11\ 250$（件）

则该项目至少要生产 11 250 件产品才能获得预计的利润。

②最小费用法。把费用最小作为确定投资项目生产规模的标准。一个投资项目的年费用可以表示为：

$$A = C + I \times E_d \tag{4-8}$$

式中　　A——投资项目的年费用；

　　　　C——投资项目的年经营成本；

　　　　I——项目的投资金额；

　　　　E_d——资金回收系数。

上式中的经营成本是从投资项目的总成本费用中减去固定资产折旧费、摊销费、利息支出和维修费后剩余的部分。资金回收系数是年金现值系数的倒数，是按照行业基准投资收益率计算出来的。

例题 4-4

根据市场预测，投资项目产品的市场需求量为 3 000 万件，对同类企业进行规模分析，最低生产规模应在 500 万件以上，资金回收系数为 0.14，根据投资企业现状，可能采取表 4-5 中的几个不同的成本方案。

要求：运用最小费用法选择投资项目的合理生产规模。

表 4-5　拟建项目投资成本分析

序　号	成本分析	甲	乙	丙
1	年经营成本/万元	1 400	1 200	1 350
2	投资总额/万元	3 000	2 600	2 900
3	资金回收系数	0.14	0.14	0.14
4	折算年度投资成本(3×4)/万元	420	364	406
5	年费用(2+5)	1 820	2 964	1 756

【解答】

根据上述结果,丙方案的年费用最低,所以丙方案的生产规模为投资项目的合理生产规模。

③投资收益率法。通过计算投资项目的投资收益率,选择投资收益高的规模作为投资项目的合理生产规模。计算公式为:

$$E = R/I \tag{4-9}$$

式中　E——投资收益率;

　　　R——投资项目的收益额;

　　　I——投资项目的投资额。

例题 4-5

根据对某地区进行的市场预测,每年对某 A 商品的需求量为 12 万件,现有两个方案可供选择:①在该地区建设 2 个年产 6 万件规模的项目,其投资额为 200 万元,年收益额为 65 万元。②在该地区建设 3 个年产 4 万件规模的项目,其投资额为 205 万元,年收益额为 68 万元。

要求:用投资收益率法选择最优方案。

【解答】

第一方案投资收益率 $=65/200 \times 100\% = 32.5\%$

第二方案投资收益率 $=68/205 \times 100\% = 33.17\%$

则第二方案的投资收益率高,该方案的规模为合理生产规模。

4.3.4　适者生存法

适者生存法是美国现代经济学家斯蒂格勒(G. J. Stigler)提出的一种研究行业规模经济水平的方法。该方法是对行业中现有企业按规模大小进行分组,然后对其市场占有率等某个增长指标做时间序列分析。根据适者生存的原则,存在大量规模经济的产业应该由大公司来支配。生产效率高的企业在市场上有竞争优势,其市场占有率和其他增长指标会不断提高;而生产效率低的企业在市场上处于劣势,其市场占有率和其他增长指标会不断降低。只有当产业中所有的企业都拥有相同的资源时,产业内部才会有一个最佳的生产规模。但现实经济社会中,企业拥有的资源种类或质量不尽相同,那么最佳生产规模也有多个,且分布具有一定的规律。遵循这个规律,通过对企业增长指标的进一步分析比较,就能够按照适者生存的原理来确定拟建项目的生产规模。

适者生存法确定拟建项目生产规模的具体步骤为:

①先计算不同时点上企业所处产业所对应的规模。

②选取合适的指标计算企业在全部产业中所占的比重。

③再计算这一比重的增长指数。

④通过对增长指标进行进一步比较、分析,就可确定在市场上适于生存的企业规模范围。

4.4 总 结

规模经济是指在一定的生产技术条件下,伴随着生产能力扩大引起生产规模变化而带来的经济效益。它产生的原因在于生产因素的不可分割性和生产活动的分工协作。生产规模变动对生产收益的影响体现在规模报酬的变动上,企业的规模报酬变化可以分为规模报酬递增、规模报酬不变和规模报酬递减 3 种情况。

规模经济所要研究的就是企业的生产规模对成本和利润的影响,这必然和产品的销售收入、总成本费用、利润等有关。在平面直角坐标系上能够表示规模收益变动以及产量、成本和利润之间的关系的一条曲线被称为规模效果曲线。根据规模效果曲线可以确定项目的亏损规模、起始规模、合理经济规模和最佳经济规模。

投资项目生产规模的确定不是一个绝对的、一成不变的标准,它受到许多因素的制约。主要有:国民经济发展规划、战略布局和有关政策;项目产品的市场需求;项目所处行业特点;工艺技术要求;资金、资源的供应状况及生产建设条件;专业化分工与协作因素;规模经济的要求;其他建设因素。

常用的生产规模的确定方法有:经验法、规模效果曲线法、分步法和适者生存法。在评估时,需要结合项目的自身特点和评估目的选择合适的方法来确定生产规模。

思考题

1. 规模经济产生的原因。
2. 规模经济区间。
3. 生产规模的制约因素。
4. 起始规模、合理规模、最大规模、最佳经济规模。
5. 生产规模的确定方法。

案例 4-1

某环境产业有限公司垃圾焚烧发电站项目的生产规模评估

过往处理垃圾的方法主要是卫生填埋法。但随着垃圾填埋场地的告急,已经有国家开始探寻垃圾焚烧发电的方法来处理垃圾,这种方法具有占地少、可回收能源、达到减量化和资源化等优点。所以,各国各地区开始积极引进先进技术,拟建垃圾焚烧发电站,力求改变当下垃圾填埋场地告急的情况。

一、项目产品市场供求和竞争能力的审查、分析和评估

公司自 1998 年成立以来,已经逐渐形成了提供垃圾焚烧发电厂 EPC 总承包服务、提供

垃圾焚烧技术和核心设备以及运营管理垃圾焚烧发电厂的 3 大业务板块。为提高自己的盈利能力,本公司积极拟建新的建设项目。目前在全国范围内,本公司有 18 座垃圾焚烧发电站在建。

本公司采用的德国马丁技术适合中国城市生活垃圾含水量高、热值低的特点,使垃圾在无须分选、不添加任何辅助燃料的情况下稳定燃烧。目前已形成 150,200,250,300,350,400,450,500,550,600,700,750,850,1 000 t/d 在内的系列产品,其产品广泛应用于国内、国外多个项目,均取得了良好效果。2011 年,本公司与北京德普新源公司签署了埃塞俄比亚 2×617 t/d 垃圾焚烧炉供货合同,该项目为公司进入非洲市场取得了突破,也为国际业务的拓展打下了坚实的基础。

二、项目生产规模的评估

截至 2013 年年底,本公司已承接了 15 个垃圾焚烧发电 EPC 总承包项目,并且成为全球最大的焚烧炉生产基地,可年产 60 台焚烧炉,质量达到世界一流水平。作为国内最早涉足炉排炉垃圾焚烧发电厂运营的企业,自 2005 年重庆同兴垃圾焚烧发电项目投产以来,本公司已成功独立运行多座垃圾焚烧发电厂。其中,重庆就有两座已经建成并且投产,分别是同兴垃圾焚烧发电站和丰盛垃圾焚烧发电站。

参考本量利分析的计算公式,首先对建设期投资、预期利润、每吨垃圾的单价和成本进行了估算。

1. 建设期投资

采用了单位生产能力投资估算法对建设期投资进行估算。计算公式:

$$I_2 = P_2 \cdot (I_1/P_1) \cdot C_f$$

式中　I_1——已有同类项目的投资额;

I_2——拟建项目的投资额;

P_1——已有同类项目的生产能力;

P_2——拟建项目的生产能力;

C_f——物价指数。

本项目选址为涪陵区龙桥镇石塔村,它的辐射区域是涪陵区、长寿区、武隆县和丰都县。调查显示,中国城镇每人每天产生的垃圾约为 1 千克,根据重庆市统计局公布的 2012 年常驻城镇人口数据可知,涪陵区为 65.11 万人,长寿区为 44.84 万人,武隆县为 12.65 万人,丰都县为 23.83 万人,加总可知拟建项目辐射区域的城市人口有 146.43 万人,待处理垃圾为每天 1 464.3 吨。(按照国家统计局公布的数据,物价指数选取 1.2)。

以已建成的同类项目丰盛垃圾焚烧发电站的生产规模为标准,丰盛垃圾焚烧发电站于 2012 年建成,投资 9 亿元,日处理垃圾量 2 400 吨。

所以,建设期投资 =9×(1 464.3/2 400)×1.2 =6.589 3 亿元 =65 893 万元。

2. 生产规模计算

本项目日处理垃圾为 1 400 吨,与同兴垃圾焚烧站日处理垃圾 1 200 吨相近。同兴垃圾焚烧发电站于 2005 年建成,日处理垃圾 1 200 吨,年发电量达 1.2 亿度。

以同兴垃圾焚烧发电站为标准,拟建项目的年发电量为:

发电量 = 1.2 × (1 464.3/1 200) = 1.464 3 亿度/年。

3. 预期利润

拟建垃圾焚烧发电站的预期利润包括两部分:产电收入和垃圾焚烧处理补贴。我国政策规定:垃圾焚烧发电项目均先按其入厂垃圾处理量折算成上网电量进行估算,每吨生活垃圾折算上网电量定为 280 千瓦时,并执行全国统一垃圾发电标杆电价每千瓦时 0.65 元。

所以,产电收入 = 1.464 3 亿度/年 × 0.65 元/千瓦时 = 9 517.95 万元/年。

目前我国各地垃圾处理补贴费的高低与采用的焚烧设备的成本关系密切,基本对应关系见表4-6。

表 4-6　我国垃圾焚烧处理补贴费情况

设　备	每吨投资额/万元	垃圾补贴费/(元·吨$^{-1}$)
引进设备炉排炉	45 ~ 50	8 ~ 150
引进技术炉排炉	40 ~ 45	60 ~ 130
国产炉排炉	30 ~ 35	50 ~ 110
国产流化床	25 ~ 30	30 ~ 90

经过平均加总得出垃圾焚烧处理补贴费为 360 元/吨。

所以,垃圾焚烧处理补贴费 = 360 × 1 464.3 = 52.71 万元/年。

因此,拟建项目的预期利润 = 9 517.95 + 52.71 = 9 570.66 万元/年。

4. 每吨垃圾的收益

重庆生活垃圾如废纸、泡沫、布料等的回收价格平均为 1.3 元每千克,工业垃圾如管道、绝缘材料、塑料等垃圾的回收价格平均为 3 元每千克。可以估算出垃圾的回收价格为 2 元每千克,每吨垃圾折算成上网电量为 280 千瓦时,每千瓦时 0.65 元,每吨垃圾的焚烧处理费补贴为 360 元。

所以,每吨垃圾的收益 = 2 000 + 280 × 0.65 + 360 = 2 542 元/吨。

5. 单位变动成本

本项目的单位变动成本主要包括 3 部分:运输费、人工费和其他费用。

据调查,现在重庆的运输价格平均为 5 元每千米每吨。拟建项目的厂址与其辐射区域之间的距离和每个区域的垃圾消耗量为:涪陵区与厂址相隔 10 千米,垃圾消耗量为 654 吨每天;长寿区与厂相隔 40 千米,垃圾消耗量为 470 吨每天;武隆县与厂址相隔 60 千米,垃圾消耗量为 109 吨每天;丰都县与厂址相隔 40 千米,垃圾消耗量为 167 吨每天。

则运输费 = [(654 × 10 + 470 × 40 + 109 × 60 + 167 × 40)/1 400] × 5 = 138 元/吨。

据核算可知,人工费和其他费用一共为 362 元每吨。

因此,单位变动成本为 138 + 362 = 500 元/吨。

6. 拟建项目的合理规模

将以上数据代入公式:

拟建项目的合理规模 = (建设期投资 + 预期利润)/(每吨垃圾的收益 − 单位变动成本) = (65 893 + 9 570.66)/(0.254 2 − 0.05) = 369 557.59 吨/年。

每天的生产数量 = 369 557.59/360 = 1 026.55 吨/天。

三、总结

与其他处理城市垃圾的方法相比,垃圾焚烧发电处理方式优势明显。且项目公司有技术、有能力、有经验开展拟建项目工作,这使拟建项目成功开展成为可能。经过计算,拟建项目的生产规模如下:建设期投资为 6.3 亿元,日可处理垃圾 1 400 吨,年发电量达 1.4 亿度,若每天处理垃圾 1 002 吨便可达到预期收益每年 9 150.4 万元。

第5章　投资项目建设生产条件评估

决不能在没有选择的情况下,作出重大决策。

——李·艾柯卡

学习目标

◆掌握厂址选择的影响因素。

◆熟悉厂址选择的原则和分析内容。

◆掌握厂址方案选择的比选方法。

◆熟悉环境保护措施的评估内容。

◆熟悉资源条件评估的内容。

◆熟悉主要原材料和燃料、动力供应条件评估的内容。

重点、难点

◆投资项目厂址选择方案的比选方法。

知识结构

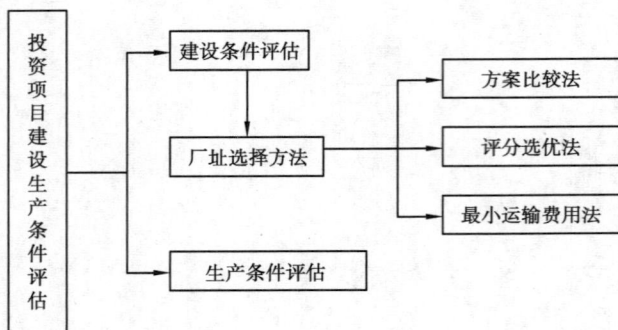

建设和生产条件评估是在市场分析和生产规模确定的基础上,对拟建投资项目的建设条件、生产条件、环境条件和实施及配套条件进行的分析和评价,其中最重要的是生产建设条件的评估,核心是厂址的选择。

5.1 建设条件评估

5.1.1 建设条件评估及其内容

建设条件评估是审查拟建项目是否具备建设条件及其可靠性,也即对项目实施的可能性进行分析评价,具体包括内部条件的评估和外部条件的评估。

1)内部条件评估

拟建项目的内部条件是指人力、财力、物力等物质资料在项目中的结合情况。人力资源评估是指对拟建项目的劳动力的来源、人员培训方案和技术力量等情况的分析评价;物力资源评估是指分析拟建项目工程建设所需的各种材料、设备的采购供应、安装和管理状况;财力资源评估是指估算拟建项目所需资金的来源及评价筹措方案是否合理可靠。

2)外部条件评估

外部条件是指拟建项目的建筑施工条件、相关项目的协作配套条件以及国家规定的环境保护条件。包括对项目厂址的地理位置、气象、水文、地形等建筑施工条件的评估,还有交通运输、水源、电力供应条件等协作配套条件的评价。

5.1.2 建厂地区选择

建厂是一项政策性、技术性和经济性要求高的工作,对大型和特大型建设项目来说,建设地址的选择尤为重要。建厂地址选择包括两个阶段:首先确定建厂选址的范围,然后比较、确定厂址的备选方案,提出具体的选址地点,并形成厂址选择报告。在中国,选厂工作可由筹建单位单独进行,通常按项目隶属关系,由主管部门组织有关规划、设计、地质、交通及地方有关单位联合进行。凡在城市辖区内选址的,要取得城市规划部门的同意,并且要有协议文件。不论单独选厂或联合选厂,都应对比所选的各个地点,认真细致地收集有关的自然环境、社会经济情况,有关的厂矿企业的现状和发展规划等方面的资料,经过实地查勘,综合研究,进行充分的论证后,再比较确定。

1)建厂地区选择评价的内容

①自然环境评估。从投资项目拟选地区的气候条件和生态环境等方面分析是否适合项目生产建设的需要。

②社会经济因素评估。应充分考虑国家政策、财政和法律的相关内容,地区工业布局、投资分配、经济结构和生态平衡等方面的内容都会影响厂址的选择。

③基础设施条件评估。具体分析:项目需要哪些数量比较大或者有特殊要求的原料、燃料与水资源等;项目提供产品的主要销售市场位置,对象是谁;项目生产中产生的"三废"对周围环境污染程度与限制污染要求;政府、部门以及国外合资者的意见等。

选择项目的建设地区需要从项目的整体出发,再充分考虑自然、社会、基础设施等条件来选择厂址。总结如下:

①以资源为基础的项目,应在原材料的产地附近建厂。如水泥厂建在石灰石矿附近,发电厂建在煤矿附近,钢铁冶炼厂建在矿山附近,炼油厂建在原油产地,木材加工企业建在林区附近等,可以降低材料运费占成本的比重。

②水资源消耗大和电力资源消耗大的项目,应选择水资源和电力资源丰富的地区建厂。如发电厂、洗选厂、化工厂、造纸厂、印染厂等水资源消耗大的项目应在靠近江河湖海、水资源丰富地区建厂;铁合金、电解铜、电解铝厂,也应在水电资源丰富地区建厂。

③大量依靠进口原料加工的项目,厂址选在港口或到货地点附近地区为宜。

④易于变质的产品或农产品加工企业,应面向市场,这类工厂建立在主要消费中心附近比较好。

⑤选择在拥有比较方便的基础设施的地区建厂,以供拟建项目利用。

⑥减少拆迁移民,尽可能不靠近、不穿越人口密集的城镇或居民区。

2)建厂地区选择的原则

项目需要建在固定的厂址,位置一经确定,就不能移动。厂址选择是否得当,对工业在各个地区的合理分布,城市和工业区的建设,自然资源的开发利用和环境保护,都具有深远的影响;同时,也直接关系到拟建企业的建设投资、建设工期和投产后的经济效益。这是一项政策性、技术性和经济性要求高的工作,对大型和特大型建设项目的厂址选择尤为重要。建厂地区的选择要遵循下列原则:

①产品需求原则。

②合理布局原则。

③企业协作原则。

④资源充分利用原则。

⑤劳动力成本最低原则。

⑥社会和自然生态环境协调发展原则。

5.1.3 厂址选择

1)厂址选择的基本要求

(1)土地面积与地形满足项目建设、生产和职工生活的要求

根据项目建设规模,主要建筑物、构筑物组成参照同类项目,计算拟建项目需要占用的土地面积,研究拟选厂址面积能否满足项目的要求。分期建设的项目,占地面积应考虑留有发展余地。

(2)地势要尽量平坦或略有高度

应研究拟选厂址的地形、地貌、气象条件,如标高、坡度、降水量、日照、风向等,能否满足项目建设规模和建设条件的要求,并计算挖填土石方工程量及所需工程费用。

（3）不能选在地震断层、滑坡、泥石流、崩塌及大雨洪水淹没的地方

研究工程地质和水文地质条件能否满足项目建设的要求。工程地质主要研究拟选厂址的地质构造、地基承载能力、有无严重不良地质地段（如溶洞、断层、软土、湿陷土等），以及是否处于滑坡区、泥石流区等。水文地质主要研究拟选厂址的水文地质构造、地下水的类型及特征，土壤含水性，地下水水位、流向、流量和涌水量等。

（4）尽可能靠近主要运输干道和车站

为方便项目产品的销售和原材料等生产资料的运输，在选址时要充分考虑运输条件的便利性，尽可能地靠近运输干道和车站、码头等设施。

（5）便于利用现有的市政及生活设施

现有市政及生活设施如果能为项目所用，则可以减少项目在基础条件上的投入，节约投资。

（6）不能影响居民生活环境

如热电厂要建在远离居民区的下风区，因为热电厂是烧煤发电的，煤烟易污染环境，所以要远离居民区。

（7）要尽可能考虑厂际合作

与可能有业务往来的企业之间合作生产，尤其是上下游企业之间的生产协作，是投资项目在选址时不容忽视的。

（8）尽量少占耕地，少占或不占良田

建设用地要尽量少占耕地，确需占用耕地的必须按程序严格审批，并补充数量、质量相当的耕地，防止占多补少、占优补劣。

（9）服从城乡建设规划和土地开发整治规划的要求

在城市选址，则交通便利，通信发达，基础设施好，人才集中，各种企业聚集，协作便利，筹措资金容易，但是地价昂贵，生活水平高，劳动力成本高，环保要求高，企业扩展余地小。在郊区或农村选址，则需考虑征地、拆迁、移民安置条件等，包括移民数量、安置途径、补偿标准、移民迁入地情况，以及拆迁安置工作量和所需投资。故一些规模不大、占地面积少、对环境污染小、需要大量受过良好教育和培训的员工的高科技企业及金融服务业一般在城市选址较好。反之，在郊区或农村选址较合适。

专栏 5-1

禁止工业项目建设的地区

禁止工业项目建设的地区有 8 类：

（1）基本烈度高于 9 度的地震区。

（2）国家规定的风景区、自然保护区、古迹保护区。

（3）饮用水源的卫生防护带内。

（4）有开采价值的矿床内。

（5）地质危害地段。

（6）不能确保的水库、废料堆的下方。

（7）军事、通信的影响范围内。

（8）传染病地区。

2）厂址选择的方法

（1）方案比较法

方案比较法是指通过对项目不同选址方案的投资和费用的对比,选择投资和费用最低的方案。但是,在实际生产中,投资高的方案的经营费用可能较低,投资低的方案的经营费用可能较高。如果一个方案的建设费用(I_1)少,经营费用(C_1)多;另一个方案的建设费用(I_2)多,而经营费用(C_2)少,可以采用追加投资回收期法进行方案比较。若计算出的投资回收期小于标准回收期,则投资额较大的方案较优;反之,则投资额较小的方案较优。计算公式为:

$$T = (I_2 - I_1)/(C_1 - C_2) \tag{5-1}$$

如果追加投资回收期 T 小于标准投资回收期,则表明方案2所增加的投资在标准投资回收期内,可以通过成本的降低收回,因而方案2是合理的;相反,方案2则是不合理的。

例题 5-1

两个选择厂址的方案的初评结果:方案1的投资额为120万元,年经营费用为100万元;方案2的投资额为200万元,年经营费用为80万元。若标准投资回收期为5年,试对选址进行决策。

【解答】

$T = (I_2 - I_1)/(C_1 - C_2) = (200 - 120)/(100 - 80) = 4$ 年 < 5 年

则投资额大的方案2为较优方案。

（2）评分选优法

评分选优法是对定性问题采用定量的数据进行优选的方法。运用该方法的关键是确定每个指标的比重因子和评分值。具体操作步骤如下:

①选取厂址选择的相关性指标。

②给指标赋予权重。

③对指标进行评分。

④指标加权得分最高者为最佳厂址方案。

在实际应用中,关键是正确地确定比重因子及评价值。重要的经济指标,比重因子相对大一些;反之,比重因子就小一些。指标的评价值是相关领域的专家根据具体方案备选地址的实际情况进行打分,分值的高低体现备选方案现实条件的优劣。

例题 5-2

某轮胎厂厂址选择的评分选优法,具体分析过程见表5-1、表5-2、表5-3、表5-4。

1.选取厂址选择的评价指标

表5-1 厂址选择评分选优法的评价指标

序 号	指标(判断因素)	方案甲	方案乙
1	厂址位置	某市半山工业区	某市重型汽车厂附近
2	占地面积	14.8万平方米	36万平方米
3	可利用固定资产原值	2 900万元	7 600万元
4	可利用原有生产设施	没 有	生产性设施14.7万平方米,其中可利用1.9万平方米
5	交通运输条件	无铁路专用线	有铁路专用线
6	土方工程量	新建3万平方米厂房和公用设施,填方6万平方米	无大的土方施工量
7	所需投资额	7 500万元	5 000万元
8	消化引进技术条件	易于掌握引进技术	消化引进需较长时间

2.给评价指标按照重要性大小赋予权重

表5-2 厂址选择评分选优法的评价指标的权重

序 号	指标(判断因素)	权重/%
1	厂址位置	15
2	占地面积	15
3	可利用固定资产原值	10
4	可利用原有生产设施	10
5	交通运输条件	5
6	土方工程量	10
7	所需投资额	15
8	消化引进技术条件	20
	合计	100

3. 对评价指标进行评分

表 5-3　厂址选择方案评价指标的评分值

序　号	指标（判断因素）	不同方案的指标评价值		指标评价值之和
		方案甲	方案乙	
1	厂址位置	0.350	0.650	1.000
2	占地面积	0.300	0.700	1.000
3	可利用固定资产原值	0.276	0.724	1.000
4	可利用原有生产设施	0.000	1.000	1.000
5	交通运输条件	0.200	0.800	1.000
6	土方工程量	0.100	0.900	1.000
7	所需投资额	0.400	0.600	1.000
8	消化引进技术条件	0.800	0.200	1.000

4. 对每项评价指标的分值进行加权平均计算

表 5-4　厂址选择方案评价指标的评分值计算表

序　号	指标（判断因素）	权重/%	不同方案的指标评价值		指标评分值加权之和
			方案甲	方案乙	
1	厂址位置	15	0.052 5	0.097 5	0.150 0
2	占地面积	15	0.045 0	0.105 0	0.150 0
3	可利用固定资产原值	10	0.027 6	0.072 4	0.100 0
4	可利用原有生产设施	10	0.000 0	0.100 0	0.100 0
5	交通运输条件	5	0.005 0	0.045 0	0.050 0
6	土方工程量	10	0.010 0	0.090 0	0.100 0
7	所需投资额	15	0.060 0	0.090 0	0.150 0
8	消化引进技术条件	20	0.160 0	0.040 0	0.200 0
	合　计	100	0.360 1	0.639 9	1.000 0

由表 5-4 可知，乙方案的加权得分高于甲方案，所以乙方案的地址更适合建设轮胎厂。

（3）最小运输费用法

如果投资项目地址备选方案的其他因素基本相同，只有运输费用不同，如投资项目生产所需的各种原材料由不同地区供应，而产品又要向若干地区销售，则可以根据重心原理，选择运输距离最短且运输费用最低的点作为项目的建设地址。计算公式为：

$$X = \frac{\sum\limits_{1}^{n} Q_i X_i}{\sum Q_i} \qquad (5\text{-}2)$$

$$Y = \frac{\sum\limits_{1}^{n} Q_i Y_i}{\sum Q_i} \qquad (5\text{-}3)$$

式中　Q_i——i 地区运输物品的数量；

X_i——i 地区方位的横坐标；

Y_i——i 地区方位的纵坐标；

X——项目建设地点的横坐标；

Y——项目建设地点的纵坐标。

例题 5-3

某物流园区，每年需要从 A 地运来铸铁，从 B 地运来钢材，从 C 地运来煤炭，从 D 地运来日用百货，物资主要运往本市的 E 区和 F 区。以本城市中心为起始点构建直角坐标图，各地与本城市中心的距离和每年的物品运输量见表 5-5。

要求：用最小运输费用法确定该物流园区的地址。

表 5-5　各地与本城市中心的距离和每年的材料运量

原材料供应及销售地区坐标	A		B		C		D		E		F	
	X_1	Y_1	X_2	Y_2	X_3	Y_3	X_4	Y_4	X_5	Y_5	X_6	Y_6
距离市中心坐标距离	10	20	60	40	45	50	70	30	40	80	30	30
年运输量	300		800		600		1 200		1 400		1 000	

【解答】

$$X = \frac{300 \times 10 + 800 \times 60 + 600 \times 45 + 1\,200 \times 70 + 1\,400 \times 40 + 1\,000 \times 30}{300 + 800 + 600 + 1\,200 + 1\,400 + 1\,000} = 46.79$$

$$Y = \frac{300 \times 20 + 800 \times 40 + 600 \times 50 + 1\,200 \times 30 + 1\,400 \times 80 + 1\,000 \times 30}{300 + 800 + 600 + 1\,200 + 1400 + 1\,000} = 46.42$$

则 $P(46.79, 46.62)$ 为最佳厂址位置。具体方位见图 5-1。

但是，在实际应用中，最小运输费用法还存在一定的局限：

①仅考虑了运输费用这个单一因素，没有综合考虑其他因素的影响。

②假定运输单价相等，实际上运输方式和运输距离不同，每千米每吨的运价也不同。

③所计算的距离是直线距离，实际中运输路线并非都是直线。

④计算出来的是理想的建设地点，实际中这一点可能因地质、地貌或其他原因不能作为投资地点，应通过综合条件考察，在附近找一个适当的地点作为建设地址。

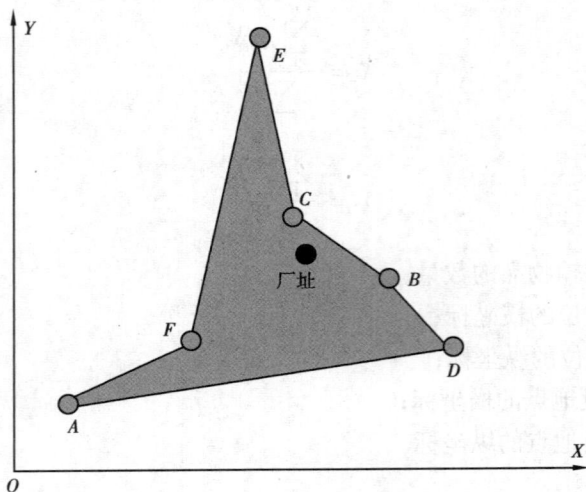

图 5-1　厂址坐标图

5.1.4　环境保护条件评估

1）投资项目可能造成的环境污染种类

（1）自然环境污染

①工厂排出的废烟、废气、废水、废渣和噪声。

②人们生活中排出的废烟、废气、噪声、脏水、垃圾。

③交通工具（所有的燃油车辆、轮船、飞机等）排出的废气和噪声。

④大量使用化肥、杀虫剂、除草剂等化学物质的农田灌溉后流出的水。

⑤矿山废水、废渣。

（2）社会环境污染

社会环境污染主要表现为城市膨胀、交通拥挤、人口爆炸等。

2）环境保护措施评估

①分析投资项目是否可能对环境产生不良影响。

②分析治理技术是否科学可靠。

③分析治理后能否达到环境部门的规定。

④分析环保资金的落实情况。

5.1.5　建设实施条件评估

1）项目设计单位评估

承担投资项目设计的单位的技术实力不仅关系到项目总体设计方案是否符合项目建设的需要，还关系到设计质量的可靠性和设计方案在经济技术上的最优化。对设计单位的评估就是分析其资质，了解其内部的专业分工、设计人员的专长等。

2）项目施工单位评估

施工单位的操作水平将对项目的建设进度和工程质量产生重要影响,施工企业的素质主要用施工人员的技术水平、专业化程度和施工装备水平等来衡量。大型、特殊工程项目等在施工技术上有特殊需求的,应选择素质较高的施工单位来承担工程建设。

3）施工准备条件评估

项目建设之前,应对项目所需的各项准备条件进行评估,保证如期开工建设。

5.2　生产条件评估

投资项目的生产条件评估主要是对项目建成投产以后所需的物质条件和供应条件进行分析评价。主要分析:项目所需的资源、原材料和燃料动力的保证程度,交通运输和通信条件是否完善,外部协作条件能否满足需要,以及项目有否采取环保措施,还要考察环保措施能否达到环境保护的目的。

5.2.1　资源条件评估

资源条件主要指可供开发利用,并且为项目需要的自然资源,如矿藏、农林、生物、土地及水资源等。资源条件直接关系到项目开发方案和建设规模的确定。在项目评估阶段,要对资源的优化配置和合理性进行分析,应分析资源开发利用的可能性、合理性和资源的可靠性,为确定项目的开发方案和建设规模提供依据。

1）资源的分类

按自然资源的增殖性能,资源可分为:

(1)可再生资源

这类资源可反复利用,如气候资源(太阳辐射、风)、水资源、地热资源(地热与温泉)、水力、海潮。

(2)可更新资源

这类资源可生长繁殖,其更新速度受自身繁殖能力和自然环境条件的制约。如生物资源,为能生长繁殖的有生命的有机体,其更新速度取决于自身繁殖能力和外界环境条件,应有计划、有限制地加以开发利用。

(3)不可再生资源

这类资源形成周期比较漫长,包括地质资源和半地质资源。前者如矿产资源中的金属矿、非金属矿、核燃料、化石燃料等,其成矿周期往往以数百万年计;后者如土壤资源,其形成周期虽较矿产资源短,但与消费速度相比,也是十分缓慢的。对这类自然资源,应尽可能综合利用,注意节约,避免浪费和破坏。

2)资源条件评估

①符合国家开采条例的规定,如矿产资源要有国土资源部批准的关于该资源储量、品位、开采价值及运输条件的报告作为建设依据。

②明确项目所需资源的种类和性质。

③分析资源的可供数量、质量和使用年限。

④研究技术进步对资源利用的影响。依靠技术进步来节约资源,达到资源的最佳利用,是各国都在实施的计划。

⑤对稀缺资源和供应紧张的资源,要分析开辟资源的前景和使用替代品的途径。

⑥农产品资源要分析其质量、供应数量和来源,同时还要观察农村经济发展和世界农产品市场的变化对项目未来生产的影响。

5.2.2 原材料供应条件评估

原材料是指企业在日常活动中持有的以备耗用的材料,主要指项目所需的主材、辅材、外购半成品、修理用备件、包装材料等。对原材料供应条件的评估主要是评价投资项目所需原材料的种类、数量、质量、供应条件和采购方式等。要做到经济实用,尽可能节约成本,减少运输,保证质量。具体包括以下内容:

①供应数量应满足项目生产能力的要求。

②原材料的质量要适应生产工艺的要求。

③选用原材料时要考虑生产成本。

④要考虑材料存储设施的建设。

5.2.3 燃料和动力供应条件评估

燃料和动力是投资项目生产中的基本生产要素和重要物资保证。燃料是能产生热能或动力和光能的可燃物质,主要是含碳物质或碳氢化合物。动力是使机械做功的各种作用力,如水力、风力、电力等。对燃料和动力供应条件的评估主要是考察需求和供给是否能够保证,还要注意和环境保护、地区基础设施应用方面相一致。具体来说包括以下内容:

①燃料需求量是否满足。

②供水条件评估。

③供电条件。

④其他动力供应条件。

5.2.4 交通运输条件评估

投资项目的交通运输按照范围不同可以分为厂内运输和厂外运输,两者的评估内容略有不同。

1）厂内运输方式及设备选择审查分析

这些需要结合本厂的地形地貌以及地区总规划分布图的要求,依据工艺流程和车间组成特点来决定,主要应注意:

①运输方式和运输设备的选择。

②装、卸、运、储等环节的能力协调和组织管理。

③运输进出量对项目生产过程及产品成本的影响。

2）厂外运输方式及设备选择审查分析

这些需要根据运输物资的数量、类型和外部运输条件来选择,具体评估对象为:

①铁路。

②水路。

③公路。

④航空。

⑤管道。

5.2.5　通信条件评估

通信条件评估主要是针对投资项目使用的电信系统、网络系统和邮电系统等条件的评估。通信条件对企业经营的影响是非常大的,掌握市场信息,与客户和供应商之间的交流都离不开快捷的通信设施,这是现代企业所必须考虑的条件。在评估时,主要考察通信设施能否满足项目的需要。

5.2.6　人力资源条件评估

①人员的数量、素质和技能。

②来源能否保证,培训手段是否具备。

③分析各类人力成本。人力成本包括人力资源的获得成本、开发成本、使用成本、保障成本和离职成本等,这些成本要尽可能地低。

5.3　总　结

建设和生产条件评估是在市场分析和生产规模确定的基础上,对拟建投资项目的建设条件、生产条件、环境条件和实施及配套条件进行的分析和评价,其中最重要的是生产建设条件的评估,核心是厂址的选择。

建厂是一项政策性、技术性和经济性要求高的工作,对大型和特大型建设项目来说,建设地址的选择尤为重要。建厂地址选择包括两个阶段:首先确定建厂选址的范围,然后比较、确定厂址的备选方案,提出具体的选址地点,并形成厂址选择报告。

厂址选择一般可以采用方案比较法、评分选优法和最小运输费用法。在实际应用中,要根据备选方案的特点选择评估的方法。

生产条件评估主要是对项目建成投产以后所需的物质条件和供应条件进行分析评价。主要分析:项目所需的资源、原材料和燃料动力的保证程度,交通运输和通信条件是否完善,人力资源条件能否满足需要。

思考题

1. 建设条件评估的内容。
2. 建厂地区选择的原则。
3. 项目厂址选择的方法。
4. 环境保护措施评价。
5. 资源条件评价。
6. 原材料供应条件评价。

案例5-1

波音公司搬迁选址分析

1916—2001年的85年,波音公司总部一直在西雅图。2001年9月4日,波音公司把总部搬到了芝加哥,这是波音总部仅有的一次搬迁。波音为什么要选芝加哥作为总部新址呢?这要从波音公司总部的选址标准说起。波音总部选址标准:

(1)出行方面,考虑直通美国及国际主要城市的航班频率是否适合建立公司专机机群基地,以及邻近公司专机机场设施等。

(2)地面交通情况,需要邻近大宾馆、大饭店、高品位的住宅区,还要考察交通拥堵情况、员工上下班的交通条件等。

(3)商业环境方面,主要考虑全球贸易活动情况,是否有其他大公司总部,通信基础设施、营业税、人力成本的状况,以及是否容易招募到受教育程度较高的劳动力等。

(4)个人生活方面,考虑员工的继续教育、文化生活与娱乐、中小学校的教育质量等配套设施,还要综合考虑社会安全、犯罪及卫生因素、文化的多样性及个人所得税与生活费用的标准等。

从以上标准可以看出,一个地方的地理位置、基础设施的完备程度、经济文化的氛围、人力资源的丰富程度及各种软硬投资环境的好坏等,对于公司选址是十分重要的。

波音公司选址小组的成员借助公众的力量在短时间内收集了大量的数据,又利用直升机在实地上空考察,7周后在芝加哥(伊利诺伊州,金融、文化、制造业、期货和商品交易中心之一)、达拉斯-沃思堡(德克萨斯州,美国航空的最大基地)和丹佛(科罗拉多州,石油、天然气和旅游)这3座候选城市中选择了芝加哥。之所以选择芝加哥,是因为芝加哥具有以下优势:

（1）地理位置。西雅图位于美国西海岸的北端，又靠边又靠角，地理位置较偏僻。芝加哥在中部，既能缩短国际、国内旅行时间，又便于接近华盛顿、纽约乃至国外的政府高层和金融市场。把总部迁到芝加哥有利于波音公司向美国中部靠拢，有利于管理和营运，有利于更接近欧洲市场。

（2）人力资源方面。随着微软等高科技企业在西雅图的兴旺发达，西雅图地区的人力资源已经趋于贫乏，而中部地区的人力资源和劳动力来源丰富。

（3）政府优惠政策。芝加哥和伊利诺州政府的优惠政策是致使波音总部迁址最关键的一点。芝加哥将州政府已有的吸引投资的10年税收优惠延长至15年；州政府将在今后10年内补贴波音50%的搬迁费；州政府每年将波音公司在该州的新雇员工缴纳的个人所得税中州税的一半用于该项目，同时补贴波音所需的工作培训和技术改进费用；地方政府在今后20年内每年为波音减免100万美元的财产税；波音将要租用的办公楼已被其他公司占据，芝加哥市政府将补贴100万美元帮助波音买断这些公司的租约；市政府同意补助波音改造机场的机库；最绝的是，市政府还将在市中心专门建立直升机站，向波音领导人提供快捷的交通条件。

案例 5-2

迪士尼乐园选址

迪士尼乐园是一座主题公园。所谓主题公园，就是园中的一切，从环境布置到娱乐设施都集中表现一个或几个特定的主题。迪士尼乐园的海外选址为我们提供了丰富的案例（表5-6）。

表5-6　全球迪士尼乐园一览

城　　市	建成时间	占地面积	每年游客人次
洛杉矶	1955 年	206 公顷	500 万
奥兰多	1971 年	12 228 公顷	2 000 万
东京	1983 年	201 公顷	1 730 万
巴黎	1992 年	1 951 公顷	1 200 万
香港	2005 年	126 公顷	500 万
上海	2016 年	390 公顷	3 000 万（估）

1. 东京迪士尼乐园

在20世纪80年代，日本人提出开设东京迪士尼乐园的想法。但是美国人没有果断地投资运营，而是采取了保守做法，授权日本人自己运营，授权费是收取门票收入的10%和其他收入的5%。但日本家庭对于迪士尼乐园的疯狂程度远远超出了美国人的想象。这让他们在日本遭受了巨大的利润损失。

选择在东京修建迪士尼乐园的原因：地理优势；政府的支持；民众渴望"美国文化"的心

理；政府的优惠条件。

2.巴黎迪士尼乐园

巴黎迪士尼乐园位于法国巴黎以东32千米处，1992年4月12日正式启用。选择在巴黎修建迪士尼乐园的原因：巴黎的地理优势；政府支持，还提供了极其优厚的投资条件；迪士尼公司占领欧洲市场的意图；法国地处欧洲中心，其他国家公民的入境手续简便。

但是，由于欧洲人抵制美国文化，门票价格对于经济低迷期的欧洲人来说过高，再加上迪士尼的旅馆客房供过于求，园区面积也过大，该迪士尼乐园并没有赚大钱。

从巴黎迪士尼乐园的投资建设来看，值得思考的问题是：选址计划的目标是什么？是赚钱还是进军欧洲？由于缺乏明确的方向，迪士尼公司在制订决策时在关键问题上失去了核心原则，因而犯下错误。

3.香港迪士尼乐园

1999年11月2日，迪士尼公司和香港特区政府就在港兴建迪士尼主题公园达成协议。迪士尼乐园首期项目"神奇王国"于2005年建成开放，占地126公顷。

选择在香港修建迪士尼乐园的原因：香港政府的强烈愿望；香港的地理位置优势；香港发达的旅游业；优惠的条件，香港政府很看重迪士尼乐园提供的大量就业机会和无数的游客，不仅拿出29亿美元投资乐园，还提供免费土地、建造专门的配套公路和地铁，换来57%的股份。而迪士尼公司仅仅投资3亿美元就获得了43%的股份。

不过，迪士尼公司最初考察了上海和香港，结果发现实在难以取舍。上海经济实力在中国内地首屈一指，且近年渐成地区会议、展览中心和国际旅游中心。香港，全世界近一半的人口可在5个小时航程之内抵达，中国最富裕地区之一珠三角的大部分居民可在2个小时内抵达，城市本身的消费能力明显优于上海，且由于国际化程度更高，它对亚洲其他各国客人的吸引力也强于上海。

难以取舍之后的决策便是，先在香港建一个，再在上海建一个。

案例 5-3

垃圾焚烧发电站的建设生产条件评估

一、建厂地区的选择

1.确定建厂选择范围

据调查，重庆一共有3座垃圾焚烧发电站，分别是：位于北碚区童家溪镇的同兴垃圾焚烧发电站，位于巴南区丰盛镇的丰盛垃圾焚烧发电站和位于万州的万州垃圾焚烧发电站。

同兴垃圾焚烧发电站发电辐射地区为北碚区、沙坪坝区、高新区、九龙坡区和大渡口区。丰盛垃圾焚烧发电站发电辐射地区为主城9区。而万州垃圾焚烧发电站发电辐射地区为万州区、云阳县、奉节县、开州县、梁平县、石柱县、垫江县。

根据合理布局原则分析可知，除重庆东南部少数民族自治县地区不在垃圾焚烧发电站的辐射区域外,还有涪陵区、长寿区、武隆县和丰都县不在垃圾焚烧发电站的辐射区域,且涪陵区被长寿区、丰都县和武隆县包围,因此选择涪陵区为垃圾焚烧发电站的建设区域。

根据产品需求原则,对拟建项目的辐射区域供电量进行了分析:涪陵区、长寿区、武隆县和丰都县的供电主要来源于重庆市电力公司长寿供电局,其供电量为74.98亿千瓦时,可供180万户居民使用,覆盖11个区县。经过平分后,可供每个区县17万户居民使用,即可供4个区县68万户居民用电。而根据重庆市统计局2012年的统计数据显示,涪陵区居民户数为46万户,长寿区居民户数为36.5万户,武隆县居民户数为14.06万户,丰都县居民户数为27.72万户,4个区县的总居民户数为124.28万户。排除其他小的电力公司可供电的户数,目前长寿供电局的可供电户数为68万户,与需要用电户数为124.28万户相差甚大,供需矛盾比较大,所以选择在涪陵拟建垃圾发电站,为解决供需矛盾寻求出路。

2.选址方案的确定

本项目所需的原材料是垃圾,备选方案的其他条件大致相同。垃圾运输费用是重点考察因素,因此采用最小运输费用法来确定选址方案。

最小运输费用法先要在坐标系中标出各个地点的位置,目的在于确定各点的相对距离。坐标系可以随便建立。在国际选址中,经常采用经度和纬度建立坐标,然后,根据各点在坐标系中的横纵坐标值求出成本运输最低的位置坐标 x 和 y。计算公式为:

$$C_x = \frac{\sum D_{ix} V_i}{\sum V_i}$$

$$C_y = \frac{\sum D_{iy} V_i}{\sum V_i}$$

式中　C_x——重心的 x 坐标(厂址的 x 坐标);

　　　C_y——重心的 y 坐标(厂址的 y 坐标);

　　　D_{ix}——垃圾产地的 x 坐标;

　　　D_{iy}——垃圾产地的 y 坐标;

　　　V_i——从垃圾产地运出的垃圾量。

最后,选择求出的重心点坐标值对应的地点作为项目要布置设施的地点。

根据原地图(图5-2)将其转换成坐标图(图5-3)。

预测该项目的合理生产规模为1 002吨/天,根据人口比例算出 V_c(长寿)、V_f(涪陵)、V_d(丰都)、V_w(武隆)的垃圾运输量:

$$V_c = 1\ 002 \times \frac{47}{140} = 336 \qquad V_f = 1\ 002 \times \frac{65}{140} = 465$$

$$V_d = 1\ 002 \times \frac{17}{140} = 122 \qquad V_w = 1\ 002 \times \frac{11}{140} = 79$$

导入数据:$C_x = \dfrac{1 \times 336 + 6.5 \times 465 + 11.5 \times 122 + 12 \times 79}{336 + 465 + 122 + 79} = 5.5$

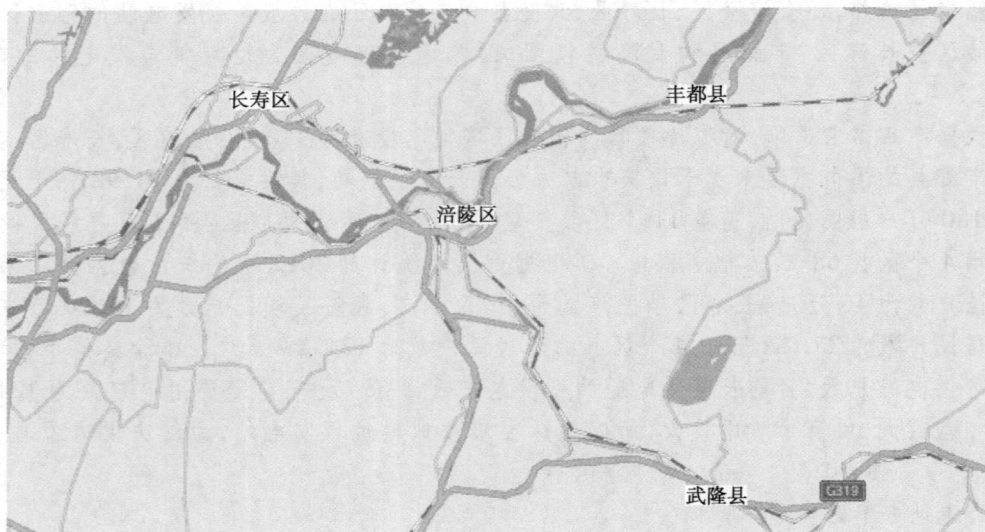

图 5-2　运输地点的原地图

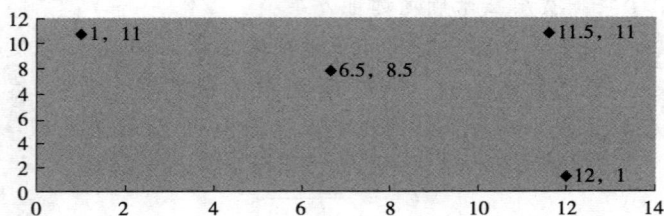

图 5-3　运输地点的坐标图

$$C_y = \frac{11 \times 336 + 8.5 \times 465 + 11 \times 122 + 1 \times 79}{336 + 465 + 122 + 79} = 9$$

经过计算得出厂址的选址坐标为(5.5,9)。确定的厂址坐标图见图5-4。

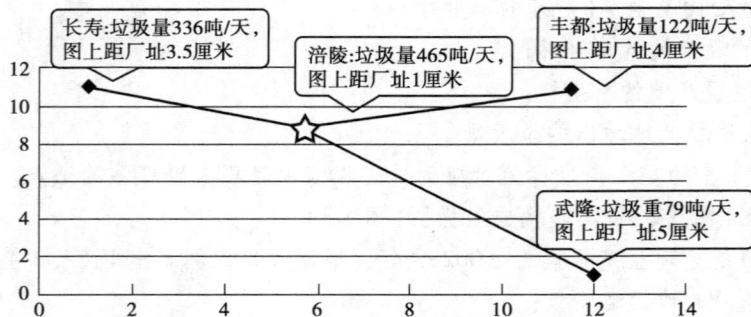

图 5-4　厂址坐标图

因此,厂址的选择确定为涪陵区龙桥镇石塔村,其地理位置见图5-5。

根据以上计算出的距离计算每天的运费:

$336 \times 3.5 \times 5 + 465 \times 1 \times 5 + 122 \times 4 \times 5 + 79 \times 5 \times 5 = 12\ 620(元)$。

图 5-5 厂址地理位置

但是最小运输费用法有两点缺陷:所计算的距离为直线距离,与实际情况不符,因此计算出的是理想地点,实际地点可能不适合。

不过,经过实地考察分析,我们了解到,该地址对于本项目是比较合适的,理由如下:

(1)拟建项目的建厂选址避开了涪陵的风景区:白鹤梁水下博物馆、武陵山国家森林公园、周易园、大木花谷和涪陵白鹤森林公园。

(2)选址符合劳动力成本最低原则:厂址位于农村地区,且农村劳动力成本低。

(3)选址符合资源充分利用原则。涪陵区龙桥镇作为拟建项目的建设场地,它有几方面的优势:其一,它是涪陵区的交通枢纽,紧邻渝涪高速公路,二级公路渝八路贯穿全境,渝怀铁路的火车客货站均设于境内,镇内形成省道、县道、乡道、村道、社道的公路网,村村社社通公路。其二,它是涪陵区的物资集散地和工业园区,镇内有日供水能力 1 万吨的水厂 2 座,并对工业企业用水有一定的价格优惠,此优势不仅使建厂材料的取得变得方便,而且也不用担心工业用水。

(4)上述理由说明我们的拟建项目选址是符合社会和自然生态环境协调发展原则的。

二、交通运输条件评估

1.厂外运输条件评估

(1)运输方式:拟建项目厂址位于涪陵区的交通枢纽龙桥镇,内有国道505、省道103、渝怀铁路经过,道路交通网发达,因此运输方便。

(2)中转站:在长寿区、武隆县和丰都县各设一个中转站,中转站采用封闭式垃圾存储设备。这种设备既可以与后装压缩式垃圾车对接,又方便在中转站摆放;既可以自动收集垃圾、自动压缩,又可以将压缩过程中的垃圾液直接排放到下水道,保证周围环境的清洁;既节约大量运力,也大大减少垃圾清运产生的尾气排放、垃圾液遗洒等二次污染。

(3)运输设备:垃圾的运输设备定为后装压缩式垃圾车。后装压缩式垃圾车是在压缩垃圾车基础上加装后挂桶翻转机构或垃圾斗翻转机构,由密封式垃圾箱、液压系统、操作系统组成。整车为全密封型,自行压缩、自行倾倒,压缩过程中的污水全部进入污水箱,较为彻底地解决了垃圾运输过程中的二次污染问题,具有压力大、密封性好、操作方便、安全等优点。

2.厂内运输条件

主要评估其装卸运储环节。垃圾的运输车称重后把垃圾通过垃圾倾卸门倾倒于垃圾贮坑中,然后垃圾起重机将垃圾送至焚烧炉的送料斗上方,经送料斗及料槽、给料器把垃圾推到 SITY 2000 逆推式机械焚烧炉,垃圾的干燥、燃烧、燃尽等一系列过程都在焚烧炉内完成。垃圾与助燃空气系统所提供的一次、二次助燃空气在焚烧炉中混合燃烧,燃烧所产生的热能被余热锅炉转换成蒸汽,蒸汽被送到汽轮机发电机组,转换成电能。垃圾燃尽后剩下的灰渣经除渣机收集到渣仓后再送出厂外进行填埋处理。烟气经过半干式烟气处理装置除去有害气体和粉尘后经引风机抽出,由烟筒排往大气。除尘器收集下来的飞灰与烟气处理系统的残余物经运输装置收集到灰仓,经固化后送到厂外处理。

三、环境保护方案评估

1.污染

垃圾焚烧发电产生的有害物质包括烟气污染,其中比较受关注的是"二噁英"、焚烧过程中产生的废水及垃圾渗沥液;再有就是灰渣和粉尘,但现今我国大部分垃圾焚烧发电的污染控制都已基本达标。

2.防治措施

(1)设置半干法脱硫系。

(2)采用高效布袋除尘器。

(3)高烟囱排放(按环保要求高度增加40米):污染物通过稀释扩散,落地浓度降低,可有效减小对环境的影响。

(4)二噁英的控制。控制二噁英的方式主要有:炉内温度均匀控制在 850~950 ℃;停留时间大于 3 秒;燃气室内充分混合,焚烧炉出口烟气中氧含量大于或等于 6%;采用石灰石脱硫,同时实现炉内脱氯;多孔活性炭对二噁英也有一定吸附作用。

(5)垃圾渗沥液的处理。垃圾渗沥液主要产生于垃圾仓,垃圾仓采用封闭防渗结构。采用的循环流化床锅炉具备回喷处理条件,渗沥液采用污水泵加压全部进行回喷炉内处理。

(6)灰渣处理。项目除渣系统采用灰渣分除、干灰干排方式。炉渣可直接进行综合利用或填埋。炉渣输送系统采用机械除渣方式,用刮扳机送到渣仓,再由运渣汽车运至厂外综合利用。

(7)垃圾发电厂目前都拥有在线监控系统,各项数据(如炉内温度、二噁英排放量等)都即时显示在大屏幕上。

四、原材料供应条件评估

1.分析和评价原材料的质量是否符合生产工艺的要求

拟建投资项目的原材料为垃圾。

(1)垃圾的来源及其分类见表5-7。

表 5-7　垃圾的来源及其分类表

分　类	来　源	主要组成物
矿业废物	矿山、冶炼	废矿石、尾矿、金属、废木、砖瓦灰石等
工业废物	冶金、交通、机械、金属结构等工业	金属、矿渣、沙石、陶瓷、边角料、涂料、管道、绝热和绝缘材料、废木、橡胶、塑料、烟尘等
	煤炭	矿石、木材、金属
	食品加工	肉类、谷物、果类、蔬菜、烟草
	橡胶、皮革、塑料等工业	橡胶、皮革、塑料、布、纤维、染料、金属等
	造纸、木材、印刷等工业	碎木、锯末、化学药剂、金属填料、木质素
	石油化工	化学药剂、金属、塑料、橡胶、沥青、涂料
	电器、仪器仪表等工业	金属、玻璃、木材、橡胶、塑料、绝缘材料
	纺织、服装业	布头、纤维、橡胶、塑料
	建筑材料	金属、水泥、黏土、沙石
	电器工业	炉渣、粉煤烟、烟尘
城市垃圾	居民生活	食物垃圾、纸屑、布料、木料、金属、玻璃、塑料、染料、燃料、灰渣、废器具、杂品、粪便
	商业、机关	管道、碎砌体、沥青、其他建材、废电器、废旧轮胎等
	市政维护、管理部门	砖瓦、树叶、金属、锅炉灰渣、污泥、脏土
农业废物	农林	稻草、秸秆、蔬菜叶、水果皮、农药、化肥、人畜粪便
	水产	腥臭死禽畜、腐烂鱼虾等水产品、污泥
放射性废物	放射性医疗、科研单位	金属、含放射性废渣、粉尘、建材

（2）垃圾的成分及热值。根据对生活垃圾的抽样调查及垃圾成分分析,得出的具体情况见表 5-8 和表 5-9。

表 5-8　生活垃圾抽样自然组分与热值

垃圾编号	垃圾 1	垃圾 2	垃圾 3	垃圾 4	垃圾 5
布、纸/%	7.20	11.20	13.50	23.06	3.74
草/%	11.70	11.50	12.70	12.23	14.00
塑料/%	8.90	12.30	14.60	5.42	6.41
重金属/%	1.48	1.13	1.46	1.32	1.15
玻璃/%	1.20	1.51	0.98	1.35	1.41
其他/%	1.72	0.86	1.66	1.92	1.23
不可燃物/%	20.00	21.40	17.70	21.70	20.30
水分/%	47.50	39.50	37.40	33.60	32.30
热值/$(b \cdot kg^{-1})$	4 340	6 280	7 535	8 320	9 196

表5-9　垃圾物性特点

调查区	容重/(kg·m⁻³)	含水率/%	高位热值/(kJ·kg⁻¹)	低位热值/(kJ·kg⁻¹)	灰分/%
武隆县	440	56.67	5 769.10	3 990.52	14.95
丰都县	430	49.06	6 549.50	4 873.66	21.25
长寿区	480	58.95	5 117.22	3 598.29	11.85
涪陵区	610	47.24	7 009.52	5 298.29	17.19
加权平均	470	53.59	6 046.23	4 785.01	16.62

垃圾焚烧发电一般要求垃圾的热值达到 4 187 kJ/kg(1 000 kcal/kg)以上。根据上面两张表可以看出,我们拟建项目辐射的 4 个区县的垃圾热值都在 4 187 kJ/kg 以上,符合生产工艺要求。

2.分析和评价原材料的供应数量能否满足项目的要求

(1)供应量:中国城镇每人每天产生的垃圾约为 1 千克,通过计算人口数可以得出垃圾供应量。根据重庆市统计局公布的 2012 年常驻城镇人口数据可知,涪陵区为 65.11 万人,长寿区为 44.84 万人,武隆县为 12.65 万人,丰都县为 23.83 万人,加总可知拟建的垃圾焚烧发电站所辐射区域的总城市人口为 146.43 万人,乘以 1 千克并换算可知,垃圾供应量为 1 400 吨/天。

(2)项目需求量:由之前对项目合理规模的核算可知,项目需要量是 1 002 吨/天。

因此,垃圾的供应量符合项目的要求。

3.分析和评价原材料的价格、运费及其变动趋势对项目产品成本的影响

重庆生活垃圾如废纸、泡沫、布料等的回收价格平均为 1.3 元每千克;工业垃圾如管道、绝缘材料、塑料等垃圾的回收价格平均为 3 元每千克。垃圾的运输一般采用公路运输。现在重庆的运输价格平均为 5 元每千米每吨。垃圾回收价格和运输价格都比较稳定,短期内变动趋势不大,对项目成本的影响也不大。

4.分析和评价原材料的存储设施条件

本项目主要的存储设施为封闭式垃圾压缩存储机。

本实验主要对其进行以下 4 方面的评估:

(1)结构特点:

①双层密闭结构:内层为不锈钢储存桶体,完全抗腐蚀,坚固耐用。

②容积变化呈轴向线性变化,容积选择自如。

③自动倾倒投入,自动排出垃圾。

(2)功能与优点:

①具有破袋、压缩增容功能,减少垃圾清运次数,可直接降低清运费用。

②自动消毒除臭,无蚊蝇、虫害及病菌传染。

③操作简便,自动投入→压缩→储存→排出清运等一系列动作,完全自动化,清运人员不接触垃圾,安全又卫生。

④双重密闭结构,垃圾完全封闭储存,污水不外溢;完全避免蚊、蝇、鼠类等病媒的滋生,确保环境清洁。

⑤可24小时自动控制,无须专人管理,节省人工费用。

⑥一般生活垃圾混合处理压缩能力大约为3∶1。

⑦采用密闭储存方式,无发生火灾之虞。

⑧设备可设置于任何地点,能有效利用空间。

⑨清运过程迅速方便,司机一人即可操作。

⑩占地面积小,整套设备只需10~16平方米,基建费用少,约为现行垃圾楼的1/2。

(3)经济性分析。主要有以下优势:减少大量人工及费用;减少清运费用;减少渣土处理费;减少占地面积,使有限的空间得到充分利用。

(4)使用寿命:10年以上。

五、总结

通过对拟建项目的建设条件评估可知:选址在涪陵区龙桥镇石塔村最为合适,且运用最小运输费用法计算出其最为经济的运输费用为12 620元。其交通运输条件、环境保护方案和原材料条件,都能证明其建设条件较好,适宜拟建项目的建设。

第6章 投资项目技术评估

科学技术体系本身是一种现代社会组织,必须以一种现代精神原则作为运动动力,仅仅依靠增加资金与人员的投入,并不能获得所期待的科技产生。

——何家栋

学习目标

◆ 熟悉技术的评估的基本内容。
◆ 掌握工艺技术方案引进的方法。
◆ 掌握设备方案选择评估的方法。
◆ 了解工程设计方案的评价方法。

重点、难点

◆ 工艺技术方案选择的方法。
◆ 设备方案的评价方法。

知识结构

```
                          ┌─→ 技术概述            ┌─→ 许可证交易
          投              │                      │
          资              ├─→ 工艺技术方案引进 ──┼─→ 工艺技术购买
          项              │                      │
          目              │                      └─→ 合资经营
          技              │
          术              ├─→ 设备方案选择评估 ──┬─→ 设备投资回收期法
          评              │                      │
          估              │                      ├─→ 年均费用法
                          └─→ 工程设计方案评价    │
                                                 └─→ 费用效率法
```

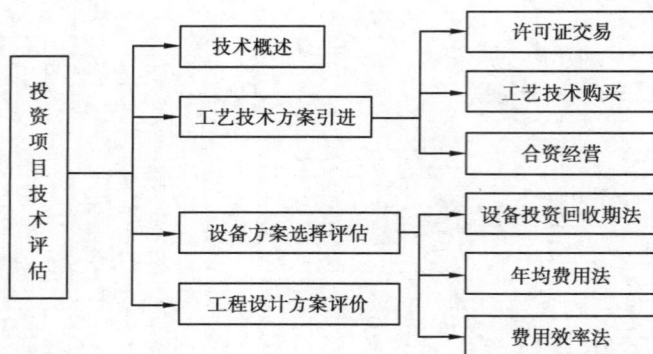

技术评估是投资项目评估工作不可或缺的一个环节,主要是对项目生产运营所需要的工艺技术、设备方案和工程设计方案进行评价分析。投资项目技术方案的选择会最终决定产品的生产方案、生产规模和生产效率,对产品的质量、数量、生产成本和企业的经济效益都会产生重要的影响。投资项目的技术评估就是针对项目的技术条件是否合理和是否满足项目生产运营的需要而进行的综合分析评价。

6.1 技术概述

技术是人类为实现社会需要而创造和发展起来的手段、方法和技能的总和。作为社会生产力的社会总体技术力量，包括工艺技巧、劳动经验、信息知识和实体工具装备，也就是整个社会的技术人才、技术设备和技术资料。通常来说，技术包括3个要素：①为完成某种实用目的的科学知识技能。②为实现一定目标所选择的工艺。③为落实工艺而采用的物质手段（如设备、工具等）。

6.1.1 技术的性质

1）技术的复杂性

技术的复杂性是指现今的很多工具的使用都具有难以了解的特性，技术的应用需要一连串对制造或使用的事先训练。具体可以分为两类：一类是使用方法简单，但是很难理解其来源和制造方法，如餐刀、棒球及高加工食品等；另一类既难使用也很难理解其原理，如飞机、汽车、电脑等。

2）技术的依赖性

无论是在制造还是在使用方面，技术之间都是互相依赖和支持的。例如，汽车的生产和修理需要巨大且复杂的制造及维护工业支撑，而汽车的使用也需要有诸如公路、街道、高速公路、加油站、保养厂和废弃物收集等设备支持。

3）技术的多样性

技术的多样性是指技术的外部形态具有不同的类型和变异。例如，比较常见的生活用品，像我们常用的各种功能的勺子，虽然原理都是相同的，但是形状和样式差别较大。即使是更复杂的工具也通常有许多的形状和样式，如建筑起重机或普通的轿车。

4）技术的规模性

现代技术的普及面较广。技术几乎存在于每一个角落，它支配着现代生活。

6.1.2 技术的类型

1）按技术占用某方面资源、信息量的多少划分

（1）资金密集型技术

资金密集型技术是指资金占用多，容纳劳动力较少的技术。它们具有劳动生产率高、消耗低、竞争力强等优点，主要集中在冶金、石油、化工、机械制造等重工业部门。

（2）劳动密集型技术

劳动密集型技术的特点是容纳和占用的劳动力较多，单位劳动占用的资金较少，技术装

备程度较低,主要集中在农业、林业及纺织、服装、玩具、皮革、家具等制造业。

（3）技术密集型技术

技术密集型技术即机械化、自动化程度较高的技术,其特点是技术熟练程度和科学技术知识水平要求较高。它们主要集中在如电子计算机工业,飞机和宇宙航天工业,原子能工业,大规模和超大规模集成电路工业,精密机床、数控机床、防止污染设施制造等高级组装工业,高级医疗器械,电子乐器等。

（4）知识密集型技术

知识密集型技术是高度凝聚先进的现代化技术成果的技术。其特点是从事技术活动的人员具有很高的科学、技术、管理方面的知识水平,甚至操作人员也要有很高的文化水平。其技术装备复杂、投资多、占用劳动力少,消耗低、环境污染少,如软件开发、电子研发、生态农业等。

20世纪80年代以后,美国、日本和欧洲发达国家大力发展知识密集型产业,而劳动密集型产业和技术密集型产业则向发展中国家转移,特别是世界加工制造中心和世界电子信息产品中心向中国转移。

2）按技术的表现形式划分

（1）硬技术

硬技术即物质技术,如机器、设备、基础设施等生产条件和工作条件。

（2）软技术

软技术即非物质技术,如工艺、方法、程序、信息、经验、技巧和管理能力等。

6.1.3　技术评估的内容

1）论证项目建设的必要性

随着世界范围新技术革命的发展,新技术、新工艺、新设备不断涌现,高技术的研发导致某些领域发生根本性的变革。只有采用先进技术,才能节约人力和资源。项目建设的论证就是从技术发展的视角,对技术的性能、水平和经济效益及技术对环境、生态乃至整个社会、经济、政治、文化和心理等可能产生的各种影响,对投资项目进行全面系统分析,权衡利弊,从而做出合理的选择的方法。

2）确定产品方案

根据技术水平制订产品的生产销售方案,应考察采用或限制该技术时可能引起的社会后果,尽可能科学地、客观地对正负影响特别是非容忍影响作全面充分的调查分析,建立综合评估指标体系。建设项目建成投产以后,就成为企业,成为商品生产者和经营者。企业产品的规格、品种、技术性能以及产品的质量对企业的生存和发展具有举足轻重的影响,因此,在技术评估中对产品方案的重点分析和评审必须在了解国内外现状的基础上进行。对技术落后、缺乏市场竞争能力的产品要坚决去除。

3）工艺技术方案的选择与评估

对投资项目拟采用的工艺技术方案进行综合分析,考察社会、经济、技术、生态等一系列问题,以及它们之间的相互关系,在技术选择和开发中趋利避害,寻求实现社会总体利益的最佳工艺技术方案。采用什么样的工艺,就会确定什么样的生产设备和生产类型,因此工艺技术方案不仅涉及项目的投资多少和建设周期长短,而且对未来的产品质量、产量和项目的投资效益都产生直接的影响。

4）设备方案的选择与评估

研究投资项目所需要的设备的型号、规格、数量、来源和价格是否能够满足项目生产的需要,以及能耗指标和经济效益指标的要求。

5）工程设计方案的分析与评估

分析项目的总平面布置方案的合理性,考察工程设计方案能否满足生产工艺的要求,是否符合资源规划的要求,能否适应场内外运输的需要,以及是否节约用地、节约投资、经济合理等。

6.1.4 技术评估的原则

1）先进性

当今市场的竞争归根结底是技术先进性的竞争。在评估时,要注意项目所用技术的专利水平、寿命期等因素。技术先进性是指所采用的技术、工艺、设备和管理方法具有当前国际水平或领先于国内现有技术水平。项目的技术先进性具体体现在:总体设计方案起点高,生产技术和工艺流程科学,设备精良,性能高优,布置合理,各项技术参数先进。新建项目,包括涉外项目,其总体方案设计、工艺和技术装备的选择必须具有超前性,绝不能采用落后的或即将淘汰的技术。

2）适用性

技术适用性是指项目所采用的技术应适应我国国情和国力,适合建设地区和产业部门的具体情况。适用技术不一定是先进技术,更不是落后技术,它的基本特征是适应具体情况。它直接关系到项目投入后能否顺利开展生产。在进行技术评估时,要分析项目技术方案和工艺设备是否估计到企业的技术管理水平和生产工人的素质,并考虑企业对先进技术的吸收消化能力。国外的先进技术要适应我国行业特点和产业政策。国外的先进工艺往往对原材料的要求很高,要求设备配套或者工人对技术的掌握程度等。先进技术的采用需要各种条件,不具备这种条件,先进技术就难以发挥作用,得不到良好的效果。目前,我国适用技术应符合以下条件:有利于资源的综合利用;有利于提高能源、原材料的利用率;有利于维护生态平衡和环境保护;有利于提高劳动生产率;有利于充分发挥企业现有技术力量和技术装备的作用。归结起来,适用技术应有利于取得最佳经济效益。

3）经济性

从经济效益角度来考虑投资项目所采用的技术方案是否节省投资,是否节约能源、资源和提高劳动生产率,能否获得较好的经济效益。要防止出现单纯追求新技术而忽略项目的经济效益的现象。一个技术方案,不仅要注意单项效益,还要注意综合效益;不仅要讲企业效益,而且还要看它对国民经济的贡献和社会的影响。

4)可靠性

项目所用技术是否可靠,是项目成败的关键。任何先进技术必须经过实践证明是成熟的、可靠的,必须经过实验室研究、中间试验和工农业的试生产,技术的"软件"和"硬件"功能必须是有效的。项目采用的国内科研成果必须经过工业试验和技术鉴定,并有详尽的技术分析数据。引进的国外工艺、技术、设备必须符合国情,必须是成熟的,需要进一步研究的技术和没有把握的技术一般不予采用。在专利技术的引进中,要避免把已经失效的或者非专利技术当作专利技术来引进。

5)安全性

技术不能给人类和社会带来危害,要有具体有效的灾害防治措施。对项目采用的工艺技术及设备的安全性要有足够把握。具体包括:技术方案是否会对工作人员造成人身危害,有没有劳动保护措施;技术方案是否操作维修灵活、方便,能够改善工作人员的劳动条件;项目有无环境污染,是否破坏生态平衡,废水、废渣、废气的排放有没有违反环境保护法,噪声有没有得到控制和有无防范措施;生产操作是否按规范标准进行,有无防火、防爆设施,是否制订了安全生产制度;特别是生产为人类直接消费产品项目,是否按照卫生标准来生产,会不会造成社会危害等。

安全性评估是至关重要的,尤其是对于易燃、易爆的项目更应作为重点来进行。技术评估的原则应根据不同地区、不同对象而有不同的考虑和侧重。各条原则之间的关系必须辩证综合地考虑,光注重先进性,没有适用性和经济合理性不行;有了先进性、适用性,但投资太大,利润率低,经济合理性太差也不行。反之,光图省钱,工艺落后,浪费资源,也不可取,一定要根据项目的具体情况综合而又有所侧重地进行。

6.1.5 技术评估的程序

1)基础资料准备

查明技术的基本情况,包括该项技术主要技术参数、各种实施方法、现在或将来的应用和发展、开发所需投资(直接的和间接的),以及可替代的技术。

2)技术的影响评估

查明影响,包括现在和将来对经济和社会(生活、环境、教育、就业和政治等)的各种影响,还包括对社会各方面的个人、组织和集团的影响。其中既有对各种决策机构的影响,也有对将来使用者以及公众的影响;既可以是直接的和间接的影响,也可以是潜在的影响。通过分析,找出不利的影响,确定影响的大小,以及影响之间的相互关系,并估计它们的相对重要性,以便采取对策加以消除或减轻。

3)确定技术评估的原则

明确投资项目在技术选择中可能面临的制约因素,结合投资项目的具体情况,分析确定技术评估的主要原则。

4）明确技术评估的内容

投资项目技术评估的重要内容包括：拟采用的技术是否符合行业发展的政策和规划；拟采用的技术是否与协作企业配套；拟采用的技术是否影响生态平衡发展；工艺方案和设备选择是否能够满足生产的需要等。

5）技术方案优选

按照技术评估的原则，采用科学的方法，对投资项目的备选工艺方案和设备进行分析和比较，选择最符合项目需要的技术方案。

6）编制技术评估报告

技术评估的最终报告只是对各种可能采取的行动和策略方案作出客观的比较、分析，以便决策者作出最佳的选择。以上步骤有时需要反复进行。

6.1.6　技术评估人员的组织与分工

由于技术评估不仅涉及技术本身（尤其是对新技术的评估更为复杂），而且还涉及政治、经济、环境和社会各方面，所以除了建立专门评估小组外，一般还需要聘请由各方面专家组成的顾问小组，以保证评估结果能代表各种观点。

不同的投资项目由于规模和性质不同，技术内容的差别也会较大，技术评估人员的组织与分工也各不相同。

6.2　工艺技术方案评估

工艺是指为生产某种产品所采用的工艺流程和制造方法。工艺起源于人类开始制作工具的时代，是人类起源的直接佐证。马克思在《资本论》中指出："工艺学揭示出人对自然的能动关系，人的生活的直接生产过程，以及人的社会生活条件和由此产生的精神观念的直接生产过程。"工艺大多为劳动人民直接创造，是人民群众艺术创作的基本形式之一。作为艺术的一种，它是从手工业生产分离出来成为独立的部门后才形成的。

6.2.1　工艺技术方案评估的内容

①工艺技术的先进性和成熟性。
②工艺技术的原材料适应性。
③工艺技术方案能否保证产品质量。
④产业基础和生产技术水平的协调性。
⑤工艺技术的经济合理性。
⑥技术来源的可靠性和经济性。

⑦工艺技术实施的可行性。

⑧工艺技术实施对生态环境的影响。

6.2.2　工艺技术方案引进的方法

投资项目所采用的技术除了自主研发之外,还可以通过技术引进获得。技术引进通常是指一个国家或地区的企业、研究单位、机构通过一定方式从本国或其他国家、地区的企业、研究单位、机构获得先进适用的技术的行为。技术引进的对象一般为"软技术",通过引进或转让软技术,可以提高企业自制能力和设备的制造水平,又能缩短掌握和应用关键技术的时间,以及减少研发费用。只从国外购入机器设备而不买入软件技术,一般称之为设备进口;若从国外购入软件技术或与此同时又附带购进一些设备,这就是技术引进。技术引进的方法主要有许可证交易、工艺技术购买和合资经营。

1)许可证交易

许可证交易是指通过签订许可证协议,被许可人取得许可人所拥有的技术,并享有使用该项技术制造产品和销售产品的权利的贸易方式。

(1)许可证协议的标的

专利使用权,专有技术使用权,商标使用权。在国际许可证交易中,多数是把专利与专有技术的使用结合在一起作为同一项许可证协议的内容,这被称为混合协议,而单独以上述3项中的一项为标的的许可证协议较少。

(2)许可证交易的法律特征

①交易对象不是有形货物,而是无形商品,即技术知识与经验。

②被许可人只是在一定时间内取得专利、商标或专有技术的使用权,并不能取得所有权,所有权仍属于许可人。

③它是一种长期交易。通常许可证协议的有效期都在5年以上,有的长达15年,甚至20年。

2)工艺技术的购买

除了通过许可证交易获得技术的使用权以外,还可以用大量资金把工艺技术的所有权和使用权都购买过来。这种方法耗用的资金较多,适用于资金比较雄厚的企业。

3)合资经营

技术拥有者可以用技术作为投资,和项目所有者一起经营项目,并按照技术的估价占总投资的比例行使管理权和取得利润分配。

6.2.3　软技术评估

1)软技术的含义

广义的软技术包括研究、处理和解决使用现代科技成果所带来的经济、社会、心理上的一系列影响的技术。

狭义的软技术指的是设备的操作、使用技术,以及产品生产与销售过程的组织、管理、经营技术(软技术是借用计算机"软件"一词对技术的性能的一种分类,是"硬技术"一词的对称)。本课程所讲的是狭义的软技术。

2)软技术分类

①工业产权,也称专利权,是人们依照法律对应用于生产和流通中的创造发明和显著标记等智力成果,在一定期限和地区内享有的专有权,是发明专利、实用新型、外观设计、商标的所有权的统称。有些国家的法律和国际条约还将服务标记、厂商名称、产地标记和原产地名称以及制止不正当竞争(最常见的是以专利为依据的专利权)的权利包括在内。

②知识产权(版权、著作权等),指公民、法人或者其他组织在科学技术方面或文化艺术方面对创造性的劳动所完成的智力成果依法享有的专有权利,主要包括自然科学、社会科学以及文学、音乐、戏剧、绘画、雕塑、摄影和电影摄影等方面的作品的版权、著作权。

③专有技术,指先进、实用但未申请专利的技术秘密,包括设计图纸、配方、数据公式,以及技术人员的经验和知识等。它不属知识产权,不受法律保护,是技术贸易的重要内容之一,其转让合同上规定受让方须承担保密义务。

④其他,如商誉,商誉是指在同等条件下,由于其所处地理位置的优势,或由于经营效率高、历史悠久、人员素质高等多种原因,能获取高于正常投资报酬率所形成的价值。商誉是能使企业中的人、财、物等因素在经济活动中相互作用,形成一种"最佳状态"的客观存在。

3)软技术的特点

①无形性:软技术往往没有实物形态。

②垄断性。

③高获利性:软技术的价格通常由其带来的收益确定,不具有等价交换的特点。

④两权分离性:一般软技术只转让使用权,所有权还是留在发明者手中。

⑤不确定性:经济效益不确定。

4)软技术评估

(1)专利权的评估

专利权实质是一种受专利法保护的技术垄断权,它具有合法性、时效性、独占性、地域性和获利性等特点。专利权评估主要包括以下内容:

①专利是否允许在使用方的市场应用。

②使用方是否已经谈妥专利制造、使用和销售的权利。

③是否保障使用方免受第三方对于侵犯专利的索赔。

④专利的有效期。

⑤专利接受方所受的限制,如生产规模、生产价格、销售区域等。

(2)专有技术评估

专有技术是一种没有取得专利权的技术知识,它是具有实用性和经济性的动态技术,具备可传授性和可转让性,是一种以保密性为条件的事实上的独占权。专有技术的必备条件有:其整体或其确切结构和内容组合是秘密的(没有从事该信息领域工作的人们不容易了解或获得);由于其秘密的特性,因而具有商业价值;其合法拥有者已按照实际情况采取了合理措施对其予以保密。专有技术与专利的区别见表6-1。

表6-1 专有技术和专利的区别

比较内容	专有技术	专利
存在条件	保密	法律保护
时效性	无时间限制	时间、地域限制
保密性	技术内容保密	技术内容公开
技术要求	不一定是发明创造,但必须是成熟的、行之有效的	必须有新颖性、创造性和实用性
技术形态	是动态的,其内容可以发展改进,是可变的	是静态的,其内容是固定不变的
存在方式	以书面表示或存在于人们的头脑中	以书面表示

专有技术评估内容包括:

①专有技术中有多少内容是保密的、保密期限。

②专有技术的性质、应用性、合法性以及保密资料以外的其他补充资料。

③专有技术对本项目的适用性、所需投资、费用、产品竞争力,对原材料的要求等。

④专有技术使用期是否合适,限制条件是否合理。

⑤转让方能否为工艺或产品提供保证书,能否提供关键设备工艺性能的保证,施工责任分担保证等。

5)软技术引进评估方法

(1)利润提成计价法

该方法是对技术使用以后带来的利润按照比例进行提成,这个提成即是软技术转让的收益,也是软技术的转让价格。计算公式为:

$$技术转让提成费(外商提成额)D = 外商提成率 r × 销售额 s \qquad (6-1)$$

式中 外商提成率 r = 外商提成额 D/销售额 s = (外商提成额 D/引进技术获利额 N) ×

$$(引进技术获利额 N/销售额 s) = 利润分享率 a × 销售利润率 \beta \qquad (6-2)$$

判断依据:将利润分享率与国际合理的利润分享率(15% ~25%)进行比较:超过25%,引进方受损严重;低于15%,技术出口方不划算。

例题 6-1

某企业欲引进一项技术,预期投入使用后能获利100万,产品销售量为5万,单价80万。如果技术转让方期望在5年内收回转让技术使用费40万元,请判断该技术能否引进。

【解答】

外商提成率 =40/(5×80)=10%

企业引进技术以后：

销售利润率 $= 100/(5 \times 80) = 25\%$

利润分享率 $= 10\%/25\% = 40\%$

因为利润分享率超过了 25%，所以不能接受 10% 的提成率。

（2）利润提成计价法的优点

①技术转让双方风险共担，技术比较可靠。

②技术引进方在取得利润后才支付提成费，不需垫付资金。

③技术转让方的提成费用取决于利润和提成率，有利于促进转让方不断改进技术，提高利润。

6.3　设备选择评估

6.3.1　设备选择的概念

投资项目的技术评估除了要评估工艺技术方案，还要对投资项目所使用设备的适应性和先进性进行评估。

1）设备选择

设备选择评估是指在购置设备之前，根据投资项目生产工艺的要求和市场供应情况，按照符合项目生产能力的需求，遵循技术上先进、经济上合理、生产上适用的原则，以及安全性、可行性、通用性、维修性、操作性和能源供应等要求，进行调查和分析比较，选择最优设备进行生产的工作。

2）设备选择应遵循的原则

①依据项目生产能力和技术来选择。

②技术先进、适应性好。

③立足国内，其次再向国外市场选择。

④损耗高的设备要有备用设备。

⑤通过科学的方案分析，选取最合理的设备。

6.3.2　设备选择的方法

1）设备投资回收期法

通过计算收回设备投资所需的年限来选择设备，回收期越短的设备越好。计算公式为：

设备投资回收期 = 设备投资额/（年利润 + 年税金 + 年折旧额）　　　（6-3）

例题 6-2

某项目需一台专有设备进行生产。现有两台备选设备,A 设备售价 40 万元,寿命为 10 年,预计投产后年利润 6 万元,年利税额为 1 万元;B 设备售价 64 万元,寿命为 16 年,预计投产后年利润 10 万元,年利税额为 2 万元。均采用直线法折旧,期末无残值。该项目应该选择哪种设备?

【解答】

首先计算折旧:A 设备折旧 =40/10 =4(万元/年)

B 设备折旧 =64/16 =4(万元/年)

A 设备的投资回收期 =40/(6 +1 +4) =3.6(年)

B 设备的投资回收期 =64/(10 +2 +4) =4(年)

则 A 设备的投资回收期较短,应选择 A 设备。

2)**年均费用法**

年均费用法指通过计算各备选方案的年均费用来进行设备选择,年均费用少的方案为优。该方法适用于收入相同但计算期不同的方案设备优选。计算公式为:

设备年均费用 =(设备购置费用 + 设备年使用费 × 年金现值系数)/ 设备使用年限

$$(6-4)$$

例题 6-3

某项目有 C、D 两种设备可供选择,C 设备售价 40 万元,寿命为 10 年,预计投产后年使用费 2 万元;B 设备售价 60 万元,寿命为 12 年,预计投产后年使用费用 3 万元。折现率 10%。应该选择哪种设备?

【解答】

C 设备年均费用 =[40 +2 ×(P/A,10% ,10)]/10 =(40 +2 ×6.144 6)/10 =5.23(万元/年)

D 设备年均费用 =[60 +3 ×(P/A,10% ,12)]/12 =(60 +3 ×6.813 7)/12 =6.703(万元/年)

则 C 设备年均费用较少,应该选择 C 设备。

3)**费用效率法**

用设备使用后带来的效益和产生的费用的比率作为择优标准,费用效率高的设备较优。计算公式为:

$$费用效率 = 系统效率 / 设备寿命期费用 \qquad (6-5)$$

系统效率是指设备运营产生的效益,可以用营业收入、利润、生产效率等指标来衡量。设备寿命期费用包括设备购置安装费和生产运营费用等总费用。除此以外,还可以选择设备产量、难以计量的单向要素作为考核系统效率的指标。

例题 6-4

某项目需用一台专有设备进行生产,现有两个备选设备。E 设备年均效益 40 万元,年均费用 10 万元;F 设备年均效益 60 万元,年均费用 12 万元。该项目应该选择哪种设备?

【解答】

E 设备费用效率 = 40/10 = 4

F 设备费用效率 = 60/12 = 5

则 F 设备综合效益较高,应选择 F 设备。

用难以计量的单项要素作为系统效率时,具体操作步骤如下:首先,确定各单项要素的比重。其次,给要素打分,并计算各单项要素的权重值,权重值 = 要素权重 × 要素得分。再次,汇总各设备方案的要素权重值,以此作为系统效率值。最后,代入式 6-5,计算出各设备方案的费用效率,选择费用效率最高的设备为投资项目所用。

例题 6-5

某拟建项目有 3 个设备选型方案,各设备的寿命周期费用分别为:A 设备 12 万元,B 设备 12.5 万元,C 设备 13 万元。系统效率分别由可靠性、安全性、耐久性、维修性、环保性和灵活性等 6 个单项要素组成,各项要素的权重值计算见表 6-2。

表 6-2　各设备的系统效率权重值

单项要素	权重/%	A 设备			B 设备			C 设备		
		效率	得分	权重值	效率	得分	权重值	效率	得分	权重值
可靠性	30	95%	9	2.7	90%	7	2.1	92%	8	2.4
安全性	15	安全	10	1.5	较好	8	1.2	一般	6	0.9
耐用性	20	13 年	7	1.4	18 年	10	2	15 年	9	1.8
维修性	15	一般	6	0.9	较好	8	1.2	好	10	1.5
环保性	10	有	10	1.0	无	0	0	有	10	1.0
灵活性	10	良好	9	0.9	一般	8	0.8	一般	6	0.6
合计	100		51	8.4		41	7.3		49	8.2

【解答】

根据上表,可计算各设备的费用效率:

A 设备费用效率 = 8.4/12 = 0.7

B 设备费用效率 = 7.3/12.5 = 0.58

C 设备费用效率 = 8.2/13 = 0.63

从计算结果看,A 设备的经济合理性最佳。

6.4 项目工程设计方案评估

工程设计方案的选择与分析是指在已选定的项目建设规模、技术方案和设备方案的基础上,分析论证项目的总平面设计、空间平面设计和结构方案设计,以及主要建筑物、构筑物的建造方案。工程设计方案的分析必须贯彻"坚固适用、技术先进、经济合理"的原则。

6.4.1 总平面设计方案分析

1)总平面设计方案的分析

投资项目的总平面设计方案是以项目总平面图的方式呈现的。项目总平面图按一般规定比例绘制,标明项目各建筑物、构筑物的方位、间距以及道路网、绿化、竖向布置和基地临界情况等;还有新建房屋所在基础有关范围内的总体布置,它反映新建、拟建、原有和拆除的房屋、构筑物等的位置和朝向,室外场地、道路、绿化等的布置,地形、地貌、标高,以及原有环境的关系和邻界情况等。

2)总平面设计方案分析的主要内容

①保留的地形和地物。

②测量坐标网、坐标值,场地范围的测量坐标(或定位尺寸),道路红线、建筑控制线、用地红线。

③场地四邻原有及规划的道路、绿化带等的位置(主要坐标或定位尺寸)和主要建筑物及构筑物的位置、名称、层数、间距。

④建筑物、构筑物的位置(人防工程、地下车库、油库、贮水池等隐蔽工程用虚线标示)。

⑤与各类控制线的距离,其中主要建筑物、构筑物应标注坐标(或定位尺寸)、与相邻建筑物之间的距离及建筑物总尺寸、名称(或编号)、层数。

⑥道路、广场的主要坐标(或定位尺寸),停车场及停车位、消防车道及高层建筑消防扑救场地的布置,必要时加绘交通流线示意图。

⑦绿化、景观及休闲设施的布置示意图,并标示出护坡、挡土墙、排水沟等。

⑧指北针或风玫瑰图。

⑨主要技术经济指标表。

⑩说明栏内注写:尺寸单位、比例、地形图的测绘单位、日期、坐标及高程系统名称(如为场地建筑坐标网时,应说明其与测量坐标网的换算关系)、补充图例及其他必要的说明等。

6.4.2 主要工程设计方案分析

1)建筑物的空间平面设计分析

①正确选择工业厂房的层数和层高。

②正确设计厂房建筑(车间)的平面布置,合理确定柱网。

③正确确定厂房的体积和面积。

④厂房空间平面设计方案的技术经济分析与评估指标。

⑤建筑物的空间平面设计评估。

2)建筑物的结构方案设计的分析

①建筑物结构形式的选择。

②建筑物结构方案设计的分析:

a.建筑物的结构方案设计是否合理。

b.厂房建筑结构是否根据适用、经济的原则及生产的需要,厂房的大小和当地的具体条件合理选用。

c.建筑物结构造型的选择是否符合因地制宜、就地取材和安全适用原则,是否有利于标准化、工厂化、机械化和提高建筑工业化水平。

6.5　总　结

技术是人类为实现社会需要而创造和发展起来的手段、方法和技能的总和。作为社会生产力的社会总体技术力量,包括工艺技巧、劳动经验、信息知识和实体工具装备,也就是整个社会的技术人才、技术设备和技术资料。通常来说,技术包括 3 个要素:为完成某种实用目的的科学知识技能;为实现一定目标所选择的工艺;为落实工艺而采用的物质手段。

工艺技术方案的评估主要包括:工艺技术的先进性和成熟性;工艺技术的原材料适应性;工艺技术方案能否保证产品质量、产业基础和生产技术水平的协调性,工艺技术的经济合理性,技术来源的可靠性和经济性,工艺技术实施的可行性,工艺技术实施对生态环境的影响等。

除了自主研发的技术,工艺技术还可以通过许可证交易、工艺技术购买和合资经营等方式获得。

投资项目的技术评估既要评价工艺技术方案,还要对投资项目所使用设备的适应性和先进性进行评估。设备择优的方法主要有设备投资回收期法、年均费用法、费用效率法。

工程设计方案的选择与分析是指在已选定的项目建设规模、技术方案和设备方案的基础上,分析论证项目的总平面设计、空间平面设计和结构方案设计,以及主要建筑物、构筑物的建造方案。工程设计方案的分析必须贯彻"坚固适用、技术先进、经济合理"的原则。

思考题

1.技术三要素、性质、类型。

2.技术评估的内容和原则。

3. 工艺技术方案评估的内容。

4. 工艺技术方案引进的方法。

5. 软技术的特点。

6. 设备选择的原则。

7. 设备选择的方法。

案例 6-1

涂装机器人项目投资项目评估报告

一、总论

（一）项目背景

1. 项目名称

涂装机器人。

2. 项目单位概况

本单位为新设项目法人，经营者具有丰富的木门制造从业经验。项目拟建在重庆市区或区县的工业园区内，充分利用工业园区现有的车间厂房、交通、通信和环保等设施，进行涂装机器人项目的生产和研发。"十二五"期间，国民经济重点产业的转型升级、战略性新兴产业的培育壮大和能源资源环境的约束，对智能制造装备产业提出了更高的要求，并提供了巨大的市场空间。我国一直致力于将智能制造装备产业培育为具有国际竞争力的先导产业，大力鼓励企业专业化发展。本企业顺应市场需求，针对木门涂装工艺进行技术研发。经过初步的评估，项目的投资收益配比佳，技术竞争力强，具有较好的发展前景。

3. 可行性研究报告编制依据、原则和研究范围

（1）本报告编制的主要依据：

①《国家中长期科学和技术发展规划纲要（2006—2020）》。

②《国家"十二五"科学和技术发展规划》（国科发计〔2011〕270 号）。

③《服务机器人科技发展"十二五"专项规划》（国科发计〔2012〕194 号）。

④《高端装备制造业"十二五"发展规划》（工业和信息化部）。

⑤《智能制造装备产业"十二五"发展规划》（工业和信息化部）。

⑥《投资项目可行性研究指南》（中国电力出版社）。

⑦《重庆市政府公布关于推进机器人产业发展指导意见》（渝府发〔2013〕74 号）。

⑧涂装机器人原始设计资料及其他基础材料。

（2）本报告编制原则：

①在原有机器人技术的基础上，针对目前家装制造业发展的实践，以提升涂装质量和规模为目标，通过技术引领支撑，依托本土家装企业，统筹技术开发、工程化、标准制定、市场应用等环节，实施智能机器人产业的创新发展工程。

②认真贯彻艰苦奋斗、勤俭建国、厉行节约、反对浪费的方针，严格执行国家有关基本建

设和技术改造的一系列政策和法规。

③同时考虑主体工程与环境保护、安全和工业卫生,减少污染,消除工厂生产对环境和职工健康的危害。

④充分利用现有装置、设备和公用工程设施,做到投资省、见效快,早日发挥效益。

(3)本报告研究范围:涂装机器人是机器人服务的新领域。本项目研究从强化产业创新能力建设、突破关键智能技术入手,推进涂装机器人装置和部件的研发与产业化,实现机器人服务方向与功能的集成创新。主要包括机器人运行程序的二次开发、附件自动控制研发、附件设计、工艺扩展及自动控制系统的改造,与之相适应的三废治理、环境保护、安全卫生及消防设施和给排水、供配电等公用工程和辅助工程设施改造等。

(二)项目概况

1. 项目拟建地点

利用现有的工业园区,占地面积 1 500 平方米。

2. 项目建设规模与目标

本项目的建设分为两个阶段,寿命期为 5 年。第一阶段,主要生产单独喷漆的涂装机器人。该机器人可以完成木门的喷底漆、实色喷底漆、喷面漆工作,预计年产 60 套,销售收入在 3 000 万元左右。第二阶段,继续进行工艺改造和运行程序开发,形成一套完整的生产线,完成木门的喷底漆、实色喷底漆、油磨、喷面漆工作,还包括在喷涂车间的搬运、转移等工作,预计年产 200 万套生产线,销售收入在 20 000 万元左右。

3. 项目主要建设条件

(1)符合规划要求和国家产业政策。本项目符合国家"十二五"科技发展规划,采用先进技术对传统工艺进行技术改造。

(2)市场容量较大。本项目第一阶段的主要目标市场为西南地区,随着涂装机器人生产技术的成熟和完善,市场空间会越来越大,逐步向全国发展,并辐射东南亚。

(3)交通运输较便捷。项目选址在交通便利的重庆区县,地理位置优越,有利于产品、设备和原材料的运输。

(4)原材料供应有保障,价格有优势。涂装机器人的原材料是机器人原件和附件,国内外市场供货较为充分,国内的价格优势明显。

(5)项目依托条件好。本项目依托重庆的科技园区发展规划,公用工程、辅助工程、储运设施和人力资源均有较好的储备,既可以加快项目的建设进度,也可以节省投资、降低成本和提高经济效益。

4. 项目投入总资金及效益情况

本项目投入资金 3 479 万元。由于项目为涂装机器人的研发和组装,利用工业园区已有的厂房生产,所以项目建设投资较少,主要为流动资金投资。第一阶段投资 1 612 万元,第二阶段追加投资 1 867 万元。效益情况见主要技术经济指标中的相关经济部分。

5. 主要技术经济指标

本项目主要技术经济指标见表6-3。

表6-3 主要技术经济指标

序号	项目	单位	指标(以正常生产年份为主)
1	年总产量	套	200
2	年均销售收入	万元	20 000
3	投资总额	万元	3 479
4	年均总成本	万元	1 513
5	年均销售税金及增值税	万元	988
6	年均税后利润	万元	3 299
7	投资利润率	%	80.59
8	投资回收期(所得税后)	年	2.74
9	借款偿还期	年	0.5
10	财务内部收益率(所得税后)	%	50.4
11	财务净现值(所得税后)	万元	5 320

二、市场预测

随着信息技术与先进制造技术的高速发展,我国智能制造装备发展的深度和广度日益提升,以新型传感器、智能控制系统、工业机器人、自动化成套生产线为代表的智能制造装备产业体系初步形成,一批具有知识产权的重大智能制造装备实现突破。市场对注重资源节约,环境优化,可持续发展的智能化、绿色化的智能制造装备的需求与日俱增,智能制造装备的发展将是世界各国竞争的焦点。工业和信息化部在2012年发布的《智能制造装备产业"十二五"发展规划》中提出,到2015年,以传感器、自动控制系统、工业机器人、伺服和执行部件为代表的智能装置将实现突破并达到国际先进水平,重大成套装备及生产线系统集成水平大幅度提升。到2020年,要建立完善的智能制造装备产业体系,产业销售收入超过30 000亿元,实现装备的智能化及制造过程的自动化。发展方向的明确也使得各项补贴政策逐步落实。更多的投资与补贴逐步落实,将会带动工业机器人产业快速发展。

(一)产品的主要用途

涂装机器人是可进行自动喷漆或喷涂其他涂料的工业机器人,主要由机器人本体、计算机和相应的控制系统组成。多采用5或6自由度关节式结构,手臂有较大的运动空间,并可做复杂的轨迹运动,其腕部一般有2~3个自由度,可灵活运动。国外较先进的涂装机器人腕部采用柔性手腕,既可向各个方向弯曲,又可转动,其动作类似人的手腕,能方便地通过较小的孔伸入工件内部,喷涂其内表面。目前我国现有的涂装机器人的工艺比较落后,以2度关节为主,喷涂作业效果不是很理想。本项目立志于开发用于木门及其他木制品喷漆工艺的涂装机器人,通过技术改造和操作程序研发,拓展高自由度关节的涂装机器人,并实现以下目标:①扩大工作范围。②提高喷涂质量和材料使用率。③易于操作和维护。可离线编程,大大地缩短现场调试时间。④提升设备利用率。

（二）涂装机器人的市场现状及供需预测

我国每年城乡新建房屋建筑面积近20亿平方米,其中80%以上为高能耗建筑。既有的400亿平方米的建筑中,95%以上是高能耗建筑。因此,探求木门上下游建材产品的系统节能高效和实现木门产品本身的低碳化,成了一项重要工作。重庆市年产木门1 500万件,但还没有企业采用涂装机器人进行喷漆,从提升生产效率、提高喷涂质量、节约原料和减少污染方面来看,涂装机器人进入木门制造行业只是时间早晚问题。手工与机器人的作业效率对比见表6-4。

表6-4 手工与机器人喷漆作业对比

序号	项目	手工	机器人
1	生产能力	小	中
2	被涂物形状	都适用	都适用
3	被涂物尺寸大	不适用	中
4	被涂物尺寸小	适用	适用
5	被涂物种类变化	适用	需示数
6	涂抹的偏差	有	无
7	补漆的必要性	有	无
8	不良率	中	小
9	涂料使用量	多	少
10	设备投资	小	大
11	维护费用	小	大
12	总的涂装成本	大	小

涂装机器人的研发是顺应国家主导的以低污染、低排放、低能耗为基础的低碳经济要求。加快木门产业的升级,淘汰落后产能,建立绿色生产机制,推动产业链上下游绿色供应系统建设,走可持续的木门企业发展的必由之路,能够为实现资源集约型、环境友好型社会作出应有的贡献。

节能减排是全球关注性问题。我国当前正处于工业化和城镇化快速发展时期,伴随着房地产市场的不断扩张,建筑能源消耗急剧上升。木门作为必要的建筑材料之一,其制作过程中的工业化程度仍然不高,大部分门企生产工具依然靠原始的手工作业。有些门企忽视生产车间的环境问题,生产车间环境差、噪声大、粉尘多,制造过程中产生的污染物较多,与低碳经济、循环经济相距甚远。采用标准化指标生产新型节能木门,并对现有建筑木门进行节能改造,是我国能源形势的客观要求,也是市场发展的必然趋势。未来的木门制造将具有供应及时、生产周期短、节能环保、机械化程度高、成本低等优点。涂装机器人的进入,会加速木门行业节能减排的步伐,增强企业的核心竞争力,最终实现木门系统节能,使中国的木门迈向国际市场。

(三)产品目标市场分析

2014 年,中国已经成为全球最大的工业机器人消费国。预计 2015 年,中国机器人市场需求量将达到 3.5 万台,占全球总量的 20%,居全球之首。未来 10 年,中国机器人市场还将至少保持 30% 以上的高速增长。

目前国际市场上具有一定品牌影响力及市场占有率的涂装机器人主要有杜尔 DURR、ABB、发那科 FANUC、安川 MOTOMAN、川崎 KAWASAKI 等,其产品在中国工业机器人市场的占比高达 70%。尽管我国机器人产业发展很快,但与这些国际大企业相比,国产涂装机器人所占的份额却不大。究其原因,主要是我国机器人技术的应用研究比较晚,在国外技术比较成熟并大批量应用于工业中的时候,我国才刚开始研究,资金、经验、市场、品牌等都是空白。

可是,中国企业使用国外的涂装机器人,普遍面临价格昂贵和修理费时费工等问题。本土机器人由于具有地理优势,在价格上也较便宜,并且多数具有一对一的售后服务,甚至附带技术人员,所以仍然有较大的生存空间。未来我们的研究方向主要在技术的提高和产品的契合度上,生产集电子、机械、控制、人工智能等先进技术于一体的智能涂装机器人。

(四)价格现状与预测

根据有关资料预测,本项目产品的价格如下:

第一期涂装机器人:500 000 元/套。

第二期涂装机器人生产线:1 000 000 元/套。

(五)市场竞争力和营销策略

涂装机器人项目以工业机器人产业应用与智能制造技术为核心,以市场为导向,以环境保护为理念,推进关键智能技术、核心智能测控装置与部件、重大智能制造成套装备在典型制造领域中的示范应用,加快产业化进程,结合实践操作,提高专业化程度和产品技术水平,使涂装机器人的研发与制造成为"专、精、特、新"的具有竞争力的科技产品。

1. 市场竞争力

(1)采用机器人涂装具有精密化、柔性化、智能化集一身的优点。在涂装过程中,我们可以通过对机器人实施检测、控制、优化、调度、管理和决策等作用,实现增加产量、提高质量、降低成本、减少资源消耗和环境污染。这也是工业自动化水平的最高体现。

(2)人工的操作已经远远不能满足自动化成套设备的要求,而技术专业的涂装机器人却具有精细制造、精细加工,以及柔性生产等技术特点,是继动力机械、计算机之后出现的全面延伸人的体力和智力的新一代生产工具,是实现生产数字化、自动化、网络化以及智能化的重要手段。

(3)机器人在自动化成套装备设备生产过程中的应用是比较广泛的,可以应用于制造、安装、检测、物流等生产环节。它已经广泛应用于汽车整车及汽车零部件、工程机械、轨道交通、低压电器、电力、IC 装备、军工、烟草、金融、医药、冶金及印刷出版等众多行业。

（4）机器人技术综合性强，并具备整套的自动化技术，集中且融合了多项学科，涉及多项技术领域，包括工业机器人控制技术、机器人动力学及仿真、机器人构建有限元分析、激光加工技术、模块化程序设计、智能测量、建模加工一体化、工厂自动化以及精细物流等先进制造技术。

2. 营销策略

（1）建立完善的产品销售网络，与客户保持良好的合作关系，不断开发市场。

（2）完善技术服务网络，由销售工程师针对客户的使用习惯和信息调研，满足不同客户的需求。

（3）合理制订价格。在产品质量相差无几的情况下，发挥低成本策略的作用。

（4）通过有效的管理，提高生产能力利用率和劳动生产率。

（六）市场风险

本项目面临的市场风险主要体现在：

1. 国内外同类型企业的竞争

国外涂装机器人企业的技术较为先进和成熟，其产品的可靠性较高，相应地具有较高的市场价格。

2. 木门制造厂家对涂装机器人的接受程度

涂装机器人的采购价格相较人工来说较高，但从企业的长远发展来看，涂装机器人在节约涂料、保护环境、提高生产率方面具有较强的优势。

3. 涂装机器人的研发风险

设计与确定机器人参数需要在各项性能之间进行折中，这常常是一个耗时的迭代过程，需要研发企业基于机器人建模方法，归纳出机器人基本参数对各项性能尤其是工作空间特性的影响因素与规律，从而得出涂装机器人工作空间特性与结构参数之间的内在联系，研制更能被市场接受的产品。

三、建设规模与产品方案

机器人涂装系统主要包括机器人手臂、移动滑轨、高速静电旋杯、集中供调漆及其他辅助控制系统，所能触及（涂装）的有效尺寸或覆盖范围受机器人各关节自由度及臂长等参数的限制而有所差异。完整的机器人涂装系统一般由系统集成商对各功能模块进行组合而成。

根据对市场的调查和技术发展的设想，本项目的建设规模与产品方案为：

（1）第一期，年产60台涂装机器人。

（2）第二期，从单独的涂装机器人到发展为涂装生产线，年产200套生产线。

四、厂址选择

1. 厂址地势平坦，位于成熟的工业园区内。

2. 交通便利，方便原材料及产品的运输。

3. 厂址的环保条件经重庆市环保局批准。

五、技术装备工程方案

(一)技术方案

1. 涂装机器人运动轴系

涂装机器人的喷涂动作按预先设定好的轨迹程序和工艺参数进行,其曲面运动通过多个 LIN 点进行。如图 6-1 所示:LIN(P1)→LIN(P2)→LIN(P3)→LIN(P4),每个 LIN 点之间的运行,涂装机器人程序默认为直线移动。每个 LIN 点都是由机器人的"WORLD"坐标系 (x,y,z) 组成。同时,木门表面的油漆喷涂参数按照工艺预设定值进行。

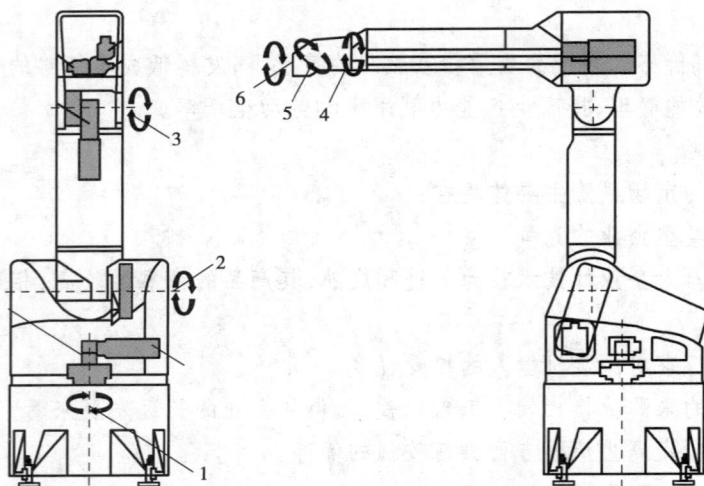

图 6-1　涂装机器人运动轴系

根据加工工件的复杂度及运动仿形坐标系 (x,y,z) 需求,涂装机器人运动轴系一般分为如下 7 轴,但视工作对象的不同,参数可能会有所变化(表 6-5)。

表 6-5　涂装机器人运动轴系

运动轴系	动作范围/(°)	速度/(°/s)
第 1 轴(回转)	300	137
第 2 轴(垂直手臂)	160	137
第 3 轴(水平手臂)	150	137
第 4 轴(手腕关节)	无限	150
第 5 轴(手腕弯曲)	无限	150
第 6 轴(手腕回旋)	920	150
第 7 轴(跟踪轴)	在行进轨道上进行线性来回移动	

2. 涂装机器人坐标系

涂装机器人通常采用 WORLD 坐标系(图 6-2),该坐标系有以下 2 个特性:x,y,z 轴互成直角;机械化输送链的前进方向对准 $+x$ 方向。

如图6-2所示,在机器人"WORLD"坐标系中,各坐标系代表的含义如下:

+x:机械化前进方向;

−x:与机械化前进相反的方向;

+y:沿机械化进行左侧方向;

−y:沿机械化进行右侧方向;

+z:喷漆室的顶部方向;

−z:喷漆室的地板(格栅)方向。

3.涂装机器人仿形程序设置

通过对木门实物进行在线仿形测量,借助先进的应用软件(如FANUC公司的"PAINT-PRO"软件、DURR公司的"3-D ONSITE"软件等)进行仿形程序离线编程,通过软件中的三维木门图,直接在木门表面上设置轨迹点来实现编程(图6-3)。将CATIA的IGS及CGR格式模型数据输入应用软件中进行编程,编程完毕后将仿形数据输入涂装机器人工控机上,完成木门的仿形程序设置。

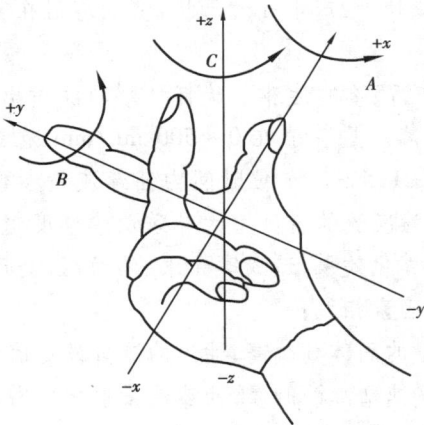

图6-2　涂装机器人"WORLD"坐标系

图6-3　在物本表面设置轨迹点

4.涂装机器人工艺参数值设置

运动仿形程序设置完成后,涂装机器人还不能完整地喷涂出合格的木门,需要进行以下工艺参数的设置:

(1)涂装机器人雾化器的高电压值。涂装机器人静电喷涂机的原理是以接地的被涂物为正极,旋杯(喷枪)为负极,从而在被涂物和雾化器间形成高压静电场。根据同性相斥、异性相吸的原理,使带负电的油漆在静电场的作用下被吸附于被涂件上,所以高电压值的大小直接影响静电涂装的静电效应、上漆率和涂膜的均匀性。若雾化器到车身的距离一定时,高电压值的升高会加强静电场的电场力,此时被涂物体表面部位的磁力线密度较高,使得涂料的上漆率提高,膜层厚度增加。但是高电压值不是越高越好,在喷涂中,当其电场强度超过4 500 V/cm时,会产生火花放电,同时在木门的折角、边缘部位的锐角处容易出现流挂、气泡和发花等油漆缺陷。当电压值过低时,会导致上漆率过低,这时喷出的油漆就呈雪花状的散团,导致圆锥形喷射漆流的回流现象,使覆盖到木门表面的油漆过少。

轿车涂装中比较适应的高电压参数范围为 50～80 kV,因金属漆、中涂漆和清漆而有所不同。由于原漆的电阻值低、导电性好,金属漆通常设置为 50～65 kV,中涂漆与清漆设置为 60～75 kV。对于边角部位,为避免边角静电效应,通常设置为 45～50 kV。

(2)机器人雾化器的成型空气量。雾化器的成型空气一般也称为整型空气,它从旋杯后侧均匀分布的小孔中喷出,主要作用是限制油漆流的大小及整型幅度。在其他参数稳定不变,单独调整成型空气量时,成型空气量越大,油漆流喷出时形成较窄的区域、喷射漆流中央部位上的涂层厚度就会有明显的增加;成型空气量越小,圆锥形喷射漆流的宽度有所扩大,导致区域内漆膜厚度也越薄。成型空气量应该在一定的范围内,它的大小设置和以下两个参数相关:

①油漆流量:和成型空气量成正比关系,油漆流量越大,成型空气量也相应增加。

②旋杯转速:和成型空气量成正比关系。成型空气量根据上述参数一般设置为 100～350 nL/min,当其过低的时候,容易造成油漆的上漆率低,油漆利用率下降的情况,同时也会造成旋杯的漆雾污染;过高的时候,由于压缩空气流较大,产生气流干扰,使油漆附在雾化器上,会导致漆膜表面的质量弊病,造成不利的影响。

(3)机器人的油漆流量。在机器人旋杯系统中,75%的油漆从旋杯环形间隙喷出,25%的油漆从旋杯中心孔喷出。机器人静电喷涂的油漆流量一般在 0～500 mL/min 范围内可调,通过齿轮计量泵来达到精确控制,计量精度为 ±1.5%。单位时间内油漆流量参数设置越大,圆锥形喷射漆流的宽度增加,漆粒总数增多,漆粒流的密度增大导致漆膜厚度越大,反之越小。当涂料的油漆流量过大时,会影响旋杯的雾化效果,造成雾化难、漆粒粗,会产生滴漆、流挂和气泡等油漆缺陷。它的大小主要和以下因素相关:

①油漆固体分:在需求膜厚相同的情况下,涂料的固体分越高,油漆的流量设定值越小。

②机械化链速的大小:和油漆流量成正比,当链速增加的时候,油漆流量也相应增加。

③涂层漆膜厚度的要求:如清漆要求为 35～50 μm,金属色漆要求为 12～18 μm,中涂漆要求为 30～45 μm。膜厚要求不同,其参数值也不相同。

机器人涂装站每个旋杯的油漆流量计算公式如下:

$$P = [S \times \delta/(T \times NV)]/N$$

式中　P——油漆流量,mL/min;

　　　S——新门型外表面喷涂面积,m^2;

　　　δ——干涂膜厚度,μm;

　　　T——油漆上漆率(利用率),一般为 80%～90%;

　　　NV——油漆施工固体分;

　　　N——该站的机器人台数(旋杯数量)。

通常该理论计算值在调试阶段进行设置,实际与经现场调试优化后的最佳油漆流量值有一定范围(10%左右)的偏差。

(4)机器人的旋杯转速。旋杯转速的主要作用是:通过高达 25 000～60 000 r/min 的速

度,对喷吐出的油漆进行雾化,使其达到一定的雾化细度。旋杯转速的设定和以下因素相关:

①油漆的涂层要求:如中涂漆、色漆和清漆要求的转速各不一样。以溶剂型涂料为例,清漆转速 35 000~45 000 r/min;中涂漆与底色漆稍低,为 30 000~35 000 r/min。

②涂料的油漆流量:其他参数不变时,油漆流量越大,要求的旋杯转速也越高。

通常情况下,旋杯转速越大,漆膜厚度相应增厚,雾化效果也越好。但是如果参数设置值长期高于 45 000 r/min,会导致旋杯的损伤,如轴承的过量磨损等,从而增加设备备件的更换成本。

(5)主针(Main Gun)控制参数。主针的作用是在喷涂机器人运行喷涂时,控制换色阀中油漆、溶剂和压缩空气的开关。另外,主针还可以定义各雾化装置区域时间的接通和断开点,以及清洁程序、注漆程序的开始点等参数。当设置主针参数时,需特别注意的是必须在开始进行清洗程序之前在合适的位置关闭主针,同时注意木门之间的间隙,将清洗程序放置在合适的位置(冲洗时间)以防止出现主针重叠的机器报警故障的情况。

(6)参数的过载百分比。过载百分比可以定义各参数,如输送链速度、油漆流量(P)、成形空气量(LL)和高电压值(HT)等参数的百分比数值。此参数设置值在一些场合可以使机器人的众多参数设置变得非常简便。

①例一:面漆线现有的链速为 2.6 m/min,由于生产线产能的需求,需要将其提升到 2.86 m/min,那么单位时间内油漆耗量必须要相应增加,否则木门会出现少漆、橘皮等油漆缺陷。我们也可以在参数修改窗口里把每个区域的油漆量、成型空气量等参数提高,但是相对于一种颜色、一种造型的木门而言,其参数高达 90 个区域,200 多个参数要全部重新调整,参数修改量大。通过修改参数的过载百分比只需要在"输送链速度"调整窗口中,将链速过载百分比值设为 $(2.86-2.6)/2.6 \times 100\% = 10\%$,即可达到目的。

②例二:由于喷漆室空调蒸汽输送产生暂时的故障,导致喷漆室温度升不到工艺要求值,需要修改大量的油漆喷涂参数值,如每种门型、每个区域的油漆流量值等。要修改参数的过载百分比,只需要在"油漆流量"调整窗口中将所有门型及颜色的原始参数降低至 95% 或 90% 即可。

在正常场合,即在无链速提升及突发故障前提下,参数过载百分比值设为 100%。

(7)短清洗、长清洗程序设置。机器人的每个雾化旋杯装置上都有 3 个程序:长清洗程序、短清洗程序和预喷漆程序(也称注漆程序),其作用主要是在换色或每次生产间隙进行溶剂清洗和油漆预注。

长清洗程序:每次换色或同一颜色的木门喷涂 10 套后,用溶剂对所有管道和阀门进行自动清洗,时间为 8~10 s,溶剂流量为 100~450 mL/min。

短清洗程序:每喷完 1 套木门以后,用溶剂对所有管道和阀门进行自动清洗,时间为 4~6 s,溶剂流量为 100~450 mL/min。

其中,清洗程序在设定时应把溶剂与压缩空气的主针交替打开,中间间隔 0.2 s,最后是压缩空气,以便吹掉多余的溶剂。

5. 涂装机器人研发流程

本项目以工业机器人为改装对象,经过技术研发,将其改造组装成适合木门制造业的喷涂机器人。所使用的机器人是轻量式手臂设计,机器手臂稳当、牢靠。机械结构紧凑、简洁、灵活、轻盈,同时还具备极高的精确度,重复定位精度±0.06毫米,性能稳定可靠,大幅优化占用空间,短期内即可收益,满足柔性化生产。机器人性价比高,安装、运行及维护成本低廉,拥有主从机器人协调技术,实现线上多台调度式高效生产,可以按需构建灵活的外部轴配置系统,支持多轴实时联动技术,动作速度出类拔萃,满足苛刻生产节拍,能够通过网络化控制系统、丰富的外部接口及扩展能力支持各种应用开发。此外,所需的零部件磨损率低,备品备件质优价廉,可迅速更换,定期维护,延长产品寿命。

涂装机器人的研发需要和具体的工作对象结合起来。项目研发人员除了具备丰富的木门制造工作经验,还要有成熟的软件开发技术,能够满足生产需求。同时,在充分的市场调查资料的支持下,充分考虑市场风险的影响。项目的研发分为两个阶段:第一阶段主要的研发成品是涂装机器人;第二阶段是能够完成整个喷涂车间所有工作的喷涂机器人生产线。具体的研发流程见图6-4。

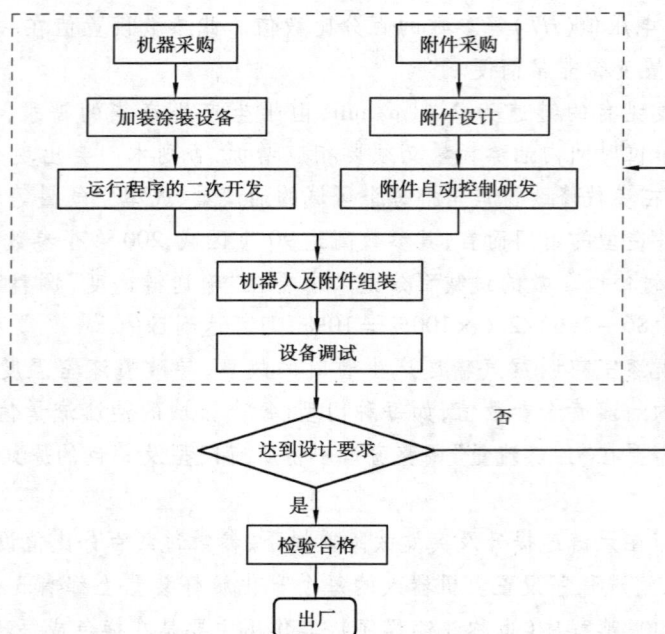

图6-4　涂装机器人研发流程图

6. 涂装机器人工艺流程

本项目主要生产木门涂装机器人,上漆是木门的重要制造环节。将机器人引入制造业,将大大提高生产效率。单以上漆这个环节为例,3个熟练工人10个小时只能完成60套木门,涂装机器人5分钟就能完成1套,也即涂装机器人的工作效率是人工的6倍。另外,使用涂装机器人可以避免油漆对工人的伤害,防止职业病的产生,体现环保科学的生产理念。以下以木门生产工艺为例,来解释涂装机器人的工作流程(图6-5)。

下料 → 雕刻 → 打架子 → 上压机

砂光 ← 立铣 ← 精裁

刮灰 → 打灰磨 → 贴纸

喷底漆 → 实色喷底漆 ···· 涂装机器人第一代工作阶段

喷面漆 ← 油磨

涂装机器人第二代工作阶段

质检

包装

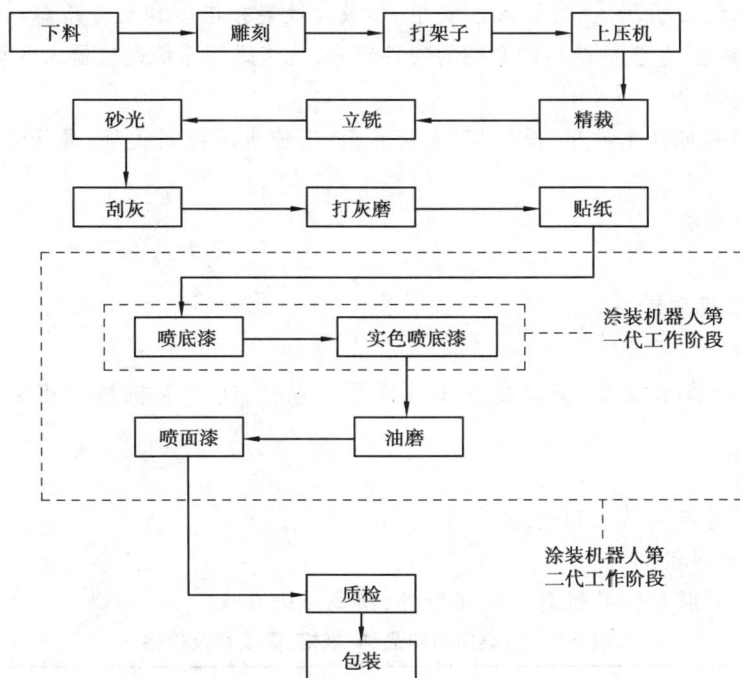

图 6-5 木门制造工艺流程

（二）主要设备选择

涂装机器人是一种具有很大的研究价值和应用前景的机器人,在木门制造业中的需求非常迫切。本项目主要对机器人进行结构改造和软件开发,包括腰关节、肘关节、腕关节和手爪等结构的改装。通过功能和设计任务的分析,初步制订机器人研发的总体方案,然后进行机械手结构的设计与重要零部件的受力分析与校核,接着进行电机选型与计算及主要零件工程图绘制。其主要工作设备如下:

1. 油漆供给及涂装控制部分

油漆供给及涂装控制部分由气动控制柜、换色阀、齿轮泵及电机、静电喷杯(喷枪)、油漆、溶剂及空气供给管路、流量、雾化压力、成型空气压力和高电压调节系统组成。气动控制柜由分气罐、高压蓄能器、增压器、调压器及气动管路等组成。主空气入口设置数显压力开关,用来显示入口空气压力并在压力低时产生报警。主空气进入气控柜后一路直接连接到喷杯气动轴承处;另一路又由球阀分成两路,一路接到机器人控制柜,供给机器人防爆空气,另一路进入分气罐。

2. 机器人运动控制部分

采用六轴伺服防爆涂装机器人。机器人的所有轴均由交流无刷伺服电机提供动力。这些电机的设计遵循完全封闭及完全自冷的原则。机器人通过该设计避免了干扰信号传入通信系统。交流伺服系统设计具有保护及警告电路功能,可以保护机器人及伺服电机免遭过电压、过电流或不正确操作的损害和能源浪费。

运动控制系统由机器人、机器人控制柜、示教盘及连接电缆和轨迹跟踪系统组成。机器人、控制柜、示教盘是运动系统的硬件部分,轨迹跟踪系统是机器人的运动控制核心。

3. 中央控制部分

中央控制部分包括主控柜、操作柜、人机界面、工控机及控制软件、现场总线网络和以太网等。

4. 安全保护部分

安全保护系统。

(三)土建工程方案

1. 生产设施

占地1 500平方米左右,拟选建在工业园区。包括:①涂装机器人组装车间。②研发车间。

2. 辅助设施

公用工程用房与生活福利设施。

六、主要原材料供应

本项目的主要原材料是机器人机器附件,组成见表6-6。

表6-6 主要原材料品种、规格、需要量及价格

序号	原材料	品种及规格	年需要量/台		单价/万元	来源
			第一阶段	第二阶段		
1	机器人	SR10C	60	200	20	优先选择国内产品
2	机械手	SRBJ10A—AS800 4轴		200	5	
3	自动化装配检测生产线	小型断路器		200	40	

七、总图运输与公用、辅助工程

(一)总图布置

1. 总图布置原则

充分利用现有设备和公用工程设施;充分利用现有空地,以创造最佳效益;充分考虑装置之间的关系,力求工艺流程流畅、布局紧凑,节省投资费用;充分考虑园区原有布置原则,满足防爆、安全、卫生、环保等要求;在满足生产需要的前提下节约用地。

2. 总图布置标准

(1)《工业企业总平面设计规范》(GB 50187—2012)。

(2)《室外排水设计规范》(GB 50014—2006)。

(3)《建筑设计防火规范》(GB 50016—2006)

(4)《总图制图标准》(GB/T 50103—2010)。

(二)工厂运输

本项目的运输主要发生在采购和销售环节,以公路运输和铁路运输为主,依托重庆市的运输网络统一调度。

（三）公用、辅助工程

1. 供电工程

按照园区的供电标准，满足二级负荷所需的供电要求即可。

2. 电信工程

利用园区现有的线路设施，满足电话、网络等通信需要。

八、节能措施

与传统的机械喷涂相比，采用机器人喷涂有 2 个突出的优点：一是可以减少 30% ~40% 的喷枪数量；二是提高了喷枪运动的速度。为了适应高速喷涂，在内表面喷涂和第 2 层金属漆喷涂时都要采用高速旋转喷枪。机器人的作用是控制喷枪，使之在喷涂过程中与喷涂表面保持正确的角度和恒定的距离（一般为 200 毫米），从而既能保证喷涂均匀，又能保持较高的效率。

本项目主要是对工业机器人进行组装和改造，基本上不向外排放污水和废气。主要耗用的能源是电力。由于本项目采用的是较为先进的技术和设备，可以降低单位产品的能耗。此外，在建筑工程设计时，会大量采用节能的设施和产品，减少对能源的耗费。

九、环境影响评价

在环保意识日益增强的今天，人们称环保效果好的涂装厂为"绿色工厂"，技术陈旧的涂装厂为"褐色工厂"。但无论是新建绿色工厂还是改造褐色工厂，建立机器人全自动喷涂生产线都是十分必要的。

（一）厂址环境条件

1. 自然环境

本项目位于成熟的工业园区内，不产生废气、废水和废渣，对自然环境的影响小。

2. 社会环境

本项目所处的工业园区交通便利，可以较快到达城市的商业区，有良好的社会环境作为依托。

（二）环境保护措施方案

1. 项目建设施工对周围环境无影响

2. 项目生产过程对环境的影响

新一代涂装机器人的设计贯彻了模块化结构的原则，机器人可以配备不同的连接装置，安置在可升降的轨道上，能够自由接近喷涂体的表面，因此可以缩小操作空间，降低运营费用。这样既能降低改造成本，又能缩短工期。本项目试验涂装机器人功效时，所用到的油漆可能会产生少量的污染，但是，可以通过加强试验车间的密封性和油漆回收装置避免此项污染的扩散。

（三）环境影响评价

本项目投产后，无论对大气环境还是噪声环境都不会造成不良影响，从环保角度看，本项目是可行的。

十、劳动安全卫生与防护

（一）危害因素与危害程度

1. 本项目试验涂装机器人工作效果时，所用到的油漆会对员工的呼吸道产生影响。试验员工可以在密封效果较好的车间，通过穿戴防护衣物来避免吸入污染物。该污染的危害性较小。

（二）劳动安全卫生防范方案

（1）厂房设计严格按照《建筑设计防火规范》（GB 50016—2006）规定进行。厂房和屋面结构保证安全性和足够的泄压面积，尽量减少意外事故的影响。

（2）加强设备和管道的密封，防止油漆等污染源外泄。

（3）办公部门和操作区保持一定的距离，在试验区设置更衣室、休息室及医疗救护站。

（4）设立专职安全生产管理机构，建立生产管理制度，定期对职工进行有关教育和考核，经常检查并完善装置内的各类安全设施，杜绝人为事故的发生。

（5）购置足够数量的劳保用品，供操作人员使用。

（三）消防措施

（1）总图布置按规范确定各建筑物的防火间距，留有足够的安全疏散空间和通道。

（2）消防给水。利用园区的消防设施，保证消防用水。

（3）消防设施。在室内选用 SN50 室内消防栓箱并装有报警装置。

十一、组织机构与人力资源配置

（一）组织机构

（1）管理机构方案和体系图

本项目主要设置 5 个部门，详见图 6-6。

图 6-6　管理组织结构图

（二）人力资源配置

按照研发的进度和企业的生产规模安排，在不同的阶段，企业的员工人数略有不同，见表 6-7。

表 6-7　全厂定员表

第一期		第二期	
名称	人数	名称	人数
研发部	4	研发部	4
生产部	10	生产部	40
销售部	4	销售部	15
财务部	2	财务部	2
办公室	2	办公室	2

十二、项目实施进度

（一）建设工期

本项目拟租用工业园区现有的厂房，建设工期主要是生产线的组装。预计筹建时间为

15 天左右。

（二）项目实施进度安排

在建设期完成后,直接进入第一期生产阶段。第一期的产品主要是单个的涂装机器人,预计时间为 1 年;此后进入第二期生产阶段,产品为成套的涂装机器人生产线。初步确定生产经营期为 10 年。

十三、投资估算

（一）投资估算依据

（1）国家和有关部门颁布的有关投资的政策、法规。

（2）《投资项目可行性研究指南》。

（3）涂装机器人原始设计资料及其他基础材料。

（二）建设投资估算

本项目通过租用工业园区的厂房来进行生产建设,因此没有建设投资项目。生产方式为机器人的改造和组装,不涉及大型的设备和工器具,所以不考虑建设投资部分的设备及工器具购置。

（三）流动资金估算

流动资金估算按照分类详细估算法测算,分别估算构成流动资金的各个要素,然后再汇总得到本项目所需的流动资金。其中:

（1）作为本项目的主要原材料,机器人及附件按现行企业报价资料计算。

（2）厂房租金按协议价格计算。

（3）动力按照现行价格估算。

将各项内容分别估算以后,归总填入流动资金估算表,具体数据见表6-8。

表6-8　流动资金估算表　　　　　　　　　　　　　　单位:元

序号	项目	计算期				
		1	2	3	4	5
1	流动资产	17 193 138.06	46 310 407	46 310 407	46 310 407	46 310 407
1.1	应收账款	1 278 185.92	12 516 910	12 516 910	12 516 910	12 516 910
1.2	存货	14 782 602	21 601 659	21 601 659	21 601 659	21 601 659
1.2.1	原材料	14 133 333.33	15 311 111.11	15 311 111.11	15 311 111.1	15 311 111.11
1.2.2	动力	10 175.75	32 092.75	32 092.75	32 092.75	32 092.75
1.2.3	在产品	639 092.9	6 258 455.2	6 258 455.2	6 258 455.2	6 258 455.2
1.3	现金	1 132 350.14	12 191 838	12 191 838	12 191 838	12 191 838
2	流动负债	1 070 175.75	11 515 426	11 515 426	11 515 426	11 515 426
2.1	应付账款	1 070 175.75	11 515 426	11 515 426	11 515 426	11 515 426
3	流动资金	16 122 962.31	34 794 981	34 794 981	34 794 981	34 794 981
4	流动资金当期增加额	0	18 672 018.69	0	0	0

（四）建设期借款利息估算

本项目不涉及建设工程，筹备时间较短，因此，第一年发生的借款不再记作建设期借款利息，而是以长期借款的计息还款方式计入项目经营期的短期负债。

十四、融资方案

本项目为新设项目法人项目，投资资金由发起人承担一部分，再向金融机构融通一部分。

（一）项目资本金筹措

1. 资本金

项目的资本金主要用于以下科目：

（1）注册资金：300 000 元。

（2）流动资金：第一期需要流动资金 16 122 962.31 元，其中资本金为 8 122 962.31 元，其余为银行借款。第二期开始，需要增加流动资金 18 672 018.69 元，其中资本金为 8 672 018.69 元，其余为银行借款。

2. 资本金来源

由企业自有资金解决。

（二）债务资金筹措

1. 贷款金额

第一期流动资金需借入 8 000 000 元，分 2 年归还。第二期流动资金需借入 10 000 000 元，分 4 年归还。

2. 贷款来源

向银行申请贷款。

（三）融资方案分析

本项目的贷款占初始投资的比例适中，约为 50%。由于本项目为高新技术项目，有望争取到政府的创业投资基金支持，可以降低向银行申请借款的难度。

十五、财务评价

（一）财务评价依据

1. 财务价格

涂装机器人的销售价格为 500 000 元/台，整个生产线的销售价格为 1 000 000 元/套。

2. 税费

税费主要包括：增值税税率为 17%，城市维护建设税税率为 7%，教育费附加税率为 3%，企业所得税适用高新技术的税率为 15%。

3. 利率

3 年及以上长期借款利率为 5.75%。

4. 项目计算期

项目的计算期初步定为 5 年，其中建设期为 15 天，生产期为 5 年。

5. 生产负荷

投产以后第一年为涂装机器人生产的第一阶段，年产量 60 台；第二年开始进入成套涂装生产线的生产，年产量为 200 套。

6. 财务基准收益率

财务基准收益率参照国家发展和改革委员会公布的制造行业的基准收益率的标准,选定为14%,同时也作为项目内部收益率指标的判断依据。

(二)销售收入估算

本项目第一年生产产品60台,单位售价50万元;第二年开始生产整套的生产线,产量为200套,单位售价100万元。销售过程中主要交纳增值税,税率为17%,另外再交纳7%的城市维护建设税和3%的教育费附加。销售收入及税金的估算见表6-9。

表6-9　销售收入及税金估算表　　　　　　　　　　　单位:元

序号	项目	计算期				
		1	2	3	4	5
1	销售收入	30 000 000	200 000 000	200 000 000	200 000 000	200 000 000
	单价	500 000	1 000 000	1 000 000	1 000 000	1 000 000
	数量(台/套)	60	200	200	200	200
	销项税额	4 358 974.36	29 059 829.06	29 059 829.06	29 059 829.06	29 059 829.06
2	增值税	2 493 032.36	8 981 672.06	8 981 672.06	8 981 672.06	8 981 672.06
	销项税额	4 358 974.36	29 059 829.06	29 059 829.06	29 059 829.06	29 059 829.06
	进项税额	1 865 942	20 078 157	20 078 157	20 078 157	20 078 157
3	城乡维护建设税	174 512.27	628 717.04	628 717.04	628 717.04	628 717.04
4	教育费附加	74 790.98	269 450.16	269 450.16	269 450.16	269 450.16

(三)成本费用估算

本项目的原材料为机器人及其附件,动力主要是工业用电,工资按照类别来估算,福利费的计提标准是工资的14%,无形资产和开办费需要按照有关规定进行摊销,有关估算结论见表6-10—表6-15。

表6-10　总成本费用估算表　　　　　　　　　　　单位:元

序号	项目	计算期				
		1	2	3	4	5
1	外购原材料费	12 720 000	137 800 000	137 800 000	137 800 000	137 800 000
2	外购动力费	122 109	385 113	385 113	385 113	385 113
3	工资及福利费	1 627 920	3 515 760	3 515 760	3 515 760	3 515 760
4	其他成本	868 201.7	8 502 052	8 502 052	8 502 052	8 502 052
5	经营成本	15 338 231	150 202 925	150 202 925	150 202 925	150 202 925
6	摊销费	370 000	300 000	300 000	300 000	300 000
7	利息支出	428 000	805 000	603 750	402 500	201 250
8	总成本费用合计	16 136 231	151 307 925	151 106 675	150 905 425	150 704 175

表 6-11　外购原材料估算表 单位:元

序号	项目	计算期				
		1	2	3	4	5
1	外购原材料	12 000 000	130 000 000	130 000 000	130 000 000	130 000 000
1.1	机器人	12 000 000	40 000 000	40 000 000	40 000 000	40 000 000
	单价	200 000	200 000	200 000	200 000	200 000
	数量	60	200	200	200	200
	进项税额	1 743 600	5 812 000	5 812 000	5 812 000	5 812 000
1.2	机械手		10 000 000	10 000 000	10 000 000	10 000 000
	单价		50 000	50 000	50 000	50 000
	数量		200	200	200	200
	进项税额		1 453 000	1 453 000	1 453 000	1 453 000
1.3	生产线		80 000 000	80 000 000	80 000 000	80 000 000
	单价		400 000	400 000	400 000	400 000
	数量		200	200	200	200
	进项税额		11 623 900	11 623 900	11 623 900	11 623 900
2	辅助材料费用	720 000	7 800 000	7 800 000	7 800 000	7 800 000
	进项税额	104 600	1 133 300	1 133 300	1 133 300	1 133 300
3	外购原材料费合计	12 720 000	137 800 000	137 800 000	137 800 000	137 800 000
4	外购原材料进项税额合计	1 848 200	20 022 200	20 022 200	20 022 200	20 022 200

表 6-12　外购动力费估算表 单位:元

序号	项目	计算期				
		1	2	3	4	5
1	动力费	122 109	385 113	385 113	385 113	385 113
1.1	电	122 109	385 113	385 113	385 113	385 113
	单价	0.626 2	0.626 2	0.626 2	0.626 2	0.626 2
	数量(kW)	195 000	615 000	615 000	615 000	615 000
	进项税额	17 742.3	55 956.6	55 956.6	55 956.6	55 956.6
2	外购动力费合计	122 109	385 113	385 113	385 113	385 113
3	外购动力进项税额合计	17 742.3	55 956.6	55 956.6	55 956.6	55 956.6

— 136 —

表6-13　人工工资及福利费估算表　　　　　　　　　　　单位:元

序号	项目	计算期				
		1	2	3	4	5
1. 工人	人数（个）	10	40	40	40	40
	人均年工资	36 000	36 000	36 000	36 000	36 000
	工资额	360 000	1 440 000	1 440 000	1 440 000	1 440 000
2. 技术人员	人数（个）	4	4	4	4	4
	人均年工资	120 000	120 000	120 000	120 000	120 000
	工资额	480 000	480 000	480 000	480 000	480 000
3. 销售人员	人数（个）	4	10	10	10	10
	人均年工资	96 000	96 000	96 000	96 000	96 000
	工资额	384 000	960 000	960 000	960 000	960 000
4. 财务人员	人数（个）	2	2	2	2	2
	人均年工资	42 000	42 000	42 000	42 000	42 000
	工资额	84 000	84 000	84 000	84 000	84 000
5. 管理人员	人数（个）	2	2	2	2	2
	人均年工资	60 000	60 000	60 000	60 000	60 000
	工资额	120 000	120 000	120 000	120 000	120 000
6	工资总额	1 428 000	3 084 000	3 084 000	3 084 000	3 084 000
7	福利费	199 920	431 760	431 760	431 760	431 760
8	合计	1 627 920	3 515 760	3 515 760	3 515 760	3 515 760

表6-14　无形资产和其他资产摊销估算表　　　　　　　　单位:元

序号	项目	计算期				
		1	2	3	4	5
1. 无形资产	原值	1 500 000				
	当期摊销费	300 000	300 000	300 000	300 000	300 000
	净值	1 200 000	90 000	60 000	30 000	0
2. 其他资产	原值	70 000				
	当期摊销费	70 000				
	净值	0				
3. 合计	原值	1 570 000				
	当期摊销费	370 000	300 000	300 000	300 000	300 000
	净值	1 200 000	90 000	60 000	30 000	0

表 6-15　借款还本付息估算表　　　　单位:元

序号	项目		计算期				
			1	2	3	4	5
1	银行借款		8 000 000	10 000 000			
	期初借款余额		0	4 000 000	10 500 000	7 000 000	3 500 000
	当期还本付息		4 428 000	4 305 000	4 103 750	3 902 500	3 701 250
	其中	还本	4 000 000	3 500 000	3 500 000	3 500 000	3 500 000
		付息	428 000	805 000	603 750	402 500	20 1250
2	期末借款余额		4 000 000	10 500 000	7 000 000	3 500 000	0

（四）主要财务评价报表

将前面的估算数据分别填入财务评价报表,为后续的财务效益评价作准备。详见表
6-16—表 6-18。

表 6-16　利润与利润分配表　　　　单位:元

序号	项目	计算期				
		1	2	3	4	5
1	销售收入	30 000 000	200 000 000	200 000 000	200 000 000	200 000 000
2	销售税金及附加	249 303.25	898 167.2	898 167.2	898 167.2	898 167.2
3	增值税	2 493 032.36	8 981 672.06	8 981 672.1	8 981 672.1	8 981 672.1
4	总成本费用	16 136 231	151 307 925	151 106 675	150 905 425	150 704 175
5	利润总额	11 121 433.39	38 812 235.74	39 013 485.74	29 214 735.74	39 415 985.74
6	所得税	1 668 215.01	5 821 835.361	5 852 022.861	5 882 210.361	5 912 397.861
7	净利润	9 453 218.38	32 990 400.38	33 161 462.88	33 332 525.38	33 503 587.88
8	提取法定盈余公积金	945 321.84	3 299 040.04	3 316 146.29	3 333 252.54	3 350 358.79
9	提取公益金	472 660.92	1 649 520.02	1 658 073.14	1 666 626.27	1 675 179.39
10	可供分配利润	8 035 235.62	28 041 840.32	28 187 243.45	28 332 646.57	28 478 049.70

表 6-17　项目投资现金流量表　　　　单位:元

序号	项目	计算期					
		0	1	2	3	4	5
1	现金流入		30 000 000	216 122 962.3	234 794 981	234 794 981	234 794 981
1.1	销售收入		30 000 000	200 000 000	200 000 000	200 000 000	200 000 000
1.2	回收流动资金			16 122 962.31	34 794 981	34 794 981	34 794 981

续表

序号	项目	计算期					
		0	1	2	3	4	5
1.3	其他现金流入						
2	现金流出		52 875 548	194 877 745.3	194 877 745.3	194 877 745.3	160 082 764.3
2.1	建设投资						
2.2	流动资金	16 122 962.31	34 794 981	34 794 981	34 794 981	34 794 981	0
2.3	经营成本		15 338 231	150 202 925	150 202 925	150 202 925	150 202 925
2.4	销售税金及附加		249 303.25	898 167.2	898 167.2	898 167.2	898 167.2
2.5	增值税		2 493 032.4	8 981 672.06	8 981 672.06	8 981 672.06	8 981 672.06
3	所得税前净现金流量	−16 122 962.31	−22 875 548	21 245 217.01	39 917 235.7	39 917 235.7	74 712 216.7
4	调整所得税		1 668 215	5 821 835.4	5 821 835.4	5 821 835.4	5 821 835.4
5	所得税后净现金流量		−24 543 763	15 423 381.61	34 095 400.3	34 095 400.3	68 890 381.3

表6-18　资产负债表　　　　　　　　　　　　　　　　　单位:元

序号	项目	计算期				
		1	2	3	4	5
1	资产	18 823 394	58 805 827	55 305 827	51 805 827	48 305 827
1.1	流动资产总额	17 193 138.1	46 310 407	46 310 407	46 310 407	46 310 407
1.1.1	货币资金	1 132 350.14	12 191 838	12 191 838	12 191 838	12 191 838
1.1.2	应收账款	1 278 185.92	12 516 910	12 516 910	12 516 910	12 516 910
1.1.3	存货	14 782 602	21 601 659	21 601 659	21 601 659	21 601 659
1.2	在建工程					
1.3	固定资产净值					
1.4	无形资产及其他资产净值	1 630 256	12 495 420	8 995 420	5 495 420	1 995 420
2	负债及所有者权益	18 823 394	58 805 827	55 305 827	51 805 827	48 305 827

续表

序号	项目	计算期				
		1	2	3	4	5
2.1	负债总额	9 542 836.54	27 164 946.64	23 502 437.26	19 839 927.89	16 177 418.51
2.1.1	应付账款	1 542 836.54	13 164 946.64	13 002 437.26	12 839 927.89	12 677 418.51
2.1.2	长期借款	8 000 000	14 000 000	10 500 000	7 000 000	3 500 000
2.2	所有者权益	9 280 557.46	31 640 880.36	31 803 389.74	31 965 899.11	32 128 408.49
2.2.1	资本金	300 000	300 000	300 000	300 000	300 000
2.2.2	累计盈余公积金	945 321.84	3 299 040.04	3 316 146.29	3 333 252.54	3 350 358.79
2.2.3	累计未分配利润	8 035 235.62	28 041 840.32	28 187 243.45	28 332 646.57	28 478 049.70

（五）财务评价指标

根据上述报表计算的财务评价指标见表6-19。

表6-19　主要经济数据和财务评价指标表

序号	名称	单位	数值（以正常生产年限为准）
1	经济数据		
1.1	总资金	元	34 794 981
1.2	流动资金	元	34 794 981
1.3	资金筹措	元	
1.3.1	借款	元	14 000 000
1.3.2	项目资本金	元	20 794 981
1.3.3	资本金比例	%	59.76
1.4	年平均产品销售收入	元	200 000 000
1.5	年平均销售税金及附加	元	898 167.2
1.6	年平均增值税	元	8 981 672.06
1.7	年平均总成本费用	元	151 307 925
1.8	年平均所得税	元	5 821 835.4
1.9	年平均税后利润	元	39 114 110.74
2	财务评价指标		
2.1	财务内部收益率（所得税后）	%	50.4
2.2	财务净现值（所得税后）	元	53 195 355.78
2.3	投资回收期（所得税后）	年	2.74
2.4	资本金收益率	%	135
2.5	投资利润率	%	80.59
2.6	长期借款偿还期	年	0.5
2.7	资产负债率	%	40.24

（六）不确定性分析

（1）敏感性分析。根据具体情况，产品售价和原材料价格是影响项目的主要不确定因素，通过估算不确定因素变动的范围和幅度，对其进行敏感性分析，见表6-20（基本方案的财务内部收益率为50.4%）。

表6-20　敏感性分析表

序号	不确定因素	不确定因素变动幅度	项目的财务内部收益率	敏感度系数
1	销售价格	10%	79.29%	2.89
2	原材料价格	−10%	19.70%	3.07
		5%	37.26%	2.63
		−5%	63.12%	2.54

由结果可见，销售价格和原材料价格对项目的生产影响都比较大，但原材料价格的影响更为明显，需要在采购原材料的时候注意对价格的比较和选择。另外在产品定价上也应该慎重，要选择既具有市场竞争力又能够保证一定的经济收益的价格。

（2）由于该项目的固定资产投资较少，因此做盈亏平衡分析的意义不大，故此略去。

（七）财务评价结论

1. 盈利能力分析

从上述评价结果看，项目的内部收益率为50.4%，大大高于行业的基准收益率14%，财务净现值为53 195 355.78元，可见项目的盈利能力较强。敏感性分析的结果较为理想，原材料的价格和产品的销售价格对项目的盈利能力影响较为重要，需要制订相应的经营策略。

2. 清偿能力分析

经过计算，项目实施以后，除了第一期，各年均有盈余，借款偿还期为0.5年，财务清偿能力较强。

十六、风险分析

（一）项目主要风险因素识别

通过前面各章的分析，本项目的风险因素主要在于市场方面，以及投产初期的财务风险。此外技术需攻克的重要方面是浸涂槽中的液流形式是否能够得到优化，使得工作介质均匀接触木门需要上漆的各个部分，保证涂装材料能均匀分布。

（二）风险程度分析

采用专家评估法来识别风险因素和估计风险程度。通过专家对可能涉及的风险因素及其风险程度的判断，并结合本报告的研究成果进行汇总，风险因素和风险程度分析结果见表6-21。

（三）防范和降低风险的对策

根据对各种风险因素及风险程度的分析，项目面临的主要风险已经明确。针对这些风险因素提出了如下防范和降低风险的对策：

表6-21 风险因素和风险程度分析表

序号	风险因素	风险程度	说明
1	市场	一般	
1.1	产品价格	一般	按照当前的定价,项目盈利能力较强,降价的空间较大,短暂的价格竞争不能对项目产生重大影响
1.2	竞争力	一般	本项目的技术较为先进,产品质量高,市场需求量大,相对目标市场竞争力较强
2	原材料	一般	原材料的价格敏感性较强,但是市场供应量大,能保证合理的价格采购
3	生产负荷	小	项目投产后第一期生产量较少,待市场销路打开以后,第二期的销售量显著增大,这与现实的市场需求是相符合的

(1)提高对投产初期财务风险的认识,采取措施予以防范和抵御。实行成本细项控制,降低产品成本,进一步健全销售网络,提高产品竞争力,增强对市场的适应能力。

(2)营销战略应注意3个方面

①稳定老用户,开发新用户。与用户建立和保持良好的合作关系,巩固已开发的市场。

②建立较为完善的技术服务网络。由销售工程师进行针对客户的使用服务和信息调研,以满足不同层次客户的需求。

③在产品质量相差无几的情况下制订稳定而灵活的送货机制。

应当充分利用距目标市场很近或较近,且交通较为便利的优势,通过有效的管理,提高生产能力利用率和劳动生产率,降低成本,以具有竞争力的产品价格,销售用户满意的产品,确立自己在目标市场上的竞争地位。

十七、研究结论与建议

(一)推荐方案的总体描述

如前面所述,可行性研究报告是涂装机器人的组装和改造项目,主要用于木门油漆的涂装。本项目利用现有市场的机器人产品,通过对其进行组装和重新设计程序,使其能够适用于木门涂装生产线。等到销路稳定和市场接受度达到一定程度的时候,将项目延伸至涂装生产线,能够完成整个上漆过程。

本项目利用成熟工业园区的生产车间,基础设施配套齐全,交通便利,可以降低建设成本和销售成本,提高项目效益和竞争力。

主要原料机器人由国内企业提供,完全能够满足项目的需要,且价格上具有优势。

本项目由专门的研发人员进行程序的开发,以国内先进、适用、可靠的设备为依托,生产适合国内市场的涂装机器人。

本项目的环境治理措施充分考虑了环境现状,选择合适的技术方案,将对环境的污染降至最低。

财务分析表明,项目的内部收益率达到50.4%,大大高于行业的基准收益率14%,财务净现值远大于0,说明项目的盈利能力较强。项目的长期借款偿还期为0.5年,资产负债率为40.24%,偿债压力不大。

不确定性分析和风险分析表明,本项目虽然客观上存在一定的市场风险,但项目具有相当大的竞争力,尤其相对于目标市场具有价格、区域、销售等方面的竞争优势。项目投产初期的财务风险可以采取措施加以控制和规避。

（二）问题与不同意见

在方案的制订过程中,主要的争论与分歧在于生产规模的确定。目前确定的第一期和第二期生产规模是按照目前重庆市场的木门企业产量与国内外相应时期内的木门需求量和生产量来估算的。在数据资料完备的情况下,这种估测方法是比较合理的。

（三）结论与建议

本项目有显著的财务效益,尤其是将涂装机器人引入木门制造业,会显著提高该行业的生产效率。由于当前该类型的产品主要是国外的企业提供,价格较为昂贵。本项目所生产的产品会减少我国的外汇支出,降低木门行业的生产成本,还能避免油漆对工人的化学伤害。建议有关方面尽快批准项目建设,各方共同努力,使项目尽快建成投产。同时,项目也要采取切实可行的措施,控制和规避风险,以实现预期的效益。

第7章 投资项目的投资估算

必要性永远不是个好的交易条件。

——本杰明·富兰克林

学习目标

◆ 掌握项目投资的构成。
◆ 掌握各项投资的估算方法。
◆ 熟悉各种投资估算表的填列方法。

重点、难点

◆ 各项投资的估算方法。
◆ 投资估算表的填列。

知识结构

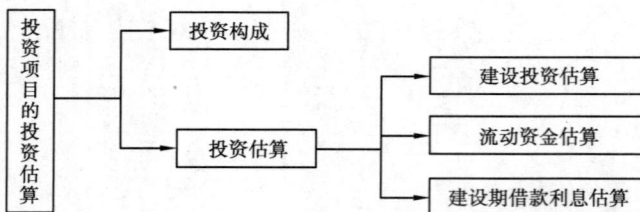

对投资项目进行财务效益评价,首先需要估算项目投资所需的资金。投资估算是指在整个投资决策过程中,依据现有的资料和一定的方法对建设项目的投资额(包括工程造价和流动资金)进行的估计。投资估算总额是指从筹建、施工直至建成投产的全部建设费用,其包括的内容应视项目的性质和范围而定。

7.1 投资构成

项目总投资是指投资项目从前期准备工作开始到项目全部建成投产为止所发生的全部投资费用。它反映的是项目建设期末的投资总额,由建设投资、建设期利息和流动资金构成(图7-1)。

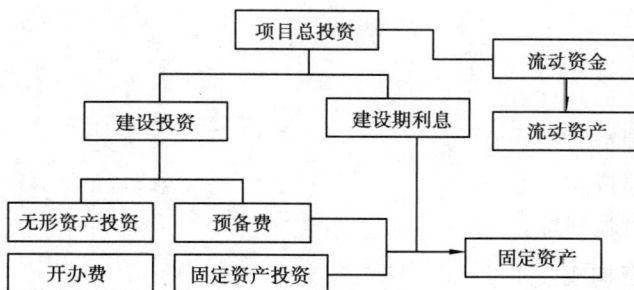

图 7-1 项目总投资的构成及其资产形成

7.1.1 建设投资构成

建设投资是指在项目筹建与建设期间所花费的全部建设费用,包括工程费用、工程建设其他费用和预备费用。其中工程费用包括建筑工程费、设备购置费和安装工程费,预备费用包括基本预备费用和涨价预备费用。

1)固定资产投资构成

固定资产投资是指项目从开始建设到建成为止的这段时间里用于购置和形成固定资产的投资额。构成固定资产原值的费用包括:工程费用,即建筑工程费、设备购置费和安装工程费;工程建设其他费用(图 7-2)。

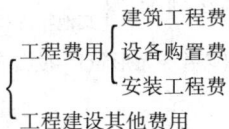

图 7-2 固定资产投资的构成

(1)工程费用(图 7-3)

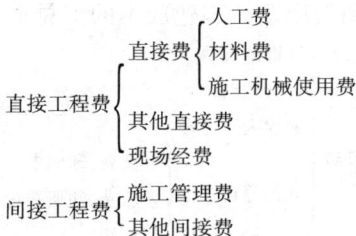

图 7-3 工程费用的构成

(2)设备、工器具购置费

①设备购置费。国内设备预测价格的主要费用构成:买价、运杂费、采购保管费。

进口设备的费用:到岸价 + 运杂费。

②工器具购置费。

(3)工程建设其他费用

①征用土地费(土地补偿费、安置补助费、耕地占用税、青苗补偿费、占地管理费)。

②可行性研究费。

③勘察设计费。

④研究试验费。

⑤建设单位管理费。

⑥施工机构迁移费。

⑦建设期投资借款利息。

2）无形资产投资构成

无形资产投资是为取得无形资产或形成无形资产所支出的费用。无形资产是指没有实物形态的可辨认的非货币性资产，包括专利权、商标权、土地使用权、非专利技术、商誉和版权等。构成无形资产原值的费用主要包括：技术转让费或技术使用费（含专利权和非专利技术）、商标权和商誉等（图7-4）。

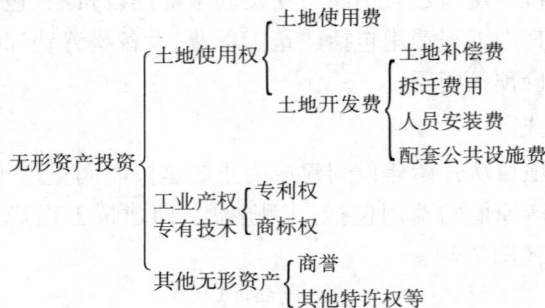

图7-4　无形资产的构成

3）开办费构成

开办费是指企业从批准筹建之日起，到开始生产、经营（包括试生产、试营业）之日止期间（即筹建期间）发生的费用支出，包括筹建期人员工资、办公费、培训费、差旅费、印刷费、注册登记费以及不计入固定资产和无形资产购建成本的汇兑损益和利息支出（图7-5）。

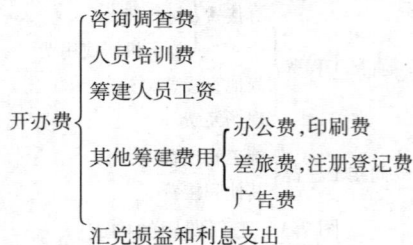

图7-5　开办费的构成

4）预备费构成

预备费是指在投资项目设计和预算中难以预料的工程费用支出，包括基本预备费和涨价预备费。它主要是由如下原因导致费用增加而预留的费用：

①设计变更导致的费用增加。

②不可抗力导致的费用增加。

③隐蔽工程验收时发生的挖掘及验收结束时进行恢复所导致的费用增加。基本预备费一般按照前5项费用(即建筑工程费、设备安装工程费、设备购置费、工器具购置费及其他工程费)之和乘以一个固定的费率计算。其中,费率往往由各行业或地区根据其项目建设的实际情况加以制订。

④因物价上涨引起投资增加而预留的费用。

7.1.2　流动资金构成

流动资金是项目运营期内长期占用并周转使用的营运资金。流动资金是项目投产后所需要的全部流动资产扣除流动负债后的余额。流动资产包括现金、存货(材料、在产品及成品)、应收账款、有价证券、预付款等项目。流动负债一般只考虑应付账款和预收账款。流动资金的多寡代表企业流动地位的高低,流动资金越多表示净流动资产越多,其短期偿债能力越强,因而其信用地位也较高,在资金市场中筹资较容易,成本也较低(图7-6)。

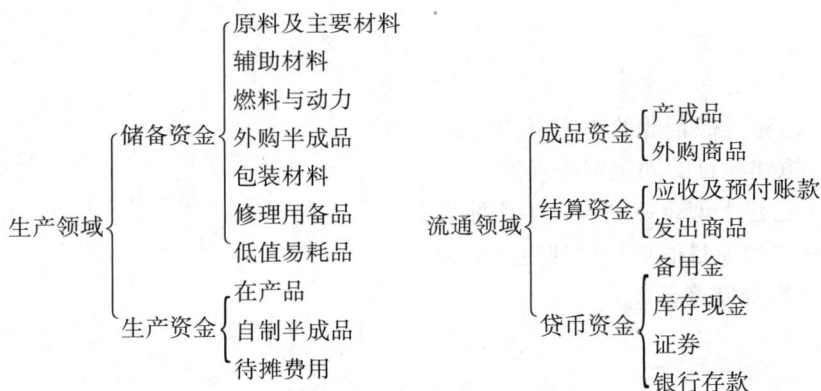

图7-6　流动资金的构成

7.1.3　建设期利息构成

建设期利息是债务资金在建设期内发生的利息及与借款相关的费用支出,包括借款利息及手续费、承诺费、管理费等。项目竣工后,建设期利息计入固定资产或无形资产原值。

7.2　投资估算

项目总投资反映的是项目在整个计算期内投入的全部资金。项目的计算期包括建设期和运营期,其中建设期是指从项目开始建设到建设工程项目竣工投产为止的时间。本章所估算的项目总投资仅指建设期的投资,运营期发生的资金投入待第9章进行讲解。建设期的项目总投资由建设投资、流动资金和建设期利息构成。

7.2.1 建设投资估算

1)固定资产投资估算

固定资产投资是指形成项目固定资产所花费的全部费用,常用的估算方法有扩大指标估算法和分类详细估算法。

(1)扩大指标估算法

扩大指标估算法是在对已建同类项目的实际投资指标进行大量积累和科学整理分析的基础上,采用其典型指标对拟投资项目所需投资进行套用估算的方法。该方法计算简便,但是估算的准确性较差,而且需要类似的参照企业做数据支持,所以适用于项目规划性估算、项目建议书估算和其他临时性估算。在应用中具体包括5种方法:

①单位生产能力投资估算方法。该方法根据已建成的、性质类似的建设项目的单位生产能力投资(如元/吨、元/千瓦)乘以拟建项目的生产能力来估算拟建项目的投资额。计算公式为:

$$I_2 = P_2 \times \left(\frac{I_1}{P_1}\right) \times C_F \tag{7-1}$$

式中 I_1——已建类似企业的固定资产投资;

I_2——拟建项目的固定资产投资;

P_1——已建类似企业的设计生产能力;

P_2——拟建项目的规划设计生产能力;

C_F——物价换算系数。

例题 7-1

已知每吨涤纶纤维生产能力所需固定资产投资为6 000元,已建同类涤纶纤维生产企业设计生产能力为8 000万吨,拟建项目的规划设计能力为8 600万吨,物件换算系数为1.2,试计算拟建项目的固定资产投资额。

【解答】

$$I_2 = P_2 \times \left(\frac{I_1}{P_1}\right) \times C_F = 8\ 600 \times \left(\frac{6\ 000}{8\ 000}\right) \times 1.2 = 7\ 740(元/吨)$$

可知拟建项目的固定资产投资额为7 740元/吨。

②生产规模指数法。该方法根据已建成的、性质类似的建设项目的生产规模和投资额以及拟建项目的生产规模来估算拟建项目的投资额。计算公式为:

$$I_2 = I_1 \times \left(\frac{P_2}{P_1}\right)^n \times C_F \tag{7-2}$$

式中 I_1——已建类似企业的固定资产投资;

I_2——拟建项目的固定资产投资;

P_1——已建类似企业的生产规模;

P_2——拟建项目的生产规模；

n——生产规模指数$(0 < n \leqslant 1,$常取$0.6)$；

C_F——物价换算系数。

例题 7-2

某已建化肥厂有生产合成氨和尿素的两套装置。合成氨装置能力为年产合成氨30万吨，尿素装置能力为年产尿素48万吨。其中合成氨装置投资11 000万元，尿素装置投资4 700万元，两项合计投资15 700万元。又知该化肥厂总投资为25 120万元。现拟建一年产合成氨24万吨，尿素38万吨的新工厂，试估算其投资额(不考虑价格变化，n取0.5)。

【解答】

由$I_2 = I_1 \times \left(\dfrac{P_2}{P_1}\right)^n \times C_F$可知：

$$I_2 = 11\ 000 \times \left(\frac{24}{30}\right)^{0.5} + 4\ 700 \times \left(\frac{38}{48}\right)^{0.5} = 9\ 838.70 + 4\ 181.86 = 14\ 020.56(万元)$$

又知：已建化肥厂装置部分投资占总投资的比例为：15 700 ÷ 25 120 = 0.625

则，新建化工厂项目全部投资 = 14 020.56 ÷ 0.625 = 22 432.90(万元)

③分项按比例估算法。该法首先根据现有资料或经验估算出设备投资，再用同类企业的统计资料计算出固定资产其他部分的百分比，求出其他部分固定资产费用，加总后，就是项目固定资产投资费用。具体又分为两种：

第一种：以拟建项目的设备购置费为基数进行估算。

该方法是以拟建项目的设备购置费为基数，根据已建成的同类项目的建筑工程费和安装工程费占设备购置费的百分比，求出相应的建筑工程费和安装工程费，再加上拟建项目其他费用(包括工程建设其他费用和预备费等)，其总和即为拟建项目的建设投资。计算公式为：

$$I_2 = E \times (1 + f_1 P_1 + f_2 P_2) + I \tag{7-3}$$

式中 I_2——拟建项目的建设投资；

E——拟建项目根据当时当地价格计算的设备购置费；

P_1, P_2——已建项目中建筑工程费和安装工程费占设备购置费的百分比；

f_1, f_2——代表由于时间因素引起的定额、价格、费用标准等变化的综合调整系数；

I——代表拟建项目的其他费用。

例题 7-3

某拟建项目设备购置费为15 000万元，根据已建同类项目统计资料，建筑工程费占设备购置费的23%，安装工程费占设备购置费的9%，该拟建项目的其他有关费用估计为2 600万元，调整系数f_1, f_2均为1.1，试估算该项目的建设投资。

【解答】

根据公式,该项目的建设投资为:

$$I_2 = E \times (1 + f_1 P_1 + f_2 P_2) + I$$
$$= 15\,000 \times [1 + (23\% + 9\%) \times 1.1] + 2\,600$$
$$= 22\,880(万元)$$

第二种:以拟建项目的工艺设备投资为基数进行估算。

该方法以拟建项目中最主要、投资比重较大并与生产能力直接相关的工艺设备的投资为基数,根据同类型的已建项目的有关统计资料和各专业工程(总图、土建、暖通、给排水、管道、电气、电信及自控等)占工艺设备投资(包括运杂费和安装费)的百分比,求出拟建项目各专业工程的投资,然后把各部分投资(包括工艺设备投资)相加求和,再加上拟建项目的其他有关费用,即为拟建项目的建设投资。计算公式为:

$$I_2 = E \times (1 + f_1 P_1' + f_2 P_2' + f_3 P_3' + \cdots) + I \tag{7-4}$$

式中　E——拟建项目根据当时当地价格计算的工艺设备投资;

　　　P_i'——已建项目各专业工程费用占工艺设备投资的百分比;

　　　f_i——代表由于时间因素引起的定额、价格、费用标准等变化的综合调整系数;

　　　I——代表拟建项目的其他费用。

④系数估算法。

第一种,朗格系数法。该方法以设备购置费为基础,乘以适当系数来推算项目的建设投资。计算公式为:

$$I_2 = E \times (1 + \sum K_i) \times K_c \tag{7-5}$$

式中　I_2——建设投资;

　　　E——设备购置费;

　　　K_i——管线、仪表、建筑物等项费用的估算系数;

　　　K_c——管理费、合同费、应急费等间接费用的总估算系数。

建设投资与设备购置费之比为朗格系数 K_L,即

$$K_L = I_2 / E = (1 + \sum K_i) \times K_c \tag{7-6}$$

第二种,设备厂房系数法。该方法在拟建项目工艺设备投资和厂房建设投资估算的基础上,其他专业工程参照类似项目的统计资料,与设备关系较大的按设备投资系数计算;与厂房土建关系较大的则按厂房土建投资系数计算。两类投资加起来,再加上拟建项目的其他有关费用,即为拟建项目的建设投资。

例题 7-4

某工程项目的工艺设备及其安装费用估计为 2 600 万元,土建工程费用估计为 4 200 万元,参照类似项目的统计资料,其他各专业工程投资系数见表 7-1,其他有关费用为 2 400 万元,试估算该项目的建设投资。

表 7-1　各专业工程投资系数

工艺设备	1.00	厂房土建(含设备基础)	1.00
起重设备	0.09	给排水工程	0.04
加热炉及烟道	0.12	采暖通风	0.03
气化冷却	0.01	工业管道	0.01
余热锅炉	0.04	电器照明	0.01
供电及转动	0.18		
自动化仪表	0.02		
系数合计	1.46	系数合计	1.09

【解答】

根据公式计算:

该项目的建设投资 $= 2\,600 \times 1.46 + 4\,200 \times 1.09 + 2\,400 = 10\,774$(万元)。

⑤指数估算法。估算指标是比概算指标更为扩大的单项工程指标或单位工程指标,它以单项工程或单位工程为对象,综合项目建设中的各类成本和费月,具有较强的综合性和概括性。

单项工程指标一般用单项工程生产能力单位投资表示,如工业窑炉砌筑以元/立方米表示;变配电站以元/千伏安表示;锅炉房以元/蒸汽吨表示。单位工程指标一般以如下方式表示:房屋区分不同结构形式,以元/平方米表示;道路区分不同结构层、面层,以元/平方米表示;管道区分不同材质、管径,以元/米表示。

(2)建设投资分类估算法

建设投资分类估算法是对构成建设投资的各类投资,即工程费用(含建筑工程费、设备购置费和安装工程费)、工程建设其他费用和预备费(含基本预备费和涨价预备费)分别进行估算,然后汇总得出建设投资总额。其估算步骤如下:

第一,分别估算项目建设所需的建筑工程费、设备购置费和安装工程费。

第二,汇总上述 3 类费用得出项目建设所需的工程费用。

第三,在工程费用的基础上估算工程建设其他费用。

第四,以工程费用和工程建设其他费用为基础估算基本预备费。

第五,在确定工程费用分年投资计划的基础上估算涨价预备费。

第六,汇总求得建设投资。

建设投资分类估算法的具体估算方法如下:

①建筑工程费估算。建筑工程费是指为建造永久性建筑物和构筑物所需要的费用。计算公式为:

$$建筑工程费 = 建筑面积 \times 每平方米造价 \qquad (7\text{-}7)$$

实际应用中,还可以用以下方法估算:

其一,单位建筑工程投资估算法:

$$建筑工程费 = 单位建筑工程量所用投资 \times 建筑工程总量 \tag{7-8}$$

其二,单位实物工程量投资估算法:

$$建筑工程费 = 单位实物工程量所用投资 \times 实物工程总量 \tag{7-9}$$

其三,概算指标投资估算法:

$$建筑工程费 = 单位工程概算指标 \times 单位工程量 \times 修正系数 \tag{7-10}$$

该方法估算前应有较为详细的工程资料、建筑材料价格和工程费用指标,投入的时间和工作量较大。

②设备购置费估算。设备购置费即设备及工器具购置费,是为投资项目购置或自制的达到固定资产标准的各种国产或进口设备购置费用,主要包括国产设备的购置费、进口设备购置费和工器具及办公家具购置费。此外,现场制作非标准设备费也应计入其内。

其一,国内设备购置费的估算:

$$国产标准设备购置费 = 出厂价 \times (1 + 运杂费率)$$

$$国产非标准设备购置费 = 设计费 + 生产成本 + 计划税金 + 计划利润 + 运杂费$$

$$或 = \{[(材料费 + 加工费 + 辅助材料费) \times (1 + 专用工具费率) \times (1 + 废品损失费率) +$$

$$外购配套件费] \times (1 + 包装费率) - 外购配套件费\} \times (1 + 利润率) + 增值税 +$$

$$非标准设备设计费 + 外购配套件费 \tag{7-11}$$

其二,进口设备购置费估算:

$$进口设备购置费 = 到岸价 + 关税 + 消费税 + 增值税 +$$

$$外贸与银行手续费 + 国内运杂费 \tag{7-12}$$

其三,工具、器具及生产家具购置费的估算:

$$工具、器具及生产家具购置费 = 设备购置费 \times 定额费率 \tag{7-13}$$

例题 7-5

某公司拟从国外进口一套机电设备和配套软件,设备离岸价(FOB 价)为 450 万美元,包括配套软件费 50 万美元,其中不计算关税软件费有 15 万美元。

相关费用参数如下:美元的外汇牌价是 8.27 元人民币,海运费率 6%,海运保险费率 0.35%,外贸手续费率 1.5%,中国银行财务手续费率 0.5%,关税税率 22%,增值税率 17%,国内运杂费率(包含运费率、装卸费率、包装费率、采购与仓库保管费率)2.5%。

则该套机电设备及配套软件进口投资估算价是多少?

【解答】

货价(离岸价) $= 400 \times 8.27 + 50 \times 8.27 = 3\ 308 + 413.5 = 3\ 721.5(万元)$

国外运输费 $= 3\ 308 \times 6\% = 198.48(万元)$

国外运输保险费 $= (3\ 308 + 198.48)/(1 - 0.35\%) \times 0.35\% = 12.32(万元)$

到岸价 $= 3\ 721.5 + 198.48 + 12.32 = 3\ 932.3(万元)$

硬件关税 $= (3\ 308 + 198.48 + 12.32) \times 22\% = 3\ 518.8 \times 22\% = 774.14(万元)$

软件关税 $= 35 \times 8.27 \times 22\% = 289.45 \times 22\% = 63.68$（万元）

关税合计 $= 774.14 + 63.68 = 837.82$（万元）

增值税 $= (3\ 518.8 + 289.45 + 837.82) \times 17\% = 4\ 646.07 \times 17\% = 789.83$（万元）

银行财务费 $= 3\ 721.5 \times 5\% = 18.61$（万元）

外贸手续费 $= (3\ 518.8 + 289.45) \times 1.5\% = 57.12$（万元）

海关监管手续费 $= 15 \times 8.27 \times 0.3\% = 0.37$（万元）

抵岸价 $=$ 货价 $+$ 国外运输费 $+$ 国外运输保险费 $+$ 关税 $+$ 增值税 $+$ 银行手续费 $+$ 外贸手续费 $+$ 海关监管手续费

　　　$=$ 到岸价 $+$ 关税 $+$ 增值税 $+$ 银行手续费 $+$ 外贸手续费 $+$ 海关监管手续费

　　　$= 3\ 932.30 + 837.82 + 789.83 + 18.61 + 57.12 + 0.37 = 5\ 635.6$（万元）

国内运杂费 $=$ 抵岸价 $\times$ 运杂费率 $= 5\ 635.6 \times 2.5\% = 140.89$（万元）

投资估算价 $=$ 抵岸价 $+$ 国内运杂费 $= 5\ 635.6 + 140.89 = 5\ 776.49$（万元）

注：海关监管手续费是指海关对经核准予以减税、免税进口货物或保税进口货物按国家政策规定实施监督管理和提供服务而收取的一种手续费用。

③安装工程费估算。一般根据设备购置费与相应的安装费率或设备质量与相应的每吨设备安装费加以估算。具体公式：

$$安装工程费用 = 安装工程实物量 \times 安装费用指标$$
$$安装工程费用（从价） = 设备原价 \times 安装费率$$
$$安装工程费用（从量） = 设备吨位 \times 每吨安装费 \qquad (7\text{-}14)$$

④工程建设其他费用估算（图 7-7）。

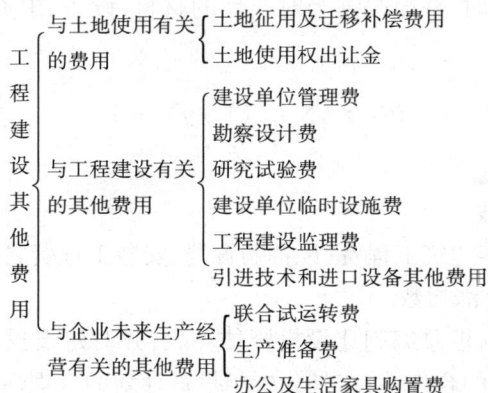

图 7-7　工程建设其他费用

2）无形资产估算

由于无形资产的形式多样，计价方式较为复杂。我国现行会计制度规定，按照无形资产取得时的实际成本计价。外购的无形资产以购入价计价；自制的无形资产以开发费计价；合资经营入股的无形资产以协议的价格计价；捐赠的无形资产以发票账单或同类产品的市价计价。

3）开办费估算

开办费是项目筹建期间发生的不能计入固定、流动、无形资产的费用，具体包括：咨询调查费、人员培训费、筹建员工工资、其他咨询费，以及汇兑损益的利息支出。即通常按照经验估算可能发生的支出。

4）预备费估算

分别估算基本预备费和涨价预备费：

（1）基本预备费

基本预备费指在初步设计和概算中难以预料的费用。具体内容包括：

①进行技术设计、施工图设计和施工过程中，在批准的初步设计范围内所增加的工程及费用。

②由于一般自然灾害所造成的损失和预防自然灾害所采取的措施费用。

③工程竣工验收时，为鉴定工程质量，必须开挖和修复的隐蔽工程的费用。

$$\text{基本预备费} = （建筑工程费 + 设备工器具购置费 + 安装工程费 + 工程建设其他费用）\times$$
$$\text{基本预备费率} \qquad (7\text{-}15)$$

（2）涨价预备费

涨价预备费指从估算年到项目建成期间内，预留的因物价上涨而引起的投资费用增加数额。涨价预备费主要考虑因建设工期较长，在建设期内可能发生材料、设备、人工等价格上涨而需要增加的费用。

对投资项目进行评估时，一般根据当时当地的材料、设备、工资等的价格和标准作为估算依据。计算公式为：

$$PC = \sum_{t=1}^{n} I_t \left[(1 + f)^t - 1 \right] \qquad (7\text{-}16)$$

式中　PC——涨价预备费；

　　　n——建设期年份数；

　　　I_t——建设期第 t 年建筑工程费、设备购置费、安装工程费之和；

　　　f——建设期价格上涨指数。

在上述估算的基础上，汇总编制建设投资估算表，并对建设投资的合理性进行分析：一是分析各类工程费用构成的合理性；二是分析年投资计划的合理性。

7.2.2　流动资金估算

流动资金是指运营期内长期占用并周转使用的营运资金，不包括运营中需要的临时性营运资金。在项目评估中，流动资产主要考虑现金、应收账款、预付账款和存货；流动负债主要考虑应付账款和预收账款。

1）扩大指标估算法

扩大指标估算法是指在拟建项目某项指标的基础上，按照同类项目相关资金比率估算出流动资金需要量的方法。主要参照类似项目流动资金占销售收入、销售成本的比率或单位产量占用流动资金的比率来确定。具体分为：

①营业收入资金率估算法。

拟建项目流动资金需要量 = 拟建项目年营业收入 × 类似项目营业收入流动资金率

$$(7-17)$$

该方法适于加工工业项目。

②总成本(或经营成本)资金率估算法。

拟建项目流动资金需要量 = 拟建项目年总成本(经营成本) × 类似项目总成本(经营成本)流动资金率

$$(7-18)$$

该方法适于采掘工业项目。

③固定资产价值资金率估算法。

拟建项目流动资金需要量 = 固定资产价值总额 × 固定资产价值流动资金率　　(7-19)

该方法适于火力发电厂、港口项目。

④单位产量资金率估算法。

拟建项目流动资金需要量 = 达产期年产量 × 单位产量占用的流动资金率　　(7-20)

单位产量资金率指项目的单位产量需要占用的流动资金量。该方法适于煤矿等特定项目。

以上各种资金比率均应由同类项目的经验数据加以确定。

2)分类详细估算法

根据项目流动资产与流动负债的主要构成要素,分别计算各构成要素需要的资金,然后再计算出流动资金的估算额。

(1)基本原理

$$流动资金 = 流动资产 - 流动负债$$
$$流动资产 = 应收账款 + 存货 + 现金 + 预付账款$$
$$流动负债 = 应付账款 + 预收账款$$

因此,流动资金 = 应收账款 + 存货 + 现金 + 预付账款 - 应付账款 - 预收账款　　(7-21)

(2)估算步骤

首先,计算各类流动资产和流动负债的年周转次数:

$$年周转次数 = 360/ 最低周转天数 \qquad (7-22)$$

其次,估算流动资产。

①应收账款的估算。应收账款是指企业已对外销售产品、提供劳务而尚未收回的资金,包括若干科目。在可行性研究时,只考虑涉及产品销售的应收账款。

计算公式:

$$应收账款估算额 = 年经营成本 / 应收账款年周转次数 \qquad (7-23)$$

其中,年经营成本 = 外购原材料 + 外购燃料动力 + 工资福利费 + 修理费 + 其他费用 +

汇兑损失。

②存货估算。存货是企业为销售或生产耗用而储备的各种货物,主要有原材料、辅助材料、燃料、低值易耗品、维修备件、包装物、在产品、自制半成品和产成品等。为简化计算,仅考虑:

年存货估算额 = 外购原材料、外购燃料及动力估算额 + 在产品估算额 + 产成品估算额

(7-24)

其中,年外购原材料、燃料及动力估算额 = 年外购原材料、燃料及动力费用/外购原材料、燃料及动力年周转次数。 (7-25)

年在产品估算额 = (年外购原材料、燃料及动力费用 + 年工资或薪酬 + 年修理费 + 年其他制造费用)/在产品年周转次数 (7-26)

年产成品估算额 = 年经营成本 / 产成品年周转次数 (7-27)

③现金估算。项目流动资金中的现金是指货币资金,即企业生产经营活动中停留于货币形态的那部分资金,包括库存现金和短期存款。计算公式为:

现金估算额 = (年工资或薪酬 + 年其他费用)/现金年周转次数 (7-28)

其中,年其他费用 = 制造费用 + 管理费用 + 财务费用 + 销售费用 - (以上4项费用所含的工资或薪酬 + 折旧费 + 摊销费 + 修理费 + 利息支出)。

④预付账款估算。

预付账款估算额 = 预付的各类原材料、燃料或服务年费用/预付账款年周转次数 (7-29)

再次,估算流动负债。

流动负债是指在一年或超过一年的一个营业周期内,需要偿还的各种债务。在评估中,流动负债的估算一般只考虑应付账款和预收账款。计算公式为:

应付账款估算额 = 年外购原材料、燃料及动力及年其他材料费用/应付账款年周转次数

(7-30)

预收账款估算额 = 预收的营业收入年金额/预收账款年周转次数 (7-31)

最后,将按照上述公式计算出来的应收账款、存货、现金、预付账款、应付账款和预收账款的结果代入式(7-21),得到投资项目流动资金的估算额,并将各项数据填列至相应的估算表中。

3)流动资金估算需要注意的问题

①最低周转天数取值对估算的准确程度有较大影响。

②流动资金估算应在经营成本估算之后进行,资金在项目投产前开始筹措。

③当投入物和产出物采用不含税价格时,估算中应注意将销项税额和进项税额分别包含在相应的收入和成本支出中。

④国家规定,新建、扩建和技术改造项目必须将项目建成投产后所需的30%铺底流动资金列入投资计划,铺底流动资金不落实的项目,国家不予批准立项,银行不予贷款(铺底流动资金 = 流动资金 × 30%)。

⑤铺底流动资金必须由自有资金来解决。

例题 7-6

拟建设项目预计达到设计生产能力后:年工资 410 万元,年其也费用 20 820 万元(其中其他制造费用 820 万元),年外购原材料、燃料及动力费 9 482 万元,经营成本为 30 877 万元,年修理费 218 万元。不考虑其他材料费用、其他销售费用、预收账款和预付账款。

各项流动资金最低周转天数分别为:应收账款 45 天,现金 30 天,应付账款 60 天,原材料、燃料、动力 90 天,在产品 3 天,产成品 20 天。

要求:采用分类详细估算法估算拟建项目所需的流动资金。

【解答】

①由公式,周转次数 =360/最低周转天数

则各项流动资金周转次数分别为:应收账款 8 次,现金 12 次,应付账款 6 次,原材料、燃料、动力 4 次,在产品 120 次,产成品 18 次。

②外购原材料、燃料及动力估算额 = 年外购原材料、燃料及动力/外购原材料、燃料及动力年周转次数 =9 482 ÷4 =2 371(万元)

③在产品估算额 =(年外购原材料、燃料及动力 + 年工资 + 年修理费 + 年其他制造费用)/在产品年周转次数 =(9 482 +410 +218 +820)÷120 =91(万元)

④产成品估算额 = 年经营成本/产成品年周转次数 =30 877 ÷18 =1 715(万元)

⑤存货估算额 =2 371 +91 +1 715 =4 177(万元)

⑥应收账款估算额 = 年经营成本/应收账款年周转次数 =30 877 ÷8 =3 860(万元)

⑦现金估算额 =(年工资 + 年其他费用)/现金年周转次数 =(410 + 20 820)÷12 =1 769(万元)

⑧流动资产估算额 = 存货估算额 + 应收账款估算额 + 现金估算额 =4 177 +3 860 +1 769 =9 806(万元)

⑨流动负债估算额 = 应付账款估算额 = 年外购原材料、燃料及动力/流动负债年周转次数 =9 482 ÷6 =1 580(万元)

⑩流动资金估算额 = 流动资产估算额 − 流动负债估算额 =9 806 −1 580 =8 226(万元)

7.2.3　建设期利息估算

1)建设期利息构成

建设期利息是指企业在项目建设期间因无力偿还固定资产(或无形资产)投资借款利息而增加的投资借款额,是在建设期内发生的并按规定允许投产后计入固定资产原值(或无形资产原值)的利息,即资本化利息。

建设期资本化利息计算到按设计规定的全部工程完工移交生产为止。此后的投资借款利息(即生产经营期的投资借款利息)不作为建设期资本化利息,而是计入生产期的财务费用。建设期利息包括银行借款和其他债务资金的利息以及其他融资费用。

2）建设期借款利息计算的注意事项

①国内借款按现行贷款利率计算，国外借款按协议书或贷款意向书确定的利率计算。无论实际是按年、季或月计息，估算时一律简化为按年计息，并折算为有效年利率（或年实际利率）。

②在建设期偿还利息的项目，其年利息按借款本金乘以有效年利率计算。

③不能在建设期偿还利息的项目，利息一律按复利累计到生产期初，计入项目总投资，待投产后逐年偿还。

3）建设期利息估算

当项目在建设期内能用自有资金按期支付利息时，应按照单利计息，直接用名义利率计算项目的建设期利息。对于不能在建设期偿还利息的投资项目，应采用有效年利率复利计息。也即由于资金限制，建设期各年产生的利息没有归还，应该计入借款总额来计算利息。

因银行实行的是"随支随贷"原则，各年度借款并非在年初一次支出，而是分期借支，逐步使用。若按实际提款、还款日期计算借款利息，十分复杂，所以一般简化为按年计息。计算思路为：

（1）计算有效年利率

$$R = \left(1 + \frac{r}{m}\right)^m - 1 \tag{7-32}$$

式中　R——有效年利率；

　　　r——名义年利率；

　　　m——每年计息次数。

（2）计算利息

每年应计利息 = （年初借款本息和 + 本年借款支用额/2）× 有效年利率

例题 7-7

某新建项目，建设期为三年，在建设期第一年贷款 300 万元，第二年贷款 600 万元，第三年贷款 400 万元，银行公布的贷款年利率为 12%，该项目按季计息，在生产期偿还利息。要求：计算项目建设期应计的利息。

【解答】

计算有效年利率

$$R = \left(1 + \frac{r}{m}\right)^m - 1 = \left(1 + \frac{12\%}{4}\right)^4 - 1 = 12.55\%$$

第一年利息 =（0 + 300/2）× 12% = 18（万元）

第二年利息 =（300 + 18 + 600/2）× 12% = 74.16（万元）

第三年利息 =（318 + 600 + 74.16 + 400/2）× 12% = 143.06（万元）

建设期利息总计 = 18 + 74.16 + 143.06 = 235.22（万元）

7.3　总　结

项目总投资是指投资项目从前期准备工作开始到项目全部建成投产为止所发生的全部投资费用。它反映的是项目建设期末的投资总额,由建设投资、建设期利息和流动资金构成。

建设投资是指在项目筹建与建设期间所花费的全部建设费用,包括工程费用、工程建设其他费用和预备费用。其中工程费用包括建筑工程费、设备购置费和安装工程费,预备费用包括基本预备费用和涨价预备费用。通常采用扩大指标估算法和分类详细估算法进行估算。

流动资金是指运营期内长期占用并周转使用的营运资金,不包括营运中需要的临时性营运资金。在项目评估中,流动资产主要考虑现金、应收账款、预付账款和存货;流动负债主要考虑应付账款和预收账款。流动资金估算主要采用分类详细估算法。

建设期利息又称为资本化利息,在建设期偿还利息的项目,其年利息按借款本金乘以有效年利率计算;不能在建设期偿还利息的项目,利息一律按复利累计到生产期初,计入项目总投资,待投产后逐年偿还。

思考题

1. 项目总投资的构成。
2. 建设投资估算。
3. 流动资金估算。
4. 建设期利息估算。

案例 7-1

项目总投资估算实例

某公司拟投资建设一个化工厂,项目基础数据如下:

1. 项目实施计划

该项目建设期为 3 年,实施计划进度为:第一年完成项目全部投资的 20%;第二年完成项目全部投资的 55%;第三年完成项目全部投资的 25%;第四年开始投产,投产当年项目的生产负荷达到设计生产能力的 70%;第五年项目的生产负荷达到设计生产能力的 90%;第六年项目的生产负荷达到设计生产能力的 100%。项目的运营期总计为 15 年。

2.建设投资

该项目建设投资总额为 57 180 万元。

3.资金来源

本项目的资金来源为自有资金和贷款。贷款总额为 40 000 万元,其中外汇贷款为 2 300 万美元。外汇牌价为 1 美元兑换 8.3 元人民币。人民币贷款的年利率为 12.48%(按季计息)。外汇贷款年利率为 8%(按年计息)。利息在运营期归还。

4.生产经营费用估计

工程项目达到设计生产能力以后,全厂定员为 1 100 人,工资和福利费按照每人每年 7 200 元估算。每年的其他费用为 860 万元(其中年其他制造费用为 660 万元)。年外购原材料、燃料及动力费估算为 19 200 万元。年经营成本为 21 000 万元,年修理费占年经营成本 10%。各项流动资金的最低周转天数分别为:应收账款 30 天,现金 40 天,应付账款 30 天,原材料、燃料及动力 40 天,在产品 40 天,产成品 40 天。假设不存在预付与预收账款。

要求:

①估算建设期利息。

②用分项详细估算法估算项目的流动资金。

③估算项目的总投资。

【解答】

(1)估算建设期贷款利息

①人民币贷款有效年利率 R 的计算:

$R = (1 + 12.48\%/4)^4 = 13.08\%$

②每年投资的本金数额计算:

人民币部分:

贷款总额 $= 40\,000 - 2\,300 \times 8.3 = 20\,910$(万元)

第 1 年为:$20\,910 \times 20\% = 4\,182$(万元)

第 2 年为:$20\,910 \times 55\% = 11\,500.50$(万元)

第 3 年为:$20\,910 \times 25\% = 5\,227.50$(万元)

美元部分:

贷款总额 $= 2\,300$(万美元)

第 1 年为:$2\,300 \times 20\% = 460$(万美元)

第 2 年为:$2\,300 \times 55\% = 1\,265$(万美元)

第 3 年为:$2\,300 \times 25\% = 575$(万美元)

③每年应计利息计算:

人民币建设期贷款利息计算:

第 1 年 $= (0 + 4\,182 \div 2) \times 13.08\% = 273.50$(万元)

第 2 年 $= (4\,182 + 273.5 + 11\,500.50 \div 2) \times 13.08\% = 1\,334.91$(万元)

第 3 年 $= (4\,182 + 273.5 + 11\,500.50 + 1\,334.91 + 5\,227.50 \div 2) \times 13.08\% = 2\,603.53$（万元）

人民币贷款利息合计 $= 273.50 + 1\,334.91 + 2\,603.53 = 4\,211.94$（万元）

外币贷款利息计算：

第 1 年 $= (0 + 460 \div 2) \times 8\% = 18.40$（万美元）

第 2 年 $= (460 + 18.40 + 1\,265 \div 2) \times 8\% = 88.87$（万美元）

第 3 年 $= (460 + 18.40 + 1\,265 + 88.87 + 575 \div 2) \times 8\% = 169.58$（万美元）

外币贷款利息合计 $= 18.40 + 88.87 + 169.58 = 276.85$（万美元）

建设期贷款利息总计 $= 4\,211.94 + 276.85 \times 8.3 = 6\,509.80$（万元）

（2）用分项详细估算法估算流动资金

①应收账款 = 年经营成本 ÷ 应收账款年周转次数

$\qquad = 21\,000 \div (360 \div 30) = 1\,750$（万元）

②现金 = (年工资福利费 + 年其他费用) ÷ 现金年周转次数

$\qquad = (1\,100 \times 0.72 + 860) \div (360 \div 40) = 183.56$（万元）

③存货：

外购原材料、燃料及动力 = 年外购原材料、燃料及动力费 ÷ 外购原材料、燃料及动力年周转次数

$\qquad = 19\,200 \div (360 \div 40) = 2\,133.33$（万元）

在产品 = (年工资福利费 + 年其他制造费用 + 年外购原材料、燃料及动力费 + 年修理费) ÷ 在产品年周转次数

$\qquad = (1\,100 \times 0.72 + 660 + 19\,200 + 21\,000 \times 10\%) \div (360 \div 40) = 2\,528$（万元）

产成品 = 年经营成本 ÷ 产成品年周转次数

$\qquad = 21\,000 \div (360 \div 40) = 2\,333.33$（万元）

存货 $= 2\,133.33 + 2\,528 + 2\,333.33 = 6\,994.66$（万元）

④流动资产 = 应收账款 + 现金 + 存货

$\qquad = 1\,750 + 183.56 + 6\,994.66 = 8\,928.22$（万元）

⑤应付账款 = 年外购原材料、燃料及动力费 ÷ 应付账款年周转次数

$\qquad = 19\,200 \div (360 \div 30) = 1\,600$（万元）

⑥流动负债 = 应付账款 $= 1\,600$（万元）

⑦流动资金 = 流动资产 − 流动负债

$\qquad = 8\,928.22 - 1\,600 = 7\,328.22$（万元）

（3）项目总投资估算

根据项目总投资的构成内容，计算拟建项目的总投资：

项目总投资估算额 = 建设投资 + 建设期利息 + 流动资金

$\qquad = 57\,180 + 6\,509.80 + 7\,328.22 = 71\,018.02$（万元）

案例 7-2

投资项目的投资估算

一、项目概况

1. 项目名称

一体化家装建材生产销售平台。

2. 项目拟建地点

重庆市晏家工业园区。

通过综合考虑家装建材产业的技术相关性、政策和税收的扶持力度、场地的建设成本和之后的运输费用,以及日后产业扩张等因素,最终选择重庆市晏家工业园区作为建材的生产基地。

3. 项目建设规模与目标

投资项目是建立一个一体化的建材生产构建平台项目,以客户的需求为基石,以产品创意设计为起点,以深化绿色环保为理念,以提供优质服务为追求,以智能化、高新化为导向。根据消费者购买目标的选定程度,消费者分为确定型、半确定型以及不确定型。针对不同消费者购买行为的过程进行多方位的行为分析,评估小组得出不同的因素对不同类型消费者吸引力不同的结论,并以此作为依据进行针对性的改进和营销。

本项目的产销流程:客户需求—产品研发—批量式生产—售后安装运输服务。

一体化家装建材生产销售平台注重创新性和个性化的产品设计,克服了在传统建材市场上忽视客户体验的问题,对家装重新进行定位。通过品牌旗舰店的直接构建,让客户直接体验,增加与客户的互动,让家装本身变得愉悦。同时,将新型材料广泛用于产品设计中,从产品的性能、质量、环保多方位进行改进。引领市场消费方向,提供优质化的服务,结合客户自身条件给出家装设计和建议,形成品牌口碑,实现传统的工业生产向生产服务一体化、集合化和多元化的方向转型。项目初步设想以重庆作为平台发展的起点,预计在 3 年内能够实现重庆市主城区 20% 的市场占有率。

4. 项目建设的必要性

现行的建材市场上建材种类众多,商家云集,各自为政,互相竞争,存在需解决的问题:

(1)受房地产市场影响显著,缺乏吸引客户的增长点。

(2)同质化现象严重,竞争手段单一,主要依靠价格战实现客户争夺,极大削薄了利润空间。

(3)品牌匮乏,原创设计匮乏,同时高品质的服务也明显匮乏。

(4)高新技术产业用于建材市场的空间很大,现阶段应用不足。

现行的市场状态下,建材市场上商家的运营模式低效而粗放。整合和创意化、个性化、集合化、网络化势在必行。从消费者的角度出发,过去仅仅对实用性的追求显然是不够的。个性化、定制化的家装被广泛需求。对高新技术智能化家装的期待也日益增强。在合理的价格水平内,绿色环保也渐渐受到消费者的关注重视。除此之外,消费者对建材产品的包装、用户体验以及物流运输都提出了新的要求。

5.项目主要建设条件

本项目基于一体化建材生产销售方案的运行机制实施的关键条件有:

(1)高素质高水准的设计师团队。

(2)产品生产阶段依托工业园区的区位优势,充分掌握技术优势,利用高新技术产业对传统粗放型建材的加工进行技术改革。掌握核心技术优势,以产品引领行业动向。

(3)参与式用户体验品牌旗舰店的创立。

(4)线上销售辅助社区性电商平台同步构建。

(5)快捷物流体系的构建和完善。

二、建设投资的估算

1.建筑工程费用

(1)主要的建筑物构成。本项目由生产设施以及与其配套的辅助生产和辅助生活行政设施组成主要建筑物基本情况见表7-2。工程总建筑面积39 235.29平方米。

表7-2　投资项目主要建筑物基本情况

主要建筑	数量	面积/m²	结构类型	单位工程造价	合计成本/元
工程房	4	21 000.00	轻钢结构	1 200	25 200 000
库房	2	5 000.00	轻钢结构	1 100	5 500 000
锅炉间	1	300.00	轻钢结构	1000	300 000
机修间	1	150.00	砖混结构	800	120 000
配电室	1	100.00	砖混结构	800	80 000
化验中心	1	150.00	砖混结构	800	120 000
办公楼	1	2 400.00	混凝土框架式结构	950	2 280 000
食堂	1	200.00	砖混结构	800	160 000
警卫室	1	50.00	砖混结构	800	40 000
绿地建设	1	5 885.29		400	2 354 116
运输线路	—	4 000.00	混凝土路面	600	2 400 000
合计		39 235.29			38 554 116

注:1.办公楼的建设面积包括职工宿舍与浴室,下同。

工程房:新建年加工能力为1 840吨厂房4座,建筑面积为2.1万平方米,高8.5米,为轻钢结构。

库房:新建原料与产品库房2座,建筑面积为5 000平方米,为轻钢结构。

锅炉间:新建2吨燃气锅炉间1座,建筑面积为300平方米,为轻钢结构。

机修间:新建机修间1座,建筑面积为150平方米,为砖混结构。

配电室:新建配电室及变压器室1座,建筑面积为100平方米,为砖混结构。

化验中心:新建化验中心1座,建筑面积为150平方米,为砖混结构。

办公楼:新建办公楼(含职工宿舍与浴室等)1座,建筑面积为2 400平方米,二层楼,为混凝土框架式结构,其中一楼为办公地点。

食堂:新建职工食堂1座,建筑面积为200平方米,为砖混结构。

警卫室:厂大门处新建警卫室1座,建筑面积为50平方米,为砖混结构。

运输公路:本项目的生产原料和生产产品及设备备件、工业垃圾、生活垃圾等物品的运输采用道路运输方式。考虑到运输、消防、检修等需要,加工厂内道路布置为环形混凝土道路。加工厂内道路总长约1 000米,宽7米。

绿地面积:为了改善生产环境、减少污染、净化空气和美化厂容,绿化的重点是道路两侧及园区内零星空地等处。绿化用地率为加工厂用地面积15%,绿化面积5 885.29平方米。

(2)主要建筑物的投资估算。考虑到项目主要建筑物的特点,采用概算指标投资估算法来估测相关费用。

计算公式:

建筑工程费用＝单位工程概算指标×单位工程量×修正指数

综合各方面直接人工、材料、机械费用,建筑工程费用的估计值为38 554 116元人民币。

2.设备购置费估算

(1)设备基本数据。通过了解生产过程和所需要的设备,结合项目自身的生产规模,确定所需要设备的数量与规格(表7-3)。

表7-3　投资项目所需设备基本情况

序号	名称	规格	数量	单价/元	价格/元
1	捏合机	500L	9	66 000	594 000
2	捏合机	300L	9	46 000	414 000
3	三辊机	S405	9	50 800	457 200
4	高速搅拌机	1 000L	8	12 000	96 000
5	分散机		7	22 000	154 000
6	冷冻机	30HP	8	53 000	424 000
7	冷冻机	50HP	7	87 000	609 000
8	反应釜	1 000L	7	33 000	231 000
9	燃气锅炉	1吨	2	78 000	156 000
10	变压器		2	69 000	138 000
11	直流屏		4	1 500	6 000
12	合计		72		3 279 200

捏合机是对高黏度、弹塑性物料进行捏合、混炼、硫化、聚合处理的理想设备。

三辊研磨机工作原理：三辊研磨机通过水平的3根辊筒的表面相互挤压及不同速度的摩擦而达到研磨效果。三辊研磨机是对高黏度物料最有效的研磨、分散设备。

高速搅拌机主要是针对不同黏度浆状的液体原料进行粉碎、分散、乳化、混合，通过分散盘上下锯齿高速运转的新型高效搅拌设备。它可以对物料进行高速的、强烈的剪切、撞击、粉碎、分散，达到迅速混合、溶解、分散、细化的效果。它是对涂料等固体进行搅拌、分散、溶解的高效设备。

冷冻机是指用压缩机改变冷媒气体的压力变化来达到低温制冷的机械设备。

反应釜的广义理解即有物理或化学反应的容器，通过对容器的结构设计与参数配置，实现工艺要求的加热、蒸发、冷却及低高速的混配功能。

（2）设备运杂费。参照行业标准，设备的运杂费率取7%。计算公式为：

设备运杂费 = 设备原价 × 设备运杂费率

$$= 3\ 279\ 200 \times 7\% = 229\ 544（元）$$

（3）设备购置费。

设备购置费 = 设备原价 + 设备运杂费 = $3\ 279\ 200 + 229\ 544 = 3\ 508\ 744$（元）

3. 安装工程费

安装工程费 = 设备原价 × 安装费率。

通过查阅相关资料，项目所需设备的安装费率与安装费用见表7-4。

表 7-4　投资项目所需设备的安装费

序号	设备名称	数量	原价/元	指标/费率	安装费用/元
1	捏合机	9	594 000	10%	59 400
2	捏合机	9	414 000	10%	41 400
3	三辊机	9	457 200	10%	45 720
4	高速搅拌机	8	96 000	12%	11 520
5	分散机	7	154 000	10%	15 400
6	冷冻机	8	424 000	12%	50 880
7	冷冻机	7	609 000	12%	73 080
8	反应釜	7	231 000	12%	27 720
9	燃气锅炉	2	156 000	15%	23 400
10	变压器	2	138 000	30%	41 400
11	直流屏	4	6 000	30%	1 800
12	合计	72			391 720

4. 工程建设其他费用

（1）项目建设有关的费用。

①建设管理费。参照行业标准，建设管理费率取1.2%。根据计算公式：

建设管理费 = 工程费用 × 建设管理费费率

$$= 38\ 554\ 116 \times 1.2\% = 462\ 649.39(元)$$

②可行性研究费。根据国家发展和改革委员会的有关规定，可行性研究费分别由编制项目建议书、编制可行性研究报告、评估项目建议书、评估可行性研究报告的费用组成。参照规定的收费标准，分别确定为8万元、17万元、6万元、7万元，再确定按项目估算投资额分档收费的行业调整系数为0.8。

可行性研究费 $= (8 + 17 + 6 + 7) \times 0.8 = 30.4(万元)$

③环境影响评价费。环境影响评价费分别由编制环境影响报告书、编制环境影响报告表、评估环境影响报告书、评估环境影响报告表的费用组成。根据国家发改委的有关规定，参照其规定的收费标准，分别确定为5万元、1万元、1.2万元、0.7万元，项目环境影响咨询收费标准的行业调整系数为1.2。

环境影响评价费 $= (5 + 1 + 1.2 + 0.7) \times 1.2 = 9.48(万元)$

（2）与项目运营有关的费用。

①联合试运转费。该项费用包括：联合试动转期间所需的材料、油燃料和动力的消耗，机械和检测设备使用费，工具用具和低值易耗品费，参加联合试运转人员工资及其他费用等。

本行业以建筑安装工程总额为基数，按照0.5%比例计提。

联合试运转费 $= 391\ 720 \times 0.5\% = 1\ 958.6(元)$

②生产准备费。生产准备费一般根据需要培训和提前进厂人员的人数及培训时间按生产准备费指标进行估算。按照初步规划，根据生产工艺要求及企业管理需要，本企业劳动定员为80人，其中管理人员20人，技术及生产人员60人，企业定员及人员构成见表7-5。

表7-5　投资项目人员构成

部门	管理人员	技术人员	生产人员	小计
项目经理部	1			1
业务部	3			3
财务部	3			3
生产技术部	2	20	40	62
销售部	11			11
小计	20	20	40	80

根据市场劳务报酬水平，以管理人员每人每次200元，技术人员每人每次700元，生产人员每人每次150元计提项目的生产准备费。

生产准备费 $= 200 \times 20 \times 2 + 20 \times 700 \times 10 + 150 \times 40 \times 3 = 166\ 000$(元)

③绿地建设费用。包括绿地建筑工程费用和绿地维护费用,各项费用的计算结果见表7-6。

表7-6 投资项目绿地建设费用

序号	名称	价格/元/m^2/月	总价/元
1	管理费	0.6	3 531.17
2	人工费	3	17 655.87
3	肥料费	0.6	3 531.17
4	农药费	0.25	1 471.32
5	水费	0.6	3 531.17
6	工具费	0.8	4 708.23
7	苗木及草地补植	0.36	2 118.70
8	机械专用费	1.2	7 062.35
9	合计	7.41	43 610.00

④消防工程费用。消防工程采用外包的形式,包括报警系统、喷淋系统、消火栓系统、排烟系统的所有工程。消防外包的均价约在145元/m^2,项目消防设施需要覆盖的范围大约占工厂面积的20%。

消防工程外包费用 $= 39\ 235.29 \times 20\% \times 145 = 1\ 137\ 823.41$(元)

⑤物流运输费用。化工业的运输费用在0.5~1.5元/吨/千米,项目所在的工业园区到主城区销售点约有86千米,预测运费费用为0.8元/吨/千米,年产值为2 000吨。

物流运输费用 $= 2\ 000 \times 86 \times 0.8 = 137\ 600$(元)

⑥办公及生活家具购置费用。以人均面积35平方米计算,定员人数为80人,市面成品精装房价格均价在1 100元/m^2,选取0.85的调节因子。

办公及生活家具购置费用 $= 35 \times 80 \times 1\ 100 \times 0.85 = 2\ 618\ 000$(元)

5.预备费的估算

(1)基本预备费估算

基本预备费 $=$(工程费用 + 工程建设其他费用)× 基本预备费费率

行业规定的基本预备费费率在10%~12%,本项目选取11%为计提标准。

基本预备费 $=$(143 129 739 + 3 647 407.99)× 11% $= 16\ 145\ 486.15$(元)

(2)涨价预备费估算

计算公式:

$$PC = \sum_{t=1}^{n} I_t \left[(1+f)^t - 1 \right]$$

项目的工程费用为 38 554 116 元,按项目实施进度计划,项目建设期为 3 年,每年的投资分配使用比例为:第一年 30%,第二年 50%,第三年 20%,建设期内平均价格上涨指数预测为 5%。

第一年工程费用:$I_1 = 38\ 554\ 116 \times 30\% = 11\ 566\ 234.80$(元)

第一年涨价预备费:$PC_1 = 11\ 566\ 234.8 \times [(1 + 5\%) - 1] = 578\ 311.74$(元)

第二年工程费用:$I_2 = 38\ 554\ 116 \times 50\% = 19\ 277\ 058$(元)

第二年涨价预备费:$PC_2 = 19\ 277\ 058 \times [(1 + 5\%)2 - 1] = 1\ 978\ 598.45$(元)

第三年工程费用:$I_3 = 38\ 554\ 116 \times 20\% = 7\ 710\ 823.2$(元)

第三年涨价预备费:$PC_3 = 7\ 710\ 823.2 \times [(1 + 5\%)3 - 1] = 1\ 215\ 418.51$(元)

因此该项目的涨价预备费为

$PC = 578\ 311.74 + 1\ 978\ 598.45 + 1\ 215\ 418.51 = 3\ 769\ 628$(元)

6. 建设投资估算表填列(表7-7)

表 7-7　投资项目建设投资估算表　　　　　　　　　　　单位:元

序号	项目	建筑工程费	设备购置费	安装工程费	其他费用	合计	比例/%
1	工程费用					143 129 739	85.87
	主体工程					62 025 120	37.21
1.1	工程房	25 200 000	31 000 000	325 120		56 525 120	33.91
	库房	5 500 000				5 500 000	3.30
	辅助工程					3 386 600	2.03
	锅炉间	300 000	156 000	23 400		479 400	0.29
	配电室	80 000	144 000	43 200		267 200	0.16
1.2	机修间	120 000				120 000	0.07
	化验中心	120 000				120 000	0.072
	运输线路	2 400 000				2 400 000	1.44
	服务性工程					2 480 000	1.49
1.3	食堂	160 000				160 000	0.10
	警卫室	40 000				40 000	0.02
	办公楼	2 280 000				2 280 000	1.37
1.4	公用工程					2 397 726	1.44
	绿地建设	2 354 116			43 610	2 397 726	1.44
	外包工程					1 275 423.4	0.77
1.5	消防					1 137 823.4	0.68
	物流运输					137 600	0.08

续表

序号	项目	建筑工程费	设备购置费	安装工程费	其他费用	合计	比例/%
2	工程建设其他费用					3 647 408	2.19
	建设管理费					462 649.39	0.28
	可行性研究费					304 000	0.18
	环境影响评价费					94 800	0.06
	联合试运转费					1 958.6	0.001
	生产准备费					166 000	0.10
	办公及生活家具购置费用					2 618 000	1.57
3	预备费					19 915 115	11.95
3.1	基本预备费					16 145 486	9.69
3.2	涨价预备费					3 769 628.7	2.26
4	建设投资合计					166 692 262	100

三、流动资金的估算

参照同行业的相关数据，预测投资项目达到设计生产能力以后，年营业收入为34 000万元，经营成本为4 778万元，年工资或薪酬为392万元，原材料费用为8 147万元，燃料及动力费为343.3万元，年修理费为90万元，每年的其他费用为700万元（其中其他制造费用为500万元），各项流动资金的最低周转天数分别为：应收账款88天，现金60天，应付账款88天，存货88天。采用分类详细估算法对投资项目的流动资金进行估算。

1. 流动资产估算

（1）应收账款 = 年营业收入/年周转次数 = 34 000/(360/88) = 1 165.37（万元）

（2）现金 = （年工资薪酬 + 年其他费用）/年周转次数 = （392 + 700）/(360/60) = 182（万元）

（3）存货 = 外购原材料、燃料及动力费 + 在产品 + 产成品

外购原材料、燃料及动力费 = 年外购原材料、燃料及动力费/年周转次数 = （8 147 + 343.3）/(360/88) = 2 070.80（万元）

在产品 = （年工资薪酬 + 年其他制造费用 + 年外购原材料、燃料及动力费 + 年修理费）/年周转次数 = （392 + 500 + 8 147 + 343.3 + 90）/(360/88) = 2 310.32（万元）

产成品 = 年经营成本/年周转次数 = 4 778/(360/88) = 1 165（万元）

存货 = 2 070.80 + 2 310.32 + 1 165 = 5 546.12（万元）

（4）流动资产 = 应收账款 + 现金 + 存货 = 1 165.37 + 182 + 5 546.12 = 6 893.49（万元）

2. 流动负债估算

（1）应付账款 = 年外购原材料、燃料及动力费/年周转次数 =（8 147 + 343.3）/（360/88）= 2 070.80（万元）

（2）流动负债 = 应付账款 = 2 070.80（万元）

3. 流动资金估算

流动资金 = 流动资产 - 流动负债 = 6 893.49 - 2 070.80 = 4 822.69（万元）

4. 流动资金估算表的填列（表7-8）

表7-8 投资项目流动资金估算表

序号	项目	最低周转天数	周转次数	计算期					
				1	2	3	4	…	14
1	流动资产			2 082.63	3 471.06	4 859.47	6 893.49	…	6 893.49
1.1	应收账款	88	4.1	349.61	582.69	815.76	1 165.37	…	1 165.37
1.2	存货	88	4.1	1 678.42	2 797.37	3 916.31	5 546.12	…	5 546.12
1.2.1	原材料	88	4.1	596.10	993.50	1 390.90	1 987.00	…	1 987.00
1.2.2	燃料及动力	88	4.1	25.12	41.87	58.61	83.73	…	83.73
1.2.3	在产品	88	4.1	707.70	1 179.50	1 651.30	2 310.12	…	2 310.12
1.2.4	产成品	88	4.1	349.50	582.50	815.50	1 165.00	…	1 165.00
1.3	现金	60	6	54.60	91.00	127.40	182.00	…	182.00
1.4	预付账款			0.00	0.00	0.00	0.00	…	0.00
2	流动负债	88	4.1	621.24	1 035.40	1 449.56	2 070.80	…	2 070.80
2.1	应付账款	88	4.1	621.24	1 035.40	1 449.56	2 070.80	…	2 070.80
2.2	预收账款			0.00	0.00	0.00	0.00	…	0.00
3	流动资金（1—2）			1 461.39	2 435.66	3 409.91	4 822.69	…	4 822.69
4	流动资金当期增加额			1 461.39	974.27	974.25	1 412.78	…	0

四、建设期利息的估算

本项目的资金来源由自有资金投资和银行贷款构成。其中自有资金 30 000 000 元，银行贷款 136 692 262 元。选取同期重庆银行的 3 年期贷款利率 6.15% 为年利率，一年计息一次，建设期内只计息不偿付利息（表7-9）。

1. 每年投资的借款本金数额计算

第一年为：136 692 262.00 × 30% = 41 007 678.60（元）

第二年为：136 692 262.00 × 50% = 68 346 131.00（元）

第三年为：136 692 262.00 × 20% = 27 338 452.40（元）

2.建设期每年应计利息计算

第一年贷款利息 = $(0 + 41\,007\,678.60/2) \times 6.15\% = 1\,260\,986.12$(元)

第二年贷款利息 = $(41\,007\,678.60 + 1\,260\,986.12 + 68\,346\,131.00/2) \times 6.15\% = 4\,701\,166.41$(元)

第三年贷款利息 = $41\,007\,678.60 + 1\,260\,986.12 + 68\,346\,131.00 + 4\,701\,166.41 + 27\,338\,452.40/2) \times 6.15\% = 7\,932\,589.08$(元)

建设期贷款利息合计 = $1\,260\,986.12 + 4\,701\,166.41 + 7\,932\,589.08 = 13\,894\,741.61$(元)

表7-9　投资项目建设期利息估算表

序号	项目	合计	建设期		
			1	2	3
1	借款	136 692 262.00	41 007 678.60	68 346 131.00	27 338 452.40
1.1	建设期利息	13 894 741.61	1 260 986.12	4 701 166.41	7 932 589.08
1.1.1	期初借款余额		0.00	42 268 664.72	115 315 962.13
1.1.2	当期借款		41 007 678.60	68 346 131.00	27 338 452.40
1.1.3	当期应计利息		1 260 986.12	4 701 166.41	7 932 589.08
1.1.4	期末借款余额		42 268 664.72	115 315 962.13	150 587 003.61
1.2	其他融资费用				
1.3	小计	13 894 741.61	1 260 986.12	4 701 166.41	7 932 589.08
2	债券				
2.1	建设期利息				
2.1.1	期初债务余额				
2.1.2	当期债务金额				
2.1.3	当期应计利息				
2.1.4	期末债务余额				
2.2	其他融资费用				
2.3	小计				
3	合计				
3.1	建设期利息合计	13 894 741.61	1 260 986.12	4 701 166.41	7 932 589.08
3.2	其他融资费用合计				

五、项目总投资估算

项目总投资估算额 = 建设期投资 + 建设期利息 + 流动资金 = $166\,692\,262 + 13\,894\,741.61 + 48\,226\,900 = 228\,813\,903.61$(元)

从上述计算结果可知,该项目在建设期的投资较高,项目规模较大。对其后续的生产经营状况要进行详细的估算,分析比较其投入和产出,从经济效益角度判断其可行性。

第8章 投资项目融资方案评估

钱,往往过于昂贵。

——拉尔夫·沃尔多·爱默生

学习目标

- ◆掌握项目资金来源渠道和融资方式。
- ◆熟悉融资主体的划分和融资方案分析。
- ◆熟悉不同渠道融资资金成本的计算。
- ◆掌握项目总投资使用计划表与资金筹措表的填列方法。

重点、难点

- ◆融资渠道和融资方式辨析。
- ◆不同渠道融资资金成本的计算。
- ◆总投资使用计划表与资金筹措表填列。

知识结构

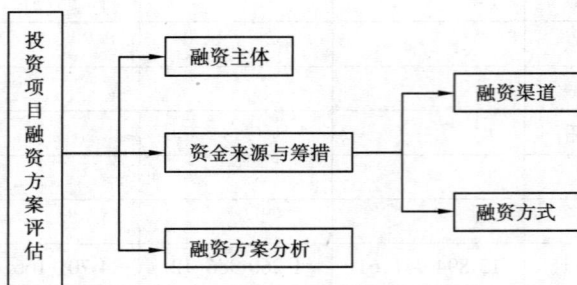

企业筹集资金通常有两条渠道:一是企业所有者投入的资金以及留存收益转增的资本,即所有者权益;二是企业通过银行信用或商业信用等方式筹集的资金,即负债。投资项目的融资方案分析是在已经完成的投资估算的基础上,结合项目自身特色,充分考虑各相关主体的经济实力,根据项目实施组织和建设进度计划设计项目融资方案,分析项目的融资渠道、融资方式、融资成本和融资风险,判断投资项目资金筹措渠道的可行性。

8.1　融资概述

8.1.1　企业融资

企业融资是指企业根据其生产经营、对外投资、调整资金结构和其他需要,通过合理的渠道,采用适当的方式获取所需资金的一种行为。融资管理解决为什么要融资、从何种渠道以什么方式融资、要融通多少资金、如何合理安排融资结构等问题。

1)企业融资的意义

(1)满足正常生产经营活动的需要

企业新建时,要按照经营方针所确定的生产经营规模核定长期资产需要量和流动资金需要量,同时筹措相应数额的资金,资本金不足部分需融通短期或长期负债资金来满足生产经营活动的需要。

(2)满足经营规模扩大的需要

企业在成长时期因扩大生产经营规模或追加对外投资需要大量资金。企业规模的扩大有两种形式:外延的扩大再生产和内涵的扩大再生产。不管是外延的扩大再生产还是内涵的扩大再生产,都会发生扩张融资的动机;企业面临激烈的市场竞争,必须积极开拓有发展前途的投资领域,扩大有利的对外投资规模,这也会产生扩张融资动机。

(3)满足到期偿债的需要

企业要保持持续经营能力,必须做到以收抵支,如期足额偿付到期债务本金和利息,以减少破产风险。企业加强生产经营管理,保持较高的获利能力是满足到期偿债的根本。合理的财务筹划甚至可能使资不抵债的企业也能保持一定的偿债能力,这就需要为偿还某项债务而形成的偿债融资。

偿债融资有两种情况:

一是调整性偿债融资。即企业有足够的能力支付到期债务,但为了调整原有的资本结构而新增融资,从而使资本结构更趋合理。

二是恶化性偿债融资。即企业现有支付能力已不足以偿付到期旧债,被迫新增融资偿还旧债,这种情况表明企业财务状况已经恶化。

2)企业融资的分类

(1)按资金使用期限的长短可把企业融资分为短期性融资和长期性融资

①短期性融资是通过融资活动获得供一年以内使用的短期资金。短期资金主要投资于货币资金、应收款项、存货等,一般在短期内可收回。短期资金通常利用商业信用和取得银行短期借款等方式来融通。

②长期性融资是指通过融资活动获得使用期限在一年以上的长期资金。长期资金主要投资于新产品的开发和推广、生产规模的扩大、设备和技术的改造更新,一般需几年甚至十几年才能收回。长期资金通常采用吸收直接投资、发行股票、发行债券、取得长期贷款、融资租赁和内部积累等方式来融通。长期资金也被称作资本。

(2)按资金权益特征不同可将企业融资分为所有者权益融资和负债融资

①所有者权益融资是通过扩大企业的所有权益,如吸引新的投资者、发行新股、追加投资等来实现投资项目资金的筹措。权益融资的后果是稀释了原有投资者对企业的控制权。权益资本的主要来自自有资本投资、资本公积、发行股票或吸收风险投资。为了改善经营或进行扩张,特许人可以利用多种权益融资方式获得所需的资本。权益融资不是贷款,不需要偿还,权益投资者是企业的部分所有者,通过股利支付获得投资回报。

②负债融资是企业通过向金融机构借款、发行债券、融资租赁等方式来实现投资项目资金的筹措。筹集的资本属于企业的负债,要按时归还本金和利息,因而又称之为企业的借入资本或债务资本。企业采用债务资本方式筹集资金,一般要承担较大风险,但付出的资本成本较低。

(3)按资金的来源范围不同可分为内部融资和外部融资

①内部融资指企业通过留用利润而形成的融资来源。内部融资是在企业内部"自然地"形成的,因此被称为"自动化的资本来源",一般无须花费筹资费用,其数量通常由企业可分配利润的规模和利润分配政策(或股利政策)所决定。

②外部融资是指企业在内部筹资不能满足需要时,向企业外部筹资而形成的。处于初创期的企业,内部融资的可能性是有限的;处于成长期的企业,内部融资往往难以满足需要。于是企业就要广泛开展外部融资,如发行股票、债券,取得借款等。企业向外部融资大多需要花费一定的融资费用。

8.2 投资项目融资主体

投资项目融资主体是指进行融资活动并承担融资责任和风险的项目法人单位。根据我国的《公司法》相关规定,原国家计划委员会制定了《关于实行建设项目法人责任制的暂行规定》,实行项目法人制,由项目法人对项目的策划、资金筹措、建设实施、生产经营、债务偿还和资产的保值增值,即项目实施全过程负责。按照是否依托项目成立新的法人实体来划分,把投资项目的融资主体分为新设法人融资主体和既有法人融资主体(图8-1)。

8.2.1 新设法人融资

新设法人融资是指由项目发起人(企业或政府)发起组建的具有独立法人资格的项目公司,由新组建的项目公司承担融资责任和风险,依靠项目自身的盈利能力来偿还债务,以项

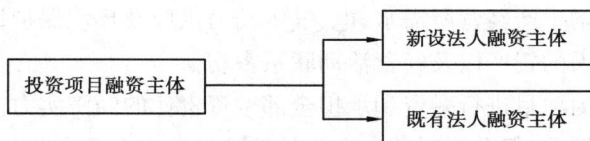

图 8-1　投资项目融资主体

目投资形成的资产、未来收益或权益作为融资担保的基础。

1）新设法人融资的特点

①项目投资由新设项目法人筹集的资本金和债务资金构成。

②新设项目法人承担融资责任和风险。

③以项目投产后的效益情况来考察偿债能力。

2）新设法人融资主体适用条件

①项目发起人希望拟建项目的生产经营活动相对独立，且拟建项目与既有法人的经营活动联系不密切。

②拟建项目的投资规模较大，既有法人财务状况较差，不具有为项目进行融资和承担全部融资责任的经济实力，需要新设法人募集股本金。

③项目自身具有较强的盈利能力，依靠项目自身未来的现金流量可以按期偿还债务。

3）新设法人的融资方式

（1）项目资本金

新设项目的资本金是指在项目总投资中由投资者认缴的出资额。投资者可以转让其出资，但不能以任何方式抽回。我国除了公益性项目等部分特殊项目外，大部分投资项目都实行资本金制度。

（2）债务资金

新设法人的融资能力取决于股东能对项目公司借款提供多大程度的担保，在项目本身的财务效益好、投资风险可以有效控制的条件下，可以考虑采用负债融资方式。

8.2.2　既有法人融资

既有法人融资是指建设项目所需的资金来源于既有法人内部融资、新增资本金和新增债务资金。新增债务资金依靠既有法人整体的盈利能力来偿还，并以既有法人整体的资产和信用承担债务担保。

1）既有法人融资的特点

①由既有法人统一组织融资活动并承担融资责任和风险。

②在既有法人资产和信用的基础上进行融资，并形成增量资产。

③从既有法人的财务整体状况考察融资后的偿债能力。

2）既有法人融资主体适用条件

①既有法人为扩大生产能力而兴建的扩建项目或原有生产线的技术改造项目。

②既有法人为新增生产经营所需水、电、气等动力供应及环境保护设施而兴建的项目。

③项目与既有法人的资产以及经营活动联系密切。

④既有法人具有为项目进行融资和承担全部融资责任的经济实力。

⑤项目盈利能力较差,但项目对整个企业的持续发展具有重要作用,需要利用既有法人的整体资信获得债务资金。

3)既有法人融资方式

既有法人融资方式见图8-2。

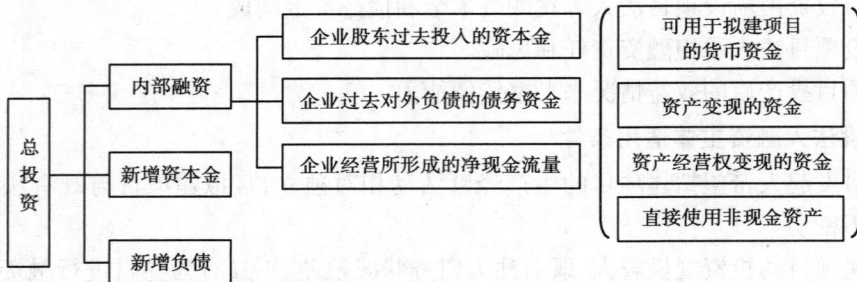

图8-2　既有法人融资方式

8.3　投资项目资金来源与筹措

8.3.1　投资项目权益资金的来源与筹措

1)权益资金的构成

权益资金是指企业依法筹集的、长期拥有并自主支配的资金。这类资金通常没有规定偿还本金的时间,也没有偿付利息的约束。权益资金由企业成立时各种投资者投入的资金以及企业在生产经营过程中形成的资本公积、盈余公积和未分配利润组成。

(1)项目资本金

项目资本金是指在建设项目总投资中由投资者认缴的出资额,对于建设项目来说是非债务性资金,项目法人不承担这部分资金的任何利息和债务;投资者可按其出资的比例依法享有所有者权益,也可转让其出资及其相应权益,但不得以任何方式抽回。

(2)资本公积

资本公积是指企业在经营过程中由于接受捐赠、股本溢价以及法定财产重估增值等原因所形成的公积金。资本公积是与企业收益无关而与资本相关的款项。它是投资者或者他人投入企业、所有权归属于投资者,并且投入金额超过法定资本部分的资本。资本公积是企业在经营活动中逐渐累积的资金,属于所有者权益,也是一种资本储备形式,可以按照法定程序转增为资本金。其形成方式比较固定,在此不再赘述。

（3）企业留存收益

企业留存收益是指企业内部形成的资金,也称企业内部积累,主要包括提取的法定盈余公积金、任意公积金和未分配利润等。这些资金的重要特征之一是,它们无须企业通过一定的方式去筹集,而直接由企业内部自动生成或转移。

2）项目资本金的来源渠道

①中央和地方各级政府预算内资金。

②国家批准的各项专项建设资金。

③"拨改贷"和经营性基本建设基金回收的本息。

④土地批租收入。

⑤国有企业产权转让收入。

⑥地方政府按国家有关规定收取的各项税费及其他预算外资金。

⑦国家授权的投资机构及企业法人的所有者权益(包括资本金等)。

⑧企业折旧基金以及投资者按照国家规定从资本市场上筹措的资金。

⑨经批准发行的股票或可转换债券筹集的资金。

⑩国家规定的其他可用作项目资本金的资金。

3）项目资本金的筹措方式

（1）股东直接投资

股东直接投资包括政府授权的投资机构投入的资金、国内外企业法人投入的资金、社会团体和个人投入的资金,按照投资人身份的不同可以分为国家资本金、法人资本金、个人资本金和外商资本金。新设法人融资项目的股东直接投资表现为投资者为项目提供的资本金;既有法人融资项目的股东直接投资表现为扩充既有企业的资本金,包括原有股东增资扩股和吸收新股东投资。

国家资本金是政府对企业投资入股形成的资金。现有国有企业的资金来源中,其资本部分大多是由国家财政以直接拨款方式形成的,除此以外,还有些是国家对企业"税前还贷"或减免各种税款而形成的。不管是何种形式形成的,从产权关系上看,它们都属于国家投入的资金,产权归属国家所有。

其他企业法人资金是指企业在生产经营过程中,往往形成部分暂时闲置的资金,并为一定的目的而进行相互投资;另外,企业间的购销业务可以通过商业信用方式来完成,从而形成企业间的债权债务关系。企业间的相互投资和商业信用的存在,使其他企业资金也成为企业资金的重要来源。

社会公众个人资金是企业职工和居民个人的结余货币,作为"游离"于银行及非银行金融机构之外的个人资金,可用于对企业进行投资,形成民间资金来源渠道,从而为企业所用。

（2）发行股票

无论是既有法人融资项目还是新设法人融资项目，凡符合规定条件的，均可以通过发行股票在资本市场募集股本资金。

（3）政府投资

政府对企业的直接投资是国有企业主要的资金来源渠道，特别是国有独资企业，其资本全部由国家投资形成。政府资金往往会投向基础性和公益性的项目，政府投资的资金来源包括各级政府的财政预算内资金、国家批准的各项专项建设基金、统借国外贷款、土地批租收入、地方政府按规定收取的各种费用及其他预算外资金等。

8.3.2 投资项目债务资金的来源与筹措

债务资金是有偿使用的企业外部资金。债务资金包括：银行贷款、银行短期融资券（票据、应收账款、信用证等）、企业短期融资券、企业债券、资产支持下的中长期债券融资、金融租赁、政府贴息贷款、政府间贷款、世界金融组织贷款和私募债权基金等。

债务资金在使用上具有时间限制，到期必须偿还本金和利息，增加企业的财务负担；但是债权人对企业没有控制权和管理权，有利于企业的独立经营管理。

1）债务资金的来源渠道

债务资金可以通过信贷融资、债券融资和融资租赁来获得，各种融资渠道介绍如下：

（1）国内债务融资

国内债务融资是指从本国银行及非银行金融机构取得贷款，其具体内容见图8-3。

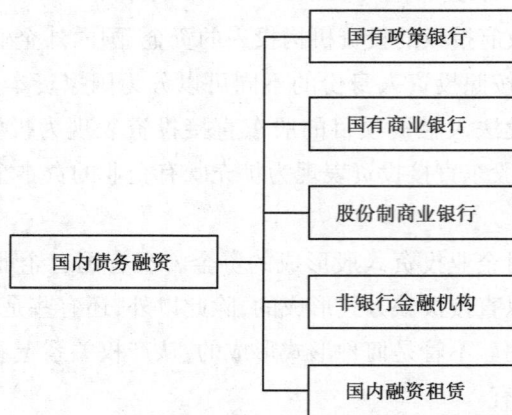

图8-3 国内债务融资来源渠道

①国有政策银行。国有政策性银行是指不以营利为目的，专门为贯彻、配合政府社会经济政策或意图，在特定的业务领域内，直接或间接地从事政策性融资活动，充当政府发展经济、促进社会进步、进行宏观经济管理的工具。政策性银行实行保本经营，贷款利率低，期限长。我国的政策性银行有国家开发银行、中国农业发展银行和中国进出口信贷银行。

　　国家开发银行的贷款主要用于支持国家批准的基础设施项目、基础产业项目、支柱产业项目以及重大技术改造项目和高新技术产业化项目建设。其贷款期限可分为：短期贷款（1年以下）、中期贷款（1~5年）和长期贷款（5年以上），贷款期限一般不超过15年。

　　中国进出口信贷银行通过办理出口信贷、出口信用保险及担保、对外担保、外国政府贷款转贷、对外援助优惠贷款以及国务院交办的其他业务，贯彻国家产业政策、外经贸政策和金融政策，为扩大我国机电产品、成套设备及高新技术产品出口和促进对外经济技术合作与交流提供政策性金融支持。

　　中国农业发展银行按照国家的法律、法规和方针、政策，以国家信用为基础，筹集农业政策性信贷资金，承担国家规定的农业政策性金融业务，代理财政性支农资金的拨付，为农业和农村经济发展服务。

　　②国有商业银行。我国的国有商业银行是指中国建设银行、中国工商银行、中国农业银行和中国银行。商业银行贷款具有筹资手续简单、速度较快及筹资成本较低等特点。

　　商业银行与企业签订贷款合同时，一般会对贷款期、提款期、宽限期和还款期做出明确规定：贷款期是从贷款合同生效日至最后一笔贷款本金和利息还清日；提款期是从贷款合同生效日到合同规定的最后一笔贷款本金提取日；宽限期是指贷款合同生效日到合同规定的第一笔贷款本金归还日；还款期是从合同规定的第一笔贷款本金归还日到贷款本金和利息全部还清日。

　　商业银行贷款金额是银行就每笔贷款向借款人提供的最高授信额度，借款金额由借款人在申请贷款时提出，由银行核定。项目法人在决定贷款金额时应考虑两个因素：贷款种类、贷款金额通常不能超过所规定的最高限额；项目建设运营的客观需要和偿还能力。

　　③非银行金融机构贷款。非银行金融机构主要是指信托投资公司、财务公司和保险公司。各机构贷款的发放条件和特点各不相同，它们所提供的各种金融服务既包括信贷资金投放，也包括物资的融通，还包括为企业承销证券等金融服务。

　　信托投资公司贷款是信托投资公司运用吸收的信托贷款、自有资金和筹集的其他资金对审定的贷款对象和项目发放的贷款。其特点在于：信托贷款可以满足企业特殊的资金需求；信托贷款的利率相对比较灵活，可在一定范围内浮动。信托贷款主要有技术改造信托贷款、补偿贸易信托贷款、单位住房信托贷款、联营投资信托贷款和专项信托贷款等。

　　财务公司是由企业集团成员单位组建又以为集团成员单位提供中长期金融业务服务为主的非银行金融机构。财务公司贷款有短期与中长期之分，短期贷款一般为1年、6个月、3个月以及3个月以下不定期限的临时贷款；中长期贷款一般为1~3年、3~5年以及5年以上。

　　（2）**国外债务融资**

　　①外国政府贷款。外国政府贷款是指一国政府向另一国政府提供的，具有一定赠与性质的优惠贷款。它具有政府间开发援助或部分赠与的性质，在国际统计上又叫双边贷款，与多边贷款共同组成官方信贷。政府贷款的期限比较长，属于中长期贷款，一般是10~30年，

有的甚至长达 50 年;利率比较低,一般在 1% ~3%,有的无息。除贷款利息外,有的贷款国政府规定借款国须向其支付费率很低的手续费;有些国家为了援助最不发达国家和某些发展中国家,有时还向这些国家政府提供赠款,即受赠国政府无须还本付息。这种赠款形式不属优惠性贷款,而属国际经济援助范畴(图 8-4)。

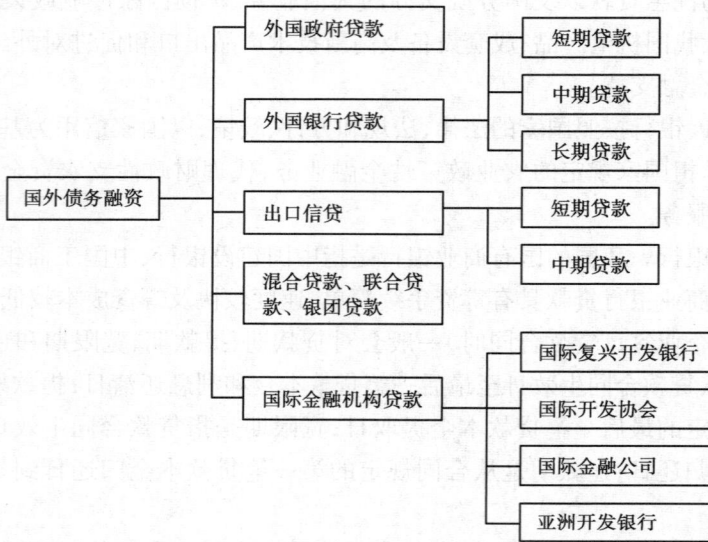

图 8-4　国外债务融资来源渠道

外国政府贷款的条件有一定的优惠性,一般分为 4 种情况:

第一种为软贷款,也就是政府财政性贷款。一般无息或利率较低,还款期较长,并有较长的宽限期。如科威特政府贷款年利率 1% ~5.5%,偿还期 18 ~20 年,含宽限期 3 ~5 年;比利时政府贷款为无息贷款,偿还期 30 年,含宽限期 10 年。这种贷款一般在项目选择上侧重于非盈利的开发性项目,如城市基础设施等。

第二种为混合性贷款,由政府财政性贷款和一般商业性贷款混合在一起,比一般商业性贷款优惠。如奥地利政府贷款年利率 4.5%,偿还期 20 年,含宽限期 2 年。

第三种为一定比例的赠款和出口信贷混合组成。如澳大利亚、挪威、英国、西班牙等国政府贷款中,赠款占 25% ~45%。

第四种为政府软贷款和出口信贷混合性贷款,也称为"政府混合贷款",这是最普遍的一种贷款。一般软贷款占 30% ~50%,如法国、意大利、德国、瑞士等国贷款都采用这种形式。出口信贷有自身规定的条件,凡是经济合作与发展组织(OECD)的成员,必须采用该组织的所谓 OECD 条件,目前利率为 7.35%,偿还期 10 年,宽限期视项目建设期而定。有的还要收取一定的承诺费、手续费和担保费。贷款的支付一般以外币形式,涉及使用贷款国的货币购买贷款国的设备时,直接以设备来源国政府贷款体现,借款者实际见不到货币。外国政府贷款机构一般由几个单位组成:a. 确定贷款的机构,负责选择确定项目,多为政府职能部门,也有的由专职的对外援助机构承担,有的国家需要几个部门共同研究确定提供贷款的项目。

b. 负责贷款协议（金融协议）的执行机构一般由银行代表。

专栏 8-1

我国利用外国政府贷款的情况

　　我国利用外国政府贷款（表 8-1）始于 1979 年，是我国改革开放的重要标志之一。从 1979 年到 2014 年 12 月 31 日，我国利用外国政府贷款累计协议额约 630.52 亿美元，贷款投向交通、能源、城建、环保、农业、教育、卫生、工业等多个领域。

　　目前为我国提供政府贷款的国家和金融机构有 17 个，具体是：法国、德国、以色列、西班牙、沙特、科威特、瑞典、挪威、荷兰、芬兰、丹麦、波兰、奥地利、意大利、北欧投资银行、法国开发署、德国促进贷款。外国政府贷款是我国目前所借国外贷款中条件最优惠的贷款，其赠予成分最高可达 80%。

表 8-1　2014 年度第一批部分外国政府贷款备选项目

序　号	项目名称	贷款国别	贷款金额 （万欧元/万美元）	转贷银行
1	黑龙江七台河技师学院建设新校区及购置实训设备	德国促进贷款	2 400	进出口银行
2	黑龙江鹤岗市第三人民医院异地建设新楼	德国促进贷款	2 000	进出口银行
3	河南三门峡市中心医院购置医疗设备及土建	德国促进贷款	2 000	进出口银行
4	湖南张家界航空工业职业技术学院购置教学设备和图书馆建设	德国促进贷款	2 000	进出口银行
5	河北省地理信息局建设基础测绘现代化技术装备体系	美国	950	进出口银行
6	安徽六安市第三中医院购置医疗设备	美国	990	进出口银行
7	山东济南市公安消防支队购置消防设备	美国	1 330	进出口银行

　　②外国银行贷款。外国银行贷款是指在国际资金市场上筹措的自由外汇贷款。这种贷款不必与一定的进口项目联系，也不受使用地点和用途的限制，可以自由运用，其贷款利率通常较高，随行就市。一般是按伦敦银行同业拆放利率再加上一定费用计息。

　　③出口信贷。出口信贷是出口国政府为了支持和扩大本国产品的出口，提高国际竞争力，以对本国的出口提供利率补贴并提供信贷担保的方法，鼓励本国银行向本国出口商或外国进口商提供的贷款。出口信贷的特点：贷款的使用条件是购买出口国的产品；利率通常低于国际上商业银行的贷款利率；不能对产品价款全额贷款，通常只能提供产品价款 85% 的贷款，其余 15% 由进口商以现金支付；通常需要支付一定的附加费用，如管理费、承诺费、信贷保险费。

④混合贷款。混合贷款是指由政府贷款、出口信贷和商业银行贷款混合组成的一种优惠贷款形式。各国政府向发展中国家提供的贷款大都采用这种形式。混合贷款的特点包括：政府出资必须占一定比重，一般为50%；有指定用途，即必须进口提供贷款国家的产品；利率比较优惠，一般为1.5%～2.5%；贷款期限较长，最长可达30～50年；贷款手续比较复杂。

⑤联合贷款是指商业银行与世界性、区域性的国际金融组织以及各国发展基金、对外援助机构共同联合起来，向某一国家提供资金的一种形式。此种贷款比一般贷款具有较大的灵活性和优惠性。特点：政府与商业机构共同经营；援助与融资互相结合，利率比较低，贷款期限较长；有指定用途。

⑥银团贷款也指辛迪加贷款，是由一家或几家银行牵头，多家国际商业银行参加，组建利益与责任的共同体并签署共同融资协议，是为一国政府、企业的某个项目提供的金额较大、期限较长的一种贷款。

⑦国际金融机构。目前全球性的国际金融机构主要有：国际货币基金组织（IMF）、世界银行（WB）、国际清算银行（BIS）等；影响较大的区域性国际金融组织包括亚洲开发银行（ADB）、泛美开发银行（IDB）、非洲开发银行（AFDB）、欧洲复兴开发银行（EBRD）等。

这些国际金融机构由许多国家政府参加，并向特定的对象国政府提供优惠性的多边信贷，其贷款有软硬之分。目前向我国提供多边贷款的国际金融机构主要有世界银行、亚洲开发银行和国际货币基金组织。

专栏8-2

世界银行

世界银行是由184个成员国按一定份额出资组成的多边金融机构，世界银行集团包括国际复兴开发银行（IBRD）、国际开发协会（IDA）、国际金融公司（IFC）、多边投资担保机构（MIGA）、解决投资争端国际中心（ICSID）5个机构，这些机构联合向发展中国家提供低息贷款、无息信贷和赠款。

世界银行贷款的特点：

（1）贷款期限较长。

（2）根据贷款条件的不同，可以分为硬贷款和软贷款。

硬贷款是指普通条件的贷款，贷款条件较严，一般由国际复兴开发银行提供，也称为"贷款"。

软贷款是指条件优惠的贷款，一般是无息的，多由国际开发协会提供，也称为"信贷"。

（3）贷款利率实行浮动利率，随金融市场利率的变化定期调整，但一般低于市场利率。

（4）通常对其资助的项目只提供货物和服务所需要的外汇部分，占项目总额的30%～40%，个别可达50%。贷款程序严密，审批时间较长。

2007年9月27日，世行执董会批准了国际复兴开发银行贷款（简称硬贷款）简化定价模式和降价方案。新贷款条件为：

（1）贷款期限不变,仍为 17 年,其中含宽限期 4 或 5 年。

（2）采用美元单一浮动利差利率或固定利差利率计息,浮动利差贷款年利率以 6 个月伦敦同业银行拆借利率（LIBOR）加浮动利差构成,浮动利差每 6 个月调整一次。目前浮动利差贷款年利率为 LIBOR 减 0.04%。固定利差贷款年利率以 6 个月 LIBOR 加固定利差 0.05% 构成。

此外,世行还在贷款协定生效后,一次性按贷款总额的 0.25% 收取项目先征费,同时取消承诺费。

（3）债券融资

债券是借款单位为筹集资金而发行的一种信用凭证,它证明持券人有权按期取得固定利息并到期收回本金。债券筹资的特点:支出固定,股东控制权不变,少纳所得税,提高股东投资回报,提高企业负债比率,增加企业风险。

债券融资在约束债务代理成本方面具有银行信贷不可替代的重要作用。企业债券通常存在一个广泛交易的市场,投资者可以随时予以出售转让,这为债券投资人提供了充分的流动性,可以降低投资的"套牢"效应,也即降低了投资的专用性。在这种条件下,债权人对权利的保护不再是必须通过积极地参与治理或监督,还有了"一走了之"的方式。同时,债权人与股东之间的冲突被分散化了（至少从特定债券投资者的角度来说是如此）,债券的代理成本相应降低。

（4）融资租赁

融资租赁也称金融租赁或资本租赁,是指不带维修条件,实质上转移与资产所有权有关的全部或绝大部分风险和报酬的租赁。资产的所有权最终可以转移,也可以不转移。融资租赁的特点:出租物价值大,专用性强,期限长,中途不得解约;租赁结束时,出租物可以留购,也可退租;融资租赁在资金缺乏时,可以加快技术更新。融资租赁的具体形式包括自营租赁、回租租赁和转租赁。

租赁物由承租人决定,出租人出资购买并租赁给承租人使用,并且在租赁期间只能租给一个企业使用。承租人负责检查验收制造商所提供的租赁物,对该租赁物的质量与技术条件出租人不向承租人做出担保。出租人保留租赁物的所有权,承租人在租赁期间支付租金而享有使用权,并负责租赁期间租赁物的管理、维修和保养。租赁合同一经签订,在租赁期间任何一方均无权单方面撤销合同。只有租赁物毁坏或被证明为已丧失使用价值的情况下方能中止执行合同,无故毁约则要支付相当重的罚金。租期结束后,承租人一般对租赁物有留购和退租两种选择。若要留购,购买价格可由租赁双方协商确定。

专栏8-3

工银金融租赁

工银金融租赁有限公司是国务院确定试点并首家获中国银监会批准开业的银行系统金

融租赁公司,是中国工商银行的全资子公司。

工银租赁业务定位于航空、航运和各类大型设备租赁。目前,该公司境内外总资产
2 600亿元,拥有并管理400多架大型飞机,已交付飞机200多架;拥有船舶275艘;大型设备
30 000多台套。其市场份额、资产规模、资本回报、营业收入和利润总额等主要指标均列行
业第一。

图8-5所示为工银租赁在全球的业务范围。

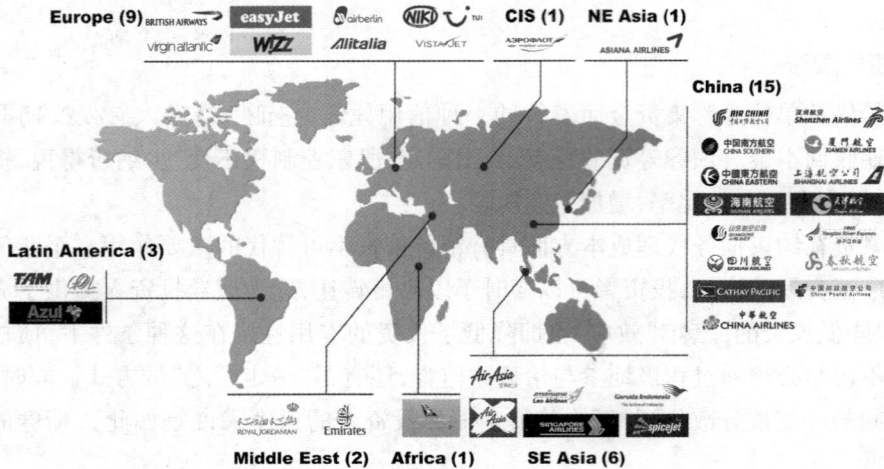

图8-5　工银租赁业务范围

8.3.3　投资项目融资

项目融资是指通过项目来融资,即仅以项目的资产、收益作抵押来融资。项目融资至少
有项目发起方、项目公司、贷款方3方参与。项目发起方以股东身份组建项目公司,性质为
独立法人,以项目本身的经济强度作为衡量偿债能力的依据。

1)项目融资的特点

(1)项目导向

资金来源主要依赖于项目的现金流量而不是依赖于项目的投资者或发起人的资信。

(2)有限追索或者无追索

有限追索指项目发起人只承担有限债务责任和义务。

无追索指贷款人对项目发起人无任何追索权,只能依靠项目所产生的收益作为还本付
息的唯一来源。

(3)融资来源特殊

权益资金融资或债务资金融资。

(4)风险分担

项目发起方通过融资,将原来应由自己承担的还债义务部分地转移到该项目身上。

（5）融资比例大，融资成本高

项目融资主要考虑项目未来能否产生足够的现金流量偿还贷款以及项目自身风险的大小等因素，对投资者投入的权益资金数量没有太多要求，因此绝大部分资金是依靠银行贷款来筹集的，融资成本相对较高。

（6）非公司负债型融资

非公司负债型融资也称资产负债表外融资，即项目的债务不表现在项目投资者（即实际借款人）的公司资产负债表中的一种融资形式。

2）项目融资方式的适用范围

①资源开发类项目。

②基础项目。

③制造业。

3）项目融资的限制性

①政府的控制较严格。

②增加项目最终用户的负担。

③程序复杂，参加者众多，合作谈判成本高。

4）项目融资主要模式

（1）BOT（Build-Operate-Transfer）模式

BOT模式是由项目所在国政府或其所属机构为项目的建设和经营提供一种特许权协议作为项目融资的基础，由本国公司或者外国公司作为项目的投资者和经营者安排融资、承担风险、开发建设项目并在特许权协议期间经营项目获取商业利润。特许期满后，根据协议将该项目转让给相应的政府机构。

专栏 8-4

BOT 融资模式

1. 广西来宾 B 电厂 BOT 融资

广西来宾 B 电厂是我国第一个经国家批准采用 BOT 融资方式建设的国际招标试点项目，由法国电力公司与阿尔斯通公司联合中标。项目公司于 1997 年注册成立，注册资金 1.54 亿美元。项目建设期 2.5 年，运营期 15 年。1997 年 9 月开工，2000 年 3 月建成，投入商业运行 15 年后，于 2015 年 9 月 3 日无偿移交广西壮族自治区政府。

2. 国外 BOT 融资项目（表 8-2）

表 8-2　国外 BOT 融资项目

项　目	悉尼港海湾隧道	英法海峡隧道	缅甸瑞丽江一级水电站
所在国	澳大利亚	英国	缅甸
发起人	特兰斯菲尔德-阿梅康公司	欧洲隧道公司	中国华能集团
特许年限	30 年	55 年	40 年
筹集总额	5.5 亿美元	103 亿美元	32 亿人民币
融资结构	1 100 万元股票； 2.79 亿债券； 2.23 亿无息贷款	85 亿贷款（209 家银行）； 18 亿元股票	中方 29.6 亿； 缅甸政府 2.4 亿

（2）TOT（Transfer-Operate-Transfer）模式

TOT 模式是指项目所在国政府将已经投产运行的项目在一定期限内移交给外商经营，以项目在该期限内的现金流量为标的，一次性地从外商处筹得一笔资金，用于建设新的项目。待外商经营期满后，再将原来项目移交给项目所在国政府。

上海杨浦大桥、南浦大桥和打浦路隧道都采用了 TOT 模式，通过向香港中信泰富集团出售 49% 的专营权，筹资 25 亿元，用于徐浦大桥的建设。沪嘉、沪宁高速公路上海段也采用了这种融资办法。

（3）ABS（Asset-Backed-Securitization）模式

ABS 模式即"资产支持证券化"融资模式，是以拟建项目所拥有的资产为基础，以该项目资产的未来收益作保证，通过在国际资本市场上发行债券筹集资金的一种项目融资方式。

专栏 8-5

ABS 融资模式——珠海市公路收费项目

1996 年 8 月，珠海市为了支持珠海公路的建设，以本地车辆登记费和向非本地登记车辆收取的过路费所带来的稳定现金流为支持，在国外发行 2 亿美元债券，并分为优先级债券和次级债券两部分，半年付息一次。

此项目中，在开曼群岛注册成立的珠海市大道有限公司作为 SPV，中国建设银行为境内信托人，美国大通银行为境外受托人，标准普尔和穆迪为信用评级机构，美国摩根士丹利公司为境外承销机构。

该项目完全按照国际化的标准运作，是国内第一个标准化的资产支持证券化案例。

（4）PPP（Public-Private-Partnership）模式

PPP模式即公共部门与私人企业合作模式，指政府与私人组织之间为了合作建设公共基础设施项目，或是为了提供某种公共物品和服务，以特许权协议为基础，形成一种伙伴式的合作关系，并通过签署合同来明确双方的权利和义务，以确保合作的顺利完成，最终使合作各方达到比预期单独行动更为有利的结果。

合作各方参与某个项目时，政府并不是把项目的责任全部转移给私人企业，而是由参与合作的各方共同承担责任和融资风险。

专栏8-6

PPP 融资模式——鸟巢运营项目

2003年8月9日，中国中信集团联合体作为项目法人合作方招标的中标方与北京市政府草签了《特许权协议》，与北京市政府和北京奥组委草签了《国家体育场协议》，并与北京市国有资产经营有限责任公司签订了《合作经营合同》。

协议规定：国家体育场有限责任公司负责投融资和建设工作，经营期限自2003年12月17日至2038年12月31日。届时国家体育场将被无偿移交给北京市政府，并确保所有设备设施处于良好运行状态且能够操作国际大型赛事。同时，中信联合体负责35年特许经营期内的运营维护工作，期间政府不参与任何分红。

（5）PFI（Private-Finance-Initiative）模式

PFI原意是"私人融资活动"，我国译为"民间主动融资"。PFI融资是政府提出需要建设的项目，私营部门通过招投标获得特许权，进行公共基础设施项目的建设与运营，在特许期（通常为30年左右）结束时将所经营的项目完好、无债务地归还政府，并从政府部门或接受服务方收取费用以回收成本。

专栏8-7

PFI 融资模式——伊丽莎白女王医院建设项目

SRW公司是专业的建筑机电安装公司，全资隶属于世界著名建筑公司瑞典Skanska AB的英国分公司。

SRW和其他公司组成项目联合体，于1994年受邀参加位于伦敦东南方向的格林尼治镇伊丽莎白女王医院建设项目，该项目为第一个PFI项目。1995年，项目联合体成功中标，英国政府特许运作时间为30年。2000年10月，该项目正式完工。

SRW的工作分为两部分：先作为机电安装承包商负责女王医院的机电设施规划以及地板、墙体计划的采购、安装；医院正式运营后，SRW将为其提供30年的设施维护与运行服务。

项目联合体的另一成员公司则负责医院的清洁、餐饮、保安、运送、接待方面的服务。

8.4   投资项目融资方案分析

8.4.1   融资方式选择的影响因素

1）币种

（1）硬货币

硬货币是指在国际金融市场上汇价坚挺并能自由兑换、币值稳定、可以作为国际支付手段或流通手段的货币,如美元、英镑等。

（2）软货币

软货币是指汇率不稳定且有下降趋势的货币。在以外币计价的前提下签订合同时,凡属资产、债权项目(如出口)都应争取以硬货币为计价货币;凡属负债、债务项目(如进口)应尽量以软货币为计价货币。

2）资金的使用期限

资金使用期限越长,筹资人的还款压力相对较小,但是利息额会相对增加;而资金提供方面临的通货膨胀风险较高,利息收入也较高。

3）利率

利率的选择会直接影响到利息额。目前,投资者一般都是采用名义利率加上一定的风险溢价、通货膨胀率作为贷款的利率。另外,还会根据市场利率的变化对贷款利率做相应的调整。

4）筹资成本

广义的筹资成本是指贷款利息和筹资费用,其中筹资费用包括管理费、代理费、承诺费、杂费等。狭义的筹资成本仅指贷款利息。

5）偿债能力

偿债能力是由筹资人对项目投产后所带来的收益的预期决定的,是项目评估的重要内容,也是投资人最关注的指标。

短期偿债能力的衡量指标主要有流动比率、速动比率和现金流动负债比率;长期偿债能力的衡量指标主要有资产负债率、产权比率、或有负债比率、已获利息倍数和带息负债比率5项。

8.4.2   融资管理的原则

1）规模适当原则

合理确定融资规模,避免因融资不足影响生产经营的正常进行,但也要防止融资过多造成资金闲置。

2）融通及时原则

合理安排资金的融通时间,适时获取所需资金。既要避免过早融通资金形成的资金投放前的闲置,也要防止取得资金的时间滞后,错过资金投放的最佳时间。

3）来源合理原则

不同来源的资金对企业的收益和成本有不同影响,因此,企业应认真研究资金来源渠道和资金市场,合理选择资金来源。

4）方式经济原则

不同融资方式条件下的资金成本有高有低。要对各种融资方式进行分析、对比,选择经济、可行的融资方式。与融资方式相联系的问题是资金结构问题,企业应确定合理的资金结构,以便降低成本,减少风险。

8.4.3 融资方案分析

1）资金来源可靠性分析

资金来源可靠性分析主要是分析项目建设所需总投资和分年所需投资能否得到足够的、持续的资金供应,即资本金和债务资金供应是否落实可靠。应力求筹措的资金、币种及时间要求上与项目建设进度和投资使用计划相匹配,确保项目建设顺利进行。

（1）既有法人内部融资的可靠性分析

①了解既有企业资产负债结构、现金流量状况和盈利能力,分析企业的财务状况、可能筹集到并用于拟建项目的现金数额及其可靠性。

②了解既有企业资产结构现状及其与拟建项目的关联性,分析企业可能用于拟建项目的非现金资产数额及其可靠性。

（2）项目资本金的可靠性分析

①采用既有法人融资方式的项目,应分析原有股东增资扩股和吸收新股东投资的数额及其可靠性。

②采用新设法人融资方式的项目,应分析各投资者认缴的股本金数额及其可靠性。

（3）项目债务资金的可靠性分析

①采用债券融资的项目,应分析其能否获得国家有关部门的批准。

②采用银行贷款的项目,应分析其能否取得银行的贷款承诺。

③采用外国政府贷款或国际金融组织贷款的项目,应核实项目是否列入利用外资备选项目。

2）资金结构分析

资金结构是指融资方案中各种资金的比例关系。包括:项目资本金与项目债务资金的比例;项目资本金内部的比例;项目债务资金内部结构的比例。

（1）项目资本金与债务资金的比例

此比例也称为项目的资本结构。一般情况下,项目资本金的比例越高,贷款的风险越低,贷款的利率也越低;反之贷款的风险越高,贷款利率也越高。合理的资金结构需要由各个参与方的利益平衡来决定。

（2）项目资本金内部结构比例

此比例是指投资各方的比例（即股本结构），不同的出资比例决定各投资方对项目建设和经营的决策权和承担的责任，以及项目收益的分配。

采用既有法人融资方式的项目，项目资金结构要考虑既有法人的财务状况和筹资能力。采用新设法人融资方式的项目，应根据投资各方在资金、技术和市场开发方面的优势，通过协商确定各方的出资比例、出资形式和出资时间。

需要注意的是，资本金比例结构反映项目股东各方出资额和相应的权益，现代企业制度需要避免一股独大的绝对控股公司形式。按照我国现行规定，有些项目不允许国外资本控股，有些项目要求国有资本控股，如核电站、铁路干线路网、城市地铁及轻轨等项目，必须由中方控股。

（3）项目债务资金内部比例

该比例反映债权各方为项目提供债务资金的数额比例、债务期限比例、内债和外债的比例以及外债中各币种债务的比例等。

在确定该比例时，需要考虑的因素如下：

①合理确定各类借款和债券的比例。

②合理搭配短期、中长期债务比例。

③合理安排债务资金的偿还顺序。

④合理确定内债和外债的比例。

⑤合理选择外汇币种。

⑥合理确定利率结构。

3）资金成本分析

（1）资金成本的含义

资金成本是为筹集和使用资金而付出的代价，包括筹集成本（F）和使用成本（D）。

资金筹集成本是指投资者在资金筹措过程中支付的各种费用。主要包括向银行借款的手续费;发行股票、债券而支付的各项代理费用。一般属于一次性费用，筹资次数越多，筹资成本就越大。

资金使用成本又称资金占用费，包括支付给股东的各种股利、向债权人支付的贷款利息及支付给其他债权人的利息费用等。它与所筹资金的多少、使用时间有关，具有经常性、定期支付的特点。

（2）资金成本的作用

①是选择资金来源，拟定筹资方案的重要依据。

②是评价项目可行性的一个重要尺度。

③可作为投资者进行资金结构决策的基本依据。

（3）资金成本的计算

资金成本一般用相对数表示，称为资金成本率。其一般计算公式为：

$$K = \frac{D}{P - F} = \frac{D}{P(1 - f)} \tag{8-1}$$

式中　K——资金成本率；

　　　D——资金占用费；

　　　P——筹集资金总额；

　　　f——筹资费费率（即筹资费占筹集资金总额的比率）。

在实际应用中，根据资金来源的不同，项目资金成本的计算也不尽相同，按照资金来源可以分为以下计算方式：

①银行借款的资金成本。

其一，不考虑资金筹集成本时的资金成本。

$$K_d = (1 - T) \times R \tag{8-2}$$

式中　K_d——银行借款的资金成本；

　　　T——所得税税率；

　　　R——银行借款利率。

其二，对项目贷款实行担保时的资金成本。

$$K_d = (1 - T) \times (R + V_d)$$

$$V_d = \frac{V}{P \times N} \times 100\% \tag{8-3}$$

式中　V_d——担保费率；

　　　V——担保费总额；

　　　P——企业借款总额；

　　　N——担保年限。

其三，考虑资金筹集成本时的资金成本。

$$K_d = \frac{(1 - T) \times (R + V_d)}{1 - f} \tag{8-4}$$

例题 8-1

某企业为某建设项目申请银行长期贷款 5 000 万元，年利率为 10%，每年计息一次，到期一次还本，贷款管理费及手续费率为 0.5%，企业所得税税率为 25%，试计算该项目长期借款的资金成本。

【解答】

根据公式，该项目长期借款的资金成本为：

$$K_d = \frac{(1 - T) \times R}{1 - f} = \frac{(1 - 25\%) \times 10\%}{1 - 0.5\%} = 7.54\%$$

②债券资金成本。发行债券的成本主要是指债券利息和筹资费用。

$$K_b = \frac{I_b(1-T)}{B(1-f_b)} \text{ 或 } K_b = \frac{R_b(1-T)}{1-f_b} \tag{8-5}$$

式中　K_b——债券资金成本；

　　　B——债券筹资额；

　　　f_b——债券筹资费率；

　　　I_b——债券年利息；

　　　R_b——债券利率。

若债券溢价或折价发行，为了更精确地计算资金成本，应以其实际发行价格作为债券筹资额。

例题 8-2

假定某公司发行面值为 100 万元的 10 年期债券，票面利率 8%，发行费率 5%，发行价格 120 万元，公司所得税税率为 25%，试计算该公司债券的资金成本。如果公司以 85 万元发行面额为 100 万元的债券，则资金成本又是多少？

【解答】

①根据公式，以 120 万元价格发行时的资金成本为：

$$K_b = \frac{I_b(1-T)}{B(1-f_b)} = \frac{100 \times 8\% \times (1-25\%)}{120 \times (1-5\%)} = 5.26\%$$

②以 85 万元价格发行时的资金成本为：

$$K_b = \frac{I_b(1-T)}{B(1-f_b)} = \frac{100 \times 8\% \times (1-25\%)}{85 \times (1-5\%)} = 7.43\%$$

③优先股成本。与负债利息的支付不同，优先股的股利不能在税前扣除，因而在计算优先股成本时无须经过税赋的调整。

$$K_p = \frac{D_p}{P_p(1-f_p)} \text{ 或 } K_p = \frac{P_p \times i}{P_p(1-f_p)} = \frac{i}{1-f_p} \tag{8-6}$$

式中　K_p——优先股资金成本；

　　　D_p——优先股每年股息；

　　　P_p——优先股票面值；

　　　f_p——优先股筹资费率；

　　　i——股息率。

例题 8-3

某公司为某项目发行优先股股票，票面额按正常市价计算为 200 万元，筹资费率为 4%，股息年利率为 14%，试求其资金成本。

【解答】

根据公式得：

$$K_p = \frac{i}{1-f_p} = \frac{14\%}{1-4\%} = 14.58\%$$

④普通股资金成本。普通股资金成本属权益融资成本。权益资金的资金占用费是向股东分派的股利,而股利是以所得税后净利润支付的,不能抵减所得税。

其一,评价法。

$$K_c = \frac{D_c}{P_c(1 - f_c)} + G \tag{8-7}$$

式中 K_c——普通股资金成本;

D_c——预期年股利额;

P_c——普通股筹资额;

f_c——普通股筹资费率;

G——普通股利年增长率。

例题 8-4

某公司发行普通股正常市价为 300 万元,筹资费率为 4%,第一年的股利率为 10%,以后每年增长 5%,试求其资金成本。

【解答】

根据公式得:

$$K_c = \frac{D_c}{P_c(1 - f_c)} + G = \frac{300 \times 10\%}{300 \times (1 - 4\%)} + 5\% = 15.4\%$$

其二,资本资产定价模型法。

$$K_c = R_f + \beta(R_m - R_f) \tag{8-8}$$

式中 R_f——无风险报酬率;

R_m——平均风险股票必要报酬率;

β——股票的风险校正系数。

例题 8-5

某一期间证券市场无风险报酬率为 11%,平均风险股票必要报酬率为 15%,某一股份公司普通股 β 值为 1.15,试计算该公司普通股的资金成本。

【解答】

根据公式得:

$$K_c = R_f + \beta(R_m - R_f) = 11\% + 1.15 \times (15\% - 11\%) = 15.6\%$$

⑤融资租赁资金成本。企业租入某项资产,获得其使用权,要定期支付租金,并且租金列入企业成本,可以减少应付所得税。

$$K_L = \frac{E}{P_L \times (1 - T)} \tag{8-9}$$

式中 K_L——融资租赁资金成本;

E——年租金额;

P_L——租赁资产价值。

⑥留存盈余资金成本。留存盈余是指企业未以股利等形式发放给投资者而保留在企业的那部分盈利,即经营所得净收益的积余,包括盈余公积和未分配利润。留存盈余是所得税后形成的,其所有权属于股东,实质上相当于股东对公司的追加投资。如按评价法,计算公式为:

$$K_r = \frac{D_c}{P_c} + G \tag{8-10}$$

式中　K_r——留存盈余资金成本;其他符号同前。

⑦加权平均资金成本。为了对整个项目的融资方案进行筹资决策,在计算各种融资方式个别资金成本的基础上,还要计算整个融资方案的加权平均融资成本,以反映项目的整个融资方案的融资成本状况。

$$K_w = \sum_{j=1}^{n} K_j \times W_j \tag{8-11}$$

式中　K_w——加权平均资金成本;

K_j——第 j 种融资渠道的资金成本;

W_j——第 j 种融资渠道筹集的资金占全部资金的比重(权数)。

例题 8-6

根据一个投资项目的资金来源渠道,列出其资本结构见表 8-3,同时假设公司各种资本的税后货币支付资本成本见表 8-4,请用加权平均资本成本计算资金成本。

表 8-3　投资项目的资本结构

序　号	资金来源	数　量	比　例
1	短期借款	50	0.05
2	借券	100	0.10
3	优先股票	150	0.15
4	普通股票	600	0.60
5	保留盈余	100	0.10
合计		1000	1.00

表 8-4　各种资本税后货币支付资本成本

序　号	资金来源	数　量	税后资本成本
1	短期借款	50	6.08%
2	借券	100	5.56%
3	优先股票	150	10.00%
4	普通股票	600	11.56%
5	保留盈余	100	11.56%
合计		1 000	44.76%

【解答】

根据公式计算可得：

$K_w = 0.05 \times 6.08\% + 0.10 \times 5.56\% + 0.15 \times 10.00\% + 0.6 \times 11.56 + 0.10 \times 1.56\% = 10.45\%$

8.4.4　融资风险分析

融资方案的实施经常会受到各种风险因素的影响。融资风险分析就是对可能影响融资方案的风险因素进行识别和预测。融资风险主要有下述几类。

1）投资缺口风险

项目在建设过程中由于技术设计、施工图设计及施工过程中增加工程,由于价格上涨引起工程造价变化等,都会引起投资额的增加,导致原估算投资额出现缺口。

2）资金供应风险

融资方案在实施过程中可能出现资金不落实,导致建设工期拖长,工程造价升高,原定投资收益目标难以实现的风险。

主要风险表现为:

①原定筹资额全部或部分落空。

②原定发行股票、债券的计划不能实现。

③既有项目法人融资项目由于企业经营状况恶化,无力按原定计划出资。

④其他资金不能按建设进度足额及时到位。

3）利率风险

利率风险是指由于利率变动导致资金成本上升,给项目造成损失的可能性。

利率水平随着金融市场行情而变动,如果融资方案中采用浮动利率计算,则应分析贷款利率变动的可能性及其对项目造成的风险和损失。

4）汇率风险

汇率风险是指国际金融市场外汇交易结算产生的风险,是由于汇率变动给项目可能造成的损失,包括人民币对各种外币币值的变动风险和各外币之间比价变动的风险。

国际金融市场上各国货币的比价在时刻变动。使用外汇贷款的项目,未来汇率的变动会引起项目资金成本发生变动以及未来还本付息费用支出的变动。某些硬货币贷款利率较低,但汇率风险较高;软货币则相反,汇率风险较低,但贷款利率较高。

8.5　项目总投资使用计划与资金筹措表的编制

项目总投资使用计划与资金筹措表是根据项目资金来源计划表反映的各项资金来源和条件,按照项目投资的使用要求所进行的规划与安排。项目资金筹措方案是在项目分年投资计划基础上编制的,是对资金来源、资金筹措方式、融资结构和数量等做出的整体安排。项目的资金筹措需要满足项目投资资金使用的要求。

一个完整的项目资金筹措方案主要由两部分内容构成:项目资金来源计划表和总投资使用与资金筹措计划表。

1)编制项目资金来源计划表

项目资金来源计划表主要反映项目资本金及债务资金来源的构成。在表中应对每一项资金来源的融资条件和融资可信程度加以说明和描述,或在表中附注。

2)编制总投资使用计划和资金筹措表

总投资使用计划与资金筹措表是投资估算和融资方案评估两部分的衔接点。编制项目总投资使用计划与资金筹措表时应注意下述问题。

(1)各年度的资金平衡

①资金来源必须满足投资使用的要求,应做到资金的需求与筹措在时序、数量两方面都能平衡。

②资金来源的数量规模最好略大于投资使用的要求。

(2)建设期利息

①首先要按照与建设投资用款计划相匹配的筹资方案来计算。

②因融资条件的不同,建设期利息计算主要分为 3 种情况:

其一,建设期内只计不付,即建设期利息复利计算计入债务融资总额,视为新的负债。

其二,建设期内采用项目资本金按约定偿付,即债务融资总额不包括建设期利息。

其三,使用债务资金偿还同种债务资金的建设期利息,相当于增加债务融资的本金总额。

8.6 总 结

投资项目的融资方案分析是在前面章节已经完成的投资估算的基础上,结合项目自身特色,充分考虑各相关主体的经济实力,根据项目实施组织和建设进度计划,设计项目融资方案,分析项目的融资渠道、融资方式、融资成本和融资风险,判断投资项目资金筹措渠道的可行性。

企业融资是指企业根据其生产经营、对外投资、调整资金结构和其他需要,通过合理的渠道,采用适当的方式获取所需资金的一种行为。融资管理是企业财务管理的一项基本内容,融资管理解决为什么要融资、从何种渠道以什么方式融资、要融通多少资金、如何合理安排融资结构等问题。

项目的融资主体是指进行融资活动并承担融资责任和风险的项目法人单位。按照是否依托项目成立新的法人实体来划分,把投资项目的融资主体分为新设法人融资主体和既有法人融资主体。新设法人融资是指由项目发起人(企业或政府)发起组建的具有独立法人资格的项目公司,由新组建的项目公司承担融资责任和风险,依靠项目自身的盈利能力来偿还债务,以项目投资形成的资产、未来收益或权益作为融资担保的基础。既有法人融资是指建设项目所需的资金来源于既有法人内部融资、新增资本金和新增债务资金。新增债务资金依靠既有法人整体的盈利能力来偿还,并以既有法人整体的资产和信用承担债务担保。

投资项目的资金由权益资金和债务资金构成。权益资金是指企业依法筹集的、长期拥有并自主支配的资金,包括项目资本金、资本公积和企业留存收益。项目资本金的筹集方式主要有股东直接投资、发行股票、政府投资。债务资金是有偿使用的企业外部资金,包括银行贷款、银行短期融资(票据、应收账款、信用证等)、企业短期融资券、企业债券、资产支持下的中长期债券融资、金融租赁、政府贴息贷款、政府间贷款、世界金融组织贷款和私募债券基金等。

项目融资是指通过项目来融资,即仅以项目的资产、收益作抵押来融资。项目融资至少有项目发起方、项目公司、贷款方3方参与,项目发起方以股东身份组建项目公司,性质为独立法人,以项目本身的经济强度作为衡量偿债能力的依据。项目融资主要模式包括BOT融资模式、TOT融资模式、ABS融资模式、PPP融资模式、PFI融资模式等。

投资项目融资方案的分析主要是分析资金来源的可靠性、资金结构、资金成本与融资风险。

项目总投资使用计划与资金筹措表是根据项目资金来源计划表反映的各项资金来源和条件,按照项目投资的使用要求所进行的规划与安排。项目资金筹措方案是在项目分年投资计划基础上编制的,是对资金来源、资金筹措方式、融资结构和数量等做出的整体安排。项目的资金筹措需要满足项目投资资金使用的要求。

思考题

1. 企业融资的分类。
2. 新设法人融资与既有法人融资的特点和适用条件。
3. 投资项目资金来源与筹措。
4. 项目融资的特点。
5. 项目融资模式。
6. 融资方式选择的影响因素。
7. 融资管理的原则。
8. 资金来源可靠性分析。
9. 资金成本分析。
10. 融资风险分析。

【案例8-1】

投资项目融资方案分析

一、项目概况

1. 项目名称

橄榄制品加工厂。

2. 项目拟建地点

重庆市晏家工业园区。

通过综合考虑食品产业的技术相关性、政策和税收的扶持力度、场地的建设成本和之后的运输费用，以及未来产业扩张等因素，最终选择重庆市晏家工业园区作为产品的生产基地。

3. 项目建设背景

随着人民生活水平的提高，人们在注重食品味道的同时也开始注意食品的营养健康。而橄榄作为一种既营养健康又美味的食品备受人们的喜爱。橄榄制品加工项目作为农业项目，是国民经济发展的支柱，对于优化国家产业结构，促进国民经济平衡发展将起到重要作用。

4. 项目建设的必要性

(1) 橄榄制品加工是对农业产业化的有力支撑，将对促进地区经济发展起到基础性的促进作用。

(2) 该项目符合企业自身发展的需求，企业为了扩大生产规模、提高在市场上的竞争力、提高自己的盈利能力，需要建设该项目。

(3) 本公司研发中心被农业部认定为国家农产品加工技术研发专业分中心，承担果蔬加工领域热带水果项目国家专业技术及成果转化研发任务。通过将自身研发的科学技术投资于实际的生产实践中，推动了科研水平及企业生产力的发展。

5. 项目市场分析

橄榄制品市场大致分为"培育引导期""快速成长期""品牌筛选期/转型期"3个时期。目前，橄榄制品市场处于"快速成长期"。由于橄榄产品已经普及，一线、二线城市的居民已经熟知类似产品，三线以下相对经济不发达的城市居民还比较陌生。该时期橄榄制品市场依然会使经销渠道多样化发展。

2015年之后，橄榄制品市场将会处于第3个时期，即"品牌筛选期"。这个时期将面临市场品牌优化的过程，并承接着"成长期"到"成熟期"的过渡。"品牌筛选期/转型期"的橄榄制品市场与"快速成长期"的橄榄制品市场相比呈现品牌多，品牌意识明显，市场认知度高，利润率相对降低，市场投入变大，年总销量大，年销量递增率降低等特点。

二、投资项目的资金筹措

根据投资项目的投资估算数据，项目总投资为7 188.87万元，其中建设投资5 500万元，流动资金1 530万元，建设期利息158.87万元。

1. 融资方案分析

项目投资采取新设法人融资方式，由项目工厂的经营效益承担项目的投资建设借款还贷任务。通过对项目自身实力和银行借贷政策的研究，初步确定项目的融资方案为：项目自有资金投入3 459万元，银行借款3 729.87万元。其中建设投资分3年投入，流动资金借款在投产期初投入459万元，达产期追加289.5万元。具体资金来源与筹措情况见表8-5。

项目的权益资本占总投资的48.12%,资产负债比例符合国家对农副产品加工行业的比例要求。项目的债务资金来自中国工商银行贷款,贷款期限为5年,年利率6.80%,建设期按年计算利息,利息在生产运营期归还。

通过对项目建设投资、流动资金投资和建设期利息的估算,编制项目的总投资使用计划与资金筹措表(表8-5)。

表8-5　项目总投资使用计划与资金筹措表　　　　　　　　　　单位:万元

序　号	年份项目	建设期			投产期	达产期	合　计
		1	2	3	4	5	
1	总投资	2 317	2 052.16	1 289.71	1 240.5	289.5	7 188.87
1.1	建设投资	2 300	2 000	1 200			5 500
1.2	建设期利息	17	52.16	89.71			158.87
1.3	流动资金				1 240.5	289.5	1 530
2	资金筹措	2 317	2 052.16	1 289.71	1 240.5	289.5	7 188.87
2.1	资本金	1 800	500	700	459		3 459
2.1.1	用于流动资金				459		459
2.1.2	用于建设投资	1 800	500	700			3 000
2.2	银行借款	517	1 552.16	589.71	781.5	289.5	3 729.87
2.2.1	用于建设投资	500	1 500	500			2 500
2.2.2	用于建设期利息	17	52.16	89.71		289.5	448.37
2.2.3	用于流动资金				781.5		781.5

2. 资金来源可靠性分析

通常情况下,企业的资产负债率已足以说明权益资本的充足性。一般来说,资产负债率低于50%是较为稳妥的,而大于70%则蕴含着较大的财务风险。公司筹集的用于该项目建设期的权益投资货币部分为3 459万元,向工商银行申请贷款为3 729.87万元,资产负债率为51.89%,公司的债务负担正常,在安全范围之内。

通过对项目的资金使用计划分析可以看出,分期分批投入资金,既与项目建设生产进程一致,降低了利息支出,也减少了筹资成本的压力。由于项目未来的成长性较好,资金流运转良好,而且资产与负债分配合理,公司建设该项目需偿还债务并不会影响公司的正常经营。因此,项目资金来源较为真实可靠。

3. 资金结构合理性分析

该项目的权益资金和债务资金的比例约为0.93:1,符合国家法律、行政法规规定,也符合金融机构信贷法规及债权人有关资产负债比例的要求。

项目融资的权益资金为现有资金3 459万元,债务资金为银行贷款3 729.87万元,第一年借款517万元,第二年借款1 552.16万元,第三年借款589.71万元。在三年的建设期期间,第一年建设期利息为 17 万元,第二年建设期利息为 52.16 万元,第三年建设期利息为 89.71 万元。三年建设期利息计入固定资产投资在投产期开始偿还,减少项目建设期的资金压力。

4. 资金成本分析

项目的资金成本主要来源于银行借款的利息,三年建设期总利息为 158.87 万元。虽然将利息计入固定资产,在投产期偿还的方式使利息增加,但在一定程度缓解了公司在建设期的还款压力,确保有足够的资金用于项目建设,而投产以后带来的利润收入足以偿还借款的本金和利息。

5. 融资风险分析

该项目的融资风险主要在于投资缺口风险、资金供应风险和利率风险。

(1)投资缺口风险。本项目前期进行了细致全面的市场调研,对项目产品的市场供求状况做了系统的分析和预测,并据以确定项目的生产规模和技术条件,进而估算出项目所需的总投资金额,投资估算方法科学合理,估算的数据较为可靠。考虑到在建设过程中可能会出现在技术设计、施工图设计及施工过程中增加工程的情况,以及价格上涨引起工程造价变化等,在估算预备费的时候预留了充足的费用,足以应对此类风险。

(2)资金供应风险。项目权益资金的供应由发起人自有资金和现有土地议价组成,权益资金供应不存在问题。与工商银行签订的借款合同已经预判了融资方案在实施过程中,可能出现建设工期拖长,工程造价升高,原定投资收益目标难以实现,从而导致债务融资方式存在缺口的风险。因此,双方就应对风险事项追加借款额度的事项进行备注,能够避免融资链条的突然断裂给企业经营造成困难。

(3)利率风险。由于本项目与银行签订的是固定利率贷款合同,可能面临汇率下降带来的筹资成本上升的风险。如果项目运营效果较好,可以在保证资产流动性的同时提前还款,来防范利率变动的风险。

利率风险一般分为融资成本变动风险和融资财务风险。该项目债务资金的贷款利率为固定利率,利率变动的风险很小,一般不会对项目的债务偿还造成影响。项目的所有债务来自国内银行贷款,不会受汇率变动的影响。

项目的权益资金和债务资金比例较高,财务杠杆系数较低,财务风险较低。

三、小结

通过对橄榄制品生产加工投资项目的投资估算,确定了该投资项目的固定资产投资所需的投资金额与年限、流动资金投资金额和建设期利息的金额。从资金筹措与使用计划来看,该公司建设该投资项目的负债不会影响公司正常生产建设,资金来源可靠,资金结构合理,项目借款资金偿还压力小。项目可能遭遇的融资风险都制订了防范措施,项目融资方案较为可行。

第9章　投资项目财务效益与费用估算

新企业越是成功，就越有缺乏金融远见的危险。

——彼得·德鲁克

学习目标

◆ 掌握财务效益与费用估算的内容与基本思路。

◆ 掌握总成本费用的生产要素估算法。

◆ 熟悉营业收入、税金及附加、利润总额及分配的估算方法。

◆ 掌握各项财务效益与费用估算表的编制方法。

重点、难点

◆ 总成本费用的生产要素估算法。

◆ 营业收入、税金及附加、利润总额及分配的估算方法。

◆ 各项财务效益与费用估算表的填列。

知识结构

```
                            ┌─────────────────────┐
                       ┌───▶│  财务效益与费用估算概述  │
                       │    └─────────────────────┘
 投                    │    ┌─────────────┐    ┌─────────────┐
 资                    ├───▶│ 总成本费用估算 │───▶│ 生产要素估算法 │
 项                    │    └─────────────┘    └─────────────┘
 目                    │    ┌─────────────┐
 财                    ├───▶│  营业收入估算  │
 务                    │    └─────────────┘
 效                    │    ┌─────────────┐
 益                    ├───▶│ 税金及附加估算  │
 与                    │    └─────────────┘
 费                    │    ┌───────────────┐
 用                    └───▶│ 利润总额及分配估算 │
 估                         └───────────────┘
 算
```

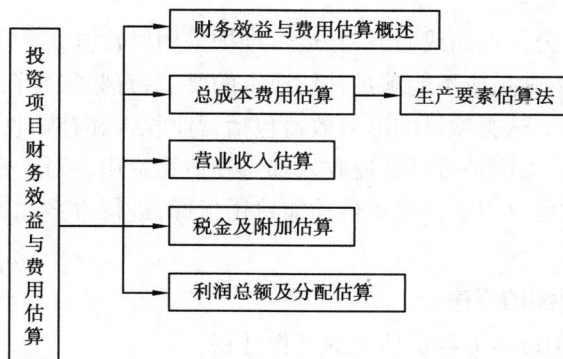

财务效益与费用估算是通过估算投资项目的成本与收益来对比说明项目的投资效益，在项目必要性评估的基础之上，根据市场预测、规模分析和技术论证的结果，对投资项目的财务基础数据进行测算。估算的结果是对投资项目进行财务评估和经济效益评估的基础，将对项目经济效益评估的结论和最终的科学决策起着决定性的作用。

9.1 财务效益与费用估算概述

9.1.1 财务效益与费用估算的概念

财务效益与费用估算指在项目市场、资源、技术条件评估的基础之上,从项目(企业)的角度出发,依据现行的经济法规和价格政策,对一系列有关的财务数据进行调查、收集、整理和测算,并编制有关的财务数据估算表格的工作。

1)财务效益与费用估算的内容

财务效益与费用估算主要是对项目运营以后的总成本费用、营业收入、税费、利润总额及其分配进行估算。项目经营目标不同,财务效益包含的内容也不同。

(1)经营性项目

市场化运作的经营性项目,项目目标是通过销售产品或提供服务实现盈利,其财务效益主要是指所获取的营业收入。对于某些国家鼓励发展的经营性项目可以获得增值税的优惠,按照有关会计及税收制度,先征后返的增值税应记作补贴收入,作为财务效益进行核算,且不考虑征和返的时间差。

(2)非经营性项目

对于以提供公共产品服务于社会或以保护环境等为目标的非经营性项目,没有直接的营业收入,需要政府提供补贴才能维持正常运转,应将补贴作为项目的财务效益,通过预算平衡计算所需要补贴的数额。

对于为社会提供准公共产品或服务,且运营维护采用经营方式的项目,其价格受到政府管制,营业收入可能基本满足或不能满足补偿成本的要求,有些需要在政府提供补贴的情况下才具有财务生存能力。这类项目的财务效益包括营业收入和补贴收入。

对于非经营性项目,无论是否有营业收入都需要估算费用。对于没有营业收入的项目,费用估算更为重要。它可以用于计算单位功能费用指标,进行方案比选;还可以用来进行财务生存能力分析等。

2)基础财务数据预测的程序

①熟悉项目概况,制订财务数据估算的工作计划。

②收集资料。

a.批准的项目建议书和可行性研究报告。

b.国家有关部门的法律法规。

c.同类项目的有关基础资料。

③财务效益与费用估算。

④填制相关估算报表。

3）财务效益与费用估算的原则

①以现行的经济法律、法规为依据的原则。

②真实性原则。

③准确性原则。

④效益与费用对应一致的原则。

⑤"有无对比"原则。

9.1.2　财务效益与费用估算采用的价格

财务效益与费用估算应采用以市场价格体系为基础的预测价格。影响市场价格变动的因素可以归纳为两类：

一是相对价格变动因素。相对价格是指商品之间的比价关系。由于供应量的变化、价格政策的变化、劳动生产率变化等可能引起商品间比价的改变；泩费水平变化、消费习惯改变、可替代产品的出现等引起供求关系发生变化，从而使供求均衡价格发生变化，引起商品间比价的改变等。

二是绝对价格变动因素。绝对价格是指用货币单位表示的商品价格水平。绝对价格变动一般表现为物价总水平的变化，如由于通货膨胀引起的所有商品价格普遍上涨，或因通货紧缩而引起所有商品价格下降。

选取财务效益与费用价格时，应正确处理价格总水平变动因素。原则上盈利能力分析应考虑相对价格变化，而偿债能力分析应同时考虑相对价格变化和价格总水平变动的影响。

处理价格总水平变动因素可采取简化办法：在建设期间既要考虑价格总水平变动，又要考虑相对价格变化。在建设投资估算中价格总水平变动是通过涨价预备费来体现的；项目运营期内，一般情况下盈利能力和偿债能力分析可采用同一套价格，即预测的运营期价格。

9.1.3　财务效益与费用估算表及其相互关系

财务效益与费用估算表及其相互关系见图9-1。

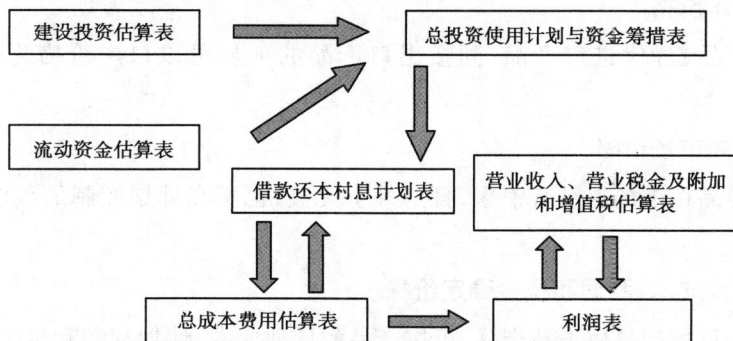

图9-1　财务效益与费用估算表的关系

9.2 营业收入估算

9.2.1 营业收入估算

1)营业收入

营业收入是指项目建成投产后,在一定时期内(通常是一年)销售产品或者提供劳务等所取得的收入,是项目生产经营成果的货币表现。营业收入是现金流量表中现金流入的主体,也是利润与利润分配表的主体。主要由销售价格和产品年销售量来确定。计算公式为:

$$营业收入 = 产品销售单价 \times 产品销售量 \tag{9-1}$$

2)产品销售量

产品的销售量需要结合市场预测与生产规模等相关因素来确定。这里需注意的有两点:

①估算时不考虑项目的库存情况,根据投产后各年的生产负荷确定销售量。即假设当年生产出来的产品当年全部售出,从而使项目的销售量等于项目的产量,项目的营业收入也就等于项目的产值。

②分年运营量可根据经验确定负荷率后计算或通过制订销售(运营)计划确定。

第一,按照市场预测结果和项目具体情况,根据经验直接判订分年的负荷率。

第二,根据市场预测的结果,结合项目性质、产出特性和市场的开发程度制订分年运营计划,进而确定各年产出数量。

3)销售价格选择

在财务效益与费用分析中,产品销售价格是一个很重要的因素。因为它对项目的经济效益变化一般是最敏感的,所以要谨慎选择。一般可有 3 个方面的选择:

(1)选择口岸价格

直接出口产品、替代进口产品、间接出口产品的项目可以口岸价格为基础确定销售价格。

(2)选择国内市场价格

项目同类产品在市场上已有销售,且与外贸无关,也不在计划控制的范围,可选择现行市场价格。

(3)根据预计成本、利润和税金确定价格

如果拟建项目的产品属于新产品,可按产品的计划成本、计划利润和税金测得出厂价格作为产品销售价格。计算公式为:

$$产品出厂价格 = 产品成本费用 \times (1 + 成本利润率) \tag{9-2}$$

9.2.2　补贴收入估算

某些项目还应按有关规定估算企业可能得到的补贴收入,包括先征后返的增值税、按销量或工作量等依据国家规定的补助定额计算并按期给予的定额补贴,以及属于财政扶持领域的其他形式补助等。

此处仅包括与收益有关的政府补助。与资产相关的政府补助不在此处核算。这类补助是指企业取得的、用于构建或以其他方式形成长期资产的政府补助。补贴收入同营业收入一样,应列入利润表、现金流量表。

9.3　总成本费用估算

成本费用是在产品的生产和销售中所消耗的活劳动与物化劳动的货币表现。企业的总成本费用就是指一定时期内(通常是一年)发生的该种费用。

9.3.1　总成本费用构成

1)生产成本

生产成本是指在生产经营过程中为生产产品或提供劳务等实际消耗的直接材料、直接工资、其他直接支出以及制造费用等费用之和。直接材料费、直接工资和其他直接支出等都是生产及直接费用,直接计入产品制造成本或生产成本;而制造费用是间接费用,应按一定的标准分配后计入产品制造成本。

2)期间费用

期间费用是指建设项目在生产经营活动中除生产成本以外的其他支出,包括销售费用、管理费用和财务费用。在我国的财务管理中,管理费用、财务费用及销售费用作为期间费用不计入产品成本,而直接计入当期损益,直接从当期收入中扣除。

9.3.2 总成本费用估算

总成本费用的估算可以根据其构成的不同,采用不同的估算方法,现以生产要素估算法为例,分步说明总成本费用的各项构成内容的估算。生产要素估算法是按照费用要素的内容将分散在生产成本、营业费用、管理费用和财务费用的相同费用要素汇总列示,是项目评估常用的方法。其基本原理是:

总成本费用 = 生产成本 + 期间费用

　　　　　 = 生产成本 + 销售费用 + 管理费用 + 财务费用

　　　　　 = 外购原材料 + 外购燃料动力 + 工资及福利费 + 修理费 + 折扣费 + 摊销费 + 利息支出 + 其他费用

(9-3)

1）外购原材料估算

①外购原材料成本 = $\sum$（原材料单价 × 该原材料单耗定额 × 相关产品全年产量）

　　　　　　　 = $\sum$（相关产品全年产量 × 单位产品原材料成本）

也即

$$C_M = \sum_{i=1}^{n} Q_i P_i \qquad (9\text{-}4)$$

式中　C_M——原材料总费用；

　　　Q_i——第 i 种原材料消耗定额；

　　　P_i——第 i 种原材料单价；

　　　n——原材料种类。

②外购原材料价格一般为其出厂价另加到厂的运杂费，即

　　　原材料价格 = 出厂价 + 运输费 + 装卸费 + 运输损耗 + 库耗　　(9-5)

③如果所用原材料是直接进口的，则

　　　原材料价格 = 到岸价格 + 关税 + 增值税 + 消费税 + 国内运杂费　(9-6)

2）燃料及动力费估算

该项费用的计算与原材料费类似，即

外购燃料及动力成本 = $\sum$（燃料或动力单价 × 单耗定额 × 相关产品全年产量）

　　　　　　　　　 = $\sum$（相关产品全年产量 × 单位产品燃料或动力成本）

也即

$$C_p = \sum_{i=1}^{n} Q_i P_i \qquad (9\text{-}7)$$

式中　C_P——燃料或动力费；

　　　Q_i——第 i 种燃料或动力的消耗定额；

　　　P_i——第 i 种燃料或动力的单价；

　　　n——燃料或动力的种类数。

需要指出的是，燃料及动力的单价因来源、品质不同而有很大的差异。如蒸汽有自备专用锅炉和废热锅炉之别，也有高、中、低压蒸汽之区别，它们应分别估算和计价。

3）工资或薪酬的估算

工资或薪酬是指企业为获得职工提供的服务而给予各种形式的报酬，通常包括职工工资、奖金、津贴和补贴、职工福利费等。

当采用生产要素估算法估算总成本费用时，其中的职工或薪酬是指项目全部定员的职工薪酬。可以采取以下两种方法进行估算：

（1）平均工资或薪酬

按全厂职工定员数和人均年工资或薪酬额计算。

　　　年工资成本 = 全厂职工定员数 × 人均年工资或薪酬额　　　　　(9-8)

（2）分档工资或薪酬

按照人员类型和层次的不同分别设定不同档次的工资或薪酬进行计算。先分别估算同一档次职工的工资或薪酬，然后再加以汇总。一般可划分为 5 个级别：高级管理人员、中级管理人员、一般管理人、技术工人、一般工人。若有国外的技术和管理人员，要单独列出。其计算公式为：

$$年工资成本 = \sum（各级人员年均工资额 \times 各级职工定员数）\tag{9-9}$$

4）折旧费的估算

计算折旧需要先计算固定资产的原值。固定资产原值是指项目投产时按规定由投资形成固定资产的部分，包括工程费用、工程建设其他费用中应计入固定资产原值的部分、预备费和建设期利息。

折旧费的计算方法和折旧年限按财政部制定的分行业财务制度的规定执行。具体方法有直线法；工作量法；加速折旧法，包括双倍余额递减法、年数总和法。

（1）直线折旧法

该方法是在设备的折旧年限内，平均地分摊设备损耗的价值，即假定设备的价值在使用过程中以恒定的速率降低。折旧费的计算公式为：

$$年折旧率 = \frac{1 - 预计净残值率}{折旧年限}$$

$$年折旧额 = 固定资产原值 \times 年折旧率 \tag{9-10}$$

设备净残值率一般为3%～5%，由企业根据设备的历史数据资料进行选择。如果固定资产的净残值已知，则可以使用公式：

$$年折旧额 = \frac{固定资产原值 - 预计净残值}{折旧年限} \tag{9-11}$$

设备的折旧年限在我国通常是由主管部门根据设备分类、企业的承受能力以及设备更新的速度等因素规定的。常见固定资产的折旧年限（最短）为：房屋、建筑物20年；火车、轮船、机器、机械等10年；电子设备、其他运输工具、与生产经营业务有关的工具等5年。

（2）按工作量法计算折旧

①按行驶里程计算折旧（适用于客货运汽车）。

$$单位里程折旧额 = \frac{原值 \times（1 - 预计净残值率）}{总行驶里程}$$

$$年折旧额 = 单位里程折旧额 \times 年行驶里程 \tag{9-12}$$

②按工作小时计算折旧（适用于大型专用设备）。

$$每工作小时折旧额 = \frac{原值 \times（1 - 预计净残值率）}{总工作小时}$$

$$年折旧额 = 每工作小时折旧额 \times 年工作小时 \tag{9-13}$$

（3）加速折旧法

①双倍余额递减法。

$$年折旧率 = \frac{2}{折旧年限} \times 100\%$$

$$年折旧额 = 固定资产净值 \times 年折旧率$$

注意,折旧年限到期前的最后两年,年折旧额的计算公式为:

$$年折旧额 = \frac{固定资产净值 - 固定资产净残值}{2} \qquad (9\text{-}14)$$

②年数总和法。该方法假定折旧额随着使用年数的增加而递减。它是根据折旧总额乘以递减分数来确定折旧额的。

$$年折旧率 = \frac{折旧年限 - 固定资产已使用年数}{折旧年限 \times (折旧年限 + 1) \div 2} \times 100\%$$

$$年折旧额 = (固定资产原值 - 预计净残值) \times 年折旧率 \qquad (9\text{-}15)$$

其中分子为固定资产尚可使用的年数;分母为固定资产折旧年限内各年年数的总和(自然数列的前 N 项和)。

例题 9-1

某设备原值 10 000 元,估计残值为 2 000 元,使用期限为 5 年。试分别用下述方法算出各年的折旧额及折旧率:①直线折旧法;②双倍余额递减法;③年数总和法。

【解答】

①直线折旧法:

年折旧额 =(固定资产原值 - 预计净残值)/折旧年限 =(10 000 - 2 000)/5 = 1 600(元)

折旧率 = 折旧额/固定资产原值 = 1 600/10 000 × 100% = 16%

②双倍余额递减法:

年折旧率 = 2 ÷ 预计的折旧年限 × 100% = 2 ÷ 5 × 100% = 40%

第一年折旧额 = 固定资产账面净值 × 年折旧率 = 10 000 × 40% = 4 000(元)

第二年折旧额 =(10 000 - 4 000)× 40% = 2 400(元)

第三年折旧额 =(10 000 - 4 000 - 2 400)× 40% = 1 440(元)

第四年折旧额 =(固定资产净值 - 预计净残值)÷ 2 =(10 000 - 4 000 - 2 400 - 1 440 - 2 000)÷ 2 = 80(元)

第五年折旧额 = 第四年折旧额 = 80(元)

③年数总和法:

年数总和 = 折旧年限 ×(折旧年限 + 1)÷ 2 = 5 ×(5 + 1)÷ 2 = 15

第一年折旧率 =[(折旧年限 - 已使用年数)/折旧年限 ×(折旧年限 + 1)÷ 2]× 100%
= [(5 - 0)/15] × 100% = 33.33%

第一年折旧额 =(10 000 - 2 000)× 33.33% = 2 666.64(元)

第二年折旧率 =[(5 - 1)/15] × 100% = 26.67%

第二年折旧额 =(10 000 - 2 000)× 26.67% = 2 133.6(元)

第三年折旧率 = [(5-2)/15] × 100% = 20%

第三年折旧额 = (10 000 - 2 000) × 20% = 1 600(元)

第四年折旧率 = [(5-3)/15] × 100% = 13.33%

第四年折旧额 = (10 000 - 2 000) × 13.33% = 1 066.4(元)

第五年折旧率 = [(5-4)/15] × 100% = 6.7%

第五年折旧额 = (10 000 - 2 000) × 6.7% = 536(元)

（4）几种折旧方法的比较

①按直线折旧法计算的各年折旧率和年折旧额都相同。

②按双倍余额递减法计算的各年折旧率虽相同,但年折旧额因按固定资产净值计算,故逐年变小。

③年数总和法虽按原值进行计算,但因各年折旧率逐渐变小,故年折旧额也逐年变小。

④无论哪种方法计算,只要折旧年限相同,所取净残值率也相同,在设定的折旧年限内,总折旧额是相同的。只是按后两种方法在折旧年限前期折旧额大,以后逐年变小,故称加速折旧法。

5）修理费的估算

修理费按实际发生额计入成本费用中,发生额较大时,则计入摊销费用。一般按照折旧费的一定比例估算。计算公式为:

$$修理费 = 折旧费 × 估算比例 \tag{9-16}$$

6）摊销费的估算

摊销费是指无形资产和其他资产在一定期限内分期摊销的费用。项目评价中可以将项目投资中包括的技术转让或技术使用费、商标权等费用直接转入无形资产原值。

对无形资产原值和开办费的摊销采用直线法,不留残值。项目评价中可将生产职工培训费、开办费和样品样机购置费直接形成其他资产。

（1）无形资产摊销费的估算

无形资产按不少于10年确定摊销年限,采用直线法,不留残值。

$$无形资产年摊销额 = \frac{无形资产原值}{摊销年限} \tag{9-17}$$

（2）其他资产摊销费的估算

将其他资产(主要是开办费)全额计入投产经营开始的当期损益,即第一年全部摊销,后续不再进行摊销。

7）其他费用估算

其他费用是指在制造费用、管理费用和销售费用中分别扣除工资或薪酬、折旧费、修理费、摊销费以后的费用,具体包括其他制造费用、其他管理费用、其他销售费用和不能抵扣的进项税额。

其他费用一般是根据总成本费用中前6项之和的一定比率计算的,其比率应按照同类企业的经验数据加以确定。其计算公式为：

$$其他费用 = （外购原材料 + 外购燃料及动力 + 工资或薪酬 + 折旧费 +$$
$$修理费 + 摊销费） \times 估算费率 \qquad (9\text{-}18)$$

8）利息支出的估算

利息支出是由于筹措资金发生的、计入财务费用的各项费用，包括生产经营期间发生的利息支出，即在运营期需要归还的建设投资借款利息、流动资金借款利息和短期借款利息之和。利息支出估算具体由下述内容构成。

（1）长期借款利息估算

①等额还本付息。等额还本付息法是将贷款的本金总额与利息总额相加，然后利用相关的资金回收系数平均分摊到还款期限的每个月中。该种支付方式适用于投产初期效益相对较差，而后期效益较好的项目。其计算公式为：

$$A = I_C \times (A/P, i, n)$$
$$= I_C \times \frac{i(1+i)^n}{(1+i)^n - 1} \qquad (9\text{-}19)$$

式中　A——每年还本付息额；

　　　I_C——还款起始年年初的借款余额；

　　　n——预定的还款期；

　　　i——年利率；

　　　$(A/P, i, n)$——资金回收系数。

采用此种方法偿还借款时，在指定的还款期内每年还本付息的总金额相同，随着本金的偿还，每年支付的利息逐年减少，同时每年偿还的本金逐年增多。在每年还本付息额 A 中：

$$每年支付利息 = 年初借款余额 \times 年利率$$

$$每年偿还本金 = A - 每年支付利息$$

$$以后各年年初借款余额 = I_C - 本年以前各年偿还的本金累计 \qquad (9\text{-}20)$$

②等额还本并支付未偿还借款利息。此种还款方法是将本金等额分摊到每个还款期内，同时付清尚未归还借款应计的利息。每年偿还的本金数额相等，支付的利息逐年减少。其计算公式为：

$$A_t = \frac{I_C}{n} + I_C \times \left(1 - \frac{t-1}{n}\right) \times i \qquad (9\text{-}21)$$

式中　A_t——第 t 年还本付息额；

　　　$\dfrac{I_C}{n}$——每年偿还本金额；

　　　$I_C \times \left(1 - \dfrac{t-1}{n}\right) \times i$——第 t 年支付利息额。

③每年付息到期一次性还本。在还款期内不偿还本金，每年定期支付利息，在还款到期日一次性归还本金。由于本金数额不变，如果借款利率固定，则每年归还的利息数额相等。

例题 9-2

某项目预计向银行贷款总额为 1 000 万元，年利率为 8%，期限为 3 年，分别采用以下 3 种形式偿还利息和本金：(1)等额还本付息；(2)等额还本并支付未偿还借款利息；(3)每年付息到期一次性还本。要求：计算不同方式偿还的利息金额。

【解答】

(1)3 年内等额还本付息，每年等额归还的本息和为：

$1\ 000 \times (A/P, 8\%, 3) = 1000 \times 0.388\ 0 = 388$（万元）

第一年应付利息 = $1\ 000 \times 8\% = 80$（万元）

第一年支付本金 = $388 - 80$ 万元 = 308（万元）

第一年末剩余本金 = $1\ 000 - 308 = 692$（万元）

第二年应付利息 = $692 \times 8\% = 55.36$（万元）

第二年支付本金 = $388 - 55.36 = 332.64$（万元）

第二年末剩余本金 = $692 - 332.64 = 359.36$（万元）

第三年应付利息 = $359.36 \times 8\% = 28.75$（万元）

第三年支付本金 = $388 - 28.75 = 359.25$（万元）

原则上第三年末本金应该全部归还完毕，由于计算中四舍五入导致第二年末剩余的本金与计算出来的本金存在差额，从财务会计的角度考虑，以剩余的本金为支付金，第三年末本金和利息均归还完毕。

则，每年支付的利息分别为：80 万元、55.36 万元、28.75 万元等。

(2)10 年内等额还本，另支付未偿还本金的利息：

每年归还的本金数额 = $1\ 000/3 = 333.33$（万元）

第一年利息 = $1\ 000 \times 8\% = 80$（万元）

第二年利息 = $(1\ 000 - 333.33) \times 8\% = 55.33$（万元）

第三年利息 = $(1\ 000 - 666.66) \times 8\% = 26.67$（万元）

(3)10 年内每年支付利息，第 10 年末一次性还本：

每年归还利息 = $1\ 000 \times 8\% = 80$（万元）

详见表 9-1。

表 9-1　各种计息方式的还款付息计算结果

项　目	等额还本付息			等额还本并支付未偿还借款利息			每年付息到期一次性还本		
	1 年	2 年	3 年	1 年	2 年	3 年	1 年	2 年	3 年
年初借款累计余额	1 000	692	359.36	1 000	666.67	333.33	1 000	1 000	1 000
本年应付利息	80	55.36	28.75	80	55.33	26.67	80	80	80
本年还本	308	332.64	359.36	333.33	333.33	333.34	0	0	1 000
本年还本付息额	388	388	388	413.33	388.66	360.01	80	80	1 080
年末借款累计	692	359.36	0	666.67	333.33	0	1 000	1 000	0

由上面的表格内容可以看出,采用等额还本并支付未偿还借款利息的方式还款,支付的利息最少;采用每年付息到期一次性还本的方式还款,支付的利息最多。

(2)流动资金借款(短期借款)利息估算

在投资估算中测算的流动资金借款从本质上具有长期借款的性质,但目前企业与银行往往达成共识,按期末归还、期初再借的方式处理,因此一年以内发生的短期借款利息计算方式相同。其计算公式为:

$$年流动资金借款利息 = 年初流动资金借款余额 \times 年利率 \qquad (9\text{-}22)$$

财务分析一般设定流动资金借款偿还在计算期最后一年,也可在还完建设投资借款后安排。

9.3.3 经营成本估算

经营成本是指建设项目的总成本费用扣除固定资产折旧费、摊销费用、贷款利息以后的成本费用。经营成本是项目分析中的现金流量分析所使用的特定概念,是现金流量表中运营期内的主要现金流出。

经营成本是为便于进行建设项目的技术经济分析和计算以及项目财务评价而设置的一种产品成本的形式,与企业财务会计中的产品总成本有所差异。它与融资方案无关,因此在完成建设投资和营业收入估算后,就可以估算经营成本,为项目融资前的现金流量分析提供数据。其计算公式为:

$$经营成本 = 总成本费用 - 折旧费 - 摊销费 - 利息支出$$
$$或,经营成本 = 外购原材料、燃料和动力费 + 工资及福利费 + 修理费 + 其他费用$$
$$(9\text{-}23)$$

9.3.4 固定成本与变动成本估算

项目成本从性态上可以分为固定成本、变动成本和混合成本3类。

1)固定成本

固定成本是指在一定生产规模范围内,总成本费用中不随产品产销量的增减而变化的那部分成本费用。就产品成本的总额而言,在一定生产规模下,固定成本是不随产量变化的;但将该部分成本分摊到单位产品中,则单位产品的固定成本是可变的,并与产品产量呈反比变化。

2)变动成本

变动成本是指产品成本费用中随产品产销量变化而变动的成本费用,一般包括构成产品实体的原材料费、燃料及动力费、计件工资及福利费等。变动成本显著的特点是其成本总额与产量的增加或降低成比例地变化。但对单位产品而言,这部分成本与产量多少无关。

3)混合成本

混合成本介于固定成本和变动成本之间,随产量变动,但非正比例变动。例如热处理的电炉设备,每班需要预热,因预热而耗电的费用,属于固定成本性质;而预热后进行热处理的耗电费用,随着业务量的增加而逐步增加,又属变动成本性质。通常也可以将半可变成本进一步分解为固定成本和变动成本两部分,所以产品总成本费用仍可划分为固定成本和变动成本。

在投资项目评估中,为了简化计算,一般将总成本费用中的外购原材料、燃料及动力费视为变动成本,而其余各项均视为固定成本。在此对成本进行性态分析的目的是给盈亏平衡分析提供依据。

9.4　税金及附加估算

投资项目评估中需要估算的税费主要包括增值税、消费税、营业税、所得税、关税、资源税、城市维护建设税和教育费附加等,有些行业还包括土地增值税。其中,消费税、营业税、资源税、土地增值税、城市维护建设税和教育费附加属于营业税金及附加。税金及附加的估算应说明税种、征税方式、计税依据、税率等,如有减免税政策,还要说明减免依据及减免方式。

9.4.1　增值税估算

增值税是以商品生产、流通和服务各个环节的新增价值为课税对象的一种流转税。增值税以应税产品的销售额为计税依据,同时又准许从税额中扣除上一环节已纳税部分的税额。

1)一般纳税人的增值税

增值税的基本计算公式:

$$应纳增值税额 = 当期销项税额 - 当期进项税额 \tag{9-24}$$

其中,销项税额 = 销售额×税率;

进项税额 = 购进货物或应税劳务已交纳的增值税

增值税作为价外税,不包括在销售税金及附加中,应以不含增值税税额的价格为计税依据。当销售收入为含税销售额,或购入货物的费用为含税费用时,应把含税的销售额换算为不含税的销售额。具体计算公式为:

$$销项税额 = [含税销售额 / (1 + 税率)] × 税率$$
$$进项税额 = [外购原材料、燃料、动力等含税价 / (1 + 税率)] × 税率$$

2)小规模纳税人

小规模纳税人是指年销售额在规定标准以下,并且会计核算不健全,不能按规定报送有关税务资料的增值税纳税人。会计核算不健全是指不能正确核算增值税的销项税额、进项税额和应纳税额。此时,可以采取下列公式计算增值税:

$$应纳增值税额 = 不含税销售额 × 税率 \tag{9-25}$$

9.4.2　关税估算

关税是指海关根据国家法律的规定,对通过关境的进出口货物征收的一种税收。关税的征税基础是关税完税价格。进口货物以海关审定的成交价值为基础的到岸价格为关税完税价格;出口货物以该货物销售与境外的离岸价格减去出口税后,经过海关审查确定的价格为完税价格。

项目进出口货物应缴纳税金的计算公式:

$$应纳税额 = 关税完税价格 \times 税率 \tag{9-26}$$

9.4.3　营业税金及附加估算

1)营业税的估算

营业税是对在我国境内提供劳务、转让无形资产或销售不动产的单位和个人按其营业额或销售收入征收的税种。其计算公式为:

$$应纳税额 = 营业额 \times 税率 \tag{9-27}$$

2)消费税的估算

消费税是对特定的消费品和消费行为征收的一种价内流转税。

采用从价定率征税的计算公式:

$$应纳税额 = 销售额 \times 税率$$

采用从量定额征税的计算公式:

$$应纳税额 = 销售数量 \times 单位税额 \tag{9-28}$$

3)城市建设维护税

城市建设维护税是为了加强城市的维护建设,扩大和稳定城市维护建设资金来源,而对交纳增值税、消费税和营业税的单位或个人征收的一种附加税。城市维护建设税的税率根据纳税人所在地区的不同实行差别税率:纳税人所在地为城市市区的,税率为7%;纳税人所在地为县城、建制镇的,税率为5%;纳税人所在地不在城市市区、县城或建制镇的,税率为1%。根据城镇规模不同设置税率的办法,较好地照顾了城市建设的不同需要。其计算公式为:

$$应纳城市维护建设税 = 纳税人实际缴纳的增值税、消费税、营业税税额之和 \times 适用税率 \tag{9-29}$$

4)教育费附加的估算

教育费附加是为了加快地方教育事业的发展,扩大地方教育经费来源而征收的税款,以增值税、消费税或营业税为计征基础,税率为3%。

其计算公式为:

$$应纳教育费附加 = 纳税人实际缴纳的增值税、消费税、营业税税额之和 \times 3\% \tag{9-30}$$

5)资源税的估算

资源税是国家对从事资源开采的单位和个人,因资源差异而形成的级差收入征收的税收。主要是矿产品和盐。其计算公式为：

$$应纳税额 = 课税数量 \times 单位税额 \tag{9-31}$$

6）土地增值税

土地增值税是指转让国有土地使用权、地上的建筑物及其附着物并取得收入的单位和个人，以转让所取得的收入包括货币收入、实物收入和其他收入减除法定扣除项目金额后的增值额为计税依据向国家缴纳的一种税赋，不包括以继承、赠与方式无偿转让房地产的行为。纳税人为转让国有土地使用权及地上建筑物和其他附着物产权并取得收入的单位和个人。课税对象是指有偿转让国有土地使用权及地上建筑物和其他附着物产权所取得的增值额。土地价格增值额是指转让房地产取得的收入减除规定的房地产开发成本、费用等支出后的余额。

土地增值税实行四级超率累进税率，是纳税人有偿转让国有土地使用权以及在房屋销售过程中获得的收入扣除开发成本等支出后的增值部分，要按一定比例向国家缴纳的一种税费。对土地增值率高的多征，增值率低的少征，无增值率的不征。例如增值额大于20%未超过50%的部分，税率为30%；增值额超过200%的部分，则要按60%的税率进行征税。其计算公式为：

$$应纳税额 = 增值额 \times 适用税率 - 扣除项目金额 \times 速算扣除系数 \tag{9-32}$$

9.5 利润总额及其分配估算

利润是劳动者为社会劳动所创造价值的一部分，是反映项目经济效益状况的最直接、最重要的一项综合指标。

1）利润总额的估算

利润总额是企业在一定时期内生产经营活动的最终财务成果。它集中反映了企业生产经营各方面的效益。其计算公式为：

$$利润总额 = 营业收入 - 税金及附加 - 总成本费用 \tag{9-33}$$

2）所得税的估算

根据税法规定，凡在我国境内实行独立经营核算的各类企业或者组织者，来源于我国境内、境外的生产、经营所得和其他所得，均应依法向国家缴纳企业所得税，然后再在企业、投资者、员工之间进行税后利润的分配。

企业所得税的计算公式：

$$应纳税所得额 = （利润总额 - 必要的扣除项）\times 所得税税率 \tag{9-34}$$

3）税后利润分配的估算

税后利润分配依次经过补亏、提取盈余公积金、提取公益金、向投资者分配、留存收益等环节。具体分配的内容和顺序如下：

①当期实现的利润总额减去所得税即为净利润。

②当期净利润加上期初未分配利润（或减去期初未弥补亏损），为可供分配的利润。

③从可供分配利润中提取盈余公积金,即可得到可供投资者分配的利润。

④在可供投资者分配的利润中,应付股利是指企业按照利润分配方案分配给股东的现金股利,企业分配给投资者的利润也在此计算。最后,经过上述分配后的剩余部分就是未分配利润(图9-2)。其计算公式为:

可供分配的利润 = 净利润 − 以前年度尚未弥补亏损(或加上年初未分配利润)

可供投资者分配的利润 = 可供分配利润 − 法定盈余公积、公益金、任意盈余公积 (9-35)

未分配利润 = 可供投资者分配的利润 − 应付利润

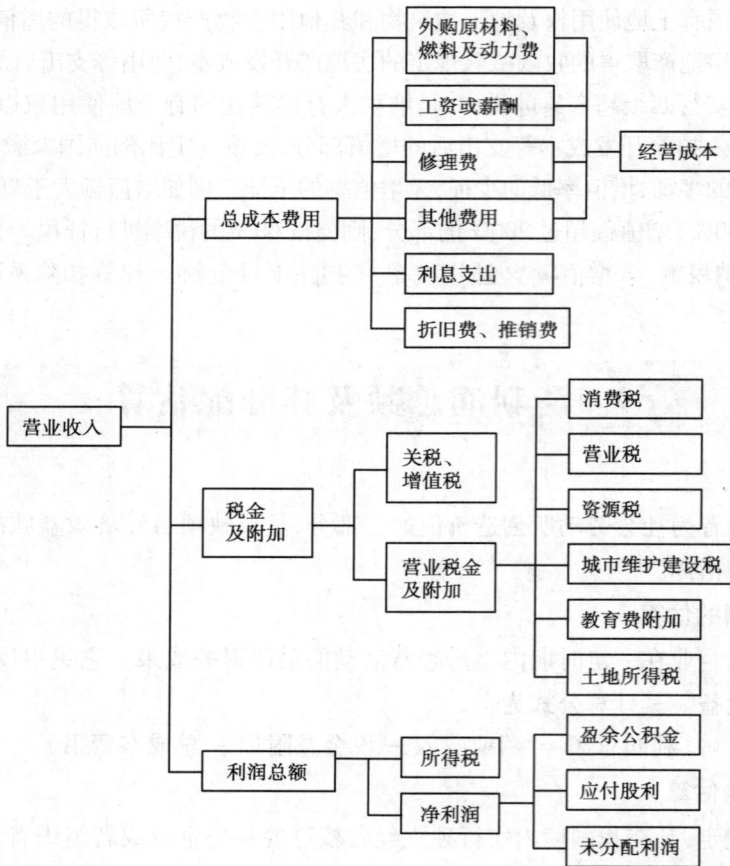

图 9-2　投资项目营业收入、成本、税金及利润的关系图

9.6　总　结

财务效益与费用估算是指在项目市场、资源、技术条件评估的基础之上,从项目(企业)的角度出发,依据现行的经济法规和价格政策,对一系列有关的财务数据进行调查、收集、整

理和测算,并编制有关的财务数据估算表格的工作。主要是对项目运营以后的总成本费用、营业收入、税费、利润总额及其分配进行估算。

营业收入是指项目建成投产后,在一定时期内(通常是一年)通过销售产品或者提供劳务等所取得的收入,是项目生产经营成果的货币表现。营业收入是现金流量表中现金流入的主体,也是利润与利润分配表的主体。

成本费用是在产品的生产和销售中所消耗的活劳动与物化劳动的货币表现。企业的总成本费用就是指一定时期内(通常是一年)发生的该种费用。总成本费用的生产要素估算法是按照费用要素的内容,将分散在生产成本、销售费用、管理费用和财务费用的相同费用要素汇总列示,是项目评估常用的方法。

经营成本是为便于进行建设项目的技术经济分析和计算以及项目财务评价而设置的一种产品成本的形式,与企业财务会计中的产品总成本有所差异。它与融资方案无关,因此在完成建设投资和营业收入估算后,就可以估算经营成本,为项目融资前的现金流量分析提供数据。

投资项目评估中需要估算的税费主要包括增值税、消费税、营业税、所得税、关税、资源税、城市维护建设税和教育费附加等,有些行业还包括土地增值税。其中,消费税、营业税、资源税、土地增值税、城市维护建设税和教育费附加属于营业税金及附加。税金及附加的估算应说明税种、征税方式、计税依据、税率等,如有减免税政策,还要说明减免依据及减免方式。

利润总额是企业在一定时期内生产经营活动的最终财务成果。它集中反映了企业生产经营各方面的效益。交纳完所得税后的税后利润分配依次经过补亏、提取盈余公积金、提取公益金、向投资者分配、留存收益等环节。

思考题

1. 财务效益与费用估算的原则。
2. 总成本费用构成及生产要素估算法。
3. 折旧费的估算。
4. 利息支出的估算。
5. 增值税估算。
6. 营业税金及附加估算。
7. 利润总额及分配。

案例 9-1

投资项目财务效益与费用估算

一、项目概况

1. 项目名称

自制甜点屋。

2.项目拟建地点

××步行街

预计店铺面积100平方米。店铺位于城市商圈之内,人流量大;周围有办公楼、住宅小区,地理位置优越;中高收入水平人群相对较多,目标消费对象集中,市场前景广阔。

3.项目建设背景

(1)宏观背景分析

①随着经济的发展和人们生活水平的提高,大众的生活越来越丰富。在消费水平不断提升、消费需求不断膨胀的同时,年轻群体越来越倾向于情感消费。而相较于成品消费,现在的人们更加注重享受参与制作的过程。

②近年来,DIY式的工坊迅速发展,通过高品质和有特色的服务满足人们休闲活动、情感交流的需要。

③项目属于第三产业服务业,符合国家产业政策要求。

(2)微观背景分析

①市场需求较大,市场潜力有待挖掘。

②项目即投即产,成本较低,操作性和市场竞争力较强。

③项目投资回收期较短,生产模式方便快捷。

④国内已有类似成功项目,有经验可以借鉴。

4.项目建设必要性分析

(1)"十二五"发展规划对生活性服务业的发展作出了相关说明,我国服务业面临难得的发展机遇。

(2)第三产业对推动地区经济的发展具有重要作用。

(3)项目市场空间还很大,竞争压力小,作为新兴项目其发展前景较为看好。

二、投资项目财务效益与费用估算

1.总成本费用的估算

总成本费用的估算采用生产要素估算法,估算原理:

(1)总成本费用=外购原材料费+外购燃料及动力费+工资及福利费+修理费+折旧费+摊销费+利息支出+其他费用

(2)其他费用=(外购原材料+外购燃料动力+工资福利费+折旧费+修理费+摊销费)×估算费率

(3)可变成本=外购原材料+外购燃料及动力

(4)固定成本=总成本费用-可变成本

根据生产要素估算法的要求,需要把构成总成本的各种要素分别估算出来,具体内容如下所示:

(1)外购原材料费的估算。根据项目特点,预计第一年的销售量稍小,从第二年开始趋于稳定。因此第一年需要采购的原材料较少,预计外购原材料费用总共为23 706元;第二年开始每年购买直接材料如黄油、面粉、鸡蛋等的费用26 496元,辅助材料和其他材料1 500元,每年外购原材料费预计为27 996元。具体细项见表9-2。

表 9-2 外购原材料费估算表

序 号	项 目	合 计	计算期/年				
			1	2	3	…	10
1	外购原材料费	260 670	22 206	26 496	26 496	…	26 496
1.1	黄油、奶油、炼乳	16 512	960	1 728	1 728	…	1 728
	单价/元		48	48	48	…	48
	数量/kg	356	32	36	36	…	36
	进项税额	1 899.61	110.44	198.80	198.80	…	198.80
1.2	鸡蛋	198 720	17 280	20 160	20 160	…	20 160
	单价/元		0.6	0.6	0.6	…	0.6
	数量/个	331 200	28 800	33 600	33 600	…	33 600
	进项税额	22 861.59	1 987.96	2 319.29	2 319.29	…	2 319.29
1.3	面粉	1 638	126	168	168	…	168
	单价/元		3.5	3.5	3.5	…	3.5
	数量/kg	468	36	48	48	…	48
	进项税额	188.44	14.50	19.33	19.33	…	19.33
1.4	果酱	10 680	960	1 080	1 080	…	1 080
	单价/元		20	20	20	…	20
	数量/kg	534	48	54	54	…	54
	进项税额	1 228.67	110.44	124.25	124.25	…	124.25
1.5	牛奶、炼乳	33 120	2 880	3 360	3 360	…	3 360
	单价/元		12	12	12	…	12
	数量/kg	2 760	240	280	280	…	280
	进项税额	3 810.27	331.33	386.55	386.55	…	386.55
2	辅助材料费用	5 000	500	500	500	…	500
	盐、糖等调味料	5 000	500	500	500	…	500
	进项税额	438.35	38.12	44.47	44.47	…	44.47
3	其他	10 000	1 000	1 000	1 000	…	1 000
	进项税额	0	0	0	0	…	0
4	外购原材料费合计	275 670	23 706	27 996	27 996	…	27 996
5	外购原材料进项税额合计	1 150.44	115.04	115.04	115.04	…	115.04

（2）外购燃料和动力费的估算。本项目业务较简单,只需估算电力和水的费用。参照同行业水电用量数据后,根据公式:

$$外购燃料及动力费 = \sum [燃料(动力)单价 \times 年耗量]$$

估算得出:

第一年外购燃料及动力费总计 9 600 元,其中电费 1 200 元,水费 8 400 元。

第二年开始,动力费年消耗量趋于稳定,每年外购燃料及动力费总计 11 120 元,其中电费 1 320 元,水费 9 800 元。

各项内容的详细估算结果见表 9-3。

表 9-3　外购燃料和动力费估算表

序　号	项　目	合　计	计算期/年				
			1	2	3	…	10
1	动力费	109 680	9 600	11 120	11 120	…	11 120
	电力	13 080	1 200	1 320	1 320	…	1 320
1.1	单价/元		0.6	0.6	0.6		0.6
	数量/度	21 800	2 000	2 200	2 200	…	2 200
	进项税额	1 900.51	174.36	191.79	191.79		191.79
	供水	96 600	8 400	9 800	9 800		9 800
1.2	单价/元		3.5	3.5	3.5		3.5
	数量/吨	27 600	2 400	2 800	2 800		2 800
	进项税额	14 035.90	1 220.51	1 423.93	1 423.93		1 423.93
2	外购燃料及动力费合计	109 680	9 600	11 120	11 120	…	11 120
3	外购燃料及动力进项税额合计	15 936.41	1 394.87	1 615.73	1 615.73		1 615.73

（3）员工工资及福利费的估算。员工工资采取按不同工资级别对职工进行划分,分别估算每级职工工资后再加以汇总的方式进行估算。计算公式为:

$$年工资成本 = \sum (各级人员年人均工资额 \times 各级人员定员数)$$

本项目共有员工 8 人,其中店长 1 名,月薪 4 800 元,年薪 57 600 元;糕点师 2 名,月薪 3 500 元,年薪 42 000 元;采购员 1 名,收银员和服务员 4 名,月薪 2 000 元,年薪 24 000 元。每年员工工资总额为 295 200 元;福利费按国家规定的费率 14% 计算。

$$每年职工福利费支出 = 295 200 \times 14\% = 36 288(元)$$

具体细项见表 9-4。

表9-4 人工工资及福利费估算表

序号	项目	合计	计算期/年				
			1	2	3	…	10
1	收银员、服务员	960 000	96 000	96 000	96 000	…	96 000
	人数	40	4	4	4	…	4
	人均年工资/元	24 000	24 000	24 000	24 000	…	24 000
	工资额	960 000	96 000	96 000	96 000	…	96 000
2	采购员	216 000	21 600	21 600	21 600	…	21 600
	人数	10	1	1	1	…	1
	人均年工资/元	21 600	21 600	21 600	21 600	…	21 600
	工资额	216 000	21 600	21 600	21 600	…	21 600
3	技术人员(糕点师)	840 000	84 000	84 000	84 000	…	84 000
	人数	20	2	2	2	…	2
	人均年工资/元	42 000	42 000	42 000	42 000	…	42 000
	工资额	840 000	84 000	84 000	84 000	…	84 000
4	管理人员(店长)	576 000	57 600	57 600	57 600	…	57 600
	人数	10	1	1	1	…	1
	人均年工资/元	57 600	57 600	57 600	57 600	…	57 600
	工资额	576 000	57 600	57 600	57 600	…	57 600
5	工资总额(1+2+3+4)	2 592 000	259 200	259 200	259 200		259 200
6	福利费	362 880	36 288	36 288	36 288		36 288
7	合计(5+6)	2 954 880	295 488	295 488	295 488	…	295 488

(4)折旧费的估算。根据对本项目固定资产的估算,得知本项目的固定资产分为两大部分——店铺的装修和机器设备。同时,机器设备又分为办公设备和生产设备,办公设备是电脑和收银机。折旧的计算如下所示:

①店铺装修的折旧。店铺的折旧采用年数总和法,每一年的折旧率都不同。计算公式为:

年折旧率=固定资产尚可使用的年数/折旧年限(折旧年限+1)/2

年折旧额=(固定资产原值-预计净残值)×年折旧率

店铺装修的原值为210 000元,采用10%的净残值率计算得到店铺的净残值为21 000元。折旧年限为6年。

因此,每年的折旧额 = 189 000 × 折旧率

第一年的折旧额 = 189 000 × 6/21 × 100% = 54 000(元)

第二年的折旧额 = 189 000 × 5/21 × 100% = 45 000(元)

第三年的折旧额 = 189 000 × 4/21 × 100% = 36 000(元)

第四年的折旧额 = 189 000 × 3/21 × 100% = 27 000(元)

第五年的折旧额 = 189 000 × 2/21 × 100% = 18 000(元)

第六年的折旧额 = 189 000 × 1/21 × 100% = 9 000(元)

②办公设备的折旧。由于考虑到办公设备与生产设备的使用频率和损耗程度不一样,所以对不同性质的设备采取不同的折旧计算方法。办公设备包括收银机和电脑,一共5 500元。

办公设备的使用损耗小。办公设备的折旧用平均年限法来计算,每年的折旧额是相等的。预计办公设备的净残值率为10%,折旧年限为6年。

年折旧额 = 固定资产 × (1 - 净残值率)/折旧年限。

年折旧额 = 5 500 × (1 - 10%)/6 = 825(元)

净值 = 5 500 × 10% = 550(元)

③生产设备的折旧。由于生产设备的损耗跟工作的小时数密切相关,因此采用工作量法来计算折旧。

生产设备的原值为53 070元。预计机器使用6年,每天平均工作8.5小时,净残值率为10%。

工作总小时数 = 6 × 360 × 8.5 = 18 360(小时)

工作每小时折旧额 = 53 070 × (1 - 10)/18 360 = 2.6(元)

年折旧额 = 2.6 × 360 × 8.5 = 7 960.5(元)

净值 = 53 070 × 10% = 5 307(元)

且算得的每年的折旧额是相等的。

项目固定资产折旧的具体估算结果见表9-5。

(5)无形资产和其他资产摊销的估算。根据本项目的实际情况,无形资产和其他资产摊销由项目商标权的价值(1 000元)和开办费(5 650元)在相应期限内的摊销所构成。

①无形资产的摊销费估算。按商标的价值以年度为限在规定的年限内转移到产品的成本之中,就形成了无形资产摊销。本项目的无形资产摊销采用直线法计算,且不留残值,根据公式:

无形资产年摊销额 = 无形资产原值/摊销年限

可算出,本项目的商标费的摊销 = 1 000/10 = 100(元/年)。

②其他资产摊销费的估算。由于现行制度规定应当将纳入长期待摊费用的开办费采用一次转销法,即将全额计入投产经营开始的当期损益,因此本项目投产期第一年的开办费等于开办费的总估算额(5 650元),以后各年不再发生开办费摊销费。

无形资产和其他资产摊销见表9-6。

表9-5　固定资产折旧估算表　　　　　　　　　　　单位:元

序号	项目	合计	计算期					
			1	2	3	4	5	6
1	店铺装修	210 000						
	原值	210 000	210 000					
	当期折旧费	189 000	54 000	45 000	36 000	27 000	18 000	9 000
	净值	21 000	21 000					
2	机器设备	58 570	58 570					
2.1	办公设备	5 500	5 500					
	原值	5 500	5 500					
	当期折旧费	4 950	825	825	825	825	825	825
	净值	550	550					
2.2	生产设备	53 070						
	原值	53 070	53 070					
	当期折旧费	47 763	7 960.5	7 960.5	7 960.5	7 960.5	7 960.5	7 960.5
	净值	5 307	5 307					
3	合计	263 070						
	原值	263 070						
	当期折旧费	241 713	62 786	53 786	44 786	35 786	26 786	17 786
	净值	26 857	26 857					

表9-6　无形资产和其他资产摊销估算表　　　　　　　单位:元

序号	项目	合计	计算期									
			1	2	3	4	5	6	7	8	9	10
1	无形资产											
	原值	1 000										
	当期摊销费	1 000	100	100	100	100	100	100	100	100	100	100
	净值	0	900	800	700	600	500	400	300	200	100	0
2	其他资产(开办费)											
	原值	5 650										
	当期摊销费	5 650	5 650	0	0	0	0	0	0	0	0	0
	净值	0	0									
3	合计											
	原值	6 650										
	当期摊销费	6 650	6 650	100	100	100	100	100	100	100	100	0
	净值	0	900	800	700	600	500	400	300	200	100	0

（6）利息支出的估算（表9-7）。根据本项目的需要，预计借款 25 万元，年利率为 6.15%，还款期限为 3 年，采取等额还本并支付未偿还借款利息的还款方式。借款还本付息的计算过程如下：

每年偿还的本金 $=250\,000/3=83\,333.33$（元）

第一年支付的利息 $=250\,000\times 6.15\% =15\,375$（元）

第二年支付的利息 $=(250\,000-83\,333.33)\times 6.15\% =10\,250$（元）

第三年支付的利息 $=(250\,000-2\times 83\,333.33)\times 6.15\% =5\,125$（元）

表 9-7　借款还本付息估算表　　　　单位：元

序号	项目		合计	计算期		
				1	2	3
1	3 年期借款					
1.1	期初借款余额			250 000	166 666.7	83 333.33
1.2	当期还本付息		280 750	98 708.33	93 583.33	88 458.33
	其中	还本	250 000	83 333.33	83 333.33	83 333.33
		付息	30 750	15 375	10 250	5 125
1.3	期末借款余额			166 666.7	83 333.33	0

（7）总成本费用汇总。将上述估算出的生产要素结果汇总，填制总成本费用估算表，见表9-8。

表 9-8　总成本费用估算表　　　　单位：元

序号	项目		合计	计算期				
				1	2	3	…	10
1	外购原材料费		275 670	23 706	27 996	27 996	…	27 996
2	外购燃料及动力费		109 680	9 600	11 120	11 120	…	11 120
3	工资及福利费		2 954 880	259 488	259 488	259 488	…	259 488
4	修理费		10 000	1 000	1 000	1 000	…	1 000
5	其他费用		359 859.3	35 985.93	35 985.93	35 985.93	…	35 985.9
6	经营成本 (1+2+3+4+5)		3 710 089.3	329 779.93	335 589.93	335 589.93	…	335 589.9
7	折旧费		241 713	62 786	53 786	44 786	…	0
8	摊销费		6 650	5 750	100	100	…	100
8.1	无形资产摊销		1 000	100	100	100	…	100
8.2	其他资产摊销		5 650	5 650	0	0	…	0
9	利息支出		30 750	15 375	10 250	5 125	…	0
10	总成本费用合计 (6+7+8+9)		3 989 202.3	413 690.93	399 725.93	385 600.93	…	335 689.9
	其中	可变成本	385 350	33 306	39 116	39 116	…	39 116
		固定成本	3 603 852.3	380 384.93	360 609.93	346 484.93	…	296 573.9

2. 营业收入与营业税金及附加和增值税的估算

本项目的营业收入由5种不同价位产品的营业收入构成,各类产品的营业收入由其销售价格和销售数量决定。计算公式:

各类产品的营业收入＝产品销售单价×产品年销售量

总营业收入等于各类产品营业收入之和。

本项目的营业税金及附加包括营业税、城市维护建设税、教育费附加,不涉及消费税和资源税。相关税率参照国家规定标准,具体计算原理如下:

营业税的应纳税额＝营业额×5%

城市维护建设税的应纳税额＝(营业税＋增值税)的实纳税额×7%

教育费附加额＝(营业税＋增值税)×3%

增值税＝当期销项税额－当期进项税额

其中,销项税额＝含税销售额/(1＋17%)×17%

进项税额则由购进原材料或接受应税劳务时所应承担的税额组成,由外购原材料和燃料动力费等的税额加总可得。

营业收入、营业税金及附加和增值税的估算表见表9-9。

表9-9　营业收入、营业税金及附加和增值税估算表　　　　单位:元

序号	项目	合计	计算期				
			1	2	3	…	10
1	营业收入	18 298 800	1 710 000	1 843 200	1 843 200	…	1 843 200
1.1	A类产品营业收入	2 106 720	201 600	211 680	211 680	…	211 680
	单价	28	28	28	28	…	28
	数量	75 240	7 200	7 560	7 560	…	7 560
	销项税额	306 104.6	29 292.31	30 756.92	30 756.92	…	30 756.92
1.2	B类产品营业收入	2 747 520	259 200	276 480	275 480	…	276 480
	单价	48	48	48	48	…	48
	数量	57 240	5 400	5 760	5 760	…	5 760
	销项税额	399 212.3	37 661.54	40 172.31	40 172.31	…	40 172.31
1.3	C类产品营业收入	5 116 320	489 600	514 080	514 080	…	514 080
	单价	68	68	68	68	…	68
	数量	75 240	7 200	7 560	7 560	…	7 560
	销项税额	743 396.9	71 138.46	74 695.38	74 695.38	…	74 695.38
1.4	D类产品营业收入	5 609 520	529 200	564 480	564 480	…	564 480
	单价	98	98	98	98	…	98
	数量	57 240	5 400	5 760	5 760	…	5 760
	销项税额	815 058.5	76 892.31	82 018.46	82 018.46	…	82 018.46

续表

序号	项目	合计	计算期				
			1	2	3	…	10
1.5	E类产品营业收入	2 718 720	230 400	276 480	276 480	…	276 480
	单价	128	128	128	128	…	128
	数量	21 240	1 800	2 160	2 160	…	2 160
	销项税额	395 027.7	33 476.92	40 172.31	40 172.31	…	40 172.31
2	营业税金及附加	1 265 732	118 321.1	127 490.2	127 490.2	…	127 490.2
2.1	营业税	914 940	85 500	92 160	92 160	…	92 160
2.2	城市维护建设税	245 554.7	22 974.76	24 731.11	24 731.11	…	24 731.11
2.3	教育费附加	105 237.7	9 846.326	10 599.05	10 599.05	…	10 599.05
3	增值税	2 592 984	242 710.9	261 141.5	261 141.5	…	261 141.5
3.1	销项税额	2 658 800	248 461.5	267 815.4	267 815.4	…	267 815.4
3.2	进项税额	65 815.58	5 750.66	6 673.88	6 673.88	…	6 673.88

3. 利润及利润分配的估算

本项目的营业收入、税金及附加、总成本费用均可由前面相关表中的数据得出,且本项目不涉及补贴、优先股、任意盈余公积金和普通股,其他与利润相关的项目计算原理如下所示,利润总额及其分配详见表9-10。

利润总额 = 营业收入 - 税金及附加 - 总成本费用

应纳税所得额 = 利润总额 - 弥补以前年度亏损

所得税 = 应纳税所得额 × 25%

净利润 = 利润总额 - 所得税

当年期初未分配利润 = 上年可供分配的利润 - 上年提取的法定盈余公积金

可供分配的利润 = 净利润 + 期初未分配利润

提取法定盈余公积金 = 净利润 × 10%

可供投资者分配的利润 = 可供分配的利润 - 提取的法定盈余公积金

未分配利润 = 可供投资者分配的利润 - 应付优先股股利 - 提取任意盈余公积金 - 应付普通股股利

息税前利润 = 利润总额 + 利息支出(由借款还本付息估算表可得)

息税前折旧摊销 = 息税前利润 + 折旧 + 摊销(折旧和摊销由固定资产折旧和无形资产及其他资产摊销估算表可得)

表 9-10　利润总额及分配表　　　　　　　　　　　单位:元

序号	项目	合计	计算期/年				
			1	2	3	…	10
1	营业收入	18 298 800	1 710 000	1 843 200	1 843 200	…	1 843 200
2	营业税金及附加	1 265 732	118 321.1	127 490.2	127 490.2	…	127 490.2
3	总成本费用	3 989 202.3	413 690.9	399 725.9	385 600.9	…	335 689.9
4	利润总额	13 043 865.7	1 177 988	1 315 983.9	1 330 108.9	…	1 380 019.9
5	应纳税所得额	13 043 865.7	1 177 988	1 315 983.9	1 330 108.9	…	1 380 019.9
6	所得税	3 260 966.43	294 497	328 995.97	332 527.23	…	345 004.98
7	净利润	9 782 899.28	883 491	986 987.93	997 581.68	…	1 035 014.93
8	期初未分配利润	39 825 778.55	0	795 141.9	1 683 431.03	…	8 116 093.49
9	可供分配的利润	49 608 677.82	883 491	1 782 129.83	2 681 012.71	…	9 151 108.41
10	提取法定盈余公积金	978 289.93	88 349.1	98 698.79	99 758.17	…	103 501.49
11	可供投资者分配的利润	48 630 387.89	795 141.9	1 683 431.03	2 581 254.54	…	9 047 606.92
12	未分配利润	48 630 387.89	795 141.9	1 683 431.03	2 581 254.54	…	9 047 606.92
13	息税前利润	13 434 612.1	1 193 363	1 326 233.9	1 335 233.9	…	1 380 019.9
14	息税折旧摊销前利润	13 685 988.1	1 261 909	1 380 119.9	1 383 119.9	…	1 380 119.9

三、小结

项目总成本费用按照要素成本估算法进行估算。在分别估算出外购原材料、外购燃料及动力费、工资福利费、利息、摊销、折旧费等费用之后,估算得出项目的总成本费用。项目的营业收入由 5 个价格档的产品营业收入加总而得。相应的销项税额和总的营业税也由此算出。

项目每年都盈利,所得税按相关规定的 25% 的税率对应纳税所得额进行计算,由于本项目不涉及优先股、普通股,也未设任意盈余公积金,所以未分配利润与可供投资者分配的利润相等。

第10章 投资项目财务评估

> 除了赚钱外，很少有其他方法让人一心一意地工作。
>
> ——塞谬尔·约翰逊

学习目标

◆掌握财务评估的基本思路。
◆熟悉财务评估的程序。
◆掌握财务评估报表的编制方法。
◆掌握财务评估指标的计算方法和判断标准。
◆掌握投资方案优选的方法。

重点、难点

◆财务评估指标的计算。
◆各项财务评估报表的填列。
◆投资方案优选方法的应用。

知识结构

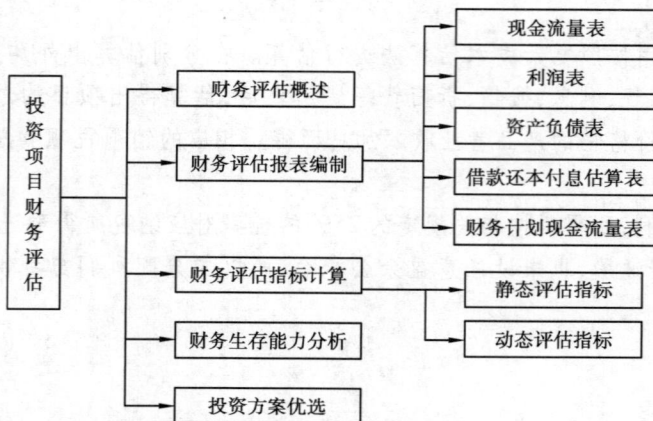

　　财务评估是投资项目评估的重要组成部分，是从项目自身的投入产出角度，按照相关财税制度的规定和国际统一标准的投资分析方法，对项目的盈利能力、偿债能力和生存能力进行综合评价，为项目的投资决策、融资决策以及银行审贷提供依据的同时，也直接反映了投资环境、产品和原料动力市场、技术和管理各方面对项目可行性的影响的定量分析结果。

10.1 财务评估概述

投资项目的财务评估是在国家现行财税制度和有关法律法规的基础上鉴定、分析项目可行性研究报告提出的投资、成本、收入、税金和利润等财务费用和效益,从项目出发,测算项目建成投产后的盈利能力、偿债能力和财务生存能力等财务状况,以评价和判断项目财务上是否可行。

10.1.1 财务评估的内容

对投资项目进行财务评估,主要是从 3 个角度进行分析。

1)盈利能力评估

项目的盈利能力是投资者关注的主要内容。项目投产后是否能够盈利、盈利水平的高低、盈利的可能性有多大,将直接决定投资者的投资兴趣和投资动力,同时,也是考核项目生产效率、管理水平的重要指标。盈利能力的评估指标主要是项目的投资收益率、投资回收期、财务净现值、财务净现值率、财务净年值和财务内部收益率等。

2)偿债能力评估

偿债能力主要考察项目在投产以后的还本付息能力。项目是否有足够的资金用于还本付息、借款的还款期限长短、偿还能力有多大,都将决定银行等贷款机构的贷款意愿和贷款决策。衡量项目偿债能力的指标主要有借款偿还期、利息备付率、偿债备付率、资产负债率等。

3)财务生存能力分析

项目的财务生存能力主要由财务计划现金流量表来反映。它通过考察项目计算期内的投资活动、融资活动和生产经营活动的现金流入数量和现金流出数量,计算各个时期的净现金流量和累计盈余资金,分析项目是否有足够的净现金流量维持正常的生产运营,实现财务的持续性运行。

10.1.2 财务评估的程序

1)分析估算项目的财务数据

财务评估是建立在基础财务数据估算的基础上的。前期评估工作需要对项目总投资进行估算,制订资金筹措方案,分析项目的总成本费用,测算运营期的营业收入、营业税金及附加,并对利润总额及其分配进行详细估算,才能得到财务评估所需要的各项数据。

2)建立财务基本报表

财务基本报表是对投资项目进行投资估算、资金筹措能力分析以及财务效益和费用估算以后,将得到的各项数据分别填进各种评估报表,然后对各个报表的数据进行分析归纳和整合,形成财务评估所需要的项目投资现金流量表、利润表、资产负债表、借款还本付息表、财务计划现金流量表等。同时,要对各项评估的基本财务报表进行复核分析与评价,一方面是审查报表格式是否符合规范要求,另一方面是审查所填列数据是否正确。

3)计算财务评估指标

财务基本报表中的数据是计算财务评估指标的基础,财务评估指标的计算结果能全面反映项目的盈利能力和偿债能力。本环节是财务评估的重点,不仅要保证财务评估指标的计算方法科学正确,还要对评估指标的计算结果进行审核,依据科学的标准对投资项目的盈利能力和偿债能力进行评判。

4)进行不确定性与风险分析

通过对项目进行盈亏平衡分析和敏感性分析,评估项目在寿命期内可能面临的不确定性,并分析引起项目不确定性的风险因素,衡量项目在不确定性条件下应对市场变化的能力和防范风险的能力。

5)提出财务评估结论

将前面的确定性分析和不确定性分析的结论与国家相关部门公布的基准值或经验水平、历史标准等目标进行比较,对投资项目的财务状况进行综合评价。

财务评估程序见图10-1。

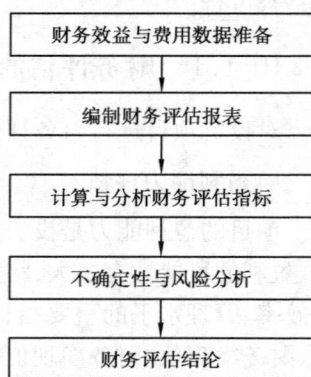

图10-1　财务评估的程序

10.2　财务评估报表的编制

财务评估报表主要包括利润表、现金流量表、财务计划现金流量表、资产负债表、借款还本付息表等。

10.2.1　利润表

利润表(表10-1)反映投资项目在生产期内各年利润额及其分配情况。通过该表提供的投资项目经济效益静态分析的信息资料,可以计算投资利润率、投资利税率、资本金利润率、资本金净利润率等指标。

表中损益栏目反映项目计算期内各年的销售收入、总成本费用支出、利润总额情况;利润分配栏目反映所得税税后利润以及利润分配情况。

表 10-1　利润表　　　　　　　　　　　　　　　　　　单位:元

序号	项目 ＼ 年份	合计	计算期				
			1	2	3	…	N
1	营业收入					…	
2	营业税金及附加					…	
3	总成本费用					…	
4	利润总额(1−2−3)					…	
5	所得税					…	
6	净利润(4−5)					…	
7	可供分配利润(6)					…	
7.1	提取法定盈余公积金					…	
7.2	应付利润					…	
7.3	未分配利润					…	
8	息税前利润 (利润总额 + 利息支出)					…	
9	息税折旧摊销前利润 (息税前利润 + 折旧 + 摊销)					…	

计算指标:1. 投资利润率(%):
　　　　　2. 投资利税率(%):

10.2.2　现金流量表

1)现金流量表的概念

现金流量表用于记录项目在计算期内实际发生的流入、流出系统的现金活动及其流动数量。按照国家规定,投资项目的现金流量应从 3 个角度来加以衡量:第一是对项目投资现金流量的分析,形成项目财务现金流量表,用于计算项目财务内部收益率及财务净现值等评价指标。第二是对资本金的现金流量进行分析,编制资本金财务现金流量表,用于计算资本金收益率指标。第三是对投资各方的现金流量进行分析,编制投资各方财务现金流量表,用于计算投资各方收益率。

现金流量表中所反映的资金活动分为现金流出和现金流入两个方面。项目对外支出的现金称为现金流出,用 CO 表示;项目取得的现金称为现金流入,月 CI 表示;同一时点的现金流入与现金流出之差($CI - CO$)即为现金净流量。

（1）现金流入

投资项目的现金流入是指投资项目增加的现金收入额或现金支出的节约额,包括:

①营业收入,即每年实现的全部现销收入。

②固定资产残值变现收入以及出售时的税赋损益。如果固定资产报废时残值收入大于税法规定的数额,就应上缴所得税,形成一项现金流出量;反之则可抵减所得税,形成现金流入量。

③垫支流动资金的收回,主要指项目完全终止时因不再发生新的替代投资而收回的原垫付的全部流动资金额。

④其他现金流入量,指以上3项指标以外的现金流入项目。

(2)现金流出

投资项目的现金流出是指投资项目增加的现金支出额。

①固定资产投资支出,即厂房、建筑物的造价、设备的买价、运费、设备基础设施及安装费等。

②垫支流动资金,是指项目投产前后分次或一次投放于流动资产上的资金增加额。

③付现成本费用,是指与投资项目有关的以现金支付的各种成本费用。

④各种税金支出。

(3)净现金流量

投资项目的净现金流量是同一时期的现金流入数量与现金流出数量之差,反映了投资该时期内净增加或净减少的现金及现金等价数额。计算公式:

$$净现金流量 = 现金流入 - 现金流出 \qquad (10\text{-}1)$$

净现金流量能够在一定程度上反映企业盈利能力和盈利水平,是计算投资项目的财务净现值、内部收益率、投资回收期等指标的基础数据。

2)现金流量表的构成

按照投资计算基础的不同,现金流量表一般分为:

(1)项目投资现金流量表

项目投资现金流量表(表10-2)是不分投资资金来源,以全部投资作为计算基础,用以计算全部投资所得税前及所得税后财务内部收益率、财务净现值及投资回收期等评价指标的表格。其目的是考察项目投资的全部盈利能力,为各个方案进行比较建立共同基础。

表 10-2 项目投资现金流量表   单位:元

序号	年份 项目	合计	计算期				
			1	2	3	...	N
1	现金流入					...	
1.1	营业收入					...	
1.2	回收固定资产余值					...	
1.3	回收流动资金					...	
1.4	其他现金流入					...	

续表

序号	项目＼年份	合计	计算期 1	2	3	…	N
2	现金流出					…	
2.1	建设投资					…	
2.2	流动资金					…	
2.3	经营成本					…	
2.4	营业税金及附加					…	
2.5	维持运营投资					…	
2.6	所得税					…	
3	净现金流量					…	
4	累计净现金流量					…	

计算指标：1.财务内部收益率（％）：

2.财务净现值（元）：

3.投资回收期（年）：

（2）项目资本金现金流量表

资本金是项目投资者自己拥有的资金。资本金现金流量表（表10-3）是从投资者角度出发，以投资者的出资额作为计算基础，把借款本金偿还和利息支付作为现金流出，用以计算资本金的财务内部收益率、财务净现值等分析指标的表格。资本金现金流量表主要考察资本金的盈利能力和向外部借款对项目是否有利。

表 10-3　项目资本金现金流量表　　　　　单位：元

序号	项目＼年份	合计	计算期 1	2	3	…	N
1	现金流入					…	
1.1	营业收入					…	
1.2	回收固定资产余值					…	
1.3	回收流动资金					…	
1.4	其他现金流入					…	
2	现金流出					…	
2.1	项目资本金					…	
2.2	借款本金偿还					…	
2.3	借款利息支付					…	

续表

序号	项目 \ 年份	合计	计算期				
			1	2	3	…	N
2.4	经营成本					…	
2.5	营业税金及附加					…	
2.6	维持运营投资					…	
2.7	所得税					…	
3	净现金流量					…	
4	累计净现金流量					…	

计算指标：1.资本金财务内部收益率(%)：

2.资本金财务净现值(元)：

3.资本金投资回收期(年)：

(3)投资各方现金流量表

该表以投资者各方的出资额作为计算基础,用以计算投资者各方财务内部收益率、财务净现值等评价指标,反映投资者各方投入资本的盈利能力。

当项目同时有几个投资者进行投资时,就应编制投资者各方现金流量表(表10-4)。

表10-4　项目投资各方现金流量表　　　　　　　　单位:元

序号	项目 \ 年份	合计	计算期				
			1	2	3	…	N
1	现金流入					…	
1.1	应得利润					…	
1.2	回收固定资产余值					…	
1.3	回收流动资金					…	
1.4	其他现金流入					…	
2	现金流出					…	
2.1	建设投资出资额					…	
2.2	经营资金出资额					…	
3	净现金流量					…	
4	累计净现金流量					…	

计算指标：1.财务内部收益率(%)：

2.财务净现值(元)：

3.投资回收期(年)：

10.2.3 财务计划现金流量表

投资项目的生存能力通过财务计划现金流量表来反映。财务计划现金流量表由经营活动的现金流量、投资活动的现金流量和筹资活动的现金流量构成,具体内容见表10-5。

表 10-5 财务计划现金流量表　　　　　　　　　　单位:元

序号	年份 项目	合计	计算期				
			1	2	3	…	N
1	经营活动净现金流量					…	
1.1	现金流入					…	
1.1.1	营业收入					…	
1.1.2	增值税销项税额					…	
1.2	现金流出					…	
1.2.1	经营成本					…	
1.2.2	增值税进项税额					…	
1.2.3	营业税金及附加					…	
1.2.4	增值税					…	
1.2.5	所得税					…	
2	投资活动净现金流量					…	
2.1	现金流入					…	
2.2	现金流出					…	
2.2.1	建设投资					…	
2.2.2	流动资金					…	
2.2.3	维持运营投资					…	
3	筹资活动净现金流量					…	
3.1	现金流入					…	
3.1.1	项目资本金投入					…	
3.1.2	建设投资借款					…	
3.1.3	流动资金借款					…	
3.1.4	短期借款					…	
3.2	现金流出					…	
3.2.1	各种利息支出					…	
3.2.2	偿还债务本金					…	
3.2.3	应付利润					…	
4	净现金流量(1+2+3)					…	
5	累计净现金流量					…	

10.2.4 资产负债表

资产负债表(表10-6)反映的是项目在某一个特定时点,通常是某日(如年末、半年末、季度末、月末等)的全部资产、负债和所有者权益的状况,反映项目投资的资产价值情况(资产方)和投资回报的索取权价值(负债和所有者权益方)。

资产负债表是根据"资产 = 负债 + 所有者权益"的会计平衡原理编制的,它为项目的经营方、投资者和债权人等不同的报表使用者提供了各自所需的资料。

表 10-6 资产负债表 单位:元

序号	项目　　年份	合计	计算期				
			1	2	3	…	N
1	资产					…	
1.1	流动资产总额					…	
1.1.1	货币资金					…	
1.1.2	应收账款					…	
1.1.3	存货					…	
1.2	在建工程					…	
1.3	固定资产净值					…	
1.4	无形资产及其他资产净值					…	
2	负债及所有者权益					…	
2.1	流动负债总额					…	
2.1.1	短期借款					…	
2.1.2	应付账款					…	
2.1.3	预收账款					…	
2.1.4	其他					…	
2.2	建设投资借款					…	
2.3	流动资金借款					…	
2.4	负债小计					…	
2.5	所有者权益					…	
2.5.1	资本金					…	
2.5.2	资本公积					…	
2.5.3	累计盈余公积					…	
2.5.4	累计未分配利润					…	

10.2.5 借款还本付息表

借款还本付息计划表(表10-7)用于反映项目计算期内各年借款的使用、还本付息以及偿债资金来源,可以用来计算偿债备付率、利息备付率等指标。

表 10-7 借款还本付息表 单位:元

序号	项目 \ 年份		合计	计算期				
				1	2	3	…	N
1	借款1						…	
1.1	期初借款余额						…	
1.2	当期还本付息						…	
	其中	还本						
		付息						
1.3	期末借款余额						…	
2	借款2						…	
2.1	期初借款余额						…	
2.2	当期还本付息						…	
	其中	还本						
		付息						…	
2.3	期末借款余额						…	
3	债券						…	
3.1	期初债务余额						…	
3.2	当期还本付息						…	
	其中	还本						…	
		付息						…	
3.3	期末债务余额						…	
4	借款和债券合计							
4.1	期初余额						…	
4.2	当期还本付息						…	
	其中	还本						
		付息						
4.3	期末余额						…	
计算指标:1.利息备付率(%):								
2.偿债备付率(%):								

10.3 财务评估指标的计算

投资项目评估分析结果的可靠与否,一方面取决于财务基础数据估算的准确性,另一方面则由所选评估指标体系的合理性决定。根据不同评价主体的需要和可获得资料的多少,以及项目性质和所处条件的不同,可以选择不同的评价指标进行分析。

10.3.1 财务评估指标的分类

1)按照是否考虑资金的时间价值划分

按照在计算的时候是否考虑资金时间价值的影响,可以把投资评估指标分为动态评估指标和静态评估指标。静态评估指标不考虑资金时间价值,多用于项目的初选或者辅助性比选等。动态评估指标是充分考虑资金的时间价值以后计算出来的,主要代表有财务净现值和财务内部收益率,是项目评估中主要采用的指标。具体的划分内容见图 10-2。

2)按照财务评估的目标划分

按照财务评估的目标不同可以把指标分为盈利能力指标和偿债能力指标。具体分类见图 10-2。

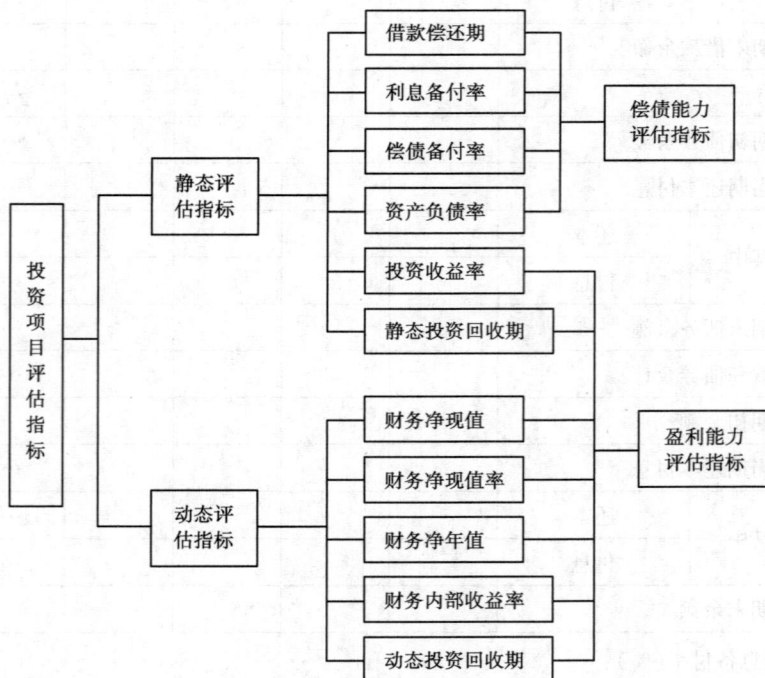

图 10-2 财务评估指标分类图(一)

3）按照财务评估指标的性质划分

按照财务评估指标的性质不同可以分为价值性指标、效率性指标和时间性指标（图10-3）。

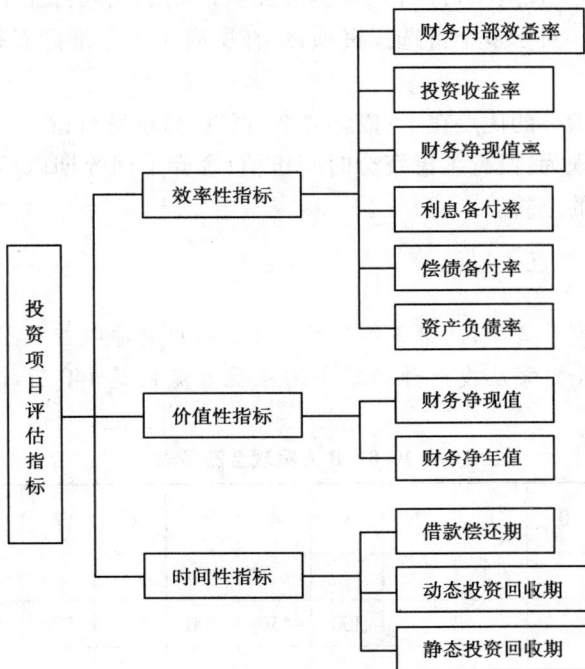

图 10-3　财务评估指标分类图（二）

10.3.2　静态评估指标

1）盈利能力指标

（1）静态投资回收期（P_t）

静态投资回收期是指用项目各年的净收益来回收全部投资所需要的期限。一般以年为单位，从项目建设开始起点算起。

原理公式：

$$\sum_{t=0}^{P_t} (CI - CO) = 0 \tag{10-2}$$

在实际应用时，静态投资回收期可根据项目现金流量表计算，其具体计算方法分以下两种情况：

①项目建成投产后各年的净收益均相同时，计算公式为：

$$P_t = \frac{总投资}{每年等额净现金流量} + 建设期年份 \tag{10-3}$$

②项目建成投产后各年的净收益不相同时，计算公式为：

$$P_t = 累计净现金流量开始出现正值的年份数 - 1 +$$
$$\frac{上年累计净现金流量的绝对值}{当年的净现金流量} \tag{10-4}$$

评判标准:对于单个投资项目,当 $P_t \leqslant$ 基准投资回收期或同行业平均投资回收期时,项目可行;反之,不可行。对于多个备选投资项目,在所有小于基准静态投资回收期的方案中选择期限最短的。

静态投资回收期指标的优点在于:概念清晰、直观、简单易行;在一定程度上反映了项目风险的大小。缺点表现为:没有考虑资金时间价值;舍弃了回收期以后的经济数据,所以不能反映项目盈利能力的全貌。

例题 10-1

某投资项目建设期为 2 年,从第 3 年开始投产。项目有净收益不同的 A、B 两个方案,两个方案投资额相同。A 方案从投产开始每年的净现金流量是 140 万元,B 方案的现金流量表见表 10-8。

表 10-8　B 方案现金流量表　　　　　　　　单位:万元

项目＼年份	0	1	2	3	4	5	6	7	8	9	10
现金流入											
销售收入				300	450	500	550	550	500	500	500
现金流出											
总投资	200	180	320								
成本				200	300	300	350	350	400	400	400

要求:计算 A、B 方案的静态回收期,并选择较优方案。

【解答】

根据题设编制 B 方案的完整现金流量表,见表 10-9。

表 10-9　B 方案的完整现金流量表　　　　　　单位:万元

项目＼年份	0	1	2	3	4	5	6	7	8	9	10
现金流入				300	450	500	550	550	500	500	500
现金流出	200	180	320	200	300	300	350	350	400	400	400
净现金流量	−200	−180	−320	100	150	200	200	200	100	100	100
累计净现金流量	−200	−380	−700	−600	−450	−250	−50	150	250	350	450

A 方案的投资回收期 $P_{tB} = (200 + 180 + 320)/140 + 2 = 700/140 + 2 = 7(年)$

B 方案的投资回收期 $P_{tA} = 7 - 1 + 50/200 = 6.25(年)$

可见，A方案的静态投资回收期长于B方案，所以应该选择B方案进行投资。

（2）投资收益率（E）

投资收益率是指项目在正常生产年份的净收益与投资总额的比值。其计算公式为：

$$E = \frac{NB}{K} \times 100\% \tag{10-5}$$

当K为总投资，NB为正常年份的利润总额时，E称为投资利润率；当K为总投资，NB为正常年份的利税总额时，E称为投资利税率。年利税总额可通过下列两个公式计算：

$$年利税总额 = 年销售收入 - 年总成本费用$$
$$或者，年利税总额 = 年利润总额 + 年销售税金及附加 \tag{10-6}$$

评判标准：$E \geq E_c$（行业基准投资收益率），可行；反之，不可行。

投资收益率指标计算较为简单，除了没有考虑资金时间价值以外，还舍弃了更多的项目寿命期内的经济数据。它一般选择的是达产期的利润额（利税额）作为计算依据，掩盖了未达产年份的利润（利税）差额。

例题 10-2

某项目建设期为3年。第一年投入1 000万元自有资金，第二年投入800万元自有资金，第三年通过申请银行贷款投入1 000万元，贷款利率为10%，按年计息。流动资金为500万元，第三年末投入，由银行贷款解决。该项目可使用20年。生产期第三年开始达到设计能力100%。正常年份生产某产品10 000吨，总成本费用1 500万元。销售税金为产品销售收入的10%。销售价格为2 500元/吨。要求：计算该项目的投资利润率和投资利税率。

【解答】

（1）依题，计算所需的各项数据

①总投资额 = 建设投资 + 净营运资金 + 建设期借款利息

$$= (1\,000 + 800 + 1\,000) + 500 + (0 + 1\,000/2) \times 10\% = 3\,350（万元）$$

②正常年份利润 = 年销售收入 - 年总成本费用 - 年销售税金及附加

$$= 2\,500 - 1\,500 - 2\,500 \times 10\% = 750（万元）$$

③正常年份利税额 = 年销售收入 - 年总成本费用

$$= 2\,500 - 1\,500 = 1\,000（万元）$$

（2）根据以上数据计算静态盈利指标

投资利润率 = 750/3 350 × 100% = 22.38%

投资利税率 = 1 000/3 350 × 100% = 29.85%

2）偿债能力指标

（1）借款偿还期

借款偿还期指以项目投产后获得的可用于还本付息的资金还清借款本息所需的时间，一般以年为单位表示。

原理公式：
$$I_d = \sum_{t=0}^{P_d} R_t \tag{10-7}$$

式中　I_d——建设期借款本金和建设期利息；

　　　R_t——可用于还款的资金，包括税后利润、折旧、摊销及其他还款额。

在实际工作中，借款偿还期可直接根据项目总投资使用计划与资金筹措表或借款偿还计划表推算，其具体推算公式如下：

$$P_d = （借款偿还后出现盈余的年份数 - 1）+ \frac{当年应偿还借款额}{当年可用于还款的资金额} \tag{10-8}$$

借款偿还期指标适用于那些计算最大偿还能力，尽快还款的项目；不适用于那些预先给定借款偿还期的项目。对于预先给定借款偿还期的项目，应采用利息备付率和偿债备付率指标分析项目的偿债能力。

评判标准：指标值满足贷款机构的期限要求时，项目可行；反之，不可行。

（2）利息备付率

利息备付率也称已获利息倍数，指项目在借款偿还期内各年可用于支付利息的息税前利润与当期应付利息费用的比值。该指标表示项目的利润偿付利息的保证倍率，可以按年计算，也可以按整个借款期计算。计算公式为：

$$利息备付率 = \frac{息税前利润}{当期应付利息费用} \tag{10-9}$$

其中，息税前利润 = 利润总额 + 计入总成本费用的利息费用。

当期应付利息指计入总成本费用的全部利息。

评判标准：对于正常运营的企业，利息备付率应当大于 1；否则，表示项目的付息能力保障程度不足。

（3）偿债备付率

偿债备付率指项目在借款偿还期内，各年可用于还本付息的资金与当期应还本付息金额的比值。计算公式为：

$$偿债备付率 = \frac{可用于还本付息资金}{当期应还本付息金额} \tag{10-10}$$

上式中，可用于还本付息资金包括可用于还款的折旧和摊销，成本中列支的利息费用，可用于还款的税后利润等；当期应还本付息金额包括当期应还贷款本金额及计入成本的利息。

评判标准：正常情况应当大于 1，且越高越好。当指标小于 1 时，表示当年资金来源不足以偿付当期债务，需要通过短期借款偿付已到期债务。

（4）资产负债率

资产负债率是负债总额与资产总额的比例关系。资产负债率反映在总资产中有多大比例是通过债务方式来筹资的，也可以衡量企业在清算时保护债权人利益的程度。资产负债率反映债权人所提供的资本占全部资本的比例，也被称为举债经营比率。计算公式为：

$$资产负债率 = 总负债 / 总资产 \times 100\% \qquad (10-11)$$

评判标准:对于债权人来说该比例越低越好。因为公司的所有者(股东)一般只承担有限责任,而一旦公司破产清算时,资产变现所得很可能低于其账面价值。所以如果此指标过高,债权人可能遭受损失。当资产负债率大于100%时,表明公司已经资不抵债,对于债权人来说风险非常大。

10.3.3 动态评估指标

投资项目的动态评估指标不仅考虑了资金的时间价值,而且考虑了项目在整个寿命期内的全部经济数据,因此比静态指标更全面、更科学。本书所涉及的动态评估指标均是盈利能力评估指标。

1)财务净现值

财务净现值(Financial Net Present Value,FNPV)是按设定的折现率(一般采用基准收益率 i_c)将项目计算期内各年净现金流量折现到建设期初的现值之和。它是评价项目盈利能力的绝对数指标,反映项目在满足按设定折现率要求的盈利能力之外获得的超额盈利的现值。

(1)计算公式

$$FNPV = \sum_{t=0}^{n} (CI - CO)_t \cdot (1 + i_c)^{-t} \qquad (10-12)$$

式中　CI——现金流入量;

　　　CO——现金流出量;

　　　$(CI - CO)_t$——第 t 年的净现金流量;

　　　n——计算期$(1,2,3,\cdots,n)$;

　　　i_c——设定的折现率(同基准收益率);

　　　$(1 + i_c)^{-t}$——第 t 年的折现系数。

(2)评判标准

①对于单个投资项目。

当 FNPV≥0 时,说明项目的盈利能力超过或刚好达到按设定的折现率计算的盈利能力,从财务角度考虑,项目是可以接受的。

当 FNPV<0 时,说明项目的盈利能力达不到按设定的折现率计算的盈利能力,一般从财务角度判断项目是不可行的。

②评价多个投资项目时,在投资额不同的情况下,可以选择以下的判断方法:

独立法:max(FNPV$_i$≥0)为最优(适用于投资额相等的方案)。

增量法:若 ΔFNPV≥0,投资大的方案优;若 ΔFNPV≤0,投资最小方案优(适用于投资额不等的方案)。

增量法的具体运用如下:

假设有 4 个备选投资项目,其投资额按照大小排序为 $I_1 > I_2 > I_3 > I_4$,则先比较第 4 个和第 3 个项目的 FNPV,选出的较优项目再与第 2 个项目进行比较,依次类推,最后剩下的即为最优的方案,比较过程详见图 10-4。

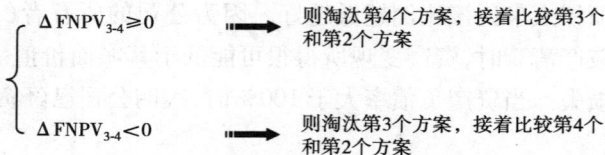

$$\begin{cases} \Delta FNPV_{3-4} \geq 0 & \Longrightarrow \text{则淘汰第4个方案,接着比较第3个和第2个方案} \\ \\ \Delta FNPV_{3-4} < 0 & \Longrightarrow \text{则淘汰第3个方案,接着比较第4个和第2个方案} \end{cases}$$

图 10-4　FNPV 的评判方法

例题 10-3

某项目建设期为两年,建设投资第一年初投资 1 400 万元,第二年年初投资 2 100 万元,第二年末垫支流动资金 1 000 万元。第三年年初开始投产,并达到 80% 的生产能力,销售收入为 8 000 万元,经营成本为 5 000 万元,所得税为 200 万元。第四年起达到 100% 的生产能力,销售收入为 10 000 万元。经营成本为 7 000 万元,所得税为 300 万元。销售税金均为销售收入的 9%。第 17 年项目结束运营。企业预期收益率为 12%,预计项目净残值为 500 万元。要求:计算该项目的财务净现值。

【解答】

(1)依题可得该项目的现金流量表,见表 10-10。

表 10-10　投资项目的现金流量表　　　　　　单位:万元

序号	项目	项目寿命期					
		0	1	2	3	4—16	17
1	现金流入				8 000	10 000	11 500
1.1	销售收入				8 000	10 000	10 000
1.2	残值回收						500
1.3	回收流动资金						1 000
2	现金流出	1 400	2 100	1 000	5 920	8 200	8 200
2.1	建设投资	1 400	2 100				
2.2	垫支流动资金			1 000			
2.3	经营成本				5 000	7 000	7 000
2.4	销售税金				720	900	900
2.5	所得税				200	300	300
3	净现金流量	−1 400	−2 100	−1 000	2 080	1 800	3 300

(2)计算项目的 FNPV

$FNPV = 2\ 080 \times (P/F,12\%,3) + 1\ 800 \times [(P/A,12\%,16) - (P/A,12\%,3)] + 3\ 300 \times (P/F,12\%,17) - 1\ 400 - 2\ 100 \times (P/F,12\%,1) - 1\ 000 \times (P/F,12\%,2)$

$= 2\ 080 \times 0.711\ 8 + 1\ 800 \times (6.974\ 0 - 2.401\ 8) + 3\ 300 \times 0.145\ 6 - 1\ 400 -$

$2\ 100 \times 0.892\ 9 - 1\ 000 \times 0.797\ 2$

$\qquad = 1\ 480.54 + 8\ 229.96 + 480.48 - 1\ 400 - 1\ 875.09 - 797.2$

$\qquad = 6\ 118.69(万元)$

或者,

$FNPV = 2\ 080 \times (P/F, 12\%, 3) + 1\ 800 \times (P/A, 12\%, 13) \times (P/F, 12\%, 3) + 3\ 300 \times$
$(P/F, 12\%, 17) - 1\ 400 - 2\ 100 \times (P/F, 12\%, 1) - 1\ 000 \times (P/F, 12\%, 2)$

$\qquad = 2\ 080 \times 0.711\ 8 + 1\ 800 \times 6.423\ 5 \times 0.711\ 8 + 3\ 300 \times 0.145\ 6 - 1\ 400 - 2\ 100 \times$
$0.892\ 9 - 1\ 000 \times 0.797\ 2$

$\qquad = 1\ 480.54 + 8\ 230.05 + 480.48 - 1\ 400 - 1\ 875.09 - 797.2$

$\qquad = 6\ 118.78(万元)$

(3)对财务净现值指标的评价

FNPV 是最广泛地使用在经济评价中的价值型评价指标。

其优点是:

①能够全面反映投资项目的增值能力。

②考虑了资金的时间价值。

③可以通过调整折现率来反映和调整资金流动的风险。

其缺点是:

①必须先确定一个符合经济现实的基准收益率,而基准收益率的确定往往是比较复杂的。

②在互斥方案评价时,净现值必须慎重考虑互斥方案的寿命,如果互斥方案寿命不等,必须构造一个相同的研究期,才能进行各个方案之间的比选。

③净现值不能反映项目投资中单位投资的使用效率,不能直接说明在项目运营期间各年的经营成果。

2)财务净现值率

财务净现值率(Financial Net Present Value Rate, FNPVR)是项目净现值与全部投资现值之比。它反映单位投资现值所创造的财务收益现值,是净现值的补充指标,可在多个投资额不等的项目比选时作为参考指标使用。

(1)计算公式

$$FNPVR = \frac{FNPV}{I_P} = \frac{FNPV}{\sum_{t=0}^{n} I_t \cdot (1 + i_c)^{-t}} \qquad (10\text{-}13)$$

式中　FNPV——项目的财务净现值;

$\qquad I_t$——第 t 年的投资额;

$\qquad I_P$——全部投资的现值之和;

$\qquad n$——计算期(1,2,3,$\cdots$,n);

i_c——设定的折现率(同基准收益率);

$(1 + i_c)^{-t}$——第 t 年的折现系数。

(2)评判标准

①单个投资项目:FNPVR≥0,项目可行;反之,不可行。

②评价多个投资项目:max(FNPVR$_i$≥0)为最优。

3)财务净年值

财务净年值(Financial Net Annual Value,FNAV)就是将财务净现值 FNPV 通过资金回收系数进行等值计算以后,分摊到项目寿命期(计算期)内的等额年金。

(1)计算公式

$$FNAV = FNPV \times (A/P, i_c, n) \tag{10-14}$$

(2)评判标准

①当评价单个项目的时候,FNAV≥0,项目可行,否则,项目不可行。

②当评价多个项目的时候,max(FNAV$_i$≥0)为最优。

说明:FNAV 与 FNPV 的评价是等效的,但在处理某些问题时(如寿命期不同的多方案比选),用 FNAV 就合理得多。

4)动态投资回收期(P_t')

动态投资回收期是考虑了资金时间价值以后投资回收所需的时间。

(1)计算公式

原理公式:

$$\sum_{t=0}^{P_t'} (CI - CO) \cdot (1 + i_c)^{-t} = 0$$

实用公式:

$$P_t' = T - 1 + \frac{第(T-1)年的累计净现金流量现值的绝对值}{第\,T\,年的净现金流量现值} \tag{10-15}$$

式中 T——累计净现金流量现值由负变为正的第一年。

(2)评判标准

①单个项目:P_t'≤基准动态投资回收期。

②多个项目:在所有小于基准动态投资回收期的方案中选择 P_t' 值最小的。

由于考虑了资金时间价值,动态投资回收期要比静态投资回收期长,计算也较复杂。

5)财务内部收益率

财务内部收益率(Financial Internal Rate of Return,FIRR)是净现值等于零时的收益率。在项目整个计算期内,如果按利率 i = FIRR 计算,始终存在未回收投资,且仅在计算期终时,投资才恰被完全收回,那么 i_c 便是项目的内部收益率。这样,内部收益率的经济含义就是使未回收投资余额及其利息恰好在项目计算期末完全收回的一种利率。

（1）计算公式

$$\sum_{t=0}^{n} (CI - CO)_t \cdot (1 + FIRR)^{-t} = 0 \qquad (10\text{-}16)$$

先根据公式解出 FIRR。在实际计算中，一般采用"试算法"来求解 FIRR，具体计算步骤如下：

第一步，测试。以不同的折现率来计算项目的 FNPV，使得出现 $i_2 > i_1$，而 $FNPV_1 > 0 > FNPV_2$，见图 10-5。注意：为保证 FIRR 的精度，i_2 与 i_1 之间的差距一般以不超过 2% 为宜，最大不宜超过 5%。

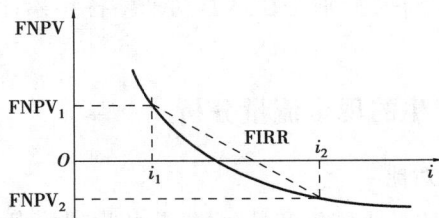

图 10-5　内部收益率插值法示意图

第二步，运用插值法，求解 FIRR 的近似值。计算公式为：

$$FIRR \approx i' = i_1 + \frac{FNPV_1}{FNPV_1 + |FNPV_2|} \times (i_2 - i_1) \qquad (10\text{-}17)$$

（2）评判标准

①单个方案：$FIRR \geqslant i_c$（公司所要求的最低投资报酬率）。

②多个方案：

$\Delta FIRR \geqslant i_c$，投资额大的方案较优；

$\Delta FIRR < i_c$，投资额小的方案较优。

（3）关于 FIRR 解的讨论

财务内部收益率方程是一个一元 n 次方程，有 n 个复数根（包括重根），故其正数根的个数可能不止一个。借助笛卡儿的符号规则，FIRR 的正实数根的个数不会超过净现金流量序列正负号变化的次数。

常规项目：净现金流量序列符号只变化一次的项目。该类项目只要累计净现金流量大于零，就有唯一解，该解就是项目的 FIRR。

非常规项目：净现金流量序列符号变化多次的项目。该类项目的方程的解可能不止一个，需根据 FIRR 的经济含义检验这些解是否是项目的 FIRR。

FIRR 反映的是项目自身的盈利能力，是项目应该达到的最低盈利率。通常来说，内部收益率是项目融资可以接受的最高借款利率。但 FIRR 是相对指标，不是绝对值。一个收益率较低的方案，可能由于规模较大而获得较多的净现值，因而更值得建设，所以在多方案评估的时候，FIRR 必须和 FNPV 结合使用。

10.4　财务生存能力分析

　　财务生存能力分析应编制财务计划现金流量表(表10-5),通过考察项目计算期内的投资、融资和经营活动所产生的各项现金流入和流出,计算净现金流量和累计盈余资金,分析项目是否有足够的净现金流量维持正常运营,以实现财务可行性。拥有足够的经营净现金流量是财务可持续性的基本条件,特别是在运营初期。各年累计盈余资金不出现负值是项目财务生存的必要条件。

10.4.1　经营活动产生的现金流量分析

1)销售收入与成本支出对比

　　销售收入与成本支出对比是将销售商品、提供劳务收到的现金与购进商品、接受劳务付出的现金进行比较。在企业经营正常、购销平衡的情况下,对二者进行比较是有意义的。比率大,说明企业的销售利润大,销售回款良好,创现能力强。

2)销售收入与经营活动总收入比较分析

　　将销售商品、提供劳务收到的现金与经营活动流入的现金总额进行比较,可大致说明企业产品销售现款占经营活动流入的现金的比重有多大。比重大,说明企业主营业务突出,营销状况良好。

3)本期与前期比较

　　将本期经营活动净现金流量与上期进行比较,增长率越高,说明企业成长性越好。

10.4.2　投资活动产生的现金流量分析

　　当企业扩大规模或开发新的利润增长点时,需要大量的现金投入,投资活动产生的现金流入量补偿不了流出量,投资活动净现金流量就为负数。但如果企业投资有效,将会在未来产生现金净流入用于偿还债务、创造收益,企业就不会有偿债困难。因此,分析投资活动现金流量,应结合企业目前的投资项目进行,不能简单地以现金净流入还是净流出来论优劣。

10.4.3　筹资活动产生的现金流量分析

　　一般来说,筹资活动产生的现金净流量越大,企业面临的偿债压力也越大。但如果现金净流入量主要来自于企业吸收的权益性资本,则不仅不会面临偿债压力,其资金实力反而会增强。因此,在分析时,可将吸收权益性资本收到的现金与筹资活动现金总流入进行比较,所占比重大,说明企业资金实力增强,财务风险降低。

10.4.4　现金流量构成分析

1）现金流入比较分析

分别计算经营活动现金流入、投资活动现金流入和筹资活动现金流入占现金总流入的比重，可以了解现金的主要来源。一般来说，经营活动现金流入占现金总流入比重大的企业，经营状况较好，财务风险较低，现金流入结构较为合理。

2）现金支出比较分析

分别计算经营活动现金支出、投资活动现金支出和筹资活动现金支出占现金总流出的比重，能具体反映企业的现金用于哪些方面。一般来说，经营活动现金支出比重大的企业，其生产经营状况正常，现金支出结构较为合理。

10.5　投资方案的优选方法

10.5.1　投资方案

1）投资方案类型

（1）独立方案

独立方案指各投资方案间不具有排他性，在一组备选的投资方案中，采纳某一方案并不影响其他方案的采纳。

（2）互斥方案

互斥方案指各投资方案间是相互排斥的，采纳某一方案就不能再采纳其他方案。按服务寿命长短不同，互斥方案可分为：

①相同寿命期的方案，即参与对比或评价方案的寿命期均相同。

②不同寿命期的方案，即参与对比或评价方案的寿命期不尽相同。

③无限寿命期的方案，在工程建设中永久性工程即可视为无限寿命的工程，如大型水坝、运河工程等。

（3）相关方案

相关方案指在一组备选方案中，若采纳或放弃某一方案，会影响其他方案的现金流量；或者采纳或放弃某一方案会影响其他方案的采纳或放弃；或者采纳某一方案必须以先采纳其他方案为前提等。

2）独立方案的经济效果评价方法

独立方案的采纳与否，只取决于方案自身的经济效果，因此独立方案的评价与单一方案的评价方法相同。只要资金充裕，凡是能通过自身效果检验（绝对效果检验）的方案都可采纳。常用的方法有净现值法、内部收益率法。

3）互斥方案的经济效果评价

互斥方案的经济效果评价包括两个步骤：首先是绝对效果检验，考察备选方案中各方案自身的经济效果是否满足评价准则的要求；其次是相对效果检验，考察备选方案中哪个方案相对最优。该类型方案经济效果评价的特点是要进行多方案比选，故应遵循方案间的可比性。

10.5.2　投资方案优选的原则

1）可比性原则

可比性原则又称统一性原则，是指应当按照统一的评估标准进行，评估指标的元素口径一致，提供相互可比的基础财务信息。该原则要求不同的投资项目都要按照国家统一规定的财务评估方法与程序进行，以便于不同投资方案间的比较。具体包括：满足需要可比、消耗费用可比、价格指标可比、时间因素可比。

2）差异比较原则

在进行方案优选的时候，主张从方案的差异出发，去除方案之间相同的因素，只比较分析方案之间不同的内容。这样可以精简分析内容，突出评估的重点内容，减少评估的工作量。

10.5.3　互斥投资方案的优选方法

为了遵循可比性原则，下面分方案寿命期相等、方案寿命期不等和无限寿命期 3 种情况讨论互斥方案的经济效果评价。

1）寿命期相等的互斥方案的经济效果评价

（1）净现值法

操作步骤：

①绝对效果检验：计算各方案的 FNPV，并加以检验，保留通过绝对效果检验的方案。

②相对效果检验：计算通过绝对效果检验的两个方案的 ΔFNPV。

计算公式：

$$\Delta \text{FNPV} = \sum_{t=0}^{n} \left[(CI_A - CO_A)_t - (CI_B - CO_B)_t \right] (1 + i_0)^{-t}$$
$$= \text{FNPV}_A - \text{FNPV}_B \tag{10-18}$$

其中：A，B 为投资额不等的互斥方案，A 方案比 B 方案投资额大。

判断依据：若 ΔFNPV ≥ 0，投资大的方案经济效果好；若 ΔFNPV < 0，投资小的方案经济效果好。

③评选最优方案：相对效果检验最后保留的方案为最优方案。

评判标准：

$\text{FNPV}_i \geq 0$ 且 $\max(\text{FNPV}_i)$ 所对应的方案为最优方案。

（2）费用现值法与费用年值法

2）费用现值与费用年值

实际工作中,在进行多方案比较时,往往会遇到各方案的收入相同或收入难以用货币计量的情况。为简便起见,可省略收入,只计算支出。这就出现了经常使用的两个指标:费用现值和费用年值。这两个指标适用于产出完全相同的不同项目和公益性项目的选优。

（1）费用现值

费用现值(Present Cost,PC)是将项目寿命期内逐年的现金流出量按折现率 i_c 折现到建设期初的现值和。

计算公式:

$$PC = \sum_{t=0}^{n} CO_t (1 + i_c)^{-t} + S(1 + i_c)^{-n} \tag{10-19}$$

式中　CO_t——第 t 年的费用支出,取正号;

　　　S——期末(第 n 年末)回收的残值,取负号。

评判标准:PC 越小,项目方案越优。

（2）费用年值

费用年值(Annual Cost,AC)是通过等值计算将费用现值分摊到寿命期内各年的年金值。

计算公式:

$$AC = PC \cdot (A/P, i_c, n) \tag{10-20}$$

评判标准:AC 越小,项目方案越优。

采用费用现值法和费用年值法对投资方案进行优选的时候,评判标准是:

① $\min(PC_i)$ 所对应的方案为最优方案。

② $\min(AC_i)$ 所对应的方案为最优方案。

例题 10-4

投资方案有两种设备供选择,使用 A,B 设备发生的各项成本费用见表 10-11,试选择较优的设备($i_c = 10\%$)。

表 10-11　设备 A、B 的成本费用表　　　　　　　　　　单位:万元

设备型号	初始投资	年运营费	残值	寿命/年
A	20	2	3	5
B	30	1	5	5

【解答】

$PC_A = 20 + 2 \times (P/A, 10\%, 5) - 3 \times (P/F, 10\%, 5) = 25.72$(万元)

$PC_B = 30 + 1 \times (P/A, 10\%, 5) - 5 \times (P/F, 10\%, 5) = 30.69$(万元)

因为 $PC_A < PC_B$，所以应选 A 设备。

（3）差额内部收益率法

采取内部收益率指标进行多个投资方案的优选时，不能直接用内部收益率来对比，必须把绝对效果评价和相对效果评价结合起来进行评估。具体操作步骤如下：

①将方案按投资额由小到大排序。

②进行绝对效果检验：计算各方案的 FIRR，淘汰 FIRR $< i_c$ 的方案，保留通过绝对效果检验的方案。

③进行相对效果检验：依次计算第二步保留方案间的 ΔFIRR。

计算公式：

$$\sum_{t=0}^{n} (\Delta CI - \Delta CO)_t (1 + \Delta FIRR)^{-t} = 0 \qquad (10\text{-}21)$$

评判标准：若 ΔFIRR $\geqslant i_c$，则投资大的方案优；若 ΔFIRR $< i_c$，保留投资额小的方案。直到最后一个被保留的方案即为最优方案。

例题 10-5

投资方案 A，B 是互斥方案，其现金流量基本数据见表 10-12，试选择较优方案（$i_c = 10\%$）。

表 10-12　投资方案 A、B 的现金流量表　　　　　　　单位：万元

年份	0	1～10
方案 A 净现金流量	－200	39
方案 B 净现金流量	－100	20

【解答】

（1）计算 FNPV 指标

①绝对效果检验。

$FNPV_A = -200 + 39 \times (P/A, 10\%, 10) = 39.64$（万元）

$FNPV_B = -100 + 20 \times (P/A, 10\%, 10) = 22.89$（万元）

$FNPV_A > 0$，$FNPV_B > 0$，A，B 方案均可行。

②相对效果检验。

$FNPV_A > FNPV_B$，故方案 A 优于方案 B。

结论：选择方案 A，拒绝方案 B。

（2）计算 FIRR 指标

①绝对效果检验，分别求 FIRR：

$-200 + 39 \times (P/A, FIRR_A, 10) = 0$

$-100 + 20 \times (P/A, FIRR_B, 10) = 0$

解得：$FIRR_A = 14.5\%$，$FIRR_B = 15.1\%$。则 $FIRR_A > i_c = 10\%$，$FIRR_B > i_c = 10\%$。故方案 A，B 均可行。

②相对效果检验。

$FIRR_B > FIRR_A$，故方案 B 优于方案 A。

结论：接受 B，拒绝 A，与 FNPV 指标计算的结论相反，这是由于两个方案的投资额不等造成的。

其实，无论采用 FNPV 还是 FIRR 进行方案的比较，比选的实质是判断投资大的方案与投资小的方案相比，增量收益能否抵偿增量投资，即对增量现金流的经济性做出判断。

因此，对于寿命相等、规模不同的互斥方案的比选，主要采用增量方法，常用的指标有 $\Delta FNPV$ 与 $\Delta FIRR$。

（3）计算 $\Delta FNPV$

$\Delta FNPV = (200 - 100) + 19 \times (P/A, 10\%, 10) = 16.75（万元）$

因为 $\Delta FNPV > 0$，表明增量投资有满意的经济效果，投资大的 A 方案优于投资小的 B 方案。

（4）计算 $\Delta FIRR$

由方程 $-100 + 19 \times (P/A, 10\%, \Delta FIRR) = 0$

可解得：$\Delta FIRR = 13.8\%$

计算结果表明：$\Delta FIRR > i_c (10\%)$，增量投资有满意的经济效果，投资大的 A 方案优于投资小的 B 方案，与 $\Delta FNPV$ 法一致。

综合分析，可知对于该投资项目，投资大的 A 方案优于投资小的 B 方案。

注：1. $\Delta FNPV$、$\Delta FIRR$ 只能反映增量现金流的经济性（相对经济效果），不能反映各方案自身的经济性（绝对经济效果）。因此 $\Delta FNPV$、$\Delta FIRR$ 只能用于方案之间的比较（相对效果检验），不能仅根据 $\Delta FNPV$、$\Delta FIRR$ 值的大小判定单个方案的取舍。应该在经过单个项目的绝对效果检验之后，对符合条件的项目再进行 $\Delta FNPV$ 或 $\Delta FIRR$ 等指标的计算，从绝对效果和相对效果两个层面进行投资项目的优选。

2. 对于仅有费用现金流量的互斥方案比选也可用差额内部收益率法，这时要把增额投资所导致的对其他费用的节约看成增额收益。

（4）差额投资回收期法

差额投资回收期法的原理同 $\Delta FNPV$、$\Delta FIRR$ 的计算思路，具体操作步骤如下：

①将方案按投资额由小到大排序。

②进行绝对效果评价：计算各方案的 P'_t，淘汰 $P'_t > P'_c$ 的方案，保留通过绝对效果检验的方案。

③进行相对效果评价：依次计算第二步保留方案间的 $\Delta P'_t$。若 $\Delta P'_t < P'_c$，则保留投资额大的方案；反之，则保留投资额小的方案。直到最后一个被保留的方案即为最优方案。

2）寿命期不等的互斥方案的经济效果评价

对寿命期不等的互斥方案进行比选，同样要求方案间具有可比性。满足这一要求需要解决两个方面的问题：一是设定一个合理的共同分析期；二是给寿命期不等于分析期的方案选择合理的方案接续假定。

（1）年值法

年值法通过计算投资方案的净年值或费用年值指标进行优选，这是最适宜的方法。

评判标准：

①$FNAV_i \geq 0$ 且 $\max(FNAV_i)$ 所对应的方案为最优方案。

②$\min(AC_i)$ 所对应的方案为最优方案（在只需要考虑费用因素的影响时，可选用该指标）。

（2）现值法

若采用现值法（净现值或费用现值），则需对各备选方案的寿命期做统一处理，设定一个共同的分析期，使方案满足可比性的要求。处理的方法通常有下述两种。

①最小公倍数法（重复方案法）：取各备选方案寿命期的最小公倍数作为方案比选时共同的分析期，即将寿命期短于最小公倍数的方案按原方案重复实施，直到其寿命期等于最小公倍数为止。

②给定分析期法：根据对未来市场状况和技术发展前景的预测直接取一个合适的共同分析期。一般情况下，取备选方案中最短的寿命期作为共同分析期。先将各方案的净现值还原为净年值，然后再按照给定的计算期来计算相应的净现值。

评判标准：

$FNPV_i \geq 0$ 且 $\max(FNPV_i)$ 所对应的方案为最优方案；

$\min(PC_i)$ 所对应的方案为最优方案（在只需要考虑费用因素的影响时，可选用该指标）。

例题 10-6

投资方案有两种可供选择的设备，A 设备价格为 10 000 元，寿命为 10 年，期末残值为 1 000 元，每年创净效益 3 000 元；B 设备价格 16 000 元，寿命为 20 年，期末无残值，每年创净效益 2 800 元。试分析哪种设备较优（$i_c = 10\%$）。

【解答】

（1）绝对效果检验

$$FNPV_A = -10\,000 + 3\,000 \times (P/A, 10\%, 10) + 1\,000 \times (P/F, 10\%, 10)$$
$$= -10\,000 + 3\,000 \times 6.144\,6 + 1\,000 \times 0.385\,5$$
$$= 8\,819.3(元)$$

则 $FNPV_A > 0$，所以 A 方案可行。

$$FNPV_B = -16\,000 + 2\,800 \times (P/A, 10\%, 20)$$
$$= -16\,000 + 2\,800 \times 8.513\,6$$
$$= 7\,838.08(元)$$

则 $FNPV_B > 0$，B 方案可行。

因为 A,B 两个方案均通过绝对效果检验,需要再进行相对效果检验。

(2)相对效果检验

①最小公倍数法。A 设备寿命期为 10 年,B 设备寿命期为 20 年。二者的最小公倍数为 20,采用最小公倍数法进行分析,A 设备在第 10 年末要重复投资一次,其设备残值在 10 年末和 20 年末分别回收一次。则

$$FNPV_A = -10\ 000 - 10\ 000 \times (P/F,10\%,10) + 3\ 000 \times (P/A,10\%,20) + 1\ 000 \times (P/F,10\%,10) + 1\ 000 \times (P/F,10\%,20)$$
$$= -10\ 000 - 10\ 000 \times 0.385\ 5 + 3\ 000 \times 8.513\ 6 + 1\ 000 \times 0.385\ 5 + 1\ 000 \times 0.148\ 6$$
$$= 12\ 219.9(\text{元})$$

$FNPV_B$ 的计算同上,为 7 838.08 元。

因为 $FNPV_A > 0$,$FNPV_B > 0$,则两方案均可行。

又 $FNPV_A > FNPV_B$,故 A 方案最优。

②给定分析期法。选择 A 设备的寿命期 10 年为给定分析期,具体计算如下:

$$FNPV'_A = FNPV_A = 8\ 819.03(\text{元})$$
$$FNPV'_B = FNPV_B \times (A/P,10\%,20) \times (P/A,10\%,10)$$
$$= 7\ 838.08 \times 0.117\ 5 \times 6.144\ 6$$
$$= 5\ 659.02(\text{元})$$

可见 $FNPV'_A > FNPV'_B$,故 A 方案最优。

采用最小公倍数法和给定分析期法计算的结果一致。

3)无限寿命期的互斥方案的经济效果评价

(1)现值法 $\left(\text{此时 } P = \dfrac{A}{i}\right)$

评判标准:

①$FNPV_i \geq 0$ 且 $\max(FNPV_i)$ 所对应的方案为最优方案。

②$\min(PC_i)$ 所对应的方案为最优方案(在只需要考虑费用因素的影响时,可选用该指标)。

(2)年值法(此时 $P = A \cdot i$)

评判标准:

①$FNAV_i \geq 0$ 且 $\max(FNAV_i)$ 所对应的方案为最优方案。

②$\min(AC_i)$ 所对应的方案为最优方案(在只需要考虑费用因素的影响时,可选用该指标)。

10.5.4　相关投资方案的优选方法

1)现金流量相关型方案的选择

该类型备选方案之间并不完全互斥,它们的现金流具有相关性。在比较评估的时候,先用"互斥方案组合法"将各方案组合成互斥方案,然后用互斥方案的评价办法进行选择。

例题 10-7

某公司拟在相邻两个街区各开一家快餐店。若只开 A 店或 B 店,两个项目的现金流量见表 10-13;若同时开两个店,那么两个店分别减少 1/3 的收入。如果考虑到两个店互相影响的关系,应该如何决策($i_c = 10\%$)?

表 10-13　投资方案 A、B 的现金流量表　　　　　单位:万元

年份	0	1	2—8
单独开 A 店	−200	60	90
单独开 B 店	−300	90	120

【解答】

考虑到 A,B 两个方案的现金流具有相关性,因此增加 A,B 店同时开的方案作为备选,这样 3 个投资方案就形成了互斥方案,具体现金流量的状况及财务净现值的计算结果见表 10-14。

表 10-14　投资方案财务净现值计算结果　　　　　单位:万元

年份	0	1	2—8	FNPV
单独开 A 店	−200	60	90	252.88
单独开 B 店	−300	90	120	312.92
A、B 店同时开	−500	100	140	210.53

可见,方案 B 的财务净现值最高,因此,应单独开设 B 店。

2)资金有限相关型方案的选择

该类型备选方案之间并不完全互斥,但投资资金总额有限,不可能把通过绝对效果检验的方案都进行投资,所以只能选其中一些可行方案作为投资对象,从而使这些独立方案之间具有了相关性。对于这种类型的方案进行优选,可以通过两种途径来进行。

(1)净现值指数排序法

按 FNPV_i 由大到小排序,然后根据资金限额依次选择方案。这种方法简便易行,但不能保证限额资金的充分利用。

(2)互斥方案组合法

可以通过方案组合,将备选方案和它们组合成的方案构成互斥方案,然后用互斥方案的评价办法进行选择。其操作步骤如下:

①对备选的 m 个独立方案,列出全部相互排斥的组合方案,共($2^m − 1$)个。

②初选方案。选择标准:(投资额)$_i$ ≤ 资金限额,保留;反之,淘汰。

③选优。对第二步保留的方案运用互斥方案的评价方法进行选优。

例题 10-8

某公司拟投资项目,有 A,B,C 3 个备选的独立方案,各方案的现金流量见表 10-15。该公司的投资总额预算不超过 800 万元。如果考虑到资金总额限制的问题,应该如何决策($i_c = 10\%$)?

表 10-15　投资方案 A,B,C 的现金流量及财务净现值　　　　单位:万元

年份	0	1—8	FNPV
方案 A	−300	70	47.74
方案 B	−460	104	56.62
方案 C	−400	92	57.02

【解答】

将各资金受限方案进行组合,构成互斥方案,然后比较它们的净现值,见表 10-16。

表 10-16　投资方案的现金流量及财务净现值　　　　单位:万元

方案序号	投资方案	年份		FNPV
		0	1—8	
1	0	0	0	0
2	A	−300	70	47.74
3	B	−460	104	56.62
4	C	−400	92	57.02
5	A + B	−760	174	104.36
6	A + C	−700	162	104.76
7	B + C	−860	196	超过资金限制
8	A + B + C	−1 160	266	超过资金限制

可见,方案 A + C 组合的财务净现值最高,应同时选择投资 A 方案和 C 方案。

注:该种方法需要列出所有相互排斥的组合方案,因此不做投资也是备选方案之一,所以应该考虑在内。

10.6　总　结

投资项目的财务评估是在国家现行财税制度和有关法律法规的基础上鉴定、分析项目可行性研究报告提出的投资、成本、收入、税金和利润等财务费用和效益,测算项目建成投产

后的盈利能力、偿债能力和财务生存能力等财务状况,以评价和判断项目在财务上是否可行。

财务评估报表主要包括利润表、现金流量表、财务计划现金流量表、资产负债表、借款还本付息表等。

根据财务评估报表中所反映的各项数据,可以计算出一系列的财务评估指标。按照在计算的时候是否考虑资金时间价值的影响,可以把投资评估指标分为动态评估指标和静态评估指标。盈利能力的评估指标主要有项目的投资收益率、静态投资回收期、动态投资回收期、财务净现值、财务净现值率、财务净年值和财务内部收益率等。衡量项目偿债能力的指标主要有借款偿还期、利息备付率、偿债备付率、资产负债率等。

项目的财务生存能力主要通过财务计划现金流量表来反映,通过考察项目计算期内的投资活动、融资活动和生产经营活动的现金流入数量和现金流出数量,计算各个时期的净现金流量和累计盈余资金,分析项目是否有足够的净现金流量维持正常的生产运营,实现财务的持续性运行。

在进行投资方案优选的时候,由于方案类型不一样,可以按照互斥方案和相关方案来分别进行经济效果评价。评估过程中,要坚持可比性原则和差异性原则,采用科学的分析方法,为投资决策提供较优的选择方案。

思考题

1. 财务评估的内容及程序。
2. 财务评估报表的编制。
3. 财务评估指标的分类。
4. 财务评估指标的计算及应用。
5. 财务生存能力分析。
6. 投资方案的分类。
7. 投资方案优选的原则。
8. 投资方案优选的方法。

案例 10-1

投资项目财务评估

一、项目概况

1. 项目名称

××连锁咖啡加盟店。

2. 项目拟建地点

××商圈。

建设地址为某市未来金融中心,地处××商圈,消费水平较高,人流较大,十分繁荣热闹。

3. 项目建设背景

"中国制造 2025"计划旨在发展高技术工业的自主研发制造能力,但我国在餐饮行业仍有空白。如咖啡连锁店,目前在我国的市场中,占市场份额前 8 的连锁咖啡店无一是我国的品牌。随着人均收入的增加,人们对生活质量的要求也变高,连锁咖啡店的市场预期前景被看好。

4. 项目建设的必要性

(1)从宏观经济来看,我国经济未来发展较为稳定,维持在 6.5% 左右。经国家调查分析,我国消费者信心指数(CCI)维持在 105 以上,说明我国人民有较强的消费信心,这为本项目提供了未来需求量的保障。

(2)从微观经济来看,本项目初期发展主要依附有经济实力和品牌效应的咖啡店,这些咖啡店的连锁店数量呈稳定增长。同时经调查,我国对软饮料和糕点类产品的需求量每年处于递增状态,且增速较快。

5. 项目市场分析

本项目的投资兴建能够填补我国餐饮业的一块空白;连锁咖啡店利润巨大,且人民对此需求不断增加;产品的定位合理,价格适中,所需生产规模较小;选址在繁荣的商圈,有客流量的保证和消费水平的保证;技术问题较易克服,未来发展前景较好。

二、投资项目的财务评估

1. 财务报表编制

(1)利润表的编制。利润表(表 10-17)是反映项目计算期内各年的利润总额、所得税及税后利润的分配情况,给计算静态财务分析指标投资收益率提供了数据支持。

表 10-17 投资项目利润表   单位:元

序号	计算期 项目	合 计	运营期/年		
			4	5	6
1	营业收入	1 512 000	504 000	504 000	504 000
2	总成本费用	1 074 068.16	355 526.08	357 900.73	360 641.35
3	营业税金及附加	83 423.89	27 103.11	28 160.39	28 160.39
4	利润总额	354 507.95	121 370.81	117 938.88	115 198.26
5	所得税	70 901.59	24 274.16	23 587.78	23 039.65
6	净利润	283 606.36	97 096.65	94 351.10	92 158.61
7	盈余公积金	28 360.63	9 709.66	9 435.11	9 215.86
8	未分配利润	255 245.72	87 386.98	34 915.99	82 942.75

(2)现金流量表的编制。通过对项目投资估算和融资渠道的分析,发现资金结构比较单一,因此本项目只编制项目投资现金流量表(表 10-18)。该表既可以考察整个计算期内的现金流入和现金流出,同时也将作为之后财务指标——投资项目财务内部收益率、财务净现值

以及投资回收期计算的基础数据表格。

  表 10-18 中的"调整所得税"是根据利润表中的息税前利润乘以所得税率 20% 计算得到。其他现金流入和现金流出的有关数据是根据"营业收入,营业税金及附加和增值税估算表""建设投资估算表""流动资金估算表""项目总投资使用计划与资金筹措表""总成本费用估算表"和"利润表"等有关财务报表填列。

表 10-18　项目投资现金流量表　　　　　　　　单位:元

序号	项目＼计算期	合计	建设期/年			运营期/年		
			1	2	3	4	5	6
1	现金流入	1 570 856.91				504 000	504 000	562 856.91
1.1	营业收入	1 512 000				504 000	504 000	504 000
1.2	回收固定资产余值	2 174.40						2 174.40
1.3	回收流动资金	56 682.51						56 682.51
1.4	其他现金流入							
2	现金流出	1 239 618.81	96 227.16	57 736.30	38 490.86	339 297.28	349 154.56	358 712.65
2.1	建设投资	192 454.32	96 227.16	57 736.30	38 490.86			
2.2	流动资金	56 682.51	18 894.17	18 894.17		18 894.17	18 894.17	18 894.17
2.3	经营成本	907 058.1				293 300.00	302 100.00	311 658.09
2.4	营业税及附加	83 423.89				27 103.11	28 160.39	28 160.39
2.5	维持营运投资							
3	所得税前净现金流量		−96 227.16	−57 736.30	−38 490.86	164 702.72	154 845.44	204 144.26
4	累计所得税前净现金流量		−96 227.16	−153 963.46	−192 454.32	−27 751.60	127 093.84	331 238.10
5	调整所得税	70 901.59				24 274.16	23 587.78	23 039.65
6	所得税后净现金流量		−96 227.16	−57 736.30	−38 490.86	140 428.56	131 257.67	181 104.61
7	累计所得税后净现金流量		−96 227.16	−153 963.46	−192 454.32	−52 025.76	79 231.91	260 336.51

  (3)财务计划现金流量表的编制。该现金流量表(表 10-19)反映项目计算期内各年的投资、融资及经营活动的现金流入和流出,用于计算累计盈余资金,分析项目财务生存能力。

它的编制基础是财务分析辅助报表和利润表。本表包括4大项——经营活动净现金流量、投资活动净现金流量、筹资活动净现金流量和累计盈余资金。

现金的流入与流出根据"营业收入,营业税金及附加和增值税估算表""项目总投资使用计划与资金筹措表""总成本费用估算表"和"利润表"等有关财务报表填列。

经营活动净现金流量、投资活动净现金流量、筹资活动净现金流量之和为净现金流量,根据净现金流量计算累计盈余资金。

表10-19　投资项目财务计划现金流量表　　　　　单位:元

序号	计算期\项目	合计	建设期/年			运营期/年		
			1	2	3	4	5	6
1	经营活动净现金流量	412 412.55				145 691.66	140 365.43	126 355.46
1.1	现金流入	1 512 000				504 000.00	504 000.00	504 000.00
1.1.1	营业流入	1 512 000				504 000.00	504 000.00	504 000.00
1.1.2	增值税销项税额							
1.1.3	其他流入							
1.2	现金流出	1 099 587.45				358 308.34	363 634.57	377 644.54
1.2.1	经营成本	912 058.09				293 300.00	302 100.00	316 658.09
1.2.2	营业税金及附加	83 423.89				27 103.11	28 160.39	28 160.39
1.2.3	增值税	33 203.89				13 631.07	9 786.41	9 786.41
1.2.4	所得税	70 901.59				24 274.16	23 587.78	23 039.65
1.2.5	其他流出							
2	投资活动净现金流量	−346 451.84	−163 776.98	−105 825.16	−76 849.70	0.00	0.00	0.00
2.1	现金流入							
2.2	现金流出	346 451.84	163 776.98	105 825.16	76 849.70			
2.2.1	建设投资	289 766.33	144 882.81	86 929.99	57 953.53			
2.2.2	维持运营投资							
2.2.3	流动资金	56 682.51	18 894.17	18 894.17	18 894.17			
2.2.4	其他流出							
3	筹资活动净现金流量	28 171.28	163 776.98	105 825.16	76 849.70	−106 093.68	−106 093.20	−106 093.68
3.1	现金流入	346 451.82	163 776.97	105 825.16	76 849.69			

续表

序号	项目 \ 计算期	合计	建设期/年			运营期/年		
			1	2	3	4	5	6
3.1.1	项目资本金投入	116 348.09	55 000.83	35 539.01	25 808.25			
3.1.2	建设投资借款	192 454.79	96 227.16	57 736.50	38 491.13			
3.1.3	流动资金借款	37 648.94	12 548.98	12 549.65	12 550.31			
3.1.4	债券							
3.1.5	短期借款							
3.1.6	其他流入							
3.2	现金流出	318 280.56				106 093.68	106 093.20	106 093.68
3.2.1	各种利息支出	38 324.06				18 757.08	12 905.05	6 661.93
3.2.2	偿还债务本金	279 956.5				87 336.60	93 188.15	99 431.75
3.2.3	应付利润（股本分配）							
3.2.4	其他流出							
4	净现金流量	94 131.99	0.00	0.00	0.00	39 597.98	34 272.23	20 261.78
5	累计盈余资金		0.00	0.00	0.00	39 597.98	73 870.21	94 131.99

（4）资产负债表的编制。本表（表 10-20）用于综合反映项目计算期内各年年末资产、负债和所有者权益的增减变化及对应关系，同时该表还是计算资产负债率等指标的技术数据表，用于分析财务主体的偿债能力。

（5）借款还本付息计划表的编制。该表（表 10-21）反映项目计算期内各年借款本金偿还和利息支付情况，用以计算偿债备付率、利息备付率等指标，并进行偿债能力分析。本表可依据"项目总投资使用计划与资金筹措表""总成本费用估算表（生产要素法）"和"利润表"的有关数据，通过计算进行填列。

借款项在项目建设期，期初借款余额等于上年借款本金和建设期利息之和；在项目的运营期，期初借款余额等于上年尚未还清的借款本金。当期还本付息可以根据当年偿还借款本金和利息的资金来源填列；期末余额为期初借款余额与当期还本付息数额的差。

表 10-20 投资项目资产负债表　　　　　　单位:元

序号	项目＼计算期	合计	运营期/年 4	5	6
1	资产	1 732 375.63	515 630.71	575 917.14	640 827.78
1.1	流动资产总额	1 720 114.43	509 439.71	572 021.34	638 653.38
1.1.1	货币资金	924 708.54	245 539.71	307 061.34	372 107.49
1.1.2	应收账款				
1.1.3	预付账款	696 000	232 000.00	232 000.00	232 000.00
1.1.4	存货	99 405.89	31 900.00	32 960.00	34 545.89
1.1.5	其他		0.00	0.00	0.00
1.2	在建工程				
1.3	固定资产净值	12 261.2	6 191.00	3 895.80	2 174.40
1.4	无形及其他资产净值				
2	负债及所有者权益(2.4+2.5)	1 732 375.63	515 630.71	575 917.14	640 827.78
2.1	流动负债总额	835 776.74	276 757.08	278 645.53	280 374.13
2.1.1	短期借款				
	应付账款	835 776.74	276 757.08	278 645.53	280 374.13
2.1.2	应付利息	38 324.54	18 757.08	12 905.53	6 661.93
	应付职工薪酬	797 452.2	258 000.00	265 740.00	273 712.20
2.1.3	预收账款				
2.1.4	其他				
2.2	建设投资借款	192 454.32	96 227.16	57 736.30	38 490.86
2.3	流动资金借款	56 682.51	18 894.17	18 894.17	18 894.17
2.4	负债小计(2.1+2.2+2.3)	1 084 913.58	391 878.42	355 276.00	337 759.16
2.5	所有者权益	647 462.06	123 752.30	220 641.14	303 068.62
2.5.1	资本金	75 311.3	26 655.65	29 193.39	19 462.26
2.5.2	资本公积金				
2.5.3	累计盈余公积金	57 215.07	9 709.66	19 144.77	28 360.64
2.5.4	累计未分配利润	514 935.67	87 386.98	172 302.97	255 245.72

表 10-21　投资项目借款还本付息表　　　　　　　单位:元

序号	计算期 项目		合　计	建设期/年			运营期/年		
				1	2	3	4	5	6
1	借款			155 025.00	217 086.68	242 826.30	279 956.49	192 619.89	99 431.75
1.1	期初借款余额			155 025.00	217 086.68	279 956.49	192 619.89	99 431.75	
1.2	其中	当期还本付息					106 093.68	106 093.68	106 093.68
		还本	279 956.50				87 336.60	93 188.15	99 431.75
		付息	38 324.54				18 757.08	12 905.53	6 661.93
1.3	期末借款余额			155 025.00	217 086.68	242 826.30	279 956.49	192 619.89	99 431.75

2. 财务指标的计算与分析

(1)反映项目偿债能力的指标计算及偿债能力分析。通过数据及图表分析,可见本项目利息备付率高于设定的最低标准,具有足够的资金支付利息,利息的偿付保证度较高。从利息偿付方面来说本项目是可行的。从偿债备付率来看,只有第一年的偿债备付率高于1.3,其余年份均低于1.3,说明本项目还本付息的资金有些不足,有一定的偿债风险。借款偿还期与贷款机构提出的要求期限相符,本项目的偿债能力基本可行(表 10-22)。

表 10-22　投资项目偿债能力指标值

评估指标	运营期			评判标准
	4	5	6	
利息备付率(ICR)	5.18	7.31	13.83	应当 >1,一般不宜 <2
偿债备付率(DSCR)	1.32	1.23	1.15	应当 >1,一般不宜 <1.3
资产负债率(LOAR)	18.66%	10.03%	6.01%	
借款偿还期	3.97			≤4 年

(2)反映项目盈利能力的指标计算及盈利能力分析。本项目的总投资收益率为34.79%,远大于行业的基准投资收益率9.5%;财务净现值为246 240.70 元,大于零,说明本项目的盈利能力超过了按设定基准折现率计算的盈利能力。从财务角度考虑,项目是可以接受的(表 10-23)。

表 10-23　投资项目盈利能力指标值

评估指标	计算值	评判标准
总投资收益率	34.79%	≥9.5%
静态投资回收期	4.21	≤4.5
财务净现值	246 240.70 元	—
财务内部收益率	34.74%	≥8%

本项目的静态投资回收期为 4.21 年,小于行业的基准投资回收期 4.5 年,可见资金回收的速度并不快,有潜在资金风险。在项目运营的时候注意现金流的动向,及时调整运营策略。

本项目的财务内部收益率为 34.74%,与行业的基准内部收益率 8% 相比,具有较大优势,说明本项目的盈利管理能力能够满足要求,是可以接受的。

(3)财务生存能力的分析。本项目运营期 3 年经营净现金流量分别为 145 691.66 元、140 365.43 元、126 355.46 元。相对于本项目的各期所需现金流量来说较为适中,说明本项目实现自身资金平衡的可能性较大,不会过分依赖短期融资来维持运营。

在整个运营期间,本项目各年累计盈余资金分别为 39 597.98 元、73 870.21 元、94 131.99元,没有出现负值,说明本项目有一定的生存能力。

三、小结

通过填制和分析项目的利润表、现金流量表、财务计划现金沉量表、资产负债表和借款还本付息表,发现项目的财务运转状况预期较为平稳,财务指标的计算结果比行业基准水平要好,项目具有很高的投资价值。

项目的盈利能力较为突出,但是投资回收比较慢。在项目运营期要注意资金合理的使用,避免出现投资风险。项目的偿债能力基本符合要求,但是仍存在一定的偿付风险,建议对项目的融资方案进行适当的修改,提高自有资金的投资额度,降低资产负债比例,合理安排借款本金和利息的支付时间与支付方式。

第 11 章　投资项目经济评估

感谢我的命运,我的买卖的成败并不完全寄托在一艘船上,更不是依赖一处地方;我的全部财产,也不会因为这一年的盈亏而受到影响,所以我的货物不用我担心。

——威廉·莎士比亚

学习目标

◆理解经济评估与财务评估的关系。

◆熟悉经济评估的程序。

◆理解经济评估参数在经济评估中的重要性及其应用。

◆经济评估费用与效益的识别与计量。

◆掌握经济评估的价格调整方法。

◆熟悉经济评估报表的编制和指标的计算。

重点、难点

◆经济评估费用与效益的识别与计量。

◆经济评估的价格调整。

知识结构

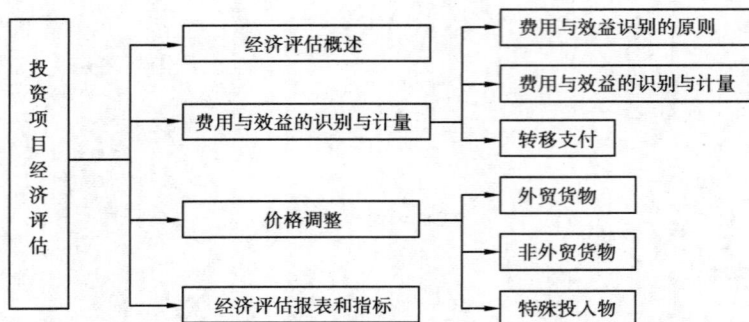

国家的资源(资金、土地、劳动力等)总是有限的,而同一种资源可以有不同的用途,从国民经济全面发展的角度出发,需要在这些相互竞争的用途中做出资源配置的最优选择。国民经济是一个大系统,项目建设是这个大系统中的一个子系统,经济评估就是要分析项目从国民经济中所吸取的投入以及项目产出对国民经济这个大系统的经济目标的影响,从而选择对大系统目标最有利的项目或方案。

11.1 经济评估概述

经济评估是按照资源合理配置的原则,从国家整体角度考察项目的效益和费用,用货物影子价格、影子工资、影子汇率和社会折现率等经济参数分析、计算项目对国民经济的净贡献,评价项目的经济合理性。

11.1.1 经济评估的对象

经济评估主要针对以下5个对象:

①涉及国民经济若干部门的重大工业投资项目和重大技术改造投资项目。

②严重影响国计民生的投资项目。

③有关稀缺资源的开发利用项目。

④涉及产品或原材料进出口或替代进出口的投资项目,以及产品和原材料国内价格明显失真的投资项目。

⑤技术引进项目及中外合资、合作经营项目。

11.1.2 经济评估与财务评估的关系

经济评估与财务评估的关系见表11-1。

表11-1 经济评估与财务评估的关系

关系		经济评估	财务评估
区别	分析角度不同	对社会经济的贡献	企业的盈利
	分析方法不同	费用效益法	成本效益法
	分析内容不同	经济效益分析	盈利能力分析、偿债能力分析、财务生存能力分析
	计算基础不同	影子价格、社会折现率	现行财务价格、行业基准收益率
共同点		评估目的和计算期相同、主要指标的计算方法类同	

11.1.3 经济评估的步骤

1)在财务分析基础上进行的经济评估

(1)效益和费用范围的调整

①剔除转移支付。在经济费用效益分析中,税负、补贴、借款和利息属于转移支付。但是具体问题要分情况处理:剔除企业所得税或补贴对财务价格的影响;一些税收、补贴或罚

款往往是为了校正项目"外部效果"的一种重要手段,这类转移支付不可剔除,可以用于计算外部效果;项目投入与产出中流转税应具体问题具体处理。

②识别项目的外部效益和外部费用。能够定量的应该进行定量分析,不能进行定量计算的要加以定性的描述。

(2)效益和费用数值的调整

通过影子价格、影子汇率、影子工资和社会折现率等经济评估参数对项目的建设投资、流动资金、经营费用、营业收入、外汇借款利息等进行调整。

(3)编制经济评估报表并计算相关评估指标

主要编制项目投资经济费用效益流量表,再根据此表计算项目的经济净现值和经济内部收益率等评估指标。

2)直接进行经济评估

(1)识别和计算项目的内部效益

根据投资项目的产品性质确定是否属于外贸货物,然后根据定价原则计算产品的影子价格,再由此计算项目的内部效益。

(2)投资估算

用产品的经济评估参数进行建设投资、流动资金的估算,具体估算的方法与财务评估类似。

(3)计算经营费用

按照生产经营耗费的各种原材料、燃料、动力、人工等的影子价格、影子工资、影子汇率计算项目的经营费用。

(4)识别项目的外部效益和外部费用

采用定量分析与定性分析相结合的办法来识别和计量项目的外部效益和外部费用。

(5)编制有关报表,计算经济评估指标

11.1.4 经济评估的基本要素

1)费用—效益分析

费用—效益分析是从整个国家和社会的角度出发,全面综合地分析和评价投资项目的一种科学的方法。

该方法通过计算影子价格、影子汇率及项目未来的经济效益和费用,以社会折现率对净效益进行折现,根据经济指标的计算结果对投资项目的经济价值进行评估判断。常用指标是经济净现值与经济内部收益率,其判断标准是以最小的费用取得最大的效益。

2)经济评估参数

经济评估参数是为计算经济费用和效益、衡量经济评估指标所采用的计量和判断参数。经济评估参数实际上就是一些标准化的数据,是评估时对方案进行判别和计算的依据,它能反映社会最佳的资源分配,实现国家宏观经济目标,体现政府对投资项目的价值判断和一定时期的经济政策。经济评估参数在投资项目评估中起到重要的作用,会直接影响投资项目评估和选择的结果。一方面提供了经济效益的数量度量标准,这类经济评估参数被称为计算参数,是计量和分析的基础,如影子价格、影子工资、影子汇率等;另一方面也是价值判别标准和取舍依据,被称为判断参数,如社会折现率。经济评估参数包括社会折现率、影子汇率、影子工资和土地影子价格,具体见表11-2。

表 11-2 经济评估参数

资源类型	适用的参数
资金	社会折现率
外汇的影子价格	影子汇率
劳动力的影子价格	影子工资
土地的影子价格	土地的机会成本 + 新增资源消耗

（1）影子价格

影子价格是指当社会经济处于某种最优状态下时,能够反映社会劳动的消耗、资源稀缺程度和对最终产品需求情况的价格。它一方面反映了生产资源的社会必要劳动,另一方面反映了资源的供求关系。影子价格是社会对货物真实价值的度量,只有在完善的市场条件下才会出现。然而这种完善的市场条件是不存在的,因此现成的影子价格也是不存在的,只有通过对现行价格的调整,才能求得它的近似值。

为了正确计算项目对国民经济所作的净贡献,在进行经济评估时,原则上都应该使用影子价格。但是为了简化计算,在不影响评价结论的前提下,可只对其价值在效益或费用中占比重较大或者国内价格明显不合理的产出物或投入物使用影子价格。

现行价格不能直接作为影子价格的理由:市场价格不能作为影子价格的原因在于只有均衡价格才能作为影子价格,但均衡价格极少出现;而对计划价格来说,即使好的计划价格也不能反映供求关系,不好的计划价格更不能反映任何问题。

影子价格是针对资源稀缺性而提出的一种虚拟价格,其确定依据:

①机会成本:即次最佳项目效益。也即项目使用某种资源,以其他项目因减少同一资源的使用而丧失的最大效益为代价,这个最大效益即为使用该资源的机会成本,也是使用该资源的影子价格。

②愿付价格:消费者支付意愿,也即消费者愿意支付的价格。在市场经济发达的国家,消费者支付意愿可以通过市场价格来反映,否则只能通过市场需求曲线来分析确定。

（2）社会折现率

社会折现率是由政府部门统一规定的在国民经济评价中用以衡量资金时间价值的参数,代表了资金占用所需获得的最低动态收益率。社会折现率是一个重要的通用参数,由国家统一测定发布。

社会折现率的使用范围：

①是经济内部收益率的衡量基准，用以衡量项目的经济效益。

②也是计算经济净现值、经济外汇净现值、经济换汇成本等指标时的折现率。

社会折现率能够引导投资方向，间接调控宏观投资规模，它的取值高低会影响项目的选优和方案的比较结果。而它的取值高低取决于国内一定时期投资收益水平、资金供求、机会成本、合理投资规模及实际的项目评价经营。我国取值一般在6%～8%，大部分西方国家为5%～7%。

（3）影子汇率

影子汇率是反映外汇真实价值的汇率。它主要依据一个国家或地区一段时期内进出口的结构和水平、外汇的机会成本及发展趋势、外汇供需状况等因素确定，可通过国家外汇牌价乘以影子汇率换算系数求得。影子汇率换算系数是一个重要的通用参数，由国家统一测定发布。计算公式为：

$$影子汇率 = 外汇牌价 \times 影子汇率换算系数 \tag{11-1}$$

目前我国的影子汇率换算系数取值为1.1。

（4）影子工资

影子工资是指项目增加一名劳动力致使社会为此付出的代价。影子工资与财务工资的区别：财务工资并非劳动力的真实价值，主要根据项目所处地区、行业、劳动力的种类等来确定。影子工资则要按劳动力的潜在社会价值计算，通过分析项目使用劳动力会给国家和社会带来的影响来获得。

项目使用劳动力给社会提供了新的就业机会。但是社会就损失了劳动力的边际产出或机会成本，劳动力转移会发生新增的社会资源消耗（学校、医院、水电、粮食）；使用劳动力增加了社会整体的就业人数和就业时间，也会使劳动力在减少闲暇时间的同时，增加了体力消耗和生活资料消耗。因此，投资项目劳动力的影子工资需考虑其潜在的社会价值，具体计算公式：

$$影子工资 = 劳动力机会成本 + 新增资源消耗 \tag{11-2}$$

其中，劳动力机会成本要根据具体情况分析确定：

①过去受雇于别处，以该员工以前的工资水平作为现在影子工资的基础进行上下浮动。

②对于自愿失业人员，以目标工资水平作为影子工资。

③非自愿失业劳动力，以其失业前的工资水平为基础调整。

（5）贸易费用率

贸易费用率是对贸易公司和各级商业批发站等部门花费在货物流通过程中、以影子价格计算的费用，一般取值为6%。不经商贸部门流转而由生产厂家直供的货物一般不计算贸易费用。贸易费用率主要用于对货物贸易费用的价格调整，具体计算公式为：

$$进口货物的贸易费用 = 到岸价（CIF）\times 影子汇率 \times 贸易费用率$$
$$出口货物的贸易费用 = 离岸价（FOB）\times 影子汇率 \times 贸易费用率$$
$$非外贸货物的贸易费用 = 出厂影子价格 \times 贸易费用率 \tag{11-3}$$

11.2　费用和效益的识别与计量

11.2.1　费用与效益的识别原则

1)基本原则

凡国民经济为项目付出的代价,均为项目的费用;凡项目对国民经济所作的贡献,均计为项目的效益。

2)边界原则

财务效益评估的边界是项目,经济效益评估的边界是整个国家。

3)资源变动原则

财务效益评估依据的是货币的变动。经济效益评估中的费用和效益的计算依据是社会资源真实的变动量。

凡是减少社会资源的项目投入都产生经济费用,凡是增加社会资源的项目产出都产生经济收益。

11.2.2　费用的识别与计量

1)内部费用

内部费用也称直接费用,指项目使用投入物所产生并在项目范围内计算的经济费用。它包括:

①为满足项目所需投入物而加大社会供应量所耗用的资源费用。

②减少对其他相同或类似企业的供给所带来的费用。

③增加进口(或减少出口)所带来的费用等。

2)外部费用

外部费用又被称为间接费用,是指由项目引起而在项目的直接费用中未得到反映的那部分费用,一般主要是项目产生的环境污染造成的损失。

11.2.3　效益的识别与计量

1)内部效益

内部效益也称直接效益,是指由项目产出物产生并在项目范围内计算的经济效益。它包括:

①项目投产后增加社会总供给所带来的效益。

②替代其他相同或类似企业的产出所带来的效益。

③增加出口(或减少进口)所带来的效益等。

2)外部效益

外部效益又称间接效益,是指由项目引起而在直接效益中未得到反映的那部分效益。

项目的间接效益和间接费用统称为外部效果。对显著的外部效果能定量的要作定量分析,计入项目的效益和费用;不能定量的应作定性描述。要防止外部效果重复计算或漏算。

11.2.4 转移支付的处理

转移支付是指那些既不消耗国民经济资源,又不增加国民经济收入,只是一种权属转让的款项。在鉴别投资项目的效益和费用时,要剔除"转移支付"。

1)税金

税金的支付不消耗任何国民经济资源,是由项目或企业将其经营成果的一部分让渡给政府,因此,不计入项目的经济费用。

2)补贴

补贴是政府将部分国民收入分配给项目,是国民收入的减少项,应从项目的经济效益中剔除。

3)国内借款利息

国内借款利息是企业将其一部分经营成果让渡给国内金融机构,在这过程中没有发生资源的损耗,应从项目的经济费用中剔除。

11.3 价格调整

11.3.1 调价范围与货物划分

1)调价范围

①价格严重不合理,价差大的投入物和产出物。

②投入量和产出量大,在费用和效益计算中比重大、影响大的投入物和产出物。

2)货物划分

(1)外贸货物

外贸货物是指其生产或使用将直接或间接影响国家进出口的货物,如石油、金属材料、金属矿物、木材及可出口的商品煤等。它包括项目产出物中直接出口(增加出口)、间接出口(替代其他企业产品使其增加出口)或替代进口(以产顶进减少进口)者;项目投入物中直接进口(增加进口)、间接进口(挤占其他企业的投入物使其增加进口)或挤占原可用于出口的国内产品(减少出口)者。

（2）非外贸货物

非外贸货物是指其生产或使用不会影响国家进出口的货物。除了所谓"天然"的非外贸货物，如建筑、国内运输等基础设施和商业的产品和服务外，还有由于运输费用过高或受国内外贸易政策和其他条件的限制不能进行外贸的货物。

（3）特殊投入物

特殊投入物是指土地、劳动力和自然资源。它们的投入和产出无法直接估计，需要通过其影子价格来核算。

11.3.2　价格调整的方法

1）外贸货物的影子价格

外贸货物的影子价格以实际可能发生的口岸价格为基础确定。具体定价方法如下：

（1）项目产出物的出厂价格

①直接出口产品的影子价格。

$$影子价格 = 离岸价（FOB）\times 影子汇率 - 国内运费 - 贸易费用 \tag{11-4}$$

②间接出口产品。

$$影子价格 = 离岸价 \times 影子汇率 - 原供应厂到口岸的运输和贸易费用 + 原供应厂到用户的运费和贸易费用 - 项目到用户的运费和贸易费用 \tag{11-5}$$

③替代进口产品。

$$影子价格 = 到岸价（CIF）\times 影子汇率 - 口岸到用户的运费和贸易费用 + 项目到用户的运费和贸易费用 \tag{11-6}$$

（2）项目投入物的到厂价格

①直接进口产品。

$$影子价格 = 到岸价（CIF）\times 影子汇率 + 口岸到用户的运费和贸易费用 \tag{11-7}$$

②间接进口产品。

$$影子价格 = 到岸价（CIF）\times 影子汇率 + 口岸到用户的运输和贸易费用 - 原供应厂到用户的运费和贸易费用 - 原供应厂到项目的运费和贸易费用 \tag{11-8}$$

③减少出口产品。

$$影子价格 = 离岸价（FOB）\times 影子汇率 - 供应厂到原口岸的运费和贸易费用 + 供应厂到项目的运费和贸易费用 \tag{11-9}$$

2）非外贸货物的影子价格

（1）项目产出物的影子价格

①增加供应数量满足国内消费的产出物。供求均衡的按财务价格定价；供不应求的参照国内市场价格及价格变化的趋势定价；无法判断供求情况的，取上述价格中较低者。

②不增加国内供应数量的产出物。质量与被替代产品相同的，按被替代企业相应的产品可变成本分解定价；提高产品质量的，按被替代产品的可变成本加提高产品质量而带来的

国民经济效益定价。产出物按上述原则定价后,再计算出厂价。

（2）项目投入物的影子价格

①能通过原有企业挖潜(不增加投资)增加供应的,按可变成本分解定价。

②在拟建项目计算期内需通过增加投资扩大生产规模来满足拟建项目需要,按全部成本分解定价。

③项目计算期内无法通过扩大生产规模增加供应的,项目投入物挤占其他用户使用供应量的,参照国内市场价格、国家统一价格加补贴中较高者定价。

3）特殊投入物的影子价格

（1）劳动力的影子价格

劳动力的影子价格用影子工资来表示,可根据项目所在地劳动力的充裕程度与技术熟练程度来核算,并结合实际情况适当提高或降低。

（2）土地的影子价格

①生产性用地。

$$土地影子价格 = 土地机会成本 + 新增资源消耗费用 \qquad (11-10)$$

其中,土地的机会成本按照拟建项目占用土地而使国民经济为此放弃的该土地"最好可行替代用途"的净收益测算。

②非生产性用地(如住宅、休闲用地等)应按照支付意愿的原则,根据市场交易价格测算其影子价格。

11.4 经济评估报表和指标

11.4.1 经济评估报表

1）辅助报表

（1）经济评估投资调整计算表（表 11-3）

表 11-3 经济评估投资调整计算表

序 号	项 目	财务评估			经济评估			经济评估比财务评估增减
		外币	人民币	合计	外币	人民币	合计	
1	建设投资							
1.1	建筑工程费							
1.2	设备购置费							
1.3	安装工程费							

续表

序 号	项 目	财务评估			经济评估			经济评估比财务评估增减
		外币	人民币	合计	外币	人民币	合计	
1.4	其他费用							
1.4.1	土地费用							
1.4.2	专利及专有技术费							
1.5	基本预备费							
1.6	涨价预备费							
1.7	建设期利息							
2	流动资金							
合计(1+2)								

（2）经济评估经营费用调整计算表（表11-4）

表11-4　经济评估经营费用调整计算表

序号	项 目	单 位	年投入量	财务评估		经济评估	
				单价	年费用	单价	年费用
1	外购原材料						
1.1	原材料 A						
1.2	原材料 B						
1.3	原材料 C						
1.4	……						
2	外购燃料和动力						
2.1	煤						
2.2	水						
2.3	电						
2.4	……						
3	工资或薪酬						
4	修理费						
5	其他费用						
合计(1+2)							

（3）经济评估直接效益调整计算表（表 11-5）

表 11-5　经济评估直接效益调整计算表

序号	产品名称	年销量				财务评估				经济评估				合计
		计算单位	国内市场	国际市场	合计	国内评价		国际市场		国内评价		国际市场		
						单价	现金收入	单价	现金收入	单价	现金收入	单价	现金收入	
1	投产第 1 年													
	负荷/%													
	A 产品													
	B 产品													
	小计													
2	投产第 2 年													
	负荷/%													
	A 产品													
	B 产品													
	小计													
3	正常生产													
	年份													
	（100%）													
	A 产品													
	B 产品													
	小计													

2）基本报表

（1）经济评估费用效益流量表（全部投资）

一般国内投资项目应编制《经济评估费用效益流量表（全部投资）》（表 11-6）用于国民经济效益的分析与评估。

（2）经济评估费用效益流量表（国内投资）

利用外资的投资项目，除了要编制上表之外，还需编制《国民经济效益费用流量表（国内投资）》，作为利用外资项目经济评价和方案比较判断的依据。

（3）经济外汇流量表

对于涉及产品出口创汇及替代进口节汇的项目，除了要编制前两个报表之外，还应编制《经济外汇流量表》和《国内资源流量表》，用于计算国内资源的现值和国民经济外汇效果指标。

表 11-6 经济评估费用效益流量表

序号	项　目	合计	计算期					
			1	2	3	4	…	n
1	效益流量						…	
1.1	项目直接投资						…	
1.2	资产余值回收						…	
1.3	项目间接效益						…	
2	费用流量						…	
2.1	建设投资						…	
2.2	维持运营投资						…	
2.3	流动资金						…	
2.4	经营费用						…	
2.5	项目间接费用						…	
3	净效益流量(1－2)						…	

计算指标:1.经济净现值(元):

2.经济内部收益率(%):

3.经济效益费用比:

11.4.2　经济评估指标

1)经济净现值

经济净现值(ENPV)是反映项目对国民经济净贡献的绝对指标。它是用社会折现率将项目计算期内各年的净效益流量折算到建设期初的现值之和。其表达式为:

$$\text{ENPV} = \sum_{t=1}^{n} (B - C)_t \cdot (1 + i_s)^{-t} \qquad (11\text{-}11)$$

式中　B——经济效益流量;

　　　C——经济费用流量;

　　　i_s——社会折现率;

　　　n——计算期。

经济净现值(ENPV)≥0 表示国家为拟建项目付出代价后可以得到符合社会折现率的社会盈余,或除得到符合社会折现率的社会盈余外,还可以得到以现值计算的超额社会盈余,这时就认为项目是可以考虑接受的。

2)经济内部收益率

经济内部收益率(EIRR)是反映项目对国民经济净贡献的相对指标。它是项目在计算期内各年经济净效益流量的现值累计等于零时的折现率。其表达式为:

$$\sum_{t=1}^{n} (B - C)_t / (1 + \text{EIRR})^t = 0 \qquad (11\text{-}12)$$

经济内部收益率（EIRR）≥社会折现率（i_c），表明项目对国民经济的净贡献达到或超过了要求的水平，这时应认为项目是可以考虑接受的。

3）经济效益费用比

效益费用比（R_{BC}）是用投资项目的效果与费用的比值来衡量单位费用所达到的投资效果。计算公式为：

$$R_{BC} = \frac{\sum_{t=1}^{n} B_t (1 + i_s)^{-t}}{\sum_{t=1}^{n} C_t (1 + i_s)^{-t}} \tag{11-13}$$

式中　B_t——第 t 期的经济效益流量；

　　　C_t——第 t 期的经济费用流量。

效益费用比 $R_{BC} > 1$，说明项目从经济资源配置的角度可以接受。

11.5　总　结

经济评估是按照资源合理配置的原则，从国家整体角度考察项目的效益和费用，用货物的影子价格、影子工资、影子汇率和社会折现率等经济参数分析、计算项目对国民经济的净贡献，评价项目的经济合理性。

经济评估采用费用——效益分析方法从整个国家和社会的角度出发，通过计算影子价格、影子汇率及项目未来的经济效益和费用，以社会折现率对净效益进行折现，根据经济指标的计算结果对投资项目的经济价值进行评估判断。

经济评估参数是为计算经济费用和效益、衡量经济评估指标所采用的计量和判断参数。经济评估参数实际上就是一些标准化的数据，是评估时对方案进行判别和计算的依据，它能反映社会最佳的资源分配，实现国家宏观经济目标，体现政府对投资项目的价值判断和一定时期的经济政策。常用的经济评估参数有影子价格、影子工资、影子汇率、社会折现率等。

凡国民经济为项目付出的代价均为项目的费用；凡项目对国民经济所做的贡献，均计为项目的效益。投资项目的内部费用是指项目使用投入物所产生，并在项目范围内计算的经济费用；外部费用是指由项目引起而在项目的直接费用中未得到反映的那部分费用，一般主要是项目产生的环境污染造成的损失。投资项目的内部效益是指由项目产出物产生并在项目范围内计算的经济效益；外部效益是指由项目引起而在直接效益中未得到反映的那部分效益。

如果项目投入物和产出物的价格严重不合理、价差大，或者投入量和产出量大，在费用和效益计算中比重大、影响大，都需要根据投入物和产出物的类别进行价格调整，然后将调整以后的数据填入经济评估报表，计算经济评估的经济净现值和经济内部收益率等评估指标，并根据指标计算结果评判项目是否具有经济效益。

思考题

1.经济评估的对象。

2.经济评估与财务评估的关系。

3.经济评估参数。

4.费用和效益的识别与计量。

5.经济评估中的价格调整。

6.经济评估指标的计算及应用。

案例 11-1

投资项目经济评估

一、项目概况

1.项目名称

××外贸产品加工厂。

2.项目拟建地点

××工业园区。

3.项目建设背景

项目以外贸产品加工为主,技术条件完备,产品设计与功用适应市场需求,国外市场需求量大,在国际市场上具有价格优势,未来发展趋势较好。

二、投资项目的经济评估

该项目是在财务评估的基础上经过费用与效益的调整,再进行经济评估。

1.内部费用的计量(表 11-7)

表 11-7 经济评估投资调整计算表   单位:万元

序号	项 目	财务评估			经济评估		
		外币/万美元	人民币/万元	合计/万元	外币/万美元	人民币/万元	合计/万元
1	建设投资	53.5	1 093.9	1 433.9	58.8	1 203.29	1 577.29
1.1	建筑工程费		330	330		363	363
1.2	设备购置费	53.5	60	400	58.8	66	440
1.3	安装工程费		10	10		11	11
1.4	其他费用		20	20		22	22
1.5	基本预备费		22.8	22.8		25.08	25.08
1.6	涨价预备费		7.6	7.6		8.36	8.36
1.7	建设期利息		643.5	643.5		707.85	707.85
2	营运资金		3 642	3 642		3 642	3 642
	合计(1+2)	53.5	4 735.9	5 075.9	58.8	4 845.3	5 219.3

2. 内部效益计量

项目的内部效益与财务评估的内容一致。

3. 外部费用计量

外部费用是指由项目引起而在直接费用中未得到体现的那部分费用,主要考虑工业项目废物产生的环境污染造成的损失。本项目是外贸产品的加工,属于加工服务产业,无工业废物的产生,故无须考虑外部费用。

4. 外部效益计量(表 11-8)

表 11-8 经济评估外部效益估算表 单位:万元

序号	项目	合计	计算期									
			1	2	3	4	5	6	7	8	9	10
1	项目对上游企业产生的效益	19	1	1	1	2	2	2	2.5	2.5	2.5	2.5
2	项目对下游企业产生的效益	20.9	1.1	1.1	1.1	2.2	2.2	2.2	2.75	2.75	2.75	2.75

5. 经济评估参数

用影子价格、影子工资、影子汇率、社会折现率等参数直接进行项目的投资估算。

(1)本项目受益时间较短,故社会折现率取 8%

(2)影子汇率 = 外汇牌价 × 影子汇率换算系数

根据汇率数据更新时间 2011 年 11 月 24 日 11 时的最新中行外汇牌价:

1 美元 = 6.357 元人民币,影子汇率换算系数 = 1.1。

则影子汇率 = 6.357 × 1.1 = 6.992 7。

(3)劳动力的影子价格

影子工资 = 劳动力机会成本 + 新增资源消耗

按照我国当前及未来劳动力就业压力情况分析,影子工资以财务实际支付工资为计算标准(表 11-9)。

表 11-9 经济评估工资估算表 单位:万元

经营期	1	2	3	4	5	6	7	8	9	10
工资	18	20	20	20	22	23	24	26	26	28

影子工资 = 18 + 20 + 20 + 20 + 22 + 23 + 24 + 26 + 26 + 28 = 227(万元)

(4)土地影子价格

土地影子价格 = 土地机会成本 + 新增资源消耗。

根据本项目土地所处地理位置、项目情况以及取得方式,采用收益现值法确定土地的影子价格,以社会折现率对土地的未来收益及费用折现,见表 11-10。

土地影子价格 = 231.5 + 222.9 + 206.4 + 198.5 + 183.8 + 176.4 + 163.4 + 156.7 + 145.1 + 139.0 = 1 823.7(万元)

表 11-10 土地未来收益估算表 单位:万元

经营期	1	2	3	4	5	6	7	8	9	10
土地未来收益	250.0	260.0	260.0	270.0	270.0	280.0	280.0	290.0	290.0	300.0
折现值	231.5	222.9	206.4	198.5	183.8	176.4	163.4	156.7	145.1	139.0

6. 经济评估报表与评估指标(表 11-11)

表 11-11 经济评估费用效益流量表 单位:万元

序号	项目	合计	计算期									
			1	2	3	4	5	6	7	8	9	10
1	效益流量	24 416	1 841	2 001	2 161	2 222	2 482	2 542	2 601	2 662	2 922	2 982
1.1	项目直接效益	24 400	1 840	2 000	2 160	2 220	2 480	2 540	2 600	2 660	2 920	2 980
1.2	资产余值回收	16	1	1	1	2	2	2	1	2	2	2
1.3	项目间接效益											
2	费用流量	21 091	2 868	1 820	1 853	1 904	2 032	2 106	2 052	2 118	2 157	2 182
2.1	期初建设投资	4 780	1 000	400	400	400	450	450	420	430	430	400
2.2	期间更新及扩充投资	7 350	600	630	660	690	720	750	780	810	840	870
2.3	经营运资金	3 642	330	333	336	348	355	380	375	386	391	408
2.4	经营费用	4 729	888	405	403	410	449	466	415	428	430	436
2.5	项目间接费用	590	50	52	54	56	58	60	62	64	66	68
3	净效益流量(1−2)	3 325	−1 027	181	308	318	450	436	549	544	765	800

经济评估指标:经济净现值 = 1 632 万元

经济内部收益率 = 32.4%

经济效益费用比 = 1.16

三、小结

本项目的产品具有竞争优势,从资源配置的角度来看,经济净现值、经济内部收益率、效益费用比等评估指标均较为理想,项目投产能够给国民经济带来净贡献。从宏观角度看,项目具有一定的经济合理性。

第12章 投资项目不确定性与风险分析

不确定性是我们当前时代的基本特征,无论是变化莫测的金融,还是社会矛盾冲突,都意味着稳定性、精确性、可预测性,已经日益被变革性、模糊性和不可预测性所替代。

——马蔚华

学习目标

◆ 理解不确定性与风险的含义。

◆ 熟悉不确定性与风险产生的原因。

◆ 掌握盈亏平衡分析和敏感性分析方法。

◆ 掌握风险分析方法。

◆ 了解风险识别、风险估计、风险评价和风险应对方法。

重点、难点

◆ 盈亏平衡分析和敏感性分析方法。

◆ 风险分析方法。

◆ 风险应对方法。

知识结构

```
                              ┌─── 不确定性分析概述
                              │
投资项目不确定性分析 ─────┤                        ┌─── 独立方案盈亏平衡分析
                              ├─── 盈亏平衡分析 ───┤
                              │                        └─── 互斥方案盈亏平衡分析
                              │
                              │                        ┌─── 盈利能力指标
                              ├─── 敏感性分析 ─────┤
                              │                        └─── 偿债能力指标
                              │
                              └─── 风险分析
```

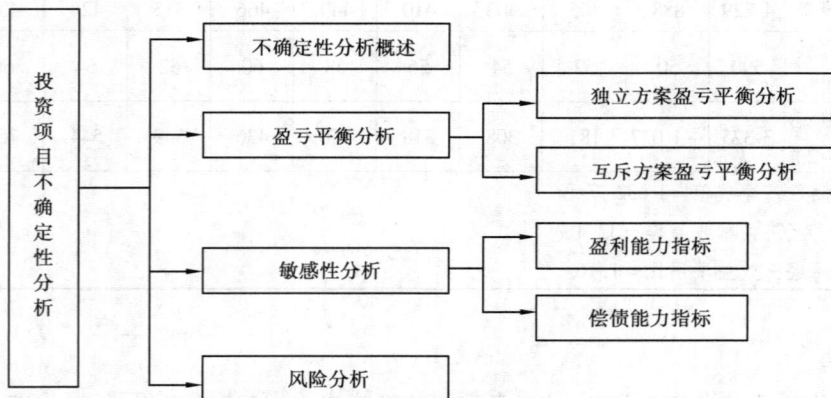

当今时代是一个多变、开放和充满不确定性的时代,蕴含各种各样的严峻挑战和风险。随着经济全球化的发展和信息化程度的快速提高,世界在逐步进入一个不同于传统社会的风险社会,经济活动的不确定性、不可预见性都在日益增强。投资项目经济评价所采用的基本变量都是对未来的预测和假设,所以评估结论具有不确定性。为了提高经济评价的准确度和可信度,尽量避免和减少投资决策的失误,有必要在财务评估与经济费用效益评估的基础上对投资方案做不确定性与风险分析,为投资决策提供客观、科学的依据。

12.1　不确定性与风险分析概述

投资项目的财务评估和经济评估中采用的数据都是通过预测和估算出来的,因而具有不确定性,与项目运营时候的情况具有一定的不同,项目运营后可能出现预期的财务效益和经济效益与现实情况存在偏差,这就产生了投资项目的经济风险。

12.1.1　不确定性与风险的含义

1)不确定性

所谓不确定性就是指一种决策有一种以上的可能结果。在投资项目运营过程中,某些经济与非经济因素的变化会对投资项目的经济指标产生影响,从而导致投资项目的实际经济效益偏离投资决策时的预测值,这就是投资项目评估的不确定性。投资项目常见的不确定因素有产品价格、生产能力、生产工艺和技术设备、项目寿命期、资金结构、利率与汇率及政策因素等。

2)风险

对投资决策而言,风险是指实现的现金流量偏离预期的现金流量。若一项决策会产生多种可能的结果,则认为此决策有风险。

不确定性和风险是所有项目固有的内在特性,只是对不同的项目其程度可能有所不同。通过不确定性和风险分析,可以确定项目经济效益指标的变动范围,明确经济效益指标所能允许的因素变化的极限值,提高项目经济评价结论的可靠性。

12.1.2　不确定性与风险产生的原因

1)投资项目评估与建设运营存在时间差

投资项目是未来的经济活动。由于影响经济效果的各种经济要素(比如市场需求和各种价格)的未来变化带有不确定性,如科技进步和经济、政治形势的变化都会使生产成本、销售价格、销售量等发生变化,未来实际发生的情况与事先的估算、预测很可能有相当大的出入,具有不确定性,给投资带来风险。

2)评估人员主观判断存在差异

投资项目评估过程中存在无法量化的经济因素,还需要对许多非物质成本和效益进行分析与评价,这些评价是建立在评估工作人员的经验和个人价值判断基础上的,而主观判断的结果因人而异。对难以量化和无形的外部效果的定性估计更是主观意愿的表现,这使得评估结论带有一定的不确定性。

3）评估者掌握的信息有限

项目有关的因素或未来的情况由于缺乏足够的情报（信息）而无法做出正确的估计，或者没有全面考虑所有因素而造成预期价值与实际价值之间的差异，结果无法用概率分布规律来描述。方案各种经济要素的取值（如投资、产量）由于缺乏足够的信息或测算方法上的误差，使得方案经济效果评价值也带有不确定性，从而使评价结论不可避免地带有风险性。

12.1.3　不确定性分析与风险分析的关系

1）两者的区别

不确定性分析是对投资项目受不确定性因素影响进行分析，并粗略地了解项目的抗风险能力，主要方法是盈亏平衡分析和敏感性分析。风险分析是对投资项目的风险因素和风险程度进行识别和判断，主要方法有专家调查法、层次分析法、控制区间和记忆模型法、概率树法、蒙特卡洛模拟法等。

2）两者的联系

不确定性分析与风险分析之间也有一定的联系。由敏感性分析可知影响项目效益的敏感因素和敏感程度，但不知这种影响发生的可能性；如需得知可能性，就必须借助于概率分析。而敏感性分析所找到的敏感因素又可以作为概率分析风险因素的确定依据。

12.2　盈亏平衡分析

12.2.1　盈亏平衡分析概述

1）盈亏平衡分析的含义

盈亏平衡分析是在一定市场、生产能力及经营管理条件下，通过对产品产量、成本、利润相互关系的分析，判断企业对市场需求变化适应能力的一种不确定性分析方法，故也称为本量利分析、损益分析、成本效益分析等。在投资项目评估中，这种方法的作用是找出投资项目的盈亏临界点，以判断不确定性因素对方案经济效果的影响程度，说明方案实施的风险大小及投资项目承担风险的能力，为投资决策提供科学依据。根据总成本费用、销售收入与产量之间是否呈线性关系，盈亏平衡分析可分为线性盈亏平衡分析和非线性盈亏平衡分析。

采用盈亏平衡分析方法对投资项目进行不确定性分析的主要目的并不是单纯为了寻求企业既无盈利又无亏损的那个临界点，而是希望通过确定盈亏平衡点来进一步推测企业增加销量、增加利润、提高盈利的可能性，以及各个因素变动对利润的影响程度。

2）盈亏平衡分析的前提

盈亏平衡分析主要是通过分析成本、产量和收入等因素之间的关系来判断各因素对投资项目利润的影响,进而分析项目的不确定性。该方法应用的前提是对投资项目进行成本性态分析。按照对应的生产阶段,将总成本划分为固定成本和变动成本,其中固定成本是不随产量变化而变化的成本,变动成本是随产量变化而变化的成本。这部分工作在财务效益与费用估算阶段就应该完成。

3)盈亏平衡分析的基本原理

投资项目的收益与亏损有个转折点,即盈亏平衡点(Break Even Point,BEP)。在这个点上,销售收入与生产成本相等,项目刚好盈亏平衡。盈亏平衡点越低,项目实现盈利的可能性越大,产生亏损的可能性越小。盈亏平衡分析法就是要找出这个盈亏平衡点,用以衡量项目适应生产或销售情况变化的能力,考察项目的风险承受能力。

盈亏平衡点的表达形式有多种,可以用实物产量、单位产品售价、单位产品的可变成本以及每年固定成本的绝对量表示,也可以采用相对值表示,例如生产能力利用率等。其中以产量和生产能力利用率表示的盈亏平衡点应用最为广泛。

4)盈亏平衡分析的假设条件

①成本是生产量或销售量的函数。

②生产量等于销售量,即没有存货。

③可变成本随产量成正比例变化。

④在所分析的产量范围内,固定成本不变。

⑤单价保持不变。

⑥单价、单位变动成本和固定成本的关系保持不变,即投入物和产出物的需求价格弹性为零。

⑦通常只计算一种产品的盈亏平衡点。如果有多种产品,则需要构建产品组合,且组合内各种产品的产量比例不变。

⑧采用达到正常生产能力的数据进行分析。

5)盈亏平衡分析的意义

(1)研究本量利之间的变化关系

项目管理者的任何决策都会引起产量(销售量)、成本、价格等因素的变化,利用盈亏平衡分析法能方便地分析诸因素变化对利润的影响。

(2)确定盈亏平衡点产量

盈亏平衡点产量是指投资项目不盈不亏时的产量,或称保本产量,这时项目的总收入等于总成本。

(3)确定项目的安全边际

安全边际是指投资项目预期(或实际)销售量与盈亏平衡点销售量之间的差额。

12.2.2 线性盈亏平衡分析

当营业收入与产销量、成本费用与产销量呈线性关系时,盈亏平衡分析就称为线性盈亏平衡分析。

1）线性盈亏平衡分析的函数关系

销售收入 S = 单位售价 × 销量 = $P \times Q$

总成本 C = 变动成本 + 固定成本 = 单位变动成本 × 产量 + 固定成本

$$= C_v \times Q + C_f$$

销售税金 = 单位产品销售税金及附加 × 销量 = $T \times Q$

综合上述关系,可得:

$$R = P \times Q - C_v \times Q - C_f - Q \times T = (P - C_v - T) \times Q - C_f \qquad (12\text{-}1)$$

式中　R——利润;

　　　P——单位产品售价;

　　　Q——销量或生产量;

　　　T——单位产品销售税金及附加;

　　　C_v——单位产品变动成本;

　　　C_f——固定成本。

2）线性盈亏平衡分析图

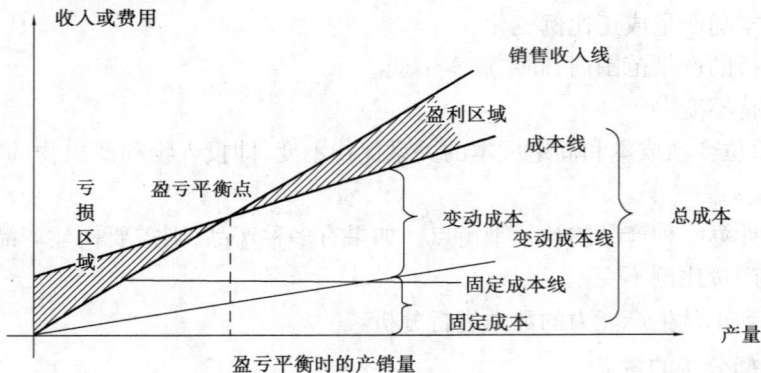

图 12-1　线性盈亏平衡分析图

由图 12-1 可知,销售收入线与成本线的交点是盈亏平衡点(BEP),表明企业在此销售量下总收入扣除销售税金及附加后与总成本相等,既没有利润,也不发生亏损。在此基础上增加销售量,销售收入将超过总成本,收入线与成本线之间的距离为利润值,形成盈利区;反之,形成亏损区。

3）线性盈亏平衡点的计算

线性盈亏平衡点可以用产量、单价、单位变动成本表示,也可用生产能力利用率表示。

（1）产量表示的盈亏平衡点表达式

令利润 $R = 0$,此时的产量即为盈亏临界点生产量,即

$$Q_{BEP} = \frac{C_f}{P - C_v - T} \qquad (12\text{-}2)$$

（2）生产能力表示的盈亏平衡点表达式

$$R_{BEP} = \frac{Q_{BEP}}{Q} \times 100\% = \frac{C_f}{(P - C_v - T) \times Q} \times 100\% \tag{12-3}$$

生产能力利用率表示的盈亏平衡点，是指盈亏平衡点产量占设计生产能力的百分比。

（3）销售价格表示的盈亏平衡点表达式

如果按设计生产能力进行生产和销售，BEP 还可以由盈亏平衡点价格 P_{BEP} 来表达，即

$$P_{BEP} = \frac{C_f}{Q} + C_v + T \tag{12-4}$$

（4）单位变动成本表示的盈亏点平衡表达式

$$C_{vBEP} = P - T - \frac{C_f}{Q} \tag{12-5}$$

例题 12-1

某项目设计生产能力为年产 50 万件产品，根据资料分析，估计单位产品价格为 100 元，单位产品变动成本为 80 元，固定成本为 300 万元，该产品销售税金及附加的合并税率为 5%。试用产量、生产能力利用率、单位产品价格和单位变动成本分别表示项目的盈亏平衡点，并对盈亏平衡结果进行分析。

【解答】

依题，可知该产品单位销售税金及附加 = $100 \times 5\% = 5$ 元

①产量表示的盈亏平衡点

$$Q_{BEP} = \frac{300 \times 10\ 000}{100 - 80 - 5} = 200\ 000\ (件)$$

②生产能力表示的盈亏平衡点

$$R_{BEP} = \frac{200\ 000}{500\ 000} \times 100\% = 40\%$$

③销售价格表示的盈亏平衡点

$$P_{BEP} = \frac{3\ 000\ 000}{500\ 000} + 80 + P_{BEP} \times 5\% = 86 + P_{BEP} \times 5\%$$

则，$P_{BEP} = \dfrac{86}{1 - 5\%} = 90.53$（元/件）

④单位可变成本表示的盈亏点

$$C_{vBEP} = 100 - 5 - \frac{3\ 000\ 000}{500\ 000} = 89\ (元/件)$$

⑤盈亏平衡结果分析

如果未来产品的单价和生产成本与预期值相同，项目不发生亏损的条件是：年销售量不低于 200 000 件，生产能力利用率不低于 40%；若按照设计生产能力进行生产，无存货，生产成本与预期值相同，项目不发生亏损的条件是：单价不低于 90.53 元/件；如果销售量和单价

与预期值相同,项目不发生亏损的条件是:单位变动成本不高于89元/件。

12.2.3　非线性盈亏平衡分析

在垄断竞争条件下,项目产量增加导致市场上产品价格下降,同时单位产品的成本会增加,则销售收入和成本与产销量间可能是非线性的关系。

1)非线性盈亏平衡分析的函数关系

非线性盈亏平衡分析是在产品的营业收入和总成本与产量之间存在着非线性关系的情况下进行的盈亏平衡分析。通常以产量作为自变量,单价和单位变动成本是产量的因变量,随产量的变动而变动。

$$销售收入\ S = 单位售价 \times 销量 = P \times P(Q)$$

$$总成本\ C = 变动成本 + 固定成本 = 单位变动成本 \times 产量 + 固定成本$$
$$= C_v \times C_v(Q) + C_f$$

$$销售税金 = 单位产品销售税金及附加 \times 销量 = T \times Q$$

综合上述关系,可得:

$$R = P \times P(Q) - C_v \times C_v(Q) - C_f - Q \times T$$

以利润与产量之间存在二元函数关系为例,上述公式可以表达为:

$$R = aQ^2 + bQ + c \tag{12-6}$$

当利润为0时,可以求解出 Q_{BEP}。

2)非线性盈亏平衡分析图(图12-2)

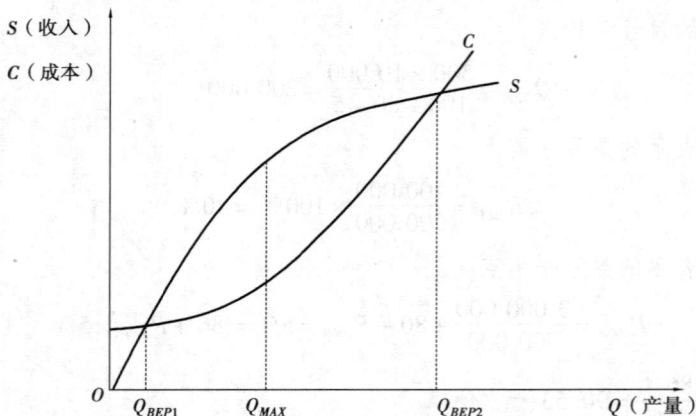

图12-2　非线性盈亏平衡分析图

在生产规模保持不变,利润与产量之间存在二元函数关系时,非线性盈亏平衡点是两个,即产量最大的点(Q_{BEP2})和最小的点(Q_{BEP1})。项目产量只有保持在最大点和最小点之间才能盈利,产量低于最小点和高于最大点都会发生亏损。

12.2.4　互斥方案的盈亏平衡分析

如有某个共同的不确定性因素影响互斥方案的取舍时,可先分别求出两两方案的盈亏平衡点,再根据盈亏平衡点进行取舍。

1)产量为共同的不确定因素

依据已知条件,分析不同方案的盈亏平衡产量,并根据生产产量进行结果分析。

例题 12-2

某建设项目需要安装一条自动化生产线,现在有 3 种方案可供选择:A 方案是从国外引进全套生产线,年固定成本为 1 350 万元,单位产品变动成本为 1 800 元;B 方案仅从国外引进主机,国内组装生产线,年固定成本为 950 万元,单位产品变动成本为 2 000 元;C 方案采用国内生产线,年固定成本为 680 万元,单位产品变动成本为 2 300 元。假设各生产线的生产能力相同,试分析各种方案适用的生产规模。

【解答】

各方案的总成本(C)均是产量 Q 的函数,即

$$C_A = 1\ 350 + 0.18Q;$$
$$C_B = 950 + 0.2Q;$$
$$C_C = 680 + 0.23Q。$$

因此首先以 Q 为变量,做出 3 个方案的总成本线(C 线),见图 12-3。

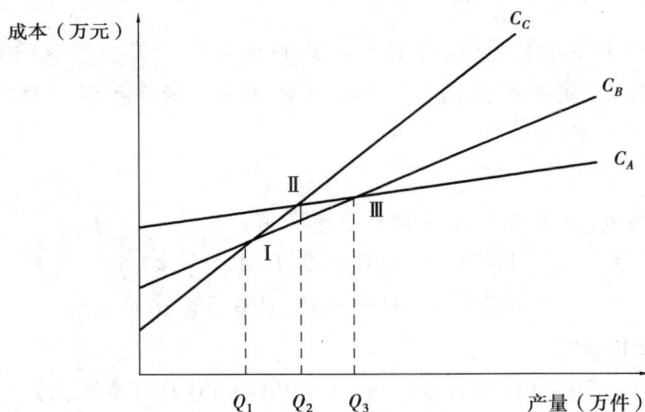

图 12-3　3 个方案的总成本线图

从图 12-3 可知,3 条成本线分别两两相交于 Ⅰ 、Ⅱ 、Ⅲ 3 点,则这 3 点就分别是相应的两个方案的盈亏平衡点,其对应的产量就是盈亏平衡产量。例如 C_B 和 C_C 相交于 Ⅰ 点,则 Ⅰ 点就是方案 B 和方案 C 的盈亏平衡点,Q_1 就是方案 B 和方案 C 的盈亏平衡产量。即当产量水平为 Q_1 时,从成本分析的角度,方案 B 和方案 C 没有差异。

具体计算过程:

当产量水平为 Q_1 时,$C_B = C_C$,即 $950 + 0.2Q_1 = 680 + 0.23Q_1$,解得 $Q_1 = 0.9$(万件)。

当产量水平为 Q_2 时,$C_A = C_C$,即 $1\ 350 + 0.182Q_2 = 680 + 0.23Q_2$,解得 $Q_2 = 1.34$(万件)。

当产量水平为 Q_3 时,$C_A = C_B$,即 $1\ 350 + 0.182Q_3 = 950 + 0.2Q_3$,解得 $Q_3 = 2.0$(万件)。

由于各条生产线的生产能力是相同的,因此确定各方案适用的生产规模也就是比较在各种生产规模下各个方案的成本情况。

由上面的计算结果和图 12-3 可知,当产量水平低于 0.9 万件时,C 方案的成本最小,所以选择 C 方案最经济;同理,当产量水平在 0.9 万~2 万件时,B 方案为最佳;当产量水平高于 2 万件时,方案 A 最为合理。

2)寿命期为共同的不确定性因素

当寿命期是不同项目投资方案的不确定因素时,可以求出项目寿命期的临界值,然后再根据具体的情况选择适合的投资方案。

例题 12-3

某产品有两种生产方案,投资及现金流量情况见表 12-1。

表 12-1　投资方案的现金流量状况

项目	初始投资/万元	年净现金流量/万元
方案 A	70	15
方案 B	170	35

两个项目都是第 1 年年初投资,并且当年达到正常生产能力。该项目产品的市场寿命具有较大的不确定性,给定基准折现率为 5%,不考虑期末资产残值。要求:以项目寿命期为依据选择合适的生产方案。

【解答】

设项目寿命期为 n,计算两个方案的财务净现值:

$$FNPV_A = -70 + 15(P/A, 5\%, n)$$
$$FNPV_B = -170 + 35(P/A, 5\%, n)$$

当 $FNPV_A = FNPV_B$ 时,

$$-70 + 15(P/A, 5\%, n) = -170 + 35(P/A, 5\%, n)$$

得 $(P/A, 5\%, n) = 5$。

查表知,$(P/A, 5\%, 5) = 4.329\,5$;

$(P/A, 5\%, 6) = 5.075\,7$。

由插值法计算得 $n \approx 5.89$ 年,见图 12-4。

这就是以项目寿命期为共有变量时方案 A 与方案 B 的盈亏平衡点。由于方案 B 年净收益比较高,可见项目寿命期延长对方案 B 有利。

结果分析:如果根据市场预测项目寿命期小于 5.9 年,应采用方案 A;如果寿命期在 5.9 年以上,则应采用方案 B。

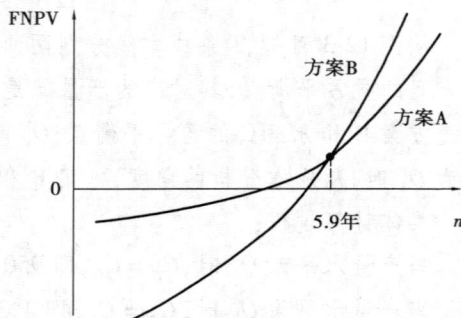

图 12-4　项目方案的寿命期与净现值关系图

12.2.5　盈亏平衡分析的局限性

盈亏平衡分析的局限性如下：

①如果假设条件与实际出入很大，很难得到准确的分析结果。

②仅是分析价格、产量、成本等不确定因素的变化对投资项目盈利水平的影响，却不能从分析中判断项目实际盈利能力的大小。

③虽然能对项目的风险进行分析，但难以定量测度风险的高低。

④没有考虑资金的时间价值因素和项目计算期内现金流量的变化。

12.3　敏感性分析

敏感性分析是分析当投资项目评估的基础数据发生变化时，其评价指标会有多大变动。它是常用的一种分析投资项目不确定性的方法，用于研究不确定因素变动对项目经济效益的影响及其程度。

12.3.1　敏感性分析概述

1）敏感性分析的含义

敏感性是通过分析、预测方案的各种不确定因素发生变化时对方案经济效果的影响，从中找出影响程度较大的因素即敏感性因素，确定其影响程度，并分析该因素达到临界值时项目的承受能力。可能对方案经济效果产生影响的不确定因素有投资额、建设工期、产品产量、产品价格、产品成本以及汇率等。

2）敏感性分析的分类

敏感性分析是通过研究各种变化因素对方案经济效果的影响程度来分析投资项目的不确定性的方法。按照变动因素的数量可以将其分为两类：

①单因素敏感性分析：每次只变动一个参数而其他参数不变的敏感性分析方法。

②多因素敏感性分析：考虑各种因素可能发生的不同变动幅度的多种组合，分析其对方案经济效果的影响程度。

3）敏感性分析的步骤

（1）确定敏感性分析指标

所谓分析指标，是指敏感性分析的具体对象，即方案的经济效果指标，如净现值、净年值、内部收益率、投资回收期等。各种经济效果指标都有其特定的含义，分析、评价所反映的问题也有所不同。对于某个特定方案而言，应根据方案资金来源等特点，选择一种或两种指标作为分析指标。常见的敏感性分析指标是净现值和内部收益率。

（2）选择不确定因素

影响投资方案经济效果的不确定因素很多，这些因素中的任何一个发生变化都会引起方案经济效果的变动。但在实际工作中，不可能、也不需要对影响经济效果的所有因素都进行不确定性分析，而应根据方案特点选择几种变化可能性较大，且对方案经济效果影响较大的因素进行敏感性分析。

敏感性分析中不确定因素选取的原则：①因素的变动将会极大地影响项目投资效益。②该因素数据来源的可靠性、准确性把握不大。

（3）设定不确定因素的变动范围

在选定了需要分析的不确定因素后，还要结合实际情况，根据各种不确定因素可能波动的范围设定不确定因素的变化幅度。一般是选择不确定因素变化的百分率，通常选取 ±5%、±10%、±15%、±20% 的变动范围。如果将建设工期看作不确定因素，可采用延长一段时间或缩短工期来表示。

（4）计算敏感性分析指标

①敏感度系数。敏感度系数也称灵敏度，是指项目评价指标变化的百分率与不确定因素（变量因素）变化的百分率之比。分别使各不确定性因素按照一定的变化幅度改变它的数值，然后计算这种变化对经济评价指标（如 FNPV、FIRR 等）的影响数值，并将其与该指标的原始值相比较，从而得出该指标的变化率，即：

$$\text{敏感度系数}(\beta) = \frac{\left|\text{评价指标变化幅度}\right|}{\left|\text{变量因素变化幅度}\right|} = \frac{|\Delta Y_j|}{|\Delta X_i|} = \frac{\left|\frac{Y_{j1} - Y_{j0}}{Y_{j0}}\right|}{|\Delta X_i|} \quad (12\text{-}7)$$

式中　ΔX_i——第 i 个变量因素的变化幅度（变化率）；

Y_{j1}——第 j 个指标受变量因素变化影响后所达到的指标值；

Y_{j0}——第 j 个指标未受变量因素变化影响时的指标值；

ΔY_j——第 j 个指标受变量因素变化影响的差额幅度（变化率）。

结果分析：$\beta > 0$，表示评价指标与不确定因素同方向变化；$\beta < 0$，表示评价指标与不确定因素反方向变化。敏感度系数数值越大，表示项目效益对该不确定因素的敏感程度越高。

②临界值。临界值也称临界点，是指由于不确定因素的变化使项目由可行变为不可行的临界数值，可采用不确定因素相对基本方案的变化率或其对应具体数值表示。当不确定因素的变化超过了临界点所表示的不确定因素的极限变化时，项目将由可行变为不可行。临界点的高低与设定的基准收益率有关。在一定的基准收益率下，临界点越低，该因素对项目效益指标影响越大，项目对该因素就越敏感。

（5）确定敏感性因素

根据前面敏感度分析指标的计算结果判断敏感因素并加以排序，敏感因素就是其数值变动能显著影响分析指标的因素。判别敏感因素的方法有两种：

①相对测定法。设各不确定因素变动幅度（相对于确定性分析中的取值）相同，比较在

同一变动幅度下各因素的变动对分析指标的影响程度,影响程度大者为敏感因素。

②绝对测定法。设各不确定因素均向对方案不利的方向变动,并取其可能出现的对方案最不利的数值(临界值),即项目允许不确定性因素向不利方向变化的极限值,据此计算方案的经济效果指标,视其是否达到使方案无法被接受的程度即经济效果指标达到临界值(如 $FNPV < 0$ 或 $FIRR < i_c$)。如果某因素可能出现的最不利数值使方案变得不可接受,则表明该因素为方案的敏感因素。绝对测定法的一个变通方法是先设定分析指标为其临界值(如 $FNPV = 0$ 或 $FIRR = i_c$),然后求得所分析的不确定因素的最大允许变动幅度,并与其可能出现的最大变动幅度相比较。

(6)提出敏感性分析的结论和建议

根据分析结果可以粗略预测项目可能面临的风险,为下一步风险分析打下基础。如果是对不同的投资项目进行比选,一般应选择敏感度小、风险承受能力强的项目或方案进行投资建设。

12.3.2　单因素敏感性分析

单因素敏感性分析是指每次只考虑一个不确定因素的变动,而假定其他因素均保持不变时所进行的敏感性分析。具体操作步骤:

①确定研究对象,选择最有代表性的经济效果评价指标,如 $FIRR,FNPV$ 。

②选取不确定性因素(关键因素,如 R,C,K,n)。

③设定因素的变动范围和变动幅度(如 $-20\% \sim +20\%$,10% 变动)。

④计算某个因素变动时对经济效果评价指标的影响,确定变动因素的临界点。

⑤绘制敏感性分析图,作出分析。

对单因素进行敏感性分析,一般有两种方式:

1)以净现值作为分析指标(计算临界值)

例题 12-4

某投资方案确定性分析的现金流量见表 12-2,试就投资额 I 、年经营成本 C 、产品价格 P 在 $\pm 20\%$ 范围内变动的情况进行单因素敏感性分析($i_c = 10\%$)。

表 12-2　投资项目的现金流量状况

因素	建设投资 I/万元	年销售收入 B/万元	年经营成本 C/万元	建设期 n/年	寿命 n/年
基本数据	100	55	25	1	11

【解答】

用 $FNPV$ 作为评价该方案的经济效果指标,则有:

$$FNPV = -I + (B - C) \times (P/A,10\%,10) \times (P/F,10\%,1)$$

$$= -100 + (55 - 25) \times 6.144\ 6 \times 0.909\ 1 = 67.58(万元)$$

当 I,C,P 分别在 ±20% 变动时,可得到净现值(表 12-3)。

表 12-3　投资项目的净现值变动表　　　　　单位:%

因素 \ %	−20%	−15%	−10%	−5%	0	5%	10%	15%	20%
I	87.56	82.56	77.56	72.56	67.58	62.56	57.56	52.56	47.56
C	95.49	88.51	81.53	74.55	67.58	60.58	53.60	46.62	39.64
P	6.13	21.48	36.85	52.25	67.58	82.92	98.28	113.65	129.01

根据表 12-3,可以绘制该项目的敏感性分析图(图 12-5)。

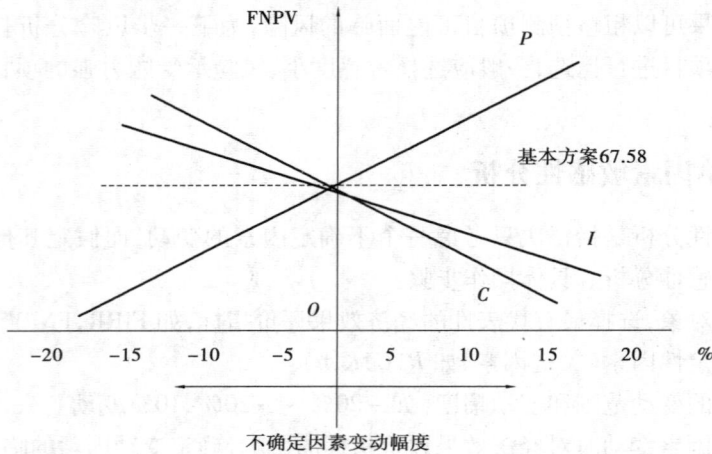

图 12-5　净现值指标的敏感性分析图

从上图可以看出,在变动率相同的情况下,不确定因素对方案净现值的影响从大到小依次为:$P>C>I$。由于图形绘制可能存在误差,在实际应用中,还需计算出各因素变动的临界值,来更为准确地测算敏感性。

假设 P、I、C 的变动率分别为 x,y,z,当其他因素不变,如果价格 P 变动 x,则:

$$\text{FNPV} = -I + [B \times (1+x) - C] \times (P/A,10\%,10) \times (P/F,10\%,1)$$

当 FNPV $=0$ 时,解出 $x = -22\%$。

同理,假设其他因素不变,单独使投资变化 y,或将年经营成本变化 z,可分别求得 $y = 67.57\%$,$z = 48.39\%$。也即,若要净现值从目前的 67.58 万元变为 0,可以将现有价格下降 22%,或者投资提高 67.57%,或者成本提高 48.39%。可见,价格的敏感性最强,成本次之,投资的敏感性最弱。

2)以内部收益率作为分析指标(计算敏感度系数)

例题 12-5

某项目的基本数据估算值如下表所示。试就年销售收入 B、年经营成本 C 和建设投资 I 在 ±10% 范围变动的情况,对内部收益率进行单因素敏感性分析($i_c = 8\%$,单位:万元)。

表12-4　投资项目的现金流量状况

年限	1	2—5	6
投资额(I)	1 500		
年销售收入(B)		600	600
年销售成本(C)		250	250
期末残值(L)			200
净现金流量	− 1 500	350	550

【解答】

①计算基本方案的财务内部收益率 FIRR,依题

$-I \times (P/F, \text{FIRR}, 1) - (B-C) \times (P/A, \text{FIRR}, 4) \times (P/F, \text{FIRR}, 1) - (B+L-C) \times (P/F, \text{FIRR}, 6) = 0$

即 $-1\,500 \times (P/F, \text{FIRR}, 1) - 350 \times (P/A, \text{FIRR}, 4) \times (P/F, \text{FIRR}, 1) - 550 \times (P/F, \text{FIRR}, 6) = 0$。

采用试值法得:

$\text{FNPV}(i = 8\%) = 31.08($万元$) > 0$;　$\text{FNPV}(i = 9\%) = -7.92($万元$) < 0$。

采用插值法可求得:$\text{FIRR} = 8.79\%$。

②计算销售收入 B、经营成本 C 和建设投资 I 变化对内部收益率的影响,结果见表12-5。

表12-5　投资项目的内部收益率变动表　　　　　　单位:%

因素 \ %	−10%	−5%	0	5%	10%
B	3.01	5.94	8.79	11.58	14.30
C	11.12	9.96	8.79	7.61	6.42
I	12.70	10.67	8.79	7.05	5.45

根据表12-5中的数据,可以绘制内部收益率的敏感性分析图(图12-6)。

计算各因素的敏感度系数:

$$\beta_B = \frac{|14.3\% - 3.01\%|}{|10\% - (-10\%)|} = 0.56$$

$$\beta_C = \frac{|6.42\% - 11.12\%|}{|10\% - (-10\%)|} = 0.24$$

$$\beta_I = \frac{|5.45\% - 12.7\%|}{|10\% - (-10\%)|} = 0.36$$

可见,内部收益率对年销售收入的敏感度最高,3个指标的敏感度高低依次是 $B > I > C$。这意味着,即使变动同样的幅度,年销售收入对内部收益率的影响最大,年经营成本的影响最小。

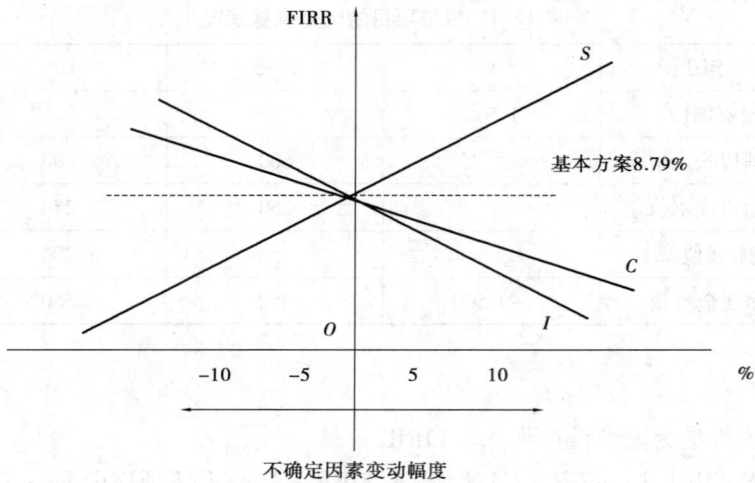

图 12-6　内部收益率指标的敏感性分析图

12.3.3　多因素敏感性分析

单因素敏感性分析假设某一因素对经济效果产生影响时,其他因素保持不变。事实上,有些因素相互之间具有相关性,它们的变动不是独立的,某一个因素变动的同时其他因素也会有相应的变动。因此,单因素敏感性分析有其局限性。

多因素敏感性分析就是要考虑各种因素可能发生的不同变动幅度的多种组合,分析其对方案经济效果的影响程度。多因素敏感性分析能反映几个因素同时变动时对项目产生的综合影响,因此能够更全面地揭示事物的本质。

由于各种因素可能发生的不同变动幅度的组合关系很复杂,组合方案较多,所以多因素敏感性分析的计算较复杂。如果需要分析的不确定因素不超过 3 个,而且经济效果指标的计算也比较简单的,可以用解析法与作图法相结合进行分析。

1)双因素敏感性分析

具体分析步骤:

①找到敏感性因素与项目经济效益评估指标(通常是 FNPV)之间的关系,建立项目经济效益评估指标与两个参数变化率 x,y 的关系式。

②建立直角坐标系。其横轴(x)与纵轴(y)分别表示两个敏感性因素的参数变化率。

③取经济效益评估指标的临界值,得到一个关于 x,y 的函数方程,并在坐标图上画出,即为经济指标的临界线。

④根据上述敏感性分析图进行敏感性分析。

例题 12-6

某项目固定资产投资的确定性分析数据见表 12-6,该固定资产在期初购入,并立即投入生产运营。试就投资 I、年销售收入 B 两个因素共同变动时,采用双因素敏感性分析方法分析它们对项目 FNPV 的影响水平($i_c = 13\%$)。

表 12-6 投资项目的现金流状况

因素	建设投资 I/元	年销售收入 B/元	年经营成本 C/元	残值回收 L/元	寿命期 n/年
基本数据	170 000	35 000	3 000	20 000	10

【解答】

①确定性的 FNPV 求解。

依题,可以求得项目确定状态下的 FNPV:

$$
\begin{aligned}
FNPV &= -I + (B - C)(P/A, 13\%, 10) + L(P/F, 13\%, 10) \\
&= -170\ 000 + (35\ 000 - 3\ 000) \times (P/A, 13\%, 10) + 20\ 000 \times (P/F, 13\%, 10) \\
&= -170\ 000 + 32\ 000 \times 5.426\ 2 + 20\ 000 \times 0.294\ 6 \\
&= 9\ 530.4 (元)
\end{aligned}
$$

因为 FNPV > 0,项目是可以接受的。

②对项目进行敏感性分析。

设投资变化率为 x,与投资同时改变的年收入变化率为 y,则有:

$$FNPV = -170\ 000 \times (1 + x) + [35\ 000 \times (1 + y) - 3\ 000] \times (P/A, 13\%, 10) + 20\ 000 \times (P/F, 13\%, 10)$$

$$= 9\ 530.4 - 170\ 000x + 189\ 917y$$

如果 FNPV ≥ 0,则该项目能够被接受,此时 FNPV 对于投资和年收入变化的敏感性可以表示为:

令 FNPV ≥ 0,即 $9\ 530.4 - 170\ 000x + 189\ 917y \geqslant 0$

可得,$y \geqslant -0.050\ 2 + 0.895\ 1x$

注意,当 $y = -0.050\ 2 + 0.895\ 1x$ 时,FNPV = 0

其经济含义见图 12-7。

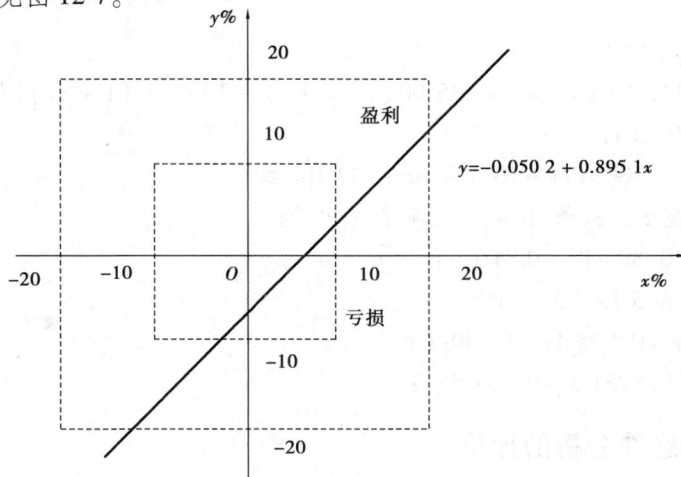

图 12-7 双因素敏感性分析图

这是一个直线方程。将其绘在坐标上,即为一条 FNPV = 0 的临界线。

在临界线上,FNPV = 0;在临界线左上方的区域,FNPV > 0;在临界线右下方的区域,FN-PV < 0。也就是说,如果投资额与年收益同时变动,只要变动范围不越过临界线进入右下方的区域(包括临界线上的点),方案都是可以接受的。

2)三因素敏感性分析

根据例 12-6,我们可继续进行三因素的敏感性分析,即分析投资、收入、经营成本同时变化对项目经济效益的影响(图 12-8)。

例题 12-7

本例中的有关数据同例 12-6,另设经营成本的变化率为 z。要求:在投资、收入、经营成本同时变化时,对项目的净现值指标进行三因素的敏感性分析。

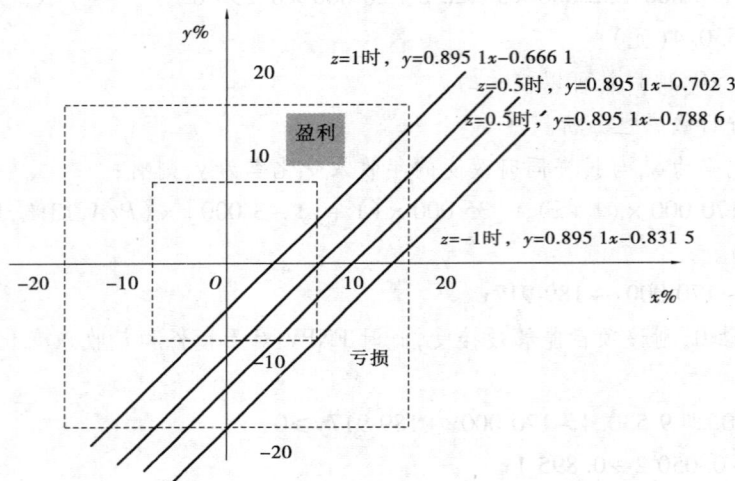

图 12-8　三因素敏感性分析图

【解答】

根据前例,有

$$FNPV = -170\,000 \times (1+x) + [35\,000 \times (1+y) - 3\,000 \times (1+z)](P/A, 13\%, 10) + 20\,000 \times (P/F, 13\%, 10)$$

$$= -170\,000x + 189\,917y - 16\,278.6z + 132\,108 \geq 0$$

此时,可以根据 z 的取值,来判断 x, y 的变化,当

$z = 0.5$ 时, $y = 0.895\,1x - 0.702\,3$;

$z = 1$ 时, $y = 0.895\,1x - 0.660\,1$;

$z = -0.5$ 时, $y = 0.895\,1x - 0.788\,6$;

$z = -1$ 时, $y = 0.895\,1x - 0.831\,5 \cdots\cdots$

12.3.4　敏感性分析的评价

敏感性分析能够指明因素变动对项目经济效果的影响,从而有助于搞清项目对因素的

不利变动所能容许的程度,有助于鉴别何者是敏感因素,进而能够及早排除对那些无足轻重的变动因素的注意力,把进一步深入调查研究的重点集中在那些敏感因素上,或者针对敏感因素制订出管理和应变对策,以达到尽量减少风险、增加决策可靠性的目的。它对提高方案经济评价的可靠性具有重要意义。

但是,敏感性分析只考虑了各个不确定因素对方案经济效果的影响程度,而没有考虑各不确定因素在未来发生变动的概率,这可能会影响分析结论的准确性。实际上,各不确定因素在未来发生变动的概率一般是不同的。譬如有些因素非常敏感,一旦发生变动对方案的经济效果影响很大,但它发生变动的概率很小,以至于可忽略不计;而另一些因素可能不很敏感,但它发生变动的概率很大,实际所带来的风险比那些敏感因素更大。这些问题是敏感性分析无法解决的,只能求助于概率分析,也即风险分析技术。

12.4　风险分析

投资项目的风险分析是根据不确定因素变动的概率分布,分析不确定因素变动对投资项目经济效益的影响,从而对项目的风险状况进行定量预测分析的方法。

12.4.1　投资项目的主要风险

1)政策风险

政策风险是指因国家宏观政策发生变化,使得投资项目实际运营效果与原定目标产生的偏差,如货币政策、财政政策、行业政策、地区发展政策等变动引起的利率、税率、汇率、通货膨胀率的上升或下降对投资项目经济效益带来的影响。它们都可能导致市场价格波动而产生风险。

2)市场风险

市场风险是指受到项目产品市场的供求变化、竞争者的经营策略调整、产品销售渠道和销售价格等市场因素的影响,致使投资项目生产产品的销售量和销售收入达不到预期目标,直接或间接给项目经济效益带来的损失。

3)资源风险

资源风险主要指资源开发项目,如金属与非金属矿、石油、天然气等矿产资源的储量、品位、可采储量、开拓工程量及采选方式等与原预测结果发生较大偏离,导致项目开采成本增高、产量降低或者开采期缩短的可能性。

4)技术风险

技术风险是指项目所采用的科学技术,特别是引进技术的先进性、可靠性、适用性、安全性和经济性与原技术方案相比发生重大变化,导致项目无法按照原定计划进行生产,或产品生产质量达不到要求、生产成本提高等给项目带来的潜在威胁。

5）工程风险

工程风险是由于建设工程条件发生变化导致施工工程量增加、投资增加、工期延长所造成的损失；或者是由于前期工作准备不足，工程设计方案不合理，导致项目实施阶段建设方案发生的变化，都可能给项目生产经营带来影响，造成巨大经济损失。

6）融资风险

融资风险是指由于融资渠道不畅，资金来源的可靠性、充足性和及时性得不到保证；或者原材料、设备、员工工资等价格上涨，导致投资增加；由于外部条件的原因导致建设时间延长；利率、汇率变动引起融资成本提高等，使得项目在资金筹措方面产生额外的资金支出。

7）环境与社会风险

环境与社会风险是指对项目的外部环境因素包括自然环境和经济环境因素估计不足，或者环保措施缺乏有效性，在项目建成后给地区和生态环境带来严重影响，造成直接经济损失。

8）配套条件风险

项目所需的供电、供水、通信网络、交通运输等外部配套设施在项目建设实施过程中没有如期落实，致使项目不能如期按时开工生产或无法正常生产给项目带来的风险。

9）其他风险

不同类型的项目还需要考虑项目自身所特有的风险，如农业建设项目要考虑自然条件变动对项目生产和收入带来的不利影响；对于合资经营项目要考虑合资对象的法人资格和资信问题等。

12.4.2 风险分析的程序

风险分析实质上是从定性分析到定量分析，再从定量分析到定性分析的过程。

1）风险识别

风险识别是风险分析的基础。它是指运用科学的方法对项目进行全面考察分析，找出各种潜在的风险因素，并对各种风险因素进行比较、分类，确定各因素间的相关性与独立性，判断其发生的可能性及其对项目的影响程度，最后按重要性程度进行排队，为风险应对策略的制订提供基础数据。敏感性分析是初步识别风险因素的重要手段。

2）风险估计

风险估计是测算风险发生的可能性及其对项目的影响。对于能够量化的风险，可以通过定量分析测量方法进行风险估计；对于无法量化的风险因素，可以采取定性描述与定性分析相结合的方法进行全面估计。风险估计常用的方法有主观估计法和概率分析法两类。主观估计法有专家评估法、层次分析法；概率分析法有控制区间和记忆模型法、概率树法、蒙特卡洛模拟法等。

3）风险评价

风险评价是依据风险因素对项目经济目标的影响程度进行项目风险分级排序的过程。风险评价标准可采用两种类型：一是以经济指标的累计概率、标准差为判别标准；二是以综合风险等级为判别标准。

4）风险应对

风险分析中找出的关键风险因素对项目的成败具有重大影响，需要采取相应的应对措施尽可能降低或规避不利影响，实现预期投资效益。投资项目评估中应考虑的风险对策主要有以下4种。

（1）风险回避

风险回避是彻底规避风险的一种做法，即断绝风险的来源。风险回避一般适用于两种情况：其一是某种风险可能造成相当大的损失，且发生的频率较高；其二是应用其他的风险对策防范风险代价昂贵，得不偿失。

（2）风险分担

风险分担是针对风险较大的项目，解决投资人无法独立承担的问题，或是为了控制项目的风险源，而采取与其他企业合资或合作等方式，来共同承担风险、共享收益的方法。

（3）风险转移

风险转移是试图将项目可能面临的风险转移给他人承担，以避免风险损失的一种方法。转移风险有两种方式：一是将风险源转移出去；二是只把部分或全部风险损失转移出去。

（4）风险自担

风险自担就是由项目企业独自承担项目的风险损失。该种方法适用于两种情况：一种情况是已知有风险但由于可能获利而需要冒险时，项目发起人出于经济利益的考虑保留和承担这种风险；另一种情况是对已知风险采取某种风险措施的费用支出会大于自担风险的损失，企业通过主动自担风险降低支出。

12.4.2　风险分析的方法

1）专家评估法

专家评估法是以发函、开会或其他形式向专家进行调查，由专家对项目风险因素及其风险程度进行评定，然后将多位专家的评定结果集中起来形成分析结论的一种方法。该种方法简单、易操作，主要依靠专家的经验水平对项目各类风险因素及其风险程度做出定性估计。

2）层次分析法

层次分析法（Analytic Hierarchy Process，AHP）是一种多准则决策分析方法。在风险分

析中,它提供了一种灵活的、易于理解的风险评价方法。具体操作过程:

①将与项目风险有关的各种元素按工作相似性质原则进行结构分解,把整个项目分解成可管理的工作包,然后对每一个工作包做风险分析。

②采用专家评估法对每一个特定的工作包进行风险分类和辨识,然后构造出该工作包的风险框架图。

③构造因素和因素的判断矩阵,请专家按照规则对因素层和子因素层间各元素的相对重要性给出评判,可求出各元素的权重值。

④构造反映各个风险因素危害的严重程度的判断矩阵。

⑤利用 AHP 计算软件对专家评判的一致性加以检验。

⑥把所求出的各子因素的相对危害程度值统一起来,就可求出该工作包风险处于高、中、低各等级的概率值大小,由此可判断该工作包的风险程度。

⑦把组成项目的所有工作包都如此分析评价,并把各工作包的风险程度统一起来,就能得出项目总的风险水平。

3)控制区间和记忆模型法

控制区间和记忆模型法(Controlled Intervaland Memory Models,CIM)是指对概率或概率分布进行叠加的控制区间和记忆模型,用直方图表示变量的概率分布,用和代替概率函数的积分,并按串联或并联相应模型进行概率叠加。直方图具有相同宽度的区间,而 CIM 模型正是利用相等区间直方图进行叠加计算,使概率分布的叠加得以简化或普遍化。

4)概率树法

概率树法是在构造概率树的基础上计算项目净现值的期望值和净现值大于或等于零的概率。实施步骤:

①列出各种风险因素,如投资、经营成本、销售价格等。

②设想各因素可能发生的状态,即确定其数值变化个数。

③分别确定各种状态可能出现的概率,并使可能发生状态概率之和等于1。

④求出各种风险因素发生变化时,方案净现金流量各状态发生的概率和相应状态下的净现值 $FNPV^{(j)}$。

⑤求方案净现值的期望值(均值)$E(FNPV)$:

$$E(FNPV) = \sum_{j=1}^{k} P_j \times FNPV^{(j)} \tag{12-8}$$

式中 P_j——第 j 种状态出现的概率;

　　 k——可能出现的状态数。

⑥求出方案净现值非负的累计概率。

⑦对概率分析结果作说明。

例题 12-8

某商品住宅小区开发项目现金流量的估计值表 12-7,根据经验推断,销售收入和开发成本为离散型随机变量,其值可能发生的变化及其概率见表 12-8。

表 12-7 投资项目的现金流量表 单位:万元

年份 项目	1	2	3
销售收入	857	7 143	17 446
开发成本	5 888	4 873	6 900
其他税费	56	464	1 196
净现金流量	− 5 087	1 806	9 350

表 12-8 风险因素发生变化的状态和概率 单位:万元

变化幅度 因素	−20%	0	+20%
销售收入变动概率	0.2	0.6	0.2
开发成本变动概率	0.1	0.3	0.6

要求:运用概率树法判断该项目的风险($i_c = 12\%$)。

【解答】

①项目净现金流量未来可能发生的 9 种状态如图 12-9 所示。

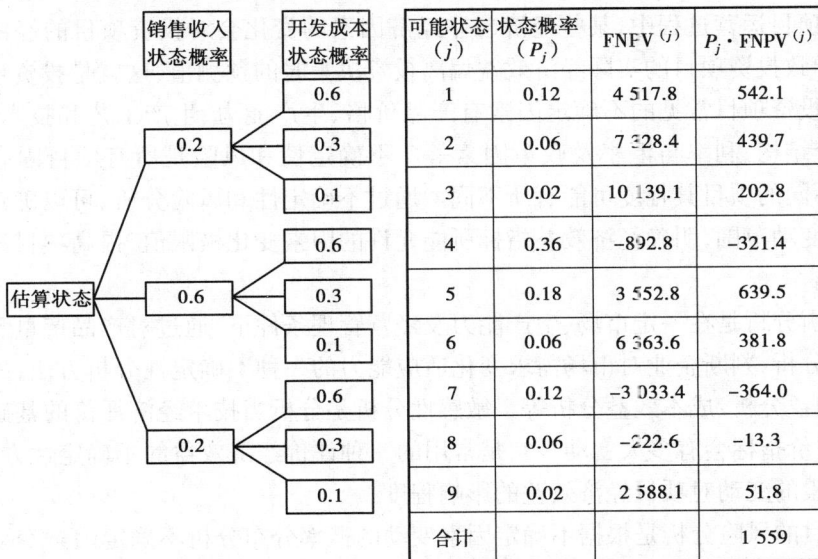

	销售收入 状态概率	开发成本 状态概率	可能状态 (j)	状态概率 (P_j)	FNFV$^{(j)}$	$P_j \cdot$ FNPV$^{(j)}$
		0.6	1	0.12	4 517.8	542.1
	0.2	0.3	2	0.06	7 328.4	439.7
		0.1	3	0.02	10 139.1	202.8
		0.6	4	0.36	−892.8	−321.4
估算状态	0.6	0.3	5	0.18	3 552.8	639.5
		0.1	6	0.06	6 363.6	381.8
		0.6	7	0.12	−3 033.4	−364.0
	0.2	0.3	8	0.06	−222.6	−13.3
		0.1	9	0.02	2 588.1	51.8
			合计			1 559

图 12-9 投资项目概率树分析图

②分别计算项目净现金流量各种状态的概率：

$$P_1 = 0.2 \times 0.6 = 0.12, P_2 = 0.2 \times 0.3 = 0.06 \cdots$$

③分别计算项目各状态下的净现值 $\text{FNPV}^{(j)}(j = 1, \cdots, 9)$：

$$\text{FNPV}^{(1)} = \sum_{t=1}^{3} (CI - CO)_t^{(1)} (1 + 12\%)^{-t} = 4\ 517.8$$

④计算项目净现值的期望值：

$$E(\text{FNPV}) = \sum_{j=1}^{9} P_j \times \text{FNPV}^{(j)} = 1\ 559$$

⑤计算净现值大于且等于零的概率：

$$P(\text{FNPV} \geqslant 0) = 1 - 0.36 - 0.12 - 0.06 = 0.46$$

结论：该项目净现值的期望值大于零，是可行的。但净现值大于零的概率不够大，说明项目存在一定的风险。

5）蒙特卡洛模拟法

蒙特卡洛模拟法是一种通过设定随机过程，反复生成时间序列，计算参数估计量和统计量，进而研究其分布特征的方法。当系统中各个单元的可靠性特征量已知，但系统的可靠性过于复杂，难以建立可靠性预计的精确数学模型或模型太复杂而不便应用时，可用随机模拟法计算出系统可靠性的近似预计值。随着模拟次数的增多，其预计精度也逐渐增高。

12.5 总 结

在投资项目运营过程中，某些经济与非经济因素的变化会对投资项目的经济指标产生影响，从而导致投资项目的实际经济效益偏离投资决策时的预测值，这就是投资项目评估的不确定性。投资项目常见的不确定因素有产品价格、生产能力、生产工艺和技术设备、项目寿命期、资金结构、利率与汇率及政策因素等。不确定性和风险是所有项目固有的内在特性，只是对不同的项目其程度可能有所不同。通过不确定性和风险分析，可以确定项目经济效益指标的变动范围，明确经济效益指标所能允许的因素变化极限值，提高项目经济评价结论的可靠性。

盈亏平衡分析是在一定市场、生产能力及经营管理条件下，通过对产品产量、成本、利润相互关系的分析，判断企业对市场需求变化适应能力的一种不确定性分析方法，故也称为本量利分析、损益分析、成本效益分析等。敏感性分析是分析当技术经济评价的基础数据发生变化时，其评价指标会有多大变动。它是常用的一种评价经济效益的不确定性方法，用于研究不确定因素的变动对项目经济效益的影响程度。

投资项目的风险分析是根据不确定因素变动的概率分布分析不确定因素变动对投资项目经济效益的影响，从而对项目的风险状况进行定量预测分析的方法。投资项目主要面临政策风险、市场风险、资源风险、技术风险、工程风险、融资风险、环境与社会风险、配套条件风险以及其他风险。风险分析要经过风险识别、风险估计、风险评价到风险应对等过程,可采用专家评估法、层次分析法、控制区间和记忆模型法、概率树法、蒙特卡洛模拟法等方法,对投资项目的风险状况进行全面的分析和评估。

思考题

1. 不确定性与风险产生的原因。
2. 盈亏平衡分析。
3. 敏感性分析的步骤。
4. 敏感性分析。
5. 风险分析。
6. 概率树分析。

案例 12-1

投资项目不确定性与风险分析

一、项目概况

1. 项目名称

××山鸡养殖场。

2. 项目拟建地点

××山区。

建设地址为××山区,森林资源丰富,气候温暖湿润,适合山鸡的养殖。

3. 项目建设背景

中国经济迅速发展,居民对食品质量要求日益提高,高质量的健康肉类供应远远小于市场的需求量。该项目经营山鸡养殖,向餐厅、酒店以及居民个人提供高品质的肉类。

二、投资项目的不确定性分析

1. 盈亏平衡分析

(1)图解法。盈亏平衡图 12-10 中,横坐标表示产量 Q,纵坐标表示收入 B 或总成本 C 的金额。在盈亏平衡点右侧,营业收入线与总成本线之间的区域表示企业可能获得利润的区域;在盈亏平衡点左侧,营业收入与总成本线之间的区域表示企业可能发生亏损的区域。

图中的数据关系说明:

①P 为产品单价。

②Q 为产品产量。

③固定成本 $C_f = 3\,743\,000$。

④变动成本 $C_v Q = 25.2Q$。

⑤总成本 $C = 3\,743\,000 + 25.2Q$。

⑥营业收入 $B = 60Q$。

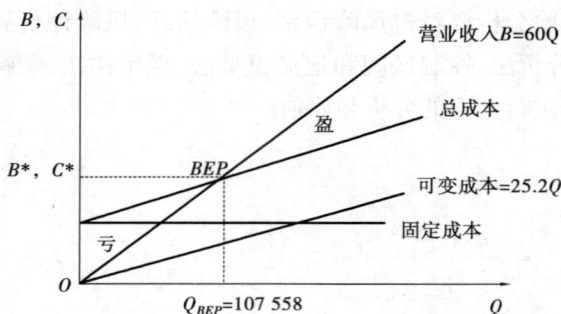

图 12-10　线性盈亏平衡图

（2）代数计算法。代数计算法是以代数方程式来表达项目的各个数量关系，然后确定盈亏平衡点的分析方法。盈亏平衡点越低，表明项目适应市场能力越强。如果项目达到盈亏平衡的生产能力利用率较低，则表明该项目能比较容易地实现盈利，应该是较好的方案。

①以产量表示的盈亏平衡点。

盈亏平衡产量为 $Q_{BEP} = C_f/(P - C) = 3\ 743\ 000/(60 - 25.2) = 107\ 558$（只）。

可知年产量为 107 558 只时项目不盈不亏，项目的产量不得低于此数据。

②以生产能力利用率表示的盈亏平衡点。

$R_{BEP} = Q_{BEP}/Q \times 100\% = 107\ 558/300\ 000 \times 100\% = 35.85\%$。

可知当生产能力达到 35.85% 以上时，项目可能盈利。

③以单位产品价格表示的盈亏平点。

$P_{BEP} = C_v + C_f/Q = 25.2 + 3\ 743\ 000/300\ 000 = 37.68$（元）。

当每只鸡价格为 37.68 元时，项目不盈不亏，故销售单价不能低于此。

④以单位产品变动成本表示的盈亏平衡点。

$C_{vBEP} = P - C_f/Q = 60 - 3\ 743\ 000/300\ 000 = 47.52$（元）。

故每只鸡的变动成本不能高于 47.52 元，否则出现亏损。

从上述计算结果可知，若未来几年的售价和成本与预期相同，项目不发生亏损的条件是年销售量不低于 107 558 只野山鸡，生产利用率不低于 35.85%；如果按照设计生产能力进行生产，并全部销售出去，生产成本与预期值相同，则项目不发生亏损的条件是产品价格不低于 37.68 元/只；如果销售量和产品价格与预期相同，则项目不发生亏损的条件为单位变动成本不高于 47.52 元/只。

本项目年产量为 30 万只，运营期第 1 年即可达到 100% 生产。根据市场野山鸡价格，本项目拟定单位产品价格为 60 元，单位变动成本为 25.2 元，远小于 47.52 元。由上可知项目盈利能力较强，不会出现亏损风险。

2. 敏感性分析

敏感性分析可以了解投资项目风险产生的根源和风险的大小，降低不确定性因素的影响，防范项目经营风险。具体分析步骤：

①选取财务净现值作为敏感性分析指标。

$$\text{FNPV} = -K + (B - C) \times (P/A, 10\%, 13) \times (P/F, 10\%, 1)$$

财务净现值的确定性计算结果为：
$$FNPV = -1\ 387.2 + 4\ 312.3 = 2\ 925.1\ 万元。$$

②根据项目前期评估结果,选择投资额 K、经营成本 C、营业收入 B 为不确定性因素。

③确定不确定因素的变化范围在(-20% , 20%)。

④计算并分析各不确定性因素在可能的范围内发生不同幅度变化对方案的经济效果产生的影响。当投资额、经营成本、营业收入等3个因素的其中1个发生变化,另外因素不发生变化的情况下,对净现值的影响见表12-9。

表12-9　不确定因素的变动对净现值的影响　　　　单位:万元

变动率 因素	-20%	-15%	-10%	-5%	0	5%	10%	15%	20%
K	3 977.81	3 908.45	3 839.09	3 769.73	3 700.37	3 631.01	3 561.65	3 492.29	3 422.93
C	5 096.10	4 747.16	4 398.23	4 049.30	3 700.37	3 351.44	3 002.50	2 653.57	2 304.64
P	1 287.13	1 890.44	2 493.75	3 097.06	3 700.37	4 303.68	4 906.99	5 510.30	6 113.61

根据表中的计算结果,绘制本项目的敏感性分析图12-11。

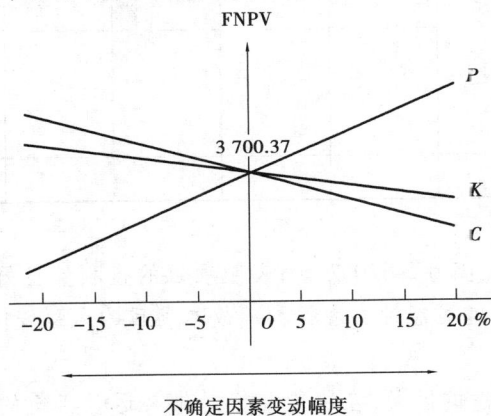

图 12-11　敏感性分析图

⑤临界值计算。

设 K,C,P 的变动百分比分别为 x,y,z ,则 K,C,P 对 FNPV 影响为:
$$FNPV = -K(1+x) + (B-C) \times (P/A,10\%,13) \times (P/F,10\%,1)$$
$$FNPV = -K + (B-C(1+y)) \times (P/A,10\%,13) \times (P/F,10\%,1)$$
$$FNPV = -K + (B(1+z)-C) \times (P/A,10\%,13) \times (P/F,10\%,1)$$

令上面3个公式中 FNPV $= 0$,可计算出:
$$x = 75.3\% , y = 63.5\% , z = -26.4\% 。$$

即当价格下降幅度超过26.4%,或者投资幅度增加75.3%以上,或者成本提高63.5%以上时,项目的净现值将小于零,项目出现亏损。这为控制项目不确定因素的变动范围提供了参考。

三、投资项目的风险分析

概率分析是风险分析常用方法之一,是通过研究各种不确定性因素发生不同变动幅度的概率分布及其对项目经济效益指标的影响,对项目可行性和风险性以及方案优劣作出判断的一种分析方法。

由"项目投资现金流量表"可得各期的净现金流量,取 $i_c = 12\%$ 计算项目的 FNPV,得到项目的概率分析结果见表 12-10。

表 12-10　概率分析结果　　　　　　　　　单位:万元

年份	1	2	3	4	5	6	7	…	14
净现金流量	−787.2	382.87	389.20	395.73	401.96	408.77	539.49	…	539.49
概率	0.066	0.068	0.068	0.069	0.07	0.071	0.073	…	0.073
随机净现值	−702.86	341.85	347.50	353.33	358.89	364.97	481.68	…	481.68
期望	−46.39	23.25	23.63	24.38	25.12	25.91	35.16	…	35.16
方差	28 442.77	6 902.59	7 132.64	7 466.20	7 798.09	8 162.17	14 554.76	…	14 554.76
合计 FNPV ≥ 0	5 620							…	
项目标准差	427.79								
项目净现值的期望值 $E(\text{FNPV})$	359.13							…	
$P(\text{FNPV} \geq 0)$	0.797							…	

经过计算,项目的净现值为 5 620 万元,表明项目的盈利性良好。净现值大于零的概率为 0.797,表明项目有较大的可能性实现盈利。故本项目的风险较低,是可以投资建设的。

四、小结

产品的价格是最为敏感的因素,在决策前应对未来运营年份的价格作出合理的预测以更好地判断项目的净现金流量。同时通过分析也可以看出,在不严重影响销量的情况下,适当提高产品价格有助于提高净现金流量。

项目的盈利能力较强,净现值大于零的概率为 0.797,说明项目有较大的可能性实现盈利,面临的风险较低。项目可以接受。

第13章 投资项目总评估

我把你当作朋友,要你和我一起投入,是希望让你分享我未来的成果。

——凯瑟琳·曼斯菲尔德

学习目标

◆ 了解投资项目总评估的作用。

◆ 掌握投资项目总评估工作的内容和实施步骤。

◆ 掌握投资项目评估报告的撰写方法。

重点、难点

◆ 投资项目评估报告的撰写方法。

知识结构

```
                                    ┌──────────────────┐
                              ┌────→│ 投资项目总评估的作用 │
                              │     └──────────────────┘
            ┌──────────┐      │     ┌──────────────────┐
            │ 投资项  │──────┼────→│ 投资项目总评估的内容 │
       ┌───→│ 目总评  │      │     └──────────────────┘
       │    │ 估概述  │      │     ┌──────────────────┐
       │    └──────────┘      └────→│ 投资项目总评估的步骤 │
  ┌────────┐                       └──────────────────┘
  │ 投 资 │
  │ 项 目 │
  │ 总 评 │                       ┌──────────────────┐
  │ 估    │                 ┌────→│ 投资项目评估报    │
  └────────┘                │     │ 告的撰写要求      │
       │    ┌──────────┐      │     └──────────────────┘
       │    │ 投资项  │      │
       └───→│ 目评估  │──────┤     ┌──────────────────┐
            │ 报告    │      └────→│ 投资项目评估报    │
            │ 撰写    │            │ 告的内容          │
            └──────────┘            └──────────────────┘
```

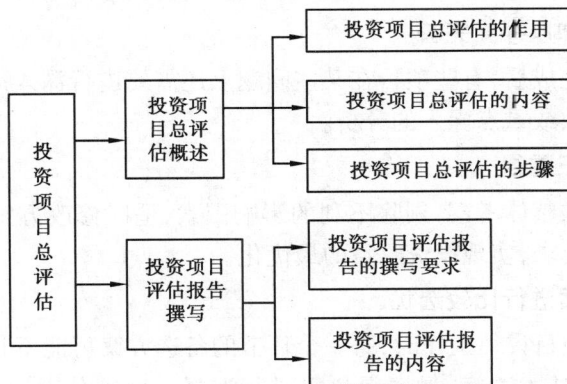

投资项目总评估是在前期评估工作完成的基础上对各项评估结果加以汇总、分析,从投资项目建设的必要性、市场分析开始,最终确定拟建项目的生产规模、建设地址、技术条件,并据此评判投资估算金额、财务效益和经济效益的合理性以及未来面临的不确定性和风险,总体把握所评估投资项目的可行性和经济性,最终提出结论性的评估意见和建议,形成投资项目评估报告。

13.1　投资项目总评估概述

投资项目评估报告不仅能够综合反映前期评估工作的质量和成果,而且能够直接给决策者提供决策依据,它是在对前述评估工作进行总结归纳的基础上形成的。

13.1.1　投资项目总评估的作用

1)对各分项评估的结论加以综合汇总

投资项目评估工作包含了一系列的分项内容,各分项评估结论具有较强的独立性和专业性,论证角度也各有侧重。通过总评估报告的汇总,可以把全部评估工作的成果进行综合整理与分析,给投资者提供统一的结论性意见。

2)对不一致的分项评估结论进行统一协调

分项评估阶段对投资项目进行财务评估和经济评估的结论是初步的,有时评估的结果会出现矛盾之处。受外部效益和外部费用的影响,一些项目的评估结果可能出现微观财务效益较高,但是从宏观角度测评的经济效益却较差的情况。这就需要在充分调查研究的基础上,将前期的分散评估结论联系起来,综合评价投资项目在宏观和微观两个层面的利弊得失,明确矛盾的起因,尽可能降低外部性的影响,选择较为满意的投资方案。

3)对各分项评估加以补充完善

在单项评估工作完成后,有些项目在某些问题上还需要进行深入周密的分析,特别是对某些方面要做查漏补缺或重点深入的分析。

4)对项目进行修正重组

通过对项目资料的整体考察,剔除不利的影响因素,适时修改方案的相关内容,使得方案符合项目发起人的要求,实现投资收益的最优化。

5)对多种项目方案进行比较选优

在具体开展投资项目评估工作时,每一个环节的备选方案可能不止一种,可能需要对厂址进行优选,或者是对技术方案、融资渠道等进行选择。尽管分项评估已经做了初步的分析,但是还需要站在项目全局的立场进行整体方案分析,做出最后的投资抉择。

13.1.2　投资项目总评估的内容

1)投资项目建设必要性的评估结论

从宏观和微观两个角度考察投资项目是否具备下列必要性条件:符合国民经济发展及社会长远发展规划需要;符合区域经济需要;符合国家产业政策;投资项目产品符合市场的要求、具有市场竞争力;项目建设符合企业自身发展的需要;有利于科技进步;可以取得较好的经济效益、社会效益和环境效益。

2）投资项目产品市场评估结论

对投资项目所生产产品的市场状况进行总体评估，综合评价市场的供求状况，预测产品在市场上的潜在销售量，分析销售战略的合理性，最终得到市场分析的结论。

3）投资项目建设规模评估结论

在市场评估的基础上结合项目自身生产建设的特色和行业要求，通过多种规模方案的比选，挑选各方面条件整体较好又能获得目标经济效益的规模方案。

4）建设条件和生产条件评估结论

综合评价项目选址和人、财、物等资源的保证状况，确保项目选址符合生产经营的要求，环保措施到位，组织管理和人力资源合理配置。

5）技术先进性评估结论

对项目所采用的硬技术和软技术的先进性、适用性、经济性、可靠性和安全性等特点进行分析，择优选取投资项目生产经营所涉及的工艺技术方案、设备方案、工程设计方案。

6）投资估算与融资方案分析结论

考察投资项目的总投资估算过程，采取科学的估算方法对建设投资、流动资金和建设期利息进行测算，并对融资方案的合理性进行评价。

7）财务、经济可行性评估结论

全面衡量投资项目的盈利能力、偿债能力和财务生存能力，从国家整体角度判断项目的效益和费用是否具有宏观经济效益。

投资项目总评估报告涵盖了各分项评估工作的内容，但不是前期评估结论的重复论述，而是以可行性研究和分项评估为基础，结合拟建项目的总体情况，提出总评估结论和建议。最终就是要明确表示投资项目是否可行，选择最优的投资方案，并对存在的问题提出改进建议。

13.1.3　投资项目总评估的步骤

投资项目评估工作涉及的内容较多，涵盖了一系列的调查研究和科学分析论证活动。具体开展评估工作时，须遵循如下操作步骤：

①整理有关资料。
②确定分项内容。
③进行分项论证。
④提出结论与建议。
⑤编写评估报告。

13.2 投资项目评估报告的撰写

13.2.1 投资项目评估报告的撰写要求

1）语言要简明精炼

撰写投资项目评估报告时，要简洁准确地阐述投资项目的基本状况，行文避免过度使用专业化的术语或模棱两可的语言，报告内容详略得当，对于重要的环节要重点分析，以便决策者给予足够的重视。

2）结论要科学可靠

投资项目评估结论是建立在对拟建项目进行科学分析的基础上的，只有评估结果准确可靠，才能引导投资者做出正确的投资选择。

3）建议要切实可行

针对项目评估过程中存在的问题，评估人员应从客观事实出发，综合考虑项目的整体条件以及国家、地区和行业的要求，提供既具有理论上的合理性，又能够实际操作的建议。

13.2.2 投资项目评估报告的内容

①投资项目评估报告的提要。

②投资项目评估报告的正文：

a. 投资者概况。

b. 项目概况。

c. 项目建设必要性分析。

d. 市场分析。

e. 建设条件评估。

f. 生产条件评估。

g. 生产技术、工艺和设备评估。

h. 投资估算。

i. 融资方案评估。

j. 财务效益与费用估算。

k. 财务评估。

l. 经济评估。

m. 不确定性分析。

n. 风险分析。

o. 评估结论与建议。

③投资项目评估报告的主要附表。

投资项目评估报告的主要附表包括投资估算、资金筹措、财务效益与费用估算、财务评估和经济评估中的各种辅助报表和基本报表。

④投资项目评估报告的附件：

a.证明投资者经济技术和管理水平的文件。

b.有关项目市场、资源、工程技术等方面的图表、协议和合同。

c.项目的各种批复文件。

13.3　总　结

投资项目总评估是在前期评估工作完成的基础上对各项评估结果加以汇总、分析，总体把握评估投资项目的可行性和经济性，最终提出结论性的评估意见和建议，形成投资项目评估报告。总评估报告不仅能够综合反映前期评估工作的质量和成果，而且能够直接给决策者提供决策依据。

投资项目总评估工作的作用在于：对各分项评估的结论加以综合汇总，统一协调不一致的分项评估结论，补充完善分项评估结果，对项目内容进行修正，在多个备选方案中进行优选。

投资项目总评估包括投资项目建设必要性的评估结论、投资项目产品市场评估结论、投资项目建设规模、建设条件和生产条件、技术条件评估结论，以及投资估算和融资方案分析、财务效益和经济效益的分析等内容。

思考题

1.投资项目总评估的作用。

2.投资项目总评估的内容。

3.投资项目评估报告的撰写。

案例 13-1

投资项目评估报告

一、项目概况

1.项目名称

××生态湿地公园工程。

2.建设地点

××市××区。

3. 建设规模

××生态湿地项目总用地面积 97.74 公顷,其中建筑占地面积 31 315.3 平方米,硬质铺装面积 104 145.73 平方米,水体面积 199 598.58 平方米,绿地面积 838 674.47 平方米,生态停车场 13 268.43 平方米。项目分 3 期进行建设,其中一期溯源生态公园用地面积 13.1 公顷;二期溪地景观公园用地面积 30.2 公顷;三期科普健身公园及自然水景公园用地面积 54.43 公顷。

二、项目建设必要性评估

××区按照建设"生活品质之城、新兴产业之区"的目标和主城核心区的发展要求,着力于绿色低碳、推动经济转型升级,着力于完善功能、夯实城市发展基础,着力于家之提升、打造生态宜居城市,着力于统筹兼顾、推进全域城市发展,着力于民生改善、加快建设幸福之区,着力于文明进步、提升城市软实力,着力于改革开放、打造区域发展高地。因此,该项目建设的是:

1. ××区经济社会发展的需要

项目拟建地点具有独特而丰富的自然资源。该环境景观工程的建设将推动××区第三产业,特别是与其相关行业的发展,同时也能扩大就业面,解决部分城市下岗职工、社会待业人员与农村剩余劳动力就业问题,对于促进社会经济发展能起到积极作用。

2. 创建优美人居环境和提高人民生活质量的需要

随着物质生活的改善和社会文明程度的提高,绿化事业已成为保障经济社会可持续发展的基础。大力开展植树造林绿化,造就优美的环境景观,增加人们的"绿视率",符合提高人民生活质量和创造优美人居环境的需要。

3. 为城市居民提供新的观光、休闲旅游地的需要

××环境景观工程的建设将形成健康、稳定、完整的生态系统,将以其优美的生态环境和人文景观,为人们提供一个舒适恬静、与自然和谐相处、休闲度假、修身养性的好去处。

4. 改善生态状况和环境质量的需要

在公园营造过程中增加植物多样性,能加快园林的形成过程,及时改善城市环境,减少因城市的拥挤及建筑物的高大及单调所带来的压抑感;同时还能提高园林的抗干扰能力和稳定性,增加城市生态系统的环境效应与园林的观赏价值。

综合上述,该项目的建设是加强全区生态建设,贯彻落实《国务院办公厅关于推进海绵城市建设的指导意见》精神,响应我国建设海绵城市的号召,是城市与自然和谐发展的生态新区的重要保障。

三、项目建设规模评估

1. 接待人数预测

(1)计算依据。依据中华人民共和国行业标准《公园设计规范》(CJJ 48—1992)第3.1.1和3.1.2条,公园设计必须确定公园的游人容量,作为计算各种设施的容量、个数、用地面积以及进行公园管理的依据。

(2)公园游人容量计算。××沿线景观带总面积为 97.74×10^4 平方米,除去水域面积

19.96×10^4 平方米,陆域面积共计 77.78×10^4 平方米,根据《公园设计规范》计算公式: $C = A/A_m$ 计算游人容量。

其中: C——公园游人容量; A——公园总面积; A_m——公园游入人均占有面积。

市区级公园游人人均占有面积按 60 平方米/人计算,游人容量为 12 963 人(即瞬时容量)。

(3)项目具体建设规模(表 13-1)。

表 13-1　项目具体建设规模指标

序　号	项　目	单　位	数　值	备　注
1	项目总用地	m²	977 403.19	
2	广场道路面积	m²	104 145.73	
3	绿地面积	m²	836 541.98	636 943.4(不含水域)
4	水域面积	m²	199 598.58	
5	配套建筑占地	m²	23 447.05	总用地2.4%
6	生态停车场	m²	13 268.43	
7	总建筑面积	m²	57 682.65	
8	绿地率	%	85.59%	

2.项目建设内容

工程建设内容包括水库整治、景观绿化、自行车道、游客步道、广场铺装、生态停车场、管理用房及辅助用房建设、景观工程及配套综合管网等内容。

四、建设条件评估

1.建设条件

本项目建设地点位于××市××区。项目所在地环境优美,交通方便,劳力充足,水源、电源充足,有利于城市园林工程、水系林带工程的建设。该地区地势以丘陵为主,兼有少量低山、平坝及沿河阶地;气候条件适宜,水流缓慢、土壤养分高,植被层次丰富。种类繁多;劳动力资源丰富,本项目所需大部分劳动力为低技能劳动者,可就近解决该地区大量富余劳动力的就业问题。

2.总体工程建设方案

(1)设计依据:

《中华人民共和国城乡规划法》;

《城市规划编制办法》及其实施细则;

建设部《风景名胜区管理暂行条例实施办法》;

《城市、镇控制性详细规划编制审批办法》(住建部令第七号、2010.12);

《城市用地分类与规划建设用地标准》(GBJ 137—1990);

《城市绿化条例》(国发〔1992〕100 号);

《风景名胜区规划规范》(GB 50298—1999);

《城市绿地分类标准》(CJJ/T 85—2002);

《公园设计规范》(CJJ 48—1992);

《城市园林绿化工程施工及验收规范》(CJJ 75—1997);

《园林基本术语标准》(CJJ/T 91—2002);

《××市土地管理规定》(1999-01-01);

《城市用地竖向规划规范》(CJJ 83—1999);

《城市道路绿化与规划设计规范》(CJJ 75—1997);

《城市绿地系统规划编制纲要(试行)》(建城〔2002〕240 号);

《国家园林城市标准》;

《国务院关于加强城市绿化建设的通知》(国发〔2001〕20 号);

《××市城乡规划条例》;

《××市城市规划管理技术规定》(2012);

《××城乡总体规划》(2007—2020);

《××市旅游发展纲要》;

《××市城市园林绿化条例》;

《城市道路和建筑物无障碍设计规范》(JGJ 50—2001);

《××市××区控制性详细规划》;

业主提供的地形图、红线范围及相关资料;

现场调查资料以及其他有关文件资料。

国家和地方颁布的园林绿化、环保、安全卫生、消防、节能以及城市规划的有关法规和政策规定;相关城市规划的标准、规范以及相关的法律、法规、政策性文件和技术规范;其他相关设计规范。

(2)场地分析。××区是未来科技、居住、体育、休闲中心,分布于××流域两侧的大量用地为城投公司及地产集团储备土地。流域的整治及景观打造对于两侧土地的价值提升具有重要意义。该区域交通便利,北部接主城区,南端多为防护绿地,西侧为成片居住用地和工业用地,东侧为居住用地、公园绿地以及仓储用地。该区域为带状景观空间,整体南北两端高差较大,空间形态婉转,可形成多层次、多视域的景观及空间类型。流域外围山体绿化较多,使沿溪流域整体景观呈现独具特色的自然山水相依、景观层次丰富的迷人格局。

(3)设计原则。根据游赏线路的布置,合理布局各配套服务区。布置景观带,要做到科学布局,依托原有生态体系,并结合场地条件,因势利导,在保护的基础上完善、重塑区域生态。设计以人为本,在功能的配备上全面符合游人的使用要求;在游赏路线的设计上充满趣味性;在临水区域严格按公园设计规范要求做好安全标识和安全设施。设计通过对水源、水体等环节的综合治理,以生态的手法促进公园的可持续发展。

(4)总平面设计。设计总平面布置仍然采用主要沿河道带形景观绿化区的布局。依区位不同分别划分为溯源生态公园、溪地景观公园、科普健身公园和自然水景公园 4 大绿化景观区域,形成依托骨干河道,有机联系市政道路、桥梁,完整融合周边地块开发建设的生态型城市绿地开放空间。为了充分发挥公园的游赏、使用功能,提高游览服务质量,还设置了公共电话亭、垃圾处理点、管理设施、游憩设施、游览标识系统等辅助设施。

(5)工程结构设计。参照设计安全标准进行工程结构设计建造,建筑材料符合要求,给排水设施完善,合理敷设电网,动态考虑近、远期电力发展,电话、有线电视、网络的铺设标准遵循《××市民用建筑电信设计标准》的规定。经常做好防火避灾安全检查,及时排除火险隐患,健全防火避灾安全制度。

(6)节能环保设计。依据《民用建筑热工设计规范》(GB 50176—1993)、《公共建筑节能设计标准》(GB 50189—2005)等标准,在建筑节能、给排水节能、电气节能等方面充分考虑环保节能的要求,合理布局,节约能耗。

五、技术评估

本项目是实现海绵城市系统工程建设的环节之一。海绵城市是指通过加强城市规划建设管理,充分发挥建筑、道路和绿地、水系等生态系统对雨水的吸纳、蓄渗和缓释作用,有效控制雨水径流,实现自然积存、自然渗透、自然净化的城市发展方式。涉及以下技术:

1. 雨水源头控制

在雨水排入现状雨水管道前,利用雨水花园来滞留和净化初期雨水,通过植物截留、土壤渗滤滞留处理小流量径流雨水,起到调节雨水流量和削减污染物的作用;安置渗透式截污雨水口拦截雨水中的树叶及漂浮垃圾,同时通过渗透井雨水口周边的换填,促进雨水的下渗。

2. 雨水中途截留净化

雨水中途截流净化主要是通过在雨水径流路线上进行人工建设干预,利用植草浅沟、植被缓冲带等进一步截留径流污染物,削减雨水汇流速率,增加雨水下渗补充地下水。

3. 雨水末端处理

在雨水排河前,采用物理拦截和生态浮岛等及技术手段减少入河雨水的污染物总量。

通过上述工程建设,贯彻落实海绵城市建设对雨水的"渗、滞、蓄、净、用、排"的要求,最大限度地减少城市开发建设对生态环境的影响,力争建成一套全覆盖、规模化、智能化、高标准的雨洪利用示范工程。

六、投资估算

本项目投资构成包括××环境景观工程的生态林建设以及相关配套基础设施建设工程费用,以及与之相关的工程建设其他费用、基本预备费。

1. 投资估算编制依据

建设部建标〔2007〕164号文《市政工程投资估算编制办法》(试行)(2007年);

2007年全国市政工程投资估算指标;

2006年《××市建设工程概算定额》CQGS-301—2006;

2006年《××市安装工程概算定额》CQGS-302—2006;

2006年《××市市政概算定额》CQGS-304—2006;

2006 年《××市建设工程设计概算定额编制规定》;

2006 年《××市建设工程概算定额:混凝土及砂浆配合比表、施工机械台班定额、材料基价表》CQGS—306—2006。

××市设计院 2016 年 7 月提供的本工程方案设计图及说明。

类似工程技术经济指标。

2. 项目投资估算说明

(1)工程建设费用。工程量计算依据是本工程方案设计图及说明;材料价格根据××市 2016 年 4,5 期工程造价信息以及 2016 年 4—5 月份市场询价计算;其他费用均执行××市现行各项有关文件规定。

(2)工程建设其他费用。本项目用地 1 166.707 亩,根据××市征地补偿标准,并结合项目当地价格水平,征地费按 45 万元/亩计,征地费用 52 501.81 万元;技术咨询费用和工程建设管理费参照有关标准估算。

(3)预备费。按工程费用及工程建设其他费用和的 8% 计列。

(4)建设期利息。本项目贷款本金 105 000 万元,贷款利率按 5 年以上贷款基准利率 4.9% 考虑。

(5)项目总投资。本项目总投资为 150 892.81 万元(表 13-2),其中工程费用 71 399.43 万元(表 13-3),工程建设其他费用 61 215.67 万元(征地拆迁费 52 501.81 万元),预备费 10 609.21 万元,建设期贷款利息 7 668.50 万元。其建设投资合理而可行。

表 13-2　总投资估算表

序号	工程或费用名称	计算基础	计算依据及费率	费用金额/万元
一	工程费用			71 399.43
二	工程建设其他费用			61 215.67
1	征地及拆迁费			52 501.81
1.1	征地拆迁费用		暂按 45 万元/亩计算	52 501.81
2	建设项目管理费			1 960.46
2.1	建设项目代理费	项目概算总投资	渝建发〔2013〕71 号	818.36
2.2	工程监理费	工程费用	发改价格〔2007〕670 号	1 142.10
2.3	施工图审查费	工程费用	渝价〔2013〕423 号	78.54
3	工程项目前期工作费			106.55
3.1	项目建议书编制费	项目概算总投资	渝价〔2013〕430 号	42.37
3.2	项目可研编制费	项目概算总投资	渝价〔2013〕430 号	84.75
3.3	项目建议书评审费	项目概算总投资	渝价〔2013〕430 号	10.67
3.4	项目可研评审费	项目概算总投资	渝价〔2013〕430 号	14.43

续表

序号	工程或费用名称	计算基础	计算依据及费率	费用金额/万元
4	勘察设计费			2 542.09
4.1	勘察费	工程费用	计价格〔2002〕10 号	707.51
4.2	勘察成果审查费	勘察费	渝价〔2013〕423 号	42.45
4.3	勘察成果见证费	勘察费		23.35
4.4	设计费	工程费用	计价格〔2002〕10 号	1 768.78
5	招标费			61.25
5.1	招标代理费	工程费用	计价格〔2002〕1980 号	61.25
6	工程造价咨询服务费			822.51
6.1	概算审查费	工程费用	渝价〔2013〕428 号	60.02
6.2	全过程造价控制费	工程费用	渝价〔2013〕428 号	460.40
6.3	工程量清单编制、组价及审查费	工程费用	渝价〔2013〕428 号	302.10
7	专项评估费			115.00
7.1	环境影响评价	项目估算总投资	计价格〔2002〕125 号	50.00
7.2	水土保持评估			25.00
7.3	地灾评估费			20.00
7.4	压覆矿评估			20.00
8	行政事业性收费	暂估		199.92
8.1	招标投标交易服务费	工程费用	渝价〔2012〕443 号	199.92
9	其他费用			2 906.07
9.1	场地准备及临时设施费	工程费用	按 1.0% 暂估	713.99
9.2	工程保险费	工程费用		249.90
9.3	城市配套费	建筑面积	渝府发〔2009〕110 号	1 672.80
9.4	人防工程建设费	建筑面积	渝价〔2004〕32 号	259.57
9.5	白蚁防治费	建筑面积	物价局〔2002〕662 号	9.81
三	预备费		（一＋二）×8%	10 609.21
四	建设期贷款利息			7 668.50
五	总投资			150 892.81

表 13-3　工程费用估算表

序号	工程或费用名称	单位	工程数量	综合单价/元	合计/万元	备注
一	工程费用				71 399.43	
1	园林工程				8 463.44	
1.1	土石方	m³	200 000	120	2 400.00	土石方开挖、外弃 15 km
1.2	自行车道	m²	29 200	290.5	848.26	彩色透水混凝土 3 cm + 4 cm 改性沥青混凝土 AC-16 + 150 cm 厚 C20 混凝土 + 150 cm 厚级配碎石
1.3	人行步道	m²	21 760	247.5	538.56	透水砖 + 20 mm 水泥砂浆 + 150 cm 厚 C20 混凝土 + 150 cm 级配碎石
1.4	广场铺装	m²	16 478	300	494.34	3 cm 厚花岗岩面层 + 20 mm 水泥砂浆 + 150 cm 厚 C20 混凝土 + 150 cm 级配碎石
1.5	踏步铺装	m²	8 550	531.5	454.43	花岗岩 300 × 600 × 30 mm + 砌砖 + 20 mm 水泥砂浆 + 150 cm 厚 C20 混凝土 + 150 cm 级配碎石
1.6	种植土回填	m²	255 630	45	1 150.34	种植土回填
1.7	观景平台（陆地）	m²	11 760	300	352.80	3 cm 厚花岗岩面层 + 20 mm 水泥砂浆 + 150 cm 厚 C20 混凝土 + 150 cm 级配碎石
1.8	不锈钢栏杆	m	3 000	850	255.00	不锈栏杆基础,栏杆制作、安装
1.9	垃圾桶	座	150	1 800	27.00	成品垃圾桶
1.10	指示牌	组	120	2 500	30.00	成品指示牌
1.11	老年健身设施	套	30	50 000	150.00	成品老年健身设施
1.12	景观桥	座	15	300 000	450.00	吊索桥
1.13	景观墙	个	45	80 000	360.00	虎皮石贴面 + 水泥砂浆砌砖
1.14	景观雕塑装置	组	15	150 000	225.00	成品雕塑
1.15	座椅（铁艺及防腐木）	套	1 800	2 200	396.00	成品座椅
1.16	停车场（植草砖）	m²	13 268.43	250	331.71	60 mm 厚绿色植草砖 + 50 mm 厚细河沙 + 100 mm 厚种植土 + 5 mm 厚土工布一层 + 300 mm 厚碎石垫层

续表

序号	工程或费用名称	单位	工程数量	综合单价/元	合计/万元	备 注
2	绿化工程				46 892.39	
2.1	乔木栽植	株	94 012.79	4 000	37 605.11	乔木栽植、养护,包成活
2.2	灌木栽植	m²	268 789.95	280	7 526.12	灌木栽植、养护,包成活
2.3	地被铺种	m²	368 153.05	30	1 104.46	地被铺种、养护,包成活
2.4	水生植物	m²	29 850	220	656.70	水生植物栽植、养护,包成活
3	排水工程				1 552.00	
3.1	室外排水管	m	7 400	800	592.00	沟槽开挖、管道敷设
3.2	雨水口	个	400	1 800	72.00	雨水口砌筑、安装
3.3	生态植草沟	m	7 000	400	280.00	沟槽开挖、管道敷设
3.4	排水检查井	座	400	8 000	320.00	检查井砌筑
3.5	排水盲沟	m	9 600	300	288.00	沟槽开挖、盲沟砌筑
4	给水工程				570.92	
4.1	给水管	m	11 500	400	460.00	沟槽开挖、管道敷设
4.2	喷头	个	320	60	1.92	碰头安装
4.3	蝶阀(井)	个	200	350	7.00	井砌筑、蝶阀安装
4.4	室外水表井	座	200	600	12.00	井砌筑、水表安装
4.5	储水池	个	15	30 000	45.00	储水池土建、防水等
4.6	水泵	台	30	15 000	45.00	水泵安装
5	照明工程				870.50	
5.1	箱式变压器	个	6.00	150 000	90.00	基础、变压器安装等
5.2	景观照明配电箱	个	24.00	8 000	19.20	配电箱安装
5.3	低压电缆	m	14 600.00	65	94.90	电缆敷设、沟槽开挖
5.4	泛光灯	组	300.00	1 200	36.00	泛光灯安装
5.5	庭院灯	盏	1 080.00	3 500	378.00	基础、灯杆、灯具
5.6	节能草坪灯	盏	2 240.00	500	112.00	草坪灯安装
5.7	地灯	盏	3 400.00	300	102.00	地灯安装
5.8	灯带	m	3 200.00	120	38.40	灯带安装
6	建筑工程				13 050.18	本次仅按指标估算
6.1	建筑工程	m²	57 682.65	2 200	12 690.18	3层以内框架结构(不含精装修)
6.2	独立公厕	个	18.00	200 000	360.00	公厕土建、装饰灯

本估算是按现行定额、取费标准、价格依据、现有相关图纸和公用专业指标编制的,因此,只能反映现时设计造价水平。如果在以后各阶段内相关资料、依据发生变化,应在规定范围内调整。

七、融资方案评估

1. 项目PPP模式选择

本项目采取PPP模式,不仅可以减轻××区政府的债务负担,减缓地方融资平台压力,还能有效促进政府职能转变,有利于项目的总体规划和监管。根据财政部和住建部联合印发的《关于市政公用领域开展政府和社会资本合作项目推介工作的通知》(财建〔2015〕29号)文件精神,本项目采取"投资、建设和运营维护一体化+运营期营业收入+政府补贴"的运作方式。

(1)由区城乡建委作为招标人,通过招标方式选定社会资本。区政府指定××公司与社会资本共同成立项目公司。本工程属于公益性项目,建议选用融资能力强、资金成本低,同时具有相应施工资质和建设能力,从事过类似工程建设,有成熟的施工技术、成本及项目管控经验的企业,或者是由此类企业形成的企业联合体。为使政府对项目建设运营等决策拥有适当的否决权,建议政府占股份5%,即政府和社会资本按5%:95%的比例出资。

(2)项目公司负责融资、建设和项目设施的运营维护。

(3)项目建成投入使用后,在项目合作期限内,项目公司根据相关规定对本项目设计商业建筑及车库进行收费。政府按照设施使用的绩效考核情况分期支付财政补贴,合作期满后项目设施无偿移交给政府指定机构。

2. 项目融资结构

项目建设总投资为150 892.81万元,项目资金来源包括资本金(占总投资30%)和债务融资(占总投资70%)两部分。详见表13-4。

(1)资本金:项目资本金占项目总投资的30%(约45 892.81万元),由××公司代表政府出资5%(约2 263.39万元),社会资本出资95%(约43 629.42万元)。

(2)债务融资:项目债务融资占总投资的70%(约105 000万元),全部由项目公司企业通过银行贷款等融资渠道解决。

表13-4 项目总投资使用计划与资金筹措表 单位:万元

序号	项目	合计	投资比例/%	建设期		
				1	2	3
1	项目总投资	150 892.81	100%	43 751.29	59 837.72	47 303.79
1.1	建设投资静态部分	143 224.31	95%	42 967.29	57 289.72	42 967.29
1.2	建设期利息	7 668.50	5%	784.00	2 548.00	4 336.50
2	资金筹措	150 892.81	100%	43 751.29	59 837.72	47 303.79
2.1	政府出资本金	2 263.39	1.50%	679.02	905.36	679.02
2.2	社会资本出资本金	43 629.42	28.91%	11 072.27	18 932.37	13 624.77
2.3	项目贷款	105 000.00	69.59%	32 000.00	40 000.00	33 000.00

3. PPP 合同框架

项目合同参照国家发改委颁发的《政府和社会资本合作项目通用合同指南》(2014 年版)编制,共有 15 个板块:总则、合同主体、合作关系、投资计划及融资方案、项目前期工作、工程建设、政府移交资产、运营和服务、社会资本主体移交项目、收入和回报、不可抗力和法律变更、合同解除、违约处理、争议解决,以及其他约定。

八、财务效益与费用评估

1. 评估依据

国家计委和建设部联合颁发的《建设项目经济评价方法与参数》;财政部颁发的《企业财务通则》和《企业会计准则》;税金测算以《中华人民共和国增值税暂行条例》及其他税收规定为依据。

2. 基础数据

(1)计算期。本经济评价采用相对年份计时,计算期取 28 年,其中建设期为 3 年,运营期(特许经营期)取 25 年。

(2)收入测算。

①营业收入。本项目营业收入主要为配套商业及停车场收入。配套商业占设计总建筑面积的 90%,即为 51 914.4 平方米,起始月租金为 80 元/平方米,每两年考虑递增一次,递增率 8%。配套停车位约 300 个,车库出租起始价格为 9 000 元/个(每天按 10 小时,3 元/小时,每月按 25 天,按 12 月计算),每两年考虑递增一次,递增率 8%。

②财政补贴收入测算。根据财政部《政府和社会资本合作项目财政承受能力论证指引》(财金〔2015〕21 号)文件,对于政府付费模式项目的计算公式,设定政府每年直接付费数额计算方法为:

$$第 N 年财政补贴 = \frac{社会资本建设投入 \times (1 + 合理利润率) \times (1 + 年度折现率)^n}{运行周期} +$$

公园运营成本 × (1 + 合理利润率) − 配套商业收入

表 13-5　测算基础参数

项目名称	投资人投入的建设成本	运营期	合理利润率	年度折现率
××生态公园	148 629.42 万元	25a	6.37%	4.8%

以建设期结束年度为基年(第 0 年),按照表 13-5 的基础参数计算项目每年财政补贴金额。项目各期财政补贴测算见附表 13-10。根据财政补贴测算结果,运营期总财政补贴为 205 143.59 万元(运营期财政补贴折现值 111 098.29 万元,折现率按 4.8% 计算)。

(3)总成本费用测算。

①管理费。本项目管理费用主要包括管理人员工资、机构日常办公费用、用于自营车位的日常维护及物管费用,按同期收入的 3% 计算。

②销售费用。营销费用包括商业招商推广费、销售人员工资或业务代理费用等,各年销售费用按同期收入 2% 计算。

③公园水电费用。参照同类项目,年费用按120万元计算。

④公园维护费用。按当期折旧费用的5%估算。

⑤折旧费。固定资产残值率取5%,采用平均年限法在30年内折旧。

⑥财务费用。财务费用为运营期间的长期借款利息。

总成本费用测算见附表13-10。

(4)销售税金及附加测算。本项目的销售税金及附加由增值税、城市维护建设税、教育费附加等税费组成。为简化计算,增值税按同期收入的5%计算,税金附加[即城市建设维护税7%、教育费附加(含地方教育费附加)5%]按增值税的12%计算,详见附表13-9。

3. 所得税

所得税按利润总额的25%缴纳。盈余公积金分别按税后利润的10%提取。财政补贴收入可申请为免税收入。

九、财务评价

1. 评价基准参数

本项目基准收益率取为6%。

2. 项目财务评价指标

根据上述基础数据及评价方法进行项目经济评价指标计算,主要结果见表13-6。

表13-6　项目财务评级指标汇总表

序号	评价指标		评价结果
1	项目财务内部收益率/%	税前	7.24
		税后	7.19
2	项目静态投资回收期 Pt/年	税前	14.86
		税后	14.86
3	项目财务净现值/万元	税前	19 579.21
		税后	18 706.58
4	总投资收益率/%	年均	4.98

上述计算结果表明,项目税前内部收益率大于基准收益率6%,财务净现值大于零,说明项目具有较好的财务盈利能力,项目在财务上是可以接受的。对社会和企业有较大贡献,项目在社会效益上也是可行的。

财务测算的详细数据见附表:

表13-9《收入、税金及附加估算表》;

表13-10《总成本费用表》;

表13-11《项目投资现金流量表》;

表13-12《社会资本金现金流量表》;

表13-13《利润表》;

表13-14《财务计划现金流量表》；

表13-15《借款还本付息计划表》。

十、经济评估

1. 地区经济效益分析

本工程的建设除了可以产生直接的经济效益外，更主要的是通过各种生态效益所产生的间接经济效益。它将有利于改善伏牛溪流域水体质量，促进该区域景观生态环境的创建，使得周边居民的生存环境得以改善，从而带来土地增值效益和旅游资源滚动开发，提升区域经济的可持续发展。

该项目新增的949亩城市森林每年约可释放026.33 t氧气，按氧气3 000元/t计算，其价值达1.9万元；每年最高可有效蓄水1 898 m³，按1元/m³的替弋价值计算，其价值为0.19万元；每年可保持土壤总量约为1 613 t，化肥总量约32 t，按保土10元/t、保肥1 000元/t计算，其价值约为4.8万元。

同时，良好的生态环境会增加房屋价格，促进房地产业的发展。据计算，周边生态环境良好的房屋价格比周边生态环境普通的房屋价格高出5%～15%，靠近公共绿地的住宅价格比同档次的其他住宅要高15%～20%。该项目建成后，周边的住宅价格必然上涨。以现价平均6 000元/m²计算，房屋价格将增加225～900元/m²。

2. 生态效益分析

本工程实施后，伏牛溪紊乱的水系得以梳理调整、综合整治，并且进一步完善了雨水排放系统，将大大改善伏牛溪的防汛除涝能力。同时，工程的建设促进了河网水系的沟通，提高了河道的自净能力，进一步改善水质，维持碳氧平衡，调节和改善小气候；涵养水源，保持水土；降低环境污染，改善城市环境；森林还具有减菌、杀菌的医疗保健作用。

3. 社会效益分析

本项目的社会效益通过对社会的影响来体现，具体内容见表13-7。

表13-7 项目社会影响分析表

序 号	社会因素	影响的范围、程度	可能出现的后果
1	对居民收入的影响	影响大	直接收入增加
2	对居民就业的影响	影响较大	间接增加大量的就业机会
3	对不同利益群体的影响	影响较大	特别是对农民能增加收入，对其他利益群体基本不造成损害
4	对地区文化、教育、卫生的影响	影响较大	将直接促进当地旅游文化的发展
5	对环境保护的影响	影响大	将大大改善当地的生态环境

综上所述，本项目不仅经济效益明显，也能创造出良好的地区经济效益、生态效益和社会效益。

十一、风险分析

按照风险分配优化、风险收益对等和风险可控等原则,项目设计、建设、财务和运营维护等商业风险由项目公司承担;法律、政策等风险由政府承担;项目审批手续办理、不可抗力等风险由政府和项目公司合理共担。

1. 政策风险

本项目符合××市建设国家园林城市的需要,也符合××区城市发展的需要。项目建成后,有利于当地生活环境的改善,政府将会给予适当的补助。本项目无政策风险,原定目标一定会实现。

2. 技术风险

项目建设采用了先进、可靠、适用的建设技术及施工方案,技术上无风险。

3. 工程风险

本项目工程地质为大块泥页岩,无滑坡、泥石流、溶洞、断层、软土、湿陷土等不良地段,且质地坚硬;山脊较为平坦,适于发展用地。工程风险发生的可能性小。风险等级为一般风险。

4. 资金风险

本项目拟采用 PPP 模式建设,PPP 模式的成功运用在很大程度上依赖于正确的风险辨识以及合理的分配,即把风险分配给最有力承担的合作方。如果政府为防范 PPP 运用的风险而要求的权益资本占总资本比例过高,将减小项目的价值,不利于基础设施项目吸引民间资本参与。同时正如预期的那样,项目的政策风险(含汇率风险)越低,项目的价值越高。项目政策风险的降低可以通过公开、透明的法律法规环境与合同环境以及政府对外汇的可兑换性进行承诺等方面来实现。

5. 财务风险

政府可以在充分论证的基础上,提供给项目公司最低收入保障,进而降低项目的财务风险,提高项目的价值,增强项目对民营部门的吸引力。同时,项目周边的土地收益以及××区财政收入为本项目的回购资金来源。

6. 外部协作条件风险

项目周围具有相应的配套设施,因此,本项目的外部协作条件,如水、电、气、路等将不会给项目建设带来任何困难。风险等级为一般风险。

7. 社会风险

本项目的建设对这一地区的经济快速发展和社会全面进步起到了推进的作用,将为社会提供 100 个就业岗位,能够得到社会的广泛关心和普遍支持,不会给项目建设和生产带来风险和损失。风险等级为一般风险(表 13-8)。

表 13-8　项目主要风险分担机制

风险类别		政府承担	共同承担	社会资本
政治风险	特许经营权收回	√		
	公众反对	√		
	宏观经济变化	√		
	征用/公有化	√		
	法律变更	√		
	审批获得/延误	√		
	行业规定变化	√		
融资风险	融资工具可及性			√
	融资成本高			√
	额外融资需要			√
建设风险	承包商违约			√
	工程质量			√
	工地安全			√
	劳资/设备的获取			√
	劳工争端/罢工			√
	建造成本超支			√
	完工风险(社会资本方)			√
	技术不过关			√
	设计不当			√
	完工风险(政府方)	√		
	土地使用	√		
	场地可及性/准备	√		
	工程配套公共设备服务提供	√		
	考古文物保护		√	
	地质条件		√	
运营风险	工程/运营变更		√	
	收益不足			√
	运营成本超支			√
	运营商违约			√
	服务质量不好			√
	维护成本高			√

续表

	风险类别	政府承担	共同承担	社会资本
运营风险	维修过于频繁			√
	运营效率低			√
	材料、人工价格上涨	√		
	项目公司破产		√	
法律风险	合同文件冲突		√	
	第三方运营企业违约			√
其他风险	不可抗力		√	
	战争		√	

十二、研究结论与建议

1. 结论

综上所述,××环境景观工程项目的建设是十分必要和可行的,其建设前景广阔。该项目的建设不仅能够带来较大的经济效益,而且能产生较大的社会效益。

该项目在技术上是合理的,经济上是可行的,对发展××区,完善其城市功能,改善投资环境,扩大对外开放、旅游产业,加强横向经济技术合作与交流,都具有极大的促进作用,因此该项目的建设是十分迫切和必要的。

该项目的建设条件能基本满足项目的建设需要。

××市××区××环境景观工程项目总投资为 150 892.81 万元,其中工程费用 71 399.43 万元,工程建设其他费用 61 215.67 万元(征地拆迁费 52 501.81 万元),预备费 10 609.21 万元,建设期贷款利息 7 668.50 万元。其建设投资合理而可行。

2. 建议

①资金是项目实施的关键,建议尽快向有关部门申报本项目,尽快落实资金来源;积极上报政府主管部门及领导,落实投资方。

②项目涉及面积大,工期较短,建议业主尽快完善项目用地手续,抓紧时间进行土地征用等前期工作及审批件的办理,为项目的顺利实施创造条件。

③严格按国家建筑规定标准建设,按土建技术规范要求施工。

④严格管理,控制工程造价。

⑤在工程建设过程中应严格执行国家基本建设程序,实行招投标制度、工程监理制度,确保工程质量和安全生产,并符合环境保护要求。

附表:

表13-9 收入、税金及附加估算表

单位:万元

序号	项目	合计	计算期												
			4	5	6	7	8	9	10	11	12	13	14	15	16
1	综合收入	375 588.54	12 746.68	12 764.05	12 775.51	12 825.84	12 870.08	12 956.59	13 036.82	13 163.03	13 282.79	13 452.57	13 615.75	13 802.22	14 013.09
1.1	营业收入	170 444.95	4 977.59	5 375.80	5 375.80	5 805.86	5 805.86	6 270.33	6 270.33	6 771.96	6 771.96	7 313.72	7 313.72	7 313.72	7 313.72
1.1.1	商业建筑租金		4 734.59	5 113.36	5 113.36	5 522.43	5 522.43	5 964.22	5 964.22	6 441.36	6 441.36	6 956.67	6 956.67	6 956.67	6 956.67
1.1.2	车库收入		243.00	262.44	262.44	283.44	283.44	306.11	306.11	330.60	330.60	357.05	357.05	357.05	357.05
1.2	政府财政补贴	205 143.59	7 769.09	7 388.25	7 399.71	7 019.98	7 064.21	6 686.26	6 766.49	6 391.07	6 510.83	6 138.85	6 302.03	6 488.50	6 699.37
2	销售税金及附加	9 544.92	278.75	301.04	301.04	325.13	325.13	351.14	351.14	379.23	379.23	409.57	409.57	409.57	409.57
2.1	增值税	8 522.25	248.88	268.79	268.79	290.29	290.29	313.52	313.52	338.60	338.60	365.69	365.69	365.69	365.69
2.2	城市维护建设税	596.56	17.42	18.82	18.82	20.32	20.32	21.95	21.95	23.70	23.70	25.60	25.60	25.60	25.60
2.3	教育费附加	426.11	12.44	13.44	13.44	14.51	14.51	15.68	15.68	16.93	16.93	18.28	18.28	18.28	18.28

表 13-9　收入、税金及附加估算表（接上表）

单位:万元

序号	项　目	合　计	计　算　期											
			17	18	19	20	21	22	23	24	25	26	27	28
1	综合收入	375 588.54	14 249.53	14 512.78	14 804.11	15 124.88	15 476.50	16 182.38	16 922.13	17 697.40	18 509.88	19 361.36	20 253.71	21 188.89
1.1	营业收入	170 444.95	7 313.72	7 313.72	7 313.72	7 313.72	7 313.72	7 313.72	7 313.72	7 313.72	7 313.72	7 313.72	7 313.72	7 313.72
1.1.1	商业建筑租金		6 956.67	6 956.67	6 956.67	6 956.67	6 956.67	6 956.67	6 956.67	6 956.67	6 956.67	6 956.67	6 956.67	6 956.67
1.1.2	车库收入		357.05	357.05	357.05	357.05	357.05	357.05	357.05	357.05	357.05	357.05	357.05	357.05
1.2	政府财政补贴	205 143.59	6 935.82	7 199.06	7 490.39	7 811.17	8 162.79	8 868.66	9 608.42	10 383.68	11 196.16	12 047.64	12 939.99	13 875.17
2	销售税金及附加	9 544.92	409.57	409.57	409.57	409.57	409.57	409.57	409.57	409.57	409.57	409.57	409.57	409.57
2.1	增值税	8 522.25	365.69	365.69	365.69	365.69	365.69	365.69	365.69	365.69	365.69	365.69	365.69	365.69
2.2	城市维护建设税	596.56	25.60	25.60	25.60	25.60	25.60	25.60	25.60	25.60	25.60	25.60	25.60	25.60
2.3	教育费附加	426.11	18.28	18.28	18.28	18.28	18.28	18.28	18.28	18.28	18.28	18.28	18.28	18.28

单位:万元

表13-10　总成本费用表

序号	项　目	合　计	计　算　期												
			4	5	6	7	8	9	10	11	12	13	14	15	16
1	管理费用	5 113.35	149.33	161.27	161.27	174.18	174.18	188.11	188.11	203.16	203.16	219.41	219.41	219.41	219.41
2	销售(招商)费用	3 408.90	99.55	107.52	107.52	116.12	116.12	125.41	125.41	135.44	135.44	146.27	146.27	146.27	146.27
3	公园水电费	3 000.00	120.00	120.00	120.00	120.00	120.00	120.00	120.00	120.00	120.00	120.00	120.00	120.00	120.00
4	公园维护费	5 972.84	238.91	238.91	238.91	238.91	238.91	238.91	238.91	238.91	238.91	238.91	238.91	238.91	238.91
5	折旧费	119 456.81	4 778.27	4 778.27	4 778.27	4 778.27	4 778.27	4 778.27	4 778.27	4 778.27	4 778.27	4 778.27	4 778.27	4 778.27	4 778.27
6	利息支出	46 305.00	5 145.00	4 842.35	4 539.71	4 237.06	3 934.41	3 631.76	3 329.12	3 026.47	2 723.82	2 421.18	2 118.53	1 815.88	1 513.24
7	总成本费用	183 256.89	10 531.07	10 248.33	9 945.68	9 664.54	9 361.89	9 082.47	8 779.82	8 502.25	8 199.61	7 924.05	7 621.40	7 318.75	7 016.11
8	经营成本 (1+2+3+4)	17 495.09	607.79	627.70	627.70	649.21	649.21	672.43	672.43	697.51	697.51	724.60	724.60	724.60	724.60

单位：万元

表 13-10　总成本费用表（接上表）

序号	项 目	合 计	计 算 期											
			17	18	19	20	21	22	23	24	25	26	27	28
1	管理费用	5 113.35	219.41	219.41	219.41	219.41	219.41	219.41	219.41	219.41	219.41	219.41	219.41	219.41
2	销售（招商）费用	3 408.90	146.27	146.27	146.27	146.27	146.27	146.27	146.27	146.27	146.27	146.27	146.27	146.27
3	公园水电费	3 000.00	120.00	120.00	120.00	120.00	120.00	120.00	120.00	120.00	120.00	120.00	120.00	120.00
4	公园维护费	5 972.84	238.91	238.91	238.91	238.91	238.91	238.91	238.91	238.91	238.91	238.91	238.91	238.91
5	折旧费	119 456.81	4 778.27	4 778.27	4 778.27	4 778.27	4 778.27	4 778.27	4 778.27	4 778.27	4 778.27	4 778.27	4 778.27	4 778.27
6	利息支出	46 305.00	1 210.59	907.94	605.29	302.65								
7	总成本费用	183 256.89	6 713.46	6 410.81	6 108.17	5 805.52	5 502.87	5 502.87	5 502.87	5 502.87	5 502.87	5 502.87	5 502.87	5 502.87
8	经营成本 （1＋2＋3＋4）	17 495.09	724.60	724.60	724.60	724.60	724.60	724.60	724.60	724.60	724.60	724.60	724.60	724.60

表13-11 项目投资现金流量表

单位:万元

序号	项 目	合 计	计算期								
			1	2	3	4	5	6	7	8	9
1	现金流入	407 024.54				12 746.68	12 764.05	12 775.51	12 825.84	12 870.08	12 956.59
1.1	营业收入	170 444.95				4 977.59	5 375.80	5 375.80	5 805.86	5 805.86	6 270.33
1.2	补贴收入	205 143.59				7 769.09	7 388.25	7 399.71	7 019.98	7 064.21	6 686.26
1.3	回收固定资产余值	31 436.00									
1.4	回收流动资金										
2	现金流出	169 035.61	42 967.29	57 289.72	42 967.29	886.54	928.75	928.75	974.34	974.34	1 023.57
2.1	建设投资	143 224.31	42 967.29	57 289.72	42 967.29						
2.2	流动资金										
2.3	经营成本	17 495.09				607.79	627.70	627.700	649.21	649.21	672.43
2.4	营业税金及附加	8 316.21				278.75	301.04	301.04	325.13	325.13	351.14
3	所得税前净现金流量	237 988.93	-42 967.29	-57 289.72	-42 967.29	11 860.14	11 835.30	11 846.76	11 851.51	11 895.74	11 933.02
4	累计所得税前净现金流量	298 735.11	-42 967.29	-100 257.02	-143 224.31	-131 364.17	-119 528.87	-107 682.11	-95 830.60	-83 934.86	72 001.81
5	所得税										
6	所得税后净现金流量	234 541.72	-42 967.29	-57 289.72	-42 967.29	11 860.14	11 835.30	11 846.76	11 851.51	11 895.74	11 933.02
7	累计所得税后净现金流量		-42 967.29	-100 257.02	-143 224.31	-131 364.17	-119 528.87	-107 682.11	-95 830.60	-83 934.86	-72 001.84

单位:万元

表 13-11　项目投资现金流量表（接上表）

序号	项　目	合　计	计算期									
			10	11	12	13	14	15	16	17	18
1	现金流入	407 024.54	13 036.82	13 163.03	13 282.79	13 452.57	13 615.75	13 802.22	14 013.09	14 249.53	14 512.78
1.1	营业收入	170 444.95	6 270.33	6 771.96	6 771.96	7 313.72	7 313.72	7 313.72	7 313.72	7 313.72	7 313.72
1.2	补贴收入	205 143.59	6 766.49	6 391.07	6 510.83	6 138.85	6 302.03	6 488.50	6 699.37	6 935.82	7 199.06
1.3	回收固定资产余值	31 436.00									
1.4	回收流动资金										
2	现金流出	169 035.61	1 023.57	1 076.74	1 076.74	1 134.17	1 134.17	1 134.17	1 134.17	1 134.17	1 134.17
2.1	建设投资	143 224.31									
2.2	流动资金										
2.3	经营成本	17 495.09	672.43	697.51	697.51	724.60	724.60	724.60	724.60	724.60	724.60
2.4	营业税金及附加	8 316.21	351.14	379.23	379.23	409.57	409.57	409.57	409.57	409.57	409.57
3	所得税前净现金流量	237 988.93	12 013.25	12 086.29	12 206.05	12 318.40	12 481.58	12 668.05	12 878.92	13 115.36	13 378.61
4	累计所得税前净现金流量	298 735.11	−59 988.59	−47 902.30	−35 696.25	−23 377.85	−10 896.27	1 771.78	14 650.70	27 766.06	41 144.67
5	所得税									47.67	123.33
6	所得税后净现金流量	234 541.72	12 013.25	12 086.29	12 206.05	12 318.40	12 481.58	12 668.05	12 878.92	13 067.69	13 255.28
7	累计所得税后净现金流量		−59 988.59	−47 902.30	−35 696.25	−23 377.85	−10 896.27	1 771.78	14 650.70	27 718.39	40 973.66

单位:万元

表 13-11　项目投资现金流量表（接上表）

序号	项目	合计	计算期									
			19	20	21	22	23	24	25	26	27	28
1	现金流入	407 024.54	14 804.11	15 124.88	15 476.50	16 182.38	16 922.13	17 697.40	18 509.88	19 361.36	20 253.71	52 624.89
1.1	营业收入	170 444.95	7 313.72	7 313.72	7 313.72	7 313.72	7 313.72	7 313.72	7 313.72	7 313.72	7 313.72	7 313.72
1.2	补贴收入	205 143.59	7 490.39	7 811.17	8 162.79	8 868.66	9 608.42	10 383.68	11 196.16	12 047.64	12 939.99	13 875.17
1.3	回收固定资产余值	31 436.00										31 436.00
1.4	回收流动资金											
2	现金流出	169 035.61	1 134.17	1 134.17	1 134.17	1 134.17	1 134.17	1 134.17	1 134.17	724.60	724.60	724.60
2.1	建设投资	143 224.31										
2.2	流动资金											
2.3	经营成本	17 495.09	724.60	724.60	724.60	724.60	724.60	724.60	724.60	724.60	724.60	724.60
2.4	营业税金及附加	8 316.21	409.57	409.57	409.57	409.57	409.57	409.57	409.57			
3	所得税前净现金流量	237 988.93	13 669.94	13 990.71	14 342.33	15 048.21	15 787.97	16 563.23	17 375.71	18 636.76	19 529.11	51 900.29
4	累计所得税前净现金流量	298 735.11	54 814.61	68 805.33	83 147.66	98 195.87	113 983.83	130 547.07	147 922.78	166 559.54	186 088.64	237 988.93
5	所得税		199.00	274.66	350.32	350.32	350.32	350.32	350.32	350.32	350.32	350.32
6	所得税后净现金流量	234 541.72	13 470.95	13 716.06	13 992.01	14 697.89	15 437.65	16 212.91	17 025.39	18 286.44	19 178.79	51 549.97
7	累计所得税后净现金流量		54 444.61	68 160.67	82 152.68	96 850.57	112 288.22	128 501.13	145 526.53	163 812.96	182 991.75	234 541.72

单位:万元

表13-12 社会资本金现金流量表

序号	项 目	合 计	计 算 期								
			1	2	3	4	5	6	7	8	9
1	现金流入	375 588.54				12 746.68	12 764.05	12 775.51	12 825.84	12 870.08	12 956.59
1.1	营业收入	170 444.95				4 977.59	5 375.80	5 375.80	5 805.86	5 805.86	6 270.33
1.2	政府财政补贴	205 143.59				7 769.09	7 388.25	7 399.71	7 019.98	7 064.21	6 686.26
2	现金流出	220 968.17	11 072.27	18 932.37	13 624.77	12 208.01	11 947.57	11 644.92	11 387.86	11 085.22	10831.80
2.1	社会资本金	43 629.42	11 072.27	18 932.37	13 624.77						
2.2	借款本金偿还	105 000.00				6 176.47	6 176.47	6 176.47	6 176.47	6 176.47	6 176.47
2.3	借款利息支付	46 305.00				5 145.00	4 842.35	4 539.71	4 237.06	3 934.41	3 631.76
2.4	经营成本	17 495.09				607.79	627.70	627.70	649.21	649.21	672.43
2.5	营业税金及附加	9 544.92				278.75	301.04	301.04	325.13	325.13	351.14
2.6	所得税	3 447.21									
3	净现金流量	154 620.37	-11 072.27	-18 932.37	-13 624.77	538.67	816.47	1 130.58	1 437.98	1 784.86	2 124.79

单位:万元

表 13-12　社会资本金现金流量表（接上表）

序号	项　目	合　计	计 算 期								
			10	11	12	13	14	15	16	17	18
1	现金流入	375 588.54	13 036.82	13 163.03	13 282.79	13 452.57	13 615.75	13 802.22	14 013.09	14 249.53	14 512.78
1.1	营业收入	170 444.95	6 270.33	6 771.96	6 771.96	7 313.72	7 313.72	7 313.72	7 313.72	7 313.72	7 313.72
1.2	政府财政补贴	205 143.59	6 766.49	6 391.07	6 510.83	6 138.85	6 302.03	6 488.50	6 699.37	6 935.82	7 199.06
2	现金流出	220 968.17	10 529.16	10 279.68	9 977.04	9 731.81	9 429.17	9 126.52	8 823.87	8 568.90	8 341.91
2.1	社会资本金	43 629.42									
2.2	借款本金偿还	105 000.00	6 176.47	6 176.47	6 176.47	6 176.47	6 176.47	6 176.47	6 176.47	6 176.47	6 176.47
2.3	借款利息支付	46 305.00	3 329.12	3 026.47	2 723.82	2 421.18	2 118.53	1 815.88	1 513.24	1 210.59	907.94
2.4	经营成本	17 495.09	672.43	697.51	697.51	724.60	724.60	724.60	724.60	724.60	724.60
2.5	营业税金及附加	9 544.92	351.14	379.23	379.23	409.57	409.57	409.57	409.57	409.57	409.57
2.6	所得税	3 447.21								47.67	123.33
3	净现金流量	154 620.37	2 507.66	2 883.35	3 305.76	3 720.75	4 186.58	4 675.70	5 189.21	5 680.63	6 170.86

表 13-12　社会资本金现金流量表（接上表）

单位:万元

序号	项目	合计	计算期 19	20	21	22	23	24	25	26	27	28
1	现金流入	375 588.54	14 804.11	15 124.88	15 476.50	16 182.38	16 922.13	17 697.40	18 509.88	19 361.36	20 253.71	21 188.89
1.1	营业收入	170 444.95	7 313.72	7 313.72	7 313.72	7 313.72	7 313.72	7 313.72	7 313.72	7 313.72	7 313.72	7 313.72
1.2	政府财政补贴	205 143.59	7 490.39	7 811.17	8 162.79	8 868.66	9 608.42	10 383.68	11 196.16	12 047.64	12 939.99	13 875.17
2	现金流出	220 968.17	8 114.93	7 887.94	1 484.49	1 484.49	1 484.49	1 484.49	1 484.49			
2.1	社会资本金	43 629.42							1 484.49			
2.2	借款本金偿还	105 000.00	6 176.47	6 176.47								
2.3	借款利息支付	46 305.00	605.29	302.65								
2.4	经营成本	17 495.09	724.60	724.60	724.60	724.60	724.60	724.60	724.60	724.60	724.60	724.60
2.5	营业税金及附加	9 544.92	409.57	409.57	409.57	409.57	409.57	409.57	409.57	409.57	409.57	409.57
2.6	所得税	3 447.21	199.00	274.66	350.32	350.32	350.32	350.32	350.32	350.32	350.32	350.32
3	净现金流量	154 620.37	6 689.18	7 236.94	13 992.01	14 697.89	15 437.65	16 212.91	17 025.39	19 361.36	20 253.71	21 188.89

表 13-13 利润表

单位：万元

序号	项 目	合 计	计 算 期							
			4	5	6	7	8	9	10	11
1	营业收入	170 444.9	4 977.59	5 375.80	5 375.80	5 805.86	5 805.86	6 270.33	6 270.33	6 771.96
2	营业税金及附加	9 544.917	278.75	301.04	301.04	325.13	325.13	351.14	351.14	379.23
3	总成本费用	183 256.9	10 531.07	10 248.33	9 945.68	9 664.54	9 361.89	9 082.47	8 779.82	8 502.25
4	补贴收入（免税）		7 769.09	7 388.25	7 399.71	7 019.98	7 064.21	6 686.26	6 766.49	6 391.07
5	利润总额（1－2－3＋4）	182 786.7	1 936.87	2 214.67	2 528.78	2 836.18	3 183.06	3 522.98	3 905.86	4 281.55
6	弥补以前年度亏损									
7	应纳税所得额（5－6－4）	－22 356.9	－5 832.22	－5 173.57	－4 870.93	－4 183.80	－3 881.16	－3 163.27	－2 860.63	－2 109.53
8	所得税	3 447.21								
9	税后净利润	179 339.5	1 936.87	2 214.67	2 528.78	2 836.18	3 183.06	3 522.98	3 905.86	4 281.55
10	提取法定盈余公积金	18 278.67	193.69	221.47	252.88	283.62	318.31	352.30	390.59	428.15
11	息税前利润（利润总额＋利息支出）	187 900.1	2 086.19	2 375.95	2 690.05	3 010.35	3 357.23	3 711.09	4 093.97	4 484.70
12	息税折旧摊销前利润（息税前利润＋折旧＋摊销）	234 205.1	7 231.19	7 218.30	7 229.76	7 247.41	7 291.65	7 342.86	7 423.09	7 511.17

表 13-13　利润表（接上表）

单位:万元

序号	项目	合计	计算期 12	13	14	15	16	17	18	19
1	营业收入	170 444.9	6 771.96	7 313.72	7 313.72	7 313.72	7 313.72	7 313.72	7 313.72	7 313.72
2	营业税金及附加	9 544.917	379.23	409.57	409.57	409.57	409.57	409.57	409.57	409.57
3	总成本费用	183 256.9	8 199.61	7 924.05	7 621.40	7 318.75	7 016.11	6 713.46	6 410.81	6 108.17
4	补贴收入（免税）		6 510.83	6 138.85	6 302.03	6 488.50	6 699.37	6 935.82	7 199.06	7 490.39
5	利润总额（1-2-3+4）	182 786.7	4 703.95	5 118.95	5 584.78	6 073.89	6 587.41	7 126.50	7 692.40	8 286.38
6	弥补以前年度亏损									
7	应纳税所得额（5-6-4）	-22 356.9	-1 806.88	-1 019.90	-717.25	-414.61	-111.96	190.69	493.33	795.98
8	所得税	3 447.21						47.67	123.33	199.00
9	税后净利润	179 339.5	4 703.95	5 118.95	5 584.78	6 073.89	6 587.41	7 078.83	7 569.06	8 087.38
10	提取法定盈余公积金	18 278.67	470.40	511.90	558.48	607.39	658.74	712.65	769.24	828.64
11	息税前利润（利润总额＋利息支出）	187 900.1	4 907.11	5 338.36	5 804.19	6 293.31	6 806.82	7 345.91	7 911.81	8 505.79
12	息税折旧摊销前利润（息税前利润＋折旧＋摊销）	234 205.1	7 630.94	7 759.54	7 922.72	8 109.19	8 320.06	8 556.50	8 819.75	9 111.08

单位：万元

表13-13　利润表（接上表）

序号	项目	合计	计算期								
			20	21	22	23	24	25	26	27	28
1	营业收入	375 588.54	7 313.72	7 313.72	7 313.72	7 313.72	7 313.72	7 313.72	7 313.72	7 313.72	7 313.72
2	营业税金及附加	170 444.95	409.57	409.57	409.57	409.57	409.57	409.57	409.57	409.57	409.57
3	总成本费用	205 143.59	5 805.52	5 502.87	5 502.87	5 502.87	5 502.87	5 502.87	5 502.87	5 502.87	5 502.87
4	补贴收入（免税）	220 968.17	7 811.17	8 162.79	8 868.66	9 608.42	10 383.68	11 196.16	12 047.64	12 939.99	13 875.17
5	利润总额（1-2-3+4）	43 629.42	8 909.79	9 564.06	10 269.94	11 009.69	11 784.96	12 597.44	13 448.92	14 341.27	15 276.45
6	弥补以前年度亏损	105 000.00									
7	应纳税所得额（5-6-4）	46 305.00	1 098.63	1 401.28	1 401.28	1 401.28	1 401.28	1 401.28	1 401.28	1 401.28	1 401.28
8	所得税	17 495.09	274.66	350.32	350.32	350.32	350.32	350.32	350.32	350.32	350.32
9	税后净利润	9 544.92	8 635.14	9 213.74	9 919.62	10 659.38	11 434.64	12 247.12	13 098.60	13 990.95	14 926.13
10	提取法定盈余公积金	3 447.21	890.98	956.41	1 026.99	1 100.97	1 178.50	1 259.74	1 344.89	1 434.13	1 527.64
11	息税前利润（利润总额+利息支出）	154 620.37	9 129.21	9 783.47	10 489.35	11 229.11	12 004.37	12 816.85	13 668.33	14 560.68	15 495.86
12	息税折旧摊销前利润（息税前利润+折旧+摊销）		9 431.85	9 783.47	10 489.35	11 229.11	12 004.37	12 816.85	13 668.33	14 560.68	15 495.86

单位:万元

表 13-14　财务计划现金流量表

序号	项目	合计	计算期								
			1	2	3	4	5	6	7	8	9
1	经营活动净现金流量	345 101.32				11 860.14	11 835.30	11 846.76	11 851.51	11 895.74	11 933.02
1.1	现金流入	375 588.54				12 746.68	12 764.05	12 775.51	12 825.84	12 870.08	12 956.59
1.1.1	营业收入	170 444.95				4 977.59	5 375.80	5 375.80	5 805.86	5 805.86	6 270.33
1.1.2	补贴收入	205 143.59				7 769.09	7 388.25	7 399.71	7 019.98	7 064.21	6 686.26
1.2	现金流出	30 487.21				886.54	928.75	928.75	974.34	974.34	1023.57
1.2.1	经营成本	17 495.09				607.79	627.70	627.70	649.21	649.21	672.43
1.2.2	营业税金及附加	9 544.92				278.75	301.04	301.04	325.13	325.13	351.14
1.2.3	所得税	3 447.21									
2	投资活动净现金流量	-143 224.31	-42 967.29	-57 289.72	-42 967.29						
2.1	现金流入										
2.2	现金流出	143 224.31	42 967.29	57 289.72	42 967.29						
2.2.1	建设投资	143 224.31	42 967.29	57 289.72	42 967.29						
2.2.2	流动资产										
3	筹资活动净现金流量	-8 080.69	42 967.29	57 289.72	42 967.29	-11 321.47	-11 018.82	-10 716.18	-10 413.53	-10 110.88	-9 808.24
3.1	现金流入	150 892.81	43 751.29	59 837.72	47 303.79						
3.1.1	国家专项补助										
3.1.2	政府出资	2 263.39	679.02	905.36	679.02						
3.1.3	私营运营商出资	43 629.42	11 072.27	18 932.37	13 624.77						
3.1.4	银行贷款	105 000.00	32 000.00	40 000.00	33 000.00						
3.1.5	人廊费										
3.2	现金流出	158 973.50	784.00	2 548.00	4 336.50	11 321.47	11 018.82	10 716.18	10 413.53	10 110.88	9 808.24
3.2.1	各种利息支出	53 973.50	784.00	2 548.00	4 336.50	5 145.00	4 842.35	4 539.71	4 237.06	3 934.41	3 631.76
3.2.2	偿还债务本金	105 000.00				6 176.47	6 176.47	6 176.47	6 176.47	6 176.47	6 176.47
4	净现金流量	193 796.32				538.67	816.47	1 130.58	1 437.98	1 784.86	2 124.79
5	累计盈余资金					538.67	1 355.14	2 485.73	3 923.70	5 708.56	7 833.35

表13-14　财务计划现金流量表（接上表）

单位：万元

序号	项　目	合　计	计算期								
			10	11	12	13	14	15	16	17	18
1	经营活动净现金流量	345 101.32	12 013.25	12 086.29	12 206.05	12 318.40	12 481.58	12 668.05	12 878.92	13 067.69	13 255.28
1.1	现金流入	375 588.54	13 036.82	13 163.03	13 282.79	13 452.57	13 615.75	13 802.22	14 013.09	14 249.53	14 512.78
1.1.1	营业收入	170 444.95	6 270.33	6 771.96	6 771.96	7 313.72	7 313.72	7 313.72	7 313.72	7 313.72	7 313.72
1.1.2	补贴收入	205 143.59	6 766.49	6 391.07	6 510.83	6 138.85	6 302.03	6 488.50	6 699.37	6 935.82	7 199.06
1.2	现金流出	30 487.21	1 023.57	1 076.74	1 076.74	1 134.17	1 134.17	1 134.17	1 134.17	1 181.84	1 257.50
1.2.1	经营成本	17 495.09	672.43	697.51	697.51	724.60	724.60	724.60	724.60	724.60	724.60
1.2.2	营业税金及附加	9 544.92	351.14	379.23	379.23	409.57	409.57	409.57	409.57	409.57	409.57
1.2.3	所得税	3 447.21								47.67	123.33
2	投资活动净现金流量	−143 224.31									
2.1	现金流入										
2.2	现金流出	143 224.31									
2.2.1	建设投资	143 224.31									
2.2.2	流动资产										
3	筹资活动净现金流量	−8 080.69	−9 505.59	−9 202.94	−8 900.29	−8 597.65	−8 295.00	−7 992.35	−7 689.71	−7 387.06	−7 084.41
3.1	现金流入	150 892.81									
3.1.1	国家专项补助										
3.1.2	政府出资	2 263.39									
3.1.3	私营运营商出资	43 629.42									
3.1.4	银行贷款	105 000.00									
3.1.5	入廊费										
3.2	现金流出	158 973.50	9 505.59	9 202.94	8 900.29	8 597.65	8 295.00	7 992.35	7 689.71	7 387.06	7 084.41
3.2.1	各种利息支出	53 973.50	3 329.12	3 026.47	2 723.82	2 421.18	2 118.53	1 815.88	1 513.24	1 210.59	907.94
3.2.2	偿还债务本金	105 000.00	6 176.47	6 176.47	6 176.47	6 176.47	6 176.47	6 176.47	6 176.47	6 176.47	6 176.47
4	净现金流量	193 796.32	2 507.66	2 883.35	3 305.76	3 720.75	4 186.58	4 675.70	5 189.21	5 680.63	6 170.86
5	累计盈余资金		10 341.01	13 224.36	16 530.11	20 250.87	24 437.45	29 113.14	34 302.36	39 982.99	46 153.85

单位：万元

表 13-14　财务计划现金流量表（接上表）

序号	项目	合计	19	20	21	22	23	24	25	26	27	28
1	经营活动净现金流量	345 101.32	13 470.95	13 716.06	13 992.01	14 697.89	15 437.65	16 212.91	17 025.39	17 876.87	18 769.22	19 704.40
1.1	现金流入	375 588.54	14 804.11	15 124.88	15 476.50	16 182.38	16 922.13	17 697.40	18 509.88	19 361.36	20 253.71	21 188.89
1.1.1	营业收入	170 444.95	7 313.72	7 313.72	7 313.72	7 313.72	7 313.72	7 313.72	7 313.72	7 313.72	7 313.72	7 313.72
1.1.2	补贴收入	205 143.59	7 490.39	7 811.17	8 162.79	8 868.66	9 608.42	10 383.68	11 196.16	12 047.64	12 939.99	13 875.17
1.2	现金流出	30 487.21	1 333.16	1 408.82	1 484.49	1 484.49	1 484.49	1 484.49	1 484.49	1 484.49	1 484.49	1 484.49
1.2.1	经营成本	17 495.09	724.60	724.60	724.60	724.60	724.60	724.60	724.60	724.60	724.60	724.60
1.2.2	营业税金及附加	9 544.92	409.57	409.57	409.57	409.57	409.57	409.57	409.57	409.57	409.57	409.57
1.2.3	所得税	3 447.21	199.00	274.66	350.32	350.32	350.32	350.32	350.32	350.32	350.32	350.32
2	投资活动净现金流量	−143 224.31										
2.1	现金流入											
2.2	现金流出	143 224.31										
2.2.1	建设投资	143 224.31										
2.2.2	流动资产											
3	筹资活动净现金流量	−8 080.69	−6 781.76	−6 479.12								
3.1	现金流入	150 892.81										
3.1.1	国家专项补助											
3.1.2	政府出资	2 263.39										
3.1.3	私营运营商出资	43 629.42										
3.1.4	银行贷款	105 000.00										
3.1.5	入廊费											
3.2	现金流出	158 973.50	6 781.76	6 479.12								
3.2.1	各种利息支出	53 973.50	605.29	302.65								
3.2.2	偿还债务本金	105 000.00	6 176.47	6 176.47								
4	净现金流量	193 796.32	6 689.18	7 236.94	13 992.01	14 697.89	15 437.65	16 212.91	17 025.39	17 876.87	18 769.22	19 704.40
5	累计盈余资金		52 843.04	60 079.98	74 071.99	88 769.88	104 207.53	120 420.44	137 445.83	155 322.70	17 4091.92	193 796.32

单位:万元

表 13-15 借款还本付息计划表

序号	项目		合 计	计 算 期									
				1	2	3	4	5	6	7	8	9	10
1	借款												
1.1	期初借款余额				32 000.00	72 000.00	105 000.00	98 823.53	92 647.06	86 470.59	80 294.12	74 117.65	67 941.18
1.2	当期借款		105 000.00	32 000.00	40 000.00	33 000.00							
1.3	应计利息		53 973.50	784.00	2 548.00	4 336.50	5 145.00	4 842.35	4 539.71	4 237.06	3 934.41	3 631.76	3 329.12
1.4	当期还本付息		158 973.50	784.00	2 548.00	4 336.50	11 321.47	11 018.82	10 716.18	10 413.53	10 110.88	9 808.24	9 505.59
	其中	还本	105 000.00				6 176.47	6 176.47	6 176.47	6 176.47	6 176.47	6 176.47	6 176.47
		利息	53 973.50	784.00	2 548.00	4 336.50	5 145.00	4 842.35	4 539.71	4 237.06	3 934.41	3 631.76	3 329.12
1.5	期末借款余额			32 000.00	72 000.00	105 000.00	98 823.53	92 647.06	86 470.59	80 294.12	74 117.65	67 941.18	61 764.71

单位:万元

表 13-15　借款还本付息计划表(接上表)

序号	项目		合计	计算期									
				11	12	13	14	15	16	17	18	19	20
1	借款												
1.1	期初借款余额			61 764.71	55 588.24	49 411.76	43 235.29	37 058.82	30 882.35	24 705.88	18 529.41	12 352.94	6 176.47
1.2	当期借款		105 000.00										
1.3	应计利息		53 973.50	3 026.47	2 723.82	2 421.18	2 118.53	1 815.88	1 513.24	1 210.59	907.94	605.29	302.65
1.4	当期还本付息		158 973.50	9 202.94	8 900.29	8 597.65	8 295.00	7 992.35	7 689.71	7 387.06	7 084.41	6 781.76	6 479.12
	其中	还本	105 000.00	6 176.47	6 176.47	6 176.47	6 176.47	6 176.47	6 176.47	6 176.47	6 176.47	6176.47	6176.47
		利息	53 973.50	3 026.47	2 723.82	2 421.18	2 118.53	1 815.88	1 513.24	1 210.59	907.94	605.29	302.65
1.5	期末借款余额			55 588.24	49 411.76	43 235.29	37 058.82	30 882.35	24 705.88	18 529.41	12 352.94	6 176.47	0.00

参考文献

[1] 彼得·罗西,霍华德·弗里曼,马克·李普希.项目评估方法与技术[M].邱泽奇,译.北京:华夏出版社,2002.

[2] 高鸿业.西方经济学[M].5版.北京:中国人民大学出版社,2011.

[3] 威廉·F.夏普,戈登·J.亚历山大,杰弗里·V.贝利.投资学(上下册)[M].赵锡军,等,译.北京:中国人民大学出版社,2013.

[4] 钱·S.帕克.工程经济学原理[M].北京:中国人民大学出版社,2004.

[5] 曹龙骐.金融学[M].4版.北京:高等教育出版社,2013.

[6] 孙立,李克和.税收基础[M].广州:中山大学出版社,2016.

[7] 国家发展改革委建设部.建设项目经济评价方法与参数[M].3版.北京:中国计划出版社,2006.

[8] 王红岩,王立国,宋维佳.投资项目评估[M].北京:高等教育出版社,2010.

[9] 张少杰.项目评估[M].北京:高等教育出版社,2011.

[10] 简德三.项目评估与可行性研究[M].2版.上海:上海财经大学出版社,2009.

[11] 周惠珍.投资项目管理案例分析[M].北京:中国电力出版社,2009.

[12] 苏益.投资项目评估[M].北京:清华大学出版社,2007.

[13] 肖玉新.投资项目可行性研究理论与实务[M].北京:冶金出版社,1996.

[14] 成其谦.投资项目评价[M].3版.北京:中国人民大学出版社,2010.

[15] 杨大楷,简德三.公共投资项目评估[M].北京:高等教育出版社,2000.

[16] 张青.项目投资与融资分析[M].北京:清华大学出版社,2012.

[17] 卡恩·M.F.K.,帕若·R.J.大项目融资[M].朱咏,等,译.北京:清华大学出版社,2005.

[18] 文明,姚梅炎,罗林.融资投资实用全书[M].北京:中国财政经济出版社,1995.

[19] 王守清,柯永建.特许经营项目融资[M].北京:清华大学出版社,2011.

[20] 芭芭拉·韦伯,汉斯·威廉·阿尔芬.基础设施投资策略、项目融资与PPP[M].罗桂连,译.北京:机械工业出版社,2016.

[21] 陈立文.项目投资风险分析理论与方法[M].北京:机械工业出版社,2004.

[22] 投资项目可行性研究指南编写组.投资项目可行性研究指南[M].北京:中国电力出版社,2002.

[23] 张堃,史伟.沃尔玛核心竞争力探秘[J].商场现代化,2007,7(25):74-75.